마음연습 하지마라

저자와
협의하여
인지 생략

마음연습 하지마라

지은이 | 이윤우
펴낸이 | 一庚 장소님
펴낸곳 | 펴낸 답게

초판 인쇄 | 2019년 10월 10일
초판 발행 | 2019년 10월 15일

등 록 | 1990년 2월 28일, 제 21-140호
주 소 | 04994 서울시 광진구 면목로 29(2층)
전 화 | (편집) 02) 469-0464, 02) 462-0464
         (영업) 02) 463-0464, 02) 498-0464
팩 스 | 02) 498-0463

홈페이지 | www.dapgae.co.kr
e-mail | dapgae@gmail.com, dapgae@korea.com

ISBN 978-89-7574-315-3

ⓒ 2019, 이윤우

나답게 · 우리답게 · 책답게

마음연습
하지마라

이 윤 우 글

부처님을 외치고 싶다

촉망한 세월 속에 모든 것이 다 잊혀 가는 인생이지만, 한 가지 잊히지 않는 것은 오직 우리 부처님 한 분이더라. 이것이 억겁의 인연이라 하는 것인지는 모르겠으나 나는 그랬다. 한 번도 부처님을 잊고 산 적이 없다.

간간이 한국일보의 종교란에 써 보낸 칼럼들이 많이 모였다. 이 글들을 모아 책으로 내고 싶어 한 것은 나의 아내 문수행 보살이다. 두 아들인 형민이와 주형이도 많은 격려와 지원을 아끼지 않았다.
자기들은 글의 내용을 하나도 이해할 수 없지만, 아빠가 책을 낸다는 것을 매우 자랑스러워하고 기뻐해 주었다. 며느리와 손자 그리고 하나뿐인 손녀도 다 같이 기뻐하고 박수를 보내주어 고맙고 뿌듯하다.

마침 부처님의 인연으로 맺어져서 20여 년을 한 식구 이상으로 가까이 지내는 답게출판사 장소님 사장님(혜경화 보살님)께서 원고가 완성되기 전에 기꺼이 출판에 합의하셔서 보살님의 지원이 큰 힘이 되었다. 혜경화 보살님의 격려에 깊이 감사드린다.

처음에는 미주 한국일보의 손수락 편집장님께서 원고청탁을 많이 하셨고 뒤에는 정태수 기자님이 적극적으로 권장했다. 두 기자님의 독려가 없었다면 나처럼 게으른 사람이 글 쓸 엄두를 낼 수 없었을 것이다. 두분 기자님께 감사의 말씀을 드리고 싶다.

나는 평생 변하지 않는 한 가지 소망을 품고 살았다. 부처님을 외치고 싶다는 그 소망 말이다. 다음 생에는 더 큰 능력자로 태어나 미국이라는 이 큰 나라에서 목이 터지도록 우리 부처님을 외치고 싶다.

기해년 하지

이 윤옥

I. 너는 네 세상 어디에 있느냐

II. 사랑을 서로 부르는 메아리

III. 발가락이 닮았다

IV. 욕망이란 이름의 재산

V. 소는 바람을 본다.

제 1 장
너는 네 세상 어디에 있느냐

삼라만상의 두두물물頭頭物物
부처 아닌 것이 없다

너는 네 세상 어디에 있느냐

너는 네 세상 어디에 있느냐?
너에게 주어진 몇몇 해가 지나고
몇몇 날이 지났는데
너는 네 세상 어디쯤에 와 있느냐?

마르틴 부버가 하시디즘(유대교 신비주의)에 따른 〈인간의 길〉에서 한 말이라고 법정 스님의 〈오두막 편지〉에 쓰여 있습니다.

　이와 같은 물음으로 인해 저마다 마음 속 깊은 곳에서 울려오는 진정한 자신의 소리를 듣기 바라면서 삶의 가치와 무게를 어디에 두고 살아야 할 것인지도 함께 헤아리라고 하셨습니다.

너는 부처인가

그렇다. 나는 부처다.

이 세상에 언어가 만들어져 사용된 후 지금까지, 그리고 지금으로부터 미래세가 다하는 그 날까지 인류에게 〈가장 긍정적인〉 언어가 바로 〈나는 부처다〉라는 이 말일 것이다.

[나는 부처다. 그러므로 너도 부처다. 또한 삼라만상의 두두물물(頭頭物物)이 전부 부처 아닌 것이 없다]

육조 혜능 대사 밑에서 나온 남악 - 마조 - 백장 - 황벽 - 임제로 이어지는 선문의 일파에서 주장하는 종지다. 임제 의현스님 때에 와서 주장하는 바가 정리되어 〈임제종〉이 되었다.

이런 대선사들의 주장(법문)에 수행자들은 열광했다. 한번 생사를 걸고 해볼 만한 도박이라고 여긴 것이다. 이들이 이렇게 주장하는 이론적 근거는 무엇인가.

그것은 화엄경의 〈자성연기性起〉와 이것을 論으로 꾸민 대승기신론의 〈진여연기〉 이론이다. 우리 마음의 능동적인 능력이 바로 연기의 시초라는 것이다. 이들은 유식의 〈식연기〉나 망심과 분별심을 쉬고 삼매 중에 진여를 본다는 것 등은 死禪이라 하여 그 꾸지람이 대단하다. 그래서 바로 마음의 능동성을 보아(直心人心) 見性이 되면 바로 成佛이라고 주장한다.

　이러한 주장은 임제의 할과 덕산의 방(방망이질)을 거쳐 매우 급진적이고 과격한 선풍이 되었다. 근본주의적(FUNDAMENTALISM)이기 때문에 다른 공부나 수행을 전부 수정주의라고 매도한다. 이러한 선풍을 저 유명한 돈오돈수 파라고 하기도 한다.

　화두선으로 정착한 것과 같은 선종 史를 여기서 장황하게 설명하고자 하는 것은 아니다.

　한편으로는 견성즉시성불이라는 주장에 대하여 20개도 넘는 다른 선문에서 서로 비판하여 말한다. 그런 주장은 지나가는 소도 웃을 일이라고 폄하한다. 이런 주장은 佛性을 잘못 이해하여 벌어진 일에 불과하다는 것이다. 경과 논은 먹줄과 같아서 먹줄을 따라 나무를 켜지 않으면 반듯하게(올바르게) 나무를 켤 수가 없듯이 〈가짜도인〉을 양산하는 〈나쁜 주장〉이라고 공격한다. 〈佛性〉이라는 것의 본질이 〈知〉이며 〈識〉이며 〈見〉이며 〈空〉이라는 것을 알고(돈오) 한없이 닦아야 한다는 주장을 늘어놓아 〈돈오점수 宗〉이라는 이름을 얻었다. 범부가 〈수행인(공부인)〉이 되는 것이지 부처가 되는 것은 아니라고 하는 주장이다. 매우 현실적인 주장이다. 〈업보 인간〉이라는 현실을 직시하지 않으면 안 된다는 것이다. 〈돈오(깨달음)〉가 빛을 발휘하지 못하는 것은 업보 인간이기 때문이라 점차로 수행을 넓고 깊게 해나가는 〈점수〉가 따르지 않는 것은 불교의 이단들이라고 공격했다. 우리에게 內在하는 것은 識과 空과 見과 知와 같은 본질이지 부처가 우리에게 內在하는 것은 아니라는 것이다.

너무 복잡하고 사변적이고 철학적이라 어수선한 것도 병이지만 지나치게 단순화하는 것도 병이다. 위와 같은 서로 다른 주장은 서로 이단이라고 치닫는 是非가 중요한 것이 아니고 서로의 결점을 보완하는 상대성으로 봐야 하지 않을까.

너는 부처인가!

집에 앉아 연속극에 열중하는 마누라는 〈집에 부처님〉인가. 술집에 앉아 주거니 받거니 하는 남편은 〈밖에 부처님〉인가.

노아의 홍수

하느님이 태초에 하늘(天)과 땅(地)을 창조하셨다. 그런데 하늘과 땅
은 구분과 형태가 없이 그냥 황무하였다. 그야말로 천지는 현황이라
(天地玄黃) 천자문의 첫 구절과 같다. 검은색(현玄)과 누런색(황黃)이 겹
쳐있는 듯 산도 물도 보이지 않는 오리무중(짙은 안개)속에 있는 듯 했
고 거센 모래바람 속에 있는 듯 전후와 좌우를 도저히 알 수 없는 어
둡고 황량한 풍경이었던 모양이다. 다만 물바다가 있었다. 그 때에
〈하느님〉이란 분이 있어서 물의 표면(수면水面) 위에서 이리저리 움직
이고 있었다. 그리고 〈하느님〉이란 분이 말을 하기 시작하였다.

〈빛이 있게 하어라〉

이것이 하느님의 개구일성(開口一聲 : 입 열고 한 첫마디)이다. 어둠(無
明)은 본래부터 있어온 것이라 밤낮을 있게하고 차별이 있게 했다.

첫째날은 이렇게 天地와 빛과 어두움(明과 無明)을 차별지어 만들고
明과 無明이 번갈아 교차하는 〈시간〉이라는 것이 만들어졌다. 그리
고 〈하느님〉은 휴식을 취했다.

둘째날 하느님은 물을 갈라지게 하여 바닷속에 잠겨있던 육지를
드러나게 하셨다. 이어서 풀(草)과 나무(木)를 종류대로 땅에 돋아나게
하라 하니 그리되었다. 둘째날이 지나고 또 휴식하셨다.

셋째날이 되어 하느님은 〈자기의 말〉이 자동화(AUTOMATIC)되도록

하늘에 〈해와 달과 별〉이 있도록 말씀하여 그리 되었다.

年 · 月 · 日이 있게 되어 〈시간〉이 하늘이라는 〈공간〉 위에서 존재하게 되었고 이것이 역사(史)의 시작이며, 역사는 흘렀다.

넷째날에는 〈움직이는 영혼〉들을 만들기 시작하니 바다에는 물고기를 땅에는 짐승과 새들을 그 종류대로 창조하였다.

다섯째날에는 드디어 말썽 많은 인간을 地上에 살도록 만들었다. 인간은 하느님의 형상대로 창조되었다.

여섯째날이 밝으니 이 모든 창조물을 다시 확인하고 그 임무를 부여하여 〈하느님의 군대〉를 창설하여 마치셨다.

일곱째날이 밝아왔으나 하느님은 너무 피곤해서 온종일 휴식을 말씀하시니 HOLIDAY(공휴일)가 창조되었다.

이것이 〈창조신〉의 약력이며 창조신인 하느님의 이름은 〈여호와〉라고 불리었다. 神은 많다. 그러나 창조의 능력이 빠진 神들은 죄다 잡신들이다.

이 창조시대 이후에도 여호와 신은 계속 사람에게 영향력을 행사하려고 했지만 실패했다. 에덴동산이며 아담과 이브의 LOVE STORY며 무화과를 따먹고는 임신하여 여자가 사내를 낳으니 〈카인〉이라고 이름 지었다. 둘째 사내도 낳았으니 〈아벨〉이란 놈이다.

이로부터 여호와 하느님 神과 인간들의 갈등이 시작되어 지구가 멸망할 때가 계속 될 조짐을 보이고 있는 것이다. 아담과 그 후예들이 대를 이루며 산 시간은 대략 5000년이라 하니 단군이 하늘에서 내려와 백두산 밑으로 한반도와 만주에 걸친 나라를 세워 오늘에 이르기까지 약 5000년의 〈조선 민족사〉와 맞먹는 시간이다.

〈아담의 역사〉를 마감한 것은 〈노아〉라는 사내의 탄생이다. 노아의 시대에 이르러 인간은 극도로 타락하고 방탕해졌으므로 하느님께서는 탄식하고 후회했다. 내가 왜 인간이란 존재를 창조했을고! 그래서 하느님은 인간을 싹 쓸어 없애기로 작정하고 시행하되 〈노아 FAMILY〉만 살려두었다. 노아는 하느님에게서 인정한 선한 인간이라 다시 〈인간종자〉를 삼으려했기 때문이다. 그래서 앞으로 40일 동안 장대비가 내려서 세상을 온통 물 속에 잠기게 하여 모든 생물을 죽일 것이니 너는 배를 만들어 너의 가족과 모든 지상의 생명체 중에서 종자될 만한 것만 SAVE하라고 하여 노아는 그리하였다. 〈노아의 방주〉라는 유명한 기독교성경 창세기 편의 스토리다.

드디어 〈노아의 역사〉가 〈아담의 역사〉를 대신하여 계승하게 된 것이다. 아마도 이 때의 대홍수로 티그리스 유프라테스의 큰 두 강이 범람하여 이란과 이라크 일대와 아라비아와 홍해와 다마쿠스(시리아) 암만(요르단) 북아프리카 일대가 전부 사막화된 듯하다. 히말리아 산맥과 우랄·알타이의 고원이 이 노아의 대홍수로부터 인도와 아시아 지역을 안전지대로 막아낸 것이다.

한편 노아의 홍수를 비켜 인도와 천산산맥 이남의 아세아에서는 〈마음의 홍수〉를 겪고 있는 인간의 존재를 문제삼고 있었다. 이 문제가 석가모니 세존의 깨달음과 그 이후의 가르침에 의해서 집대성되고 요약되었다. 〈4폭류(대홍수)〉라고 작명되었다. 이 대홍수의 물줄기는 인간들의 心中에 자리 잡고 영원한 대물림을 하므로 그 홍수의 끝날 날은 기약된 바가 없다.

〈욕심〉이 노아의 홍수처럼 心中에 범람한다. 소유하려는 〈所有心〉이 폭류가 되어 있다. 난폭하고 거친 마음이다. 아애(我愛)라는 〈애수(愛水)〉가 마음의 분비물이 되어 마음을 대신하고 있다. 마음이 무어냐고 묻거든 我愛라고 답하면 된다. 하늘의 해와 달과 별은 愛海에 빠져 心中에서는 비추지 않는다. 無明이다.

마음의 세계는 어둡다. 무의식이니 잠재의식이니 하여 마음을 버린 자식으로 내팽개치고 사는 것이 인간이다.

3법인(무상, 무아, 열반)이 마음의 해와 달과 별이건만 無明때문에 노아의 홍수때문에 無明 아래 놓여있다.

중생들이 이 4번뇌라는 4폭류(홍수)의 멍에 때문에 수고하는 중생(수고중생, 受苦衆生)이 된 것은 태초인간인 아담 때부터이니 한번 수고하는 영혼이 되고나면 좀체로 벗어나기 힘들다. 〈인간의 멍에(HUMAN BONDAGE)〉다.

이 4폭류인 욕심, 소유심, 아애심, 무명심은 그 자체가 인이고 연이고 과다.(因緣果) 연기법이 인연법을 그냥 막연히 설법한 것이 아니다. 우리 마음의 욕심과 소유와 아애와 무명이 우리 인간이라는 〈인간규정〉이다. 그러므로 4폭류심은 중생의 미계(迷界)에서는 너무나 당연한 이야기다.

성인이 홀로 슬픔을 느끼고 자비를 일으킨다.

마음공부

깨달은 이(佛, 부처님)의 가르침(敎)이 佛敎라는 것이다. 그러므로 불교의 가장 핵심적인 문제는 〈깨달음〉이다. 그렇다면 무엇을 어떻게 깨닫느냐가 가장 큰 관건이다.

무엇을 깨닫느냐하는 문제는 간단하다. [마음]이 그 정답이다. 〈즉 마음을 깨닫는다〉는 것이다. 그것은 일체는 유심조이기 때문이다(一切 唯心造). 일체라는 말은 예외를 인정하지 않는 가장 당차고 강력한 언어다(NO EXCEPTIONS). 만약 일체가 唯心이지 않고 어떤 일정 부분만 마음이라고 한다면 불교에 목을 매다는 이가 드물 것이다. 〈일체 유심조〉는 저 기독교에서 〈하나님이 일체를 창조했다〉는 대전제와 맞먹는 선언이다. 佛子에게 있어 일체 유심조라는 대전제에 異見과 오해는 있을 수 없다.

어떻게 해야 마음을 깨달을 수 있는가하는 문제는 그리 간단한 게 아니다. 첫째는 인류 각각의 각각등 보체가 각각등 보체의 숫자만큼 업(KARMA)이 다르기 때문이다. 업이 달라 벌어진 세계가 〈衆生界〉라는 말이 생기게 된 이유다. 그러니 중생계에 어찌 〈만병통치약〉이 있을 수 있겠는가. 업이 달라 〈心病〉이 다르다. 원래 약은 병에 상응해서 먹어야 하기 때문에(응병투약應病投藥) 부처님께서 40년을 장광설로

토설(吐舌)하셨다.

둘째 〈약장사는 쉬운 장사가 아니더라〉는 것이다. 말로써는 다 할 수가 없는 장사다. 그래서 저 갈릴리 호수가의 성자께서는 마침내 십자가에 못 박혀서 최후를 마치신 것이다. 거리에서 장사하는 장사치들은 집안에서 장사하는 정치하는 이들에게 밀려 가판대를 치워야하는 것이다. 소크라테스가 그랬고 공자께서도 그랬다.

경험이라는 것은 약장사가 길거리에서 하는 것이지 수행자가 앉아서 경험 할 것은 아무것도 없는 법이다. 방안으로 몸을 피하여 감추는 것 치고 좋은 것은 하나도 없다. 그곳은 [無明]이 꽉 찬 곳이기 때문이다. 그러나 無明에 처(處)해 있을 때가 가장 밝음(明)이 그리운 법이다. 이렇게 무명때문에 〈얻은 明〉은 수행자들이 말하는 이른바 [경지]라는 것이다.

알고 보면 마음은 방안이 아니고 밀실이 아니더라.

〈마음이 깜깜한 것〉이라는 사실을 알고 가만히 살펴보니 깜깜한 마음 속에 형광물질이 있는 것을 알아내는 것이 요긴한 일이다. 마음은 반딧불과 같은 것이더라. 우리의 마음은(衆生들의 心, 衆生心) 반딧불과 같은 형광체를 스스로 가지고 있는 것이다. 영원히 꺼지지 않는 형광등이 우리의 心體다.

이 心中의 형광물질을 〈眞如〉라고 대승불교에서는 표현한다. 진여라는 용어가 인기를 얻기 전에는 그냥 〈佛性〉이라고 한 것을 〈진여불성〉이라고 하여 두 개념을 통합했다.

마음을 알아내고 찾아내는 데는 수행과 공부라는 두 가지 방법으로 行한다. 그렇다고 수행자가 공부를 하지 않는 것도 아니고 또한

공부인이 수행을 하지 않는 것도 아니다. 옛날에는 〈수행자〉와 〈공부인〉이 엄청 다투고 반목했다.(反目)

그 결과 서로는 눈을 맞추는 일이 없었다. 그러다가 최근에는 서로 [말도 안 되는 反目]이라 하여 〈수행공부〉라는 화해적인 합성어를 사용한다. 응병투약에 대한 새삼스러운 반성이다.

마음공부의 二門

제1문은 〈의식〉이라 불리는 〈육단심(肉團心)〉을 알아내고 깨닫는 마음공부 중심이다. 초기 불교(원시불교) 시절이나 현대의 심리학이 몰두하는 방법이다.

육단심은 〈PHYSICAL MIND〉다. 몸(PHYSICAL)과 마음(MIND 또는 SPIRITUAL)이 二元的인 덩어리 상태(온.蘊)로 일체가 될 때의 마음이다. 이 마음(육단심)을 종교적인 대상을 삼아서 〈성령(聖靈)〉이니 〈영혼〉이라 부른다. 그리고 성령이나 영혼이 된 육단심을 〈초자연적〉인 것으로 심득(心得)한 바가 있으면 심령술사나 성령주의적 신들린 사람으로 취급한다. 이 성령(육단심)을 중심으로 성부(하느님)와 성자(예수 그리스도)가 결합되는 삼위일체신앙은 지금은 파문당하여 지하로 숨어들었다.

불교에서는 육단심을 〈의식〉이라고 취급한다. [두뇌에 속한(ASSOCIATE) 기(氣, QUALITY, 품질, 質)]가 의식이다. 두뇌라는 신체조직에 의식(氣質)이 부여되면 인식이라는 知的 활동이 있게 된다. 의식이 마음이며 생각을 연(緣)으로 삼아(소연所緣) 마음을 일으킴으로 〈연려심(緣慮心)〉이라고도 한다. 마음은 원래가 불고기(不孤起)라 홀로 서지 못한다. 여러 가지가 연이 되어주어야 겨우 일어난다.

제2문은 〈무의식〉이라 불려지는 몸에 소속되지 않는 마음세계를 알아내고 깨닫고하는 마음공부가 있다. 몸을 의지처로 삼기는 하되 몸과는 전혀 교섭이 없는(NOT ASSOCIATE) 무의식이라는 세계가 있다.

불교에서는 〈말라식〉이라 하고 〈아뢰야식〉이라고 말해진다. 무어라 표현하기가 어려워 원어 그대로 쓰는 것이다. 이것을 유식 공부에서는 제7식(말라)이나 제8식(아뢰야식)이라고 부르기도 하는 세계다.

그리고 이 무의식은 의식의 뿌리(意根 또는 心根 또는 識根)가 내려앉아 있는 곳이다. 우리의 무의식은 그 머물고 있는 곳(주처住處)이 알려져 있지 않다. 무의식의 PARKING PLACE는 알 수가 없다.

BRAIN인가 HEART인가 BLOOD인가 NEURO SYSTEM인가 氣인가 理인가 마음(MIND)에 충만해 있는(FULL) MIND FULL인가 차라리 無心인가 無心한 자리에 무의식은 머물고 있는가. 무의식으로 분류되는 마음은 이미 SPIRIT이 아니다. BRAIN으로는 접근이 되지 않는다. 지능이나 느낌(감정)으로도 가까이 할 수 없다(不可近). 소위 말하는 수행자들의 空체험(EXPERIENCE OF EMPTYNESS)으로도 충분하지 않다. 체험이나 경험이라는 것도 알기 위한 知의 한 종류일 따름이지 별 것이 아니다. 체험이나 경험 없이도 얼마든지 알 수 있는 것이 인간의 理的 능력이다. 체험이나 경험에 대한 맹신은 깨달음에 대한 불교적 오류를 많이 만들어냈다. 별것이 아닌 것을 가지고 별것인 양 떠들어 대는 것은 웃음거리가 될 수 있는 것이다.

바다 위에 모습을 보인 빙산의 일각이 의식이라면 바다 밑으로 뿌리가 놓인 무의식이란 빙산의 몸통은 크고 넓다. 그러나 일각(一角)이든 전각(全角)이든 빙산은 바닷물에 떠있는 존재로 〈무근수(無根樹)〉다.

〈뿌리 없는 나무〉가 우리의 마음과 같다. 무분별지나 무사량지가 나타나는 지혜라야 무근수(무의식)를 볼 수 있다고 한다.

마음에 비친 달

〈색(色)〉은 우리의 신체를 말하거나 물질적 존재를 말할 때 쓰는 불교적 용어다. 크기와 길이와 모양과 색깔을 두루 가지고 있는 것들이다. 남녀 간의 관계도 색으로 표현한다. 신체를 사용하는 것이 남녀 관계이기 때문이다. 영어의 SEX라는 단어를 色으로 표시한 것은 어문학자들이다. 불교 용어가 아니면 말을 만들수가 없는 시대에 생긴 용어다.

선정에 들어가면 몸(신체)에 대한 의식이 없어지는 정신상태에 놓인다. 그러므로 몸이 최고로 편안한 상태 또는 안락한 상태가 된다. 무색계는 色界의 〈선정체험〉이 더 깊어진 것을 말한다.

마명대사는 이러한 선정체험도 마음이 한 체험이므로 허망하다고 한다. 마음이란 다 〈무명업식〉의 활동일 따름이라는 것이다. 〈마음에 비친 달〉이므로 허망 그 자체다. 아사달이 연못 속에 비친 무영탑을 본 것은 如夢幻 포영이라 〈그림자〉이지 진짜 탑은 아니다.

무영지(無影池)라 그림자를 연못에 비추지 못하는 연못인데 어찌 백제의 그 여인은 탑 그늘을 연못에서 봤다고 했을까. 탑이 완성된 후에야 만날 수 있다고 했으니까. 그 여인의 자기 남편인 석공(石工)을 그리는 마음이 너무도 애절하여 탑이 완성된 다음에 〈무영탑〉이라고 이름지었다.

　경주 불국사에 수학여행가면 제일 처음 부닥치는 게 석가탑(다보탑)과 중생탑(무영탑)의 쌍탑이다. 불국사 대웅전 앞에 놓인 쌍탑의 이름이다. 중생들아 애닯다 하지마라 너희 마음은 〈원래가 망심〉이지 않더냐. 망심의 인연따라 한세상 살고 가는 것 아니던가.

　무영탑은 무영지(연못)에 나타날 수 있는 위치와 거리에 있지 않다는 것을 경주에 가서 유적을 답사해보면 안다. 마음에 비친 달(心月)에 어찌 자기가 빠져 죽었다는 말인가. 아사달의 마음은 아름답기는 하지만 슬픈 일이다.

　막달라 마리아라는 여인은 예루살렘 번화가의 사람 물결 속에서 예수님의 뒷 모습을 보았노라고 증언했다. 이 증언이 〈예수님의 부활〉설에서 증언으로 채택된 것이다.

　인생이 한바탕 긴 꿈(장몽長夢)이라면 남의 낮꿈을 탓해 무엇하겠는가. 나같은 사람은 그냥 그렇거니 할 뿐이다. 나는 낮술을 낮꿈보다 더 좋아한다. 옛날에 나는 〈나의 心月〉을 좋아했다. 비몽사몽간에 눈을 감고 있으면 마음에 높고(高) 까맣게 먼(遠) 달이 비쳤다. 그 心月이 쏟아지는 속에서 탑 그늘 속에 앉아 넋을 놓고 있었다.

心月이 高遠한데 홀로(獨) 탑 앞에(塔前) 앉아있더라.

(心月高遠 獨坐塔前)

　이렇게 4구게 중에서 두 줄을 맞추었지만 깨달음이 오지 않아서 나머지 두 줄을 짓지 못하고 말았다. 아름다운 꿈을 많이 꾸던 젊은 시절의 일이라 지금도 그 꿈을 생각하면 미소가 생긴다.

그 탑(PAGODA파고다)은 언제나 나와 인연이 깊은 오대산 월정사의 9층 석탑이었다. 그 석탑과의 인연인지 몰라도 우리집에는 월정사 9층탑의 사진이 나를 찾아와서 벽에 걸려있다. 지금 서울 종로에는 절은 없어지고 탑만 남아있는 탑골공원에 있는 원각사 탑이나 월정사의 파고다나 다 같이 경주 불국사의 다보탑과 같은 보탑(寶塔)이다. 보탑은 그 모양이 아름답고 화려하다.

월인(月印) 천강지곡(千江之曲)은 수양대군(후의 세조대왕)이 아버지인 세종대왕의 명을 받아 세존의 팔상성도(八相으로 成道함)를 기록한 책이다. 아버지 세종이 찬탄 끝에 찬송을 짓되 〈월인천강지곡〉이라 하여 책머리에 붙였다. 〈달(月)이 千江에 나타나 비추듯이(印) 부처님 마음이 백성들의 마음에(千江) 일시에 나타나 비춤과 같다〉고 한 시다. 각각등 보체들의 마음에 비추는 달은 안녕하신지 묻고자 한다.

마음의 불꽃

식(識)은 마음의 내용을 꽉 채우고 있기 때문에 〈心 卽 識〉이다. 식은 마음의 내용물이다. 경계를 대할 때마다 〈인식〉하는 마음의 작용이 식이다. 고로 識의 體는 마음이라는 〈그릇〉이고, 그 그릇 안에 담겨있는 식은 호시탐탐 경계만 나타나면 즉시 인식이라는 작용(用)을 行한다.

그렇다면 마음이란 그릇(心器)은 어떻게 생겼는가. 〈신체(BODY)〉가 心을 담고 있는 그릇이다. 몸(BODY)은 왜 튼튼하고 건강해야 하는가. 그릇이기 때문이다. 몸은 정신(心)을 담고 있기 때문에 그토록 중요하고 튼튼하고 건강해야하는 것이다. 마음(정신)이란 것은 기(氣)의 상태로 존재한다. 공기같으며 기운같은 것이다.

마음을 알 수 없는 것과 같이 識도 알 수가 없다. 그래서 식을 8가지로 나누어 이해하고자 한다.(유식)

제1식:눈식(안식) – 본다는 것은 인식작용이고 눈은 〈보는 인식〉을 수행하는 기관(ORGAN)이다.

제2식:귀식(이식, 耳識)

제3식:코식(비식, 鼻識)

제4식:혀식(설식, 舌識)

제5식:피부식(신식, 身識)

이 다섯 가지 몸의 기관을 통한 인식 작용은 모두 특수한 한 분야만을 담당하는 인식 작용이지만 작용하는 형식이 비슷하므로 〈전오식(前五識)〉이라고 한마디로 용어한다. 몸의 어떤 기관을 하나 이용한다. 기관의 기능은 서로 섞이지 않는다. 기관식(기관의 인식)은 단순한 하나의 인식기관에 불과해서 〈의식(제6식)〉과 합쳐져야 인식이라는 것이 가능하다. 그러므로 전5식은 전부 〈의식〉의 종속기관으로 봐야한다. 의식의 외부 탈출기관 〈EXIT〉이다. 이 前5識은 다섯 가지 각각의 기관이 전부 몸 바깥에 노출되어 있으므로 외과(外科)에 속하여 심, 의, 식에서는 크게 다루지는 않는다.

內科의 內識으로써는 의식(제6식)·잠재의식(제7식 말라식)·무의식(제8식 아뢰야식)의 세 가지가 있다고 되어있다. 현대의 정신과학의 분류와도 일치한다. 이 식이란 것은 과거 세상에 사용하던 식이 현재 生에 〈업식〉으로 이사하여(이移) 들어온 것(入)으로 〈이입업식(移入業識)〉이다.

물론 이 식은 현재를 운영하다 깨끗이 세탁하여(불교용어로는 〈이숙〉이라 함) 종자의 형태가 되어 다음 生으로 전이(轉移)된다. 따지고 보면 〈식의 이전〉이 前生이고 現生이고 未來生이다. 이런 三生의 능력을 가진 식을 신(神)이라 하여 〈식신(識神)〉이라고 부른다. 불교에서 인정하는 GOD이 있다면 〈식신〉 하나뿐이다.

이 식은 소소령령하고 미묘한 〈마음의 당체(當體)〉라 〈진여(眞如)〉라고 불리어지는 것이지만 몸에 들어와서는 번뇌와 망상으로 뒤덮여 있는 상태로 존재하므로 여래는 숨어 있다하여 〈여래장(如來藏)〉이라 한다. 여래장은 〈마음의 불꽃〉인 것이며 〈식신(識神)〉인 것이다. 신(神)은 불꽃이어라.

달마의 무공덕

양나라 무제 대왕이 달마에게 물었다. 〈내가 많은 절을 짓고 많은 DONATION을 했으니 내 공덕이 어떻소〉

달마가 대답하되 〈무공덕이로소이다〉

첫 만남부터 이렇게 비틀어지자 무제는 달마를 서울에서 내쫓아 버렸다. 중국 山中불교의 시작이다.

자기와 남에게 편안함과 즐거움과 이익을 주는 것이 선심이고 물질기부(DONATION)를 하는 것은 선행이다. 善心은 〈마음의 거래〉지만 善行은 〈물질의 거래〉다. 마음과 물질이 균형(BALANCE)을 잡지 못하면 둘이서 동행(同行)하기란 힘들다.

마음만큼 물질 거래를 하고 물질만큼 마음 거래를 하기란 쉽지 않다. 물질 거래가 공(功)이라면 마음 거래는 덕(德)이다. 물질 거래가 善行이라면 마음 거래는 善心이다. 양의 무제는 선행만큼 선심이 크지를 못해 功(선행)과 德(선심)에 균형이 맞지 않았다. 달마가 이것을 지적하여 무제의 미움을 샀다.

善心과 善行은 동심원을 그리는 동그라미 속에 있는 것이다. 그러나 동심원이 아닐 때는 〈위선(거짓僞, 선善)〉이라고 한다. 위선은 도덕적인 타락이다. 그래도 심하지만 않으면 惡行보다는 낫다고 하는 이들도 있다.

대승(MAHA YANA)

大(MAHA) 乘(YANA)은 큰물에서 논다는 것이다. 얕은 개울물에서 노는 것이 아니다. 인생에 있어서 큰물은 [삶]이다. 삶이 대하(大河)고 大海다. 앞서는 것은 없고 뒤서는 것도 없이 前無하고 後無한 것이 우리들의 삶이다.

우리들의 삶(인생)은 중생들 각각등 보체의 마음을 타고 흐른다. 우리 불교에서 왜 마음마음 하는가. 마음이 우리의 삶을 신고가기(乘) 때문이다. 마음을 굳게 잡고 서지못하면 바람에 휩쓸려 추락한다. 외상과 내상(外傷과 內傷)을 남긴다.

바람은 이익을 가져오는 바람, 손해를 몰고 오는 바람, 나를 헐뜯는 바람, 나를 명예롭게 하는 바람, 나를 칭찬하는 바람, 나를 기만하고 속이는 바람, 身苦와 心痛을 가져다주는 고통의 바람, 身樂과 心樂을 가져오는 바람 등의 八風이다. 風病은 바람을 씌우면 아프고 악화된다.

우리들의 마음인 [중생심]이 대승이라는 것은 당연한 결론이다. 그런데 이 중생심이 바람 앞의(風前) 등불(燈火)이라는 것이 깨달은 이(佛)의 가르침(敎)이다.

우선 바람을 좀 어찌 해보려는 중생의 몸부림이 있게 된다. 지붕에 돌도 얹고 방풍림도 심고 판자로 창문도 가린다. 문도 덧문(이중문)을 만들어 둔다. 위(爲 · 所作 · 하는 바)가 大하다.

대승에서는 유위법(所作法)이 위대하다고 말하여 무위법(無所作)을 제외시킨다. 所作을 이루는(成) 지혜(智) 즉 成 所作 智를 최고의 목표로 삼는다. 〈행동하는 지성〉이다.

다음은 비바람에도 꺼지지않는 장명등(長明燈)을 만들어 바람에 대적하려는 노력이다. 수행과 見性과 깨달음이 그것이다.

이러한 중생의 모든 노력은 自燈과 法燈을 쌍수해야 한다. 자등과 법등이 서로 점화가 되어야 明이 극대화 되는 것(長明燈)이라는 게 대승의 주장이다. 달리는 自利 · 利他라고도 풀이한다. 또는 상구보리(위로는 진리를 구하고) 하화중생(아래로는 중생을 변화시킨다)이라고도 한다.

도(道)

〈근본적인 원리〉를 도(道)라고 한다. 이 근본적이라고 생각되는 원리를 우리는 진리라고 믿고 있다. 무엇이 가장 근본적인 진리인가. 그것은 아무도 모른다. 누구도 〈원리의 끝〉을 모르는 채 주장할 뿐이다. 그 주장을 〈증명〉한다고 야단법석이지만 〈야단〉이 떠나고나면 〈법석(法席)〉은 또 허망을 안겨줄 뿐이다. 야단과 법석이 교차하는 것이 인류의 역사다. 그러나 〈주장되는 진리〉가 〈상식(常識)〉이면 그것은 진짜 진리다. 가령 〈산 것은 언젠가는 다 死한다〉고 하는 것 등은 〈상식화 된 진리〉다.

道는 그 자신이 원리의 끝판이지만 그 끝판으로 향하는 것도 道(길)라고 한다. 깨달은 이(佛)의 가르침(敎)은 원리의 끝판이라 더 이상 왈가왈부할 것이 없지만 그리로 向하는 발걸음에는 길이 있어야 갈 수 있는 것이다. 그래서 〈불도(佛道)〉라고도 한다. 불교가 본각(本覺)이라면 불도는 시각(始覺)이다. 본각인 불교를 〈보리(BODHI)〉라고 용어하고 시각인 불도는 〈방편(우파야)〉라고 한다.

이것을 좀 어렵게 표현하면 〈道는 인(因)에도 있고 道는 과(課)에도 있다〉고 한다. 그런데 因果가 서로 얽히는 것(상결相結)이 인과법칙이라고 하는 것이다. 〈인과 상결〉이라. 因道를 교육이라고 하고 종교 쪽에서는 교화(敎化)라고 한다.

〈自然〉이 진리의 끝판왕이라 하여 일으킨 것이 노자의 道敎다. 〈스스로(自) 그러함(然)〉을 빼고 무슨 진리가 따로 있겠는가 하고 自問해보는 가르침이다. 자연에 돌아가 의지하라(귀의자연) 자연도 자연다워야 하지만 人情도 자연스러워야 된다고 하는 가르침이다.

두타 제일 가섭존자

부처님의 10大제자 가운데서도 제일가는 四大제자는 목건련, 수보리, 사리불, 부루나 4명이다. 그러나 아무리 핵심제자가 있다 해도 상수(上首, 우두머리)제자는 가섭존자다.

부처님이 40년 동안 법륜을 굴리는 동안 가섭은 부처님과 同行하지 않고 항상 혼자서 부처님이 밟지 않는 땅만 골라 다녔다. 이런 頭陀行은 계율이 엄정하고 성품이 탁(濁)하지 않아서 淨行을 할 수 있는 사람이 아니면 안 된다. 그 외에 스님들은 다 중이어야 한다.

수행자 大衆과 같이 산다고 중(衆)이다. 부처님께서는 혼자 수행(독수행)을 금하셨다. 카풀(CAR POOL)과 같아서 2인이나 3인 이상이 同居同行해야하는 걸로 계율에서는 다스린다. 이것은 아마도 부처님의 비서실장인 아란존자께서 혼자 공양을 받으러 갔다가 여인에게 포로가 된 뼈 아픈 사례가 있어서 일지도 모른다.

의 · 식 · 주에 집착이 있으면서 我空 · 法空의 二執타파를 이룬다는 것은 IMPOSSIBLE이다. 물론 탁상에서 공론으로 또는 가르침의 차원에서는 할 수는 있는 일이다. 두타행은 지계바라밀법으로 淨法界를 깨닫는 수행법이다. 탁세(濁世)에 깨끗함(더럽혀 지지 않음)으로 서있는 이는 의롭고 장하다. 〈바람 앞에 등불〉같지만 그래도 등불을 켜야 하는 등대지기와 같은 스승일 것이다.

카멜 삼보사의 청화스님 같은 분이 淨法을 보여주신 그런 분일 것 같다. 청화스님께서는 평시에 많은 수행자들과 동행을 하시면서 한국과 미국을 왕래하셨는데 아마도 자기가 수행중에 있는 중(衆)이라는 겸손함 때문이었으리라. 물론 포교를 위해서 獨行할 때가 많다.

부처님께서도 포교를 위해 몰려다니지 말고 사람을 쪼개어 넓은 지역을 커버하라고 하셨다. 포교 행자는 장하고 높다. 부처님이 남기신 일(佛事)을 하시는 것을 북한식으로 말하면 〈일꾼〉들이다.

그러나 가섭존자의 두타행 정신을 잊어서는 안 될 일이다. 출가를 가출로 뒤바뀌게 하는 것이 많이 〈포교〉라는 이름으로 행해지기 때문이다. 포교만한 수행법은 없다. 실전(實戰)이기 때문이다. 우리나라에는 가섭寺라는 절도 있고 두타寺라는 절도 있다. 모두 가섭존자의 두타행을 흠모하는 마음에서다.

뒤에 얻는 것 후득(後得)은 전부 후박(厚薄)이 있다

두텁고(厚) 얇은 것(薄)이 후박(厚薄)이다. 그러므로 아주 완전한 것은 있을 수가 없으며 또한 아주 불완전한 것도 없다. 그러나 진리나 眞如같은 것은 두텁고 얇은 구분이 없다. 태양은 후박이 없으나 전기는 후박이 있다. 先天的인 것이 아니고 後天的인 것이기 때문이다. 후천적인 것은 전부 有爲法에 분류된다. 후덕지나 깨달음 같은 것도 전부 두텁고 얇은 후박이 있다. 물론 〈연기된 것〉도 마찬가지다.

한마디로 그냥 무명(無明)이라고 하는 것에 가장 후박이 심하다. 무명은 종자에 행하는 것이고 종자는 업의 기운(습기習氣)이기 때문에 무명은 일차적으로는 업과의 관계 에서만 쓰는 용어다. 우리가 잘 모르는 것은 無知하다고 하지 무명하다고는 하지 않는다. 인류의 무명은 情에 있고 理에는 없는 것이 무명의 性(본질)이고 相(현상)이다.

한문으로는 情有理無라고 간단하게 용어한다. 그렇기 때문에 홀연히 생기고 홀연히 없어진다. 우리가 정신을 차릴 수 없을만큼 홀연히 일어나고 없어지고 계속되는 홀연기멸(忽然起滅)이기 때문에 이것이 전부 꿈속과 같다. 도시몽중이 인간의 삶이다(都是夢中).

연기 하는 것에서 無明이 출몰하는 현상을 변계(이리저리 두루遍 ·

계산하는計)라 하고 변계한 것을 집착하는 바이므로(所執) 변계소집 하는 성질이라 한다. (변계 · 소집 · 성)

우리의 식연기(識緣起). 즉 사고체계와 인식체계를 근본적으로 뒤덮고 있는 것은 무명 즉 情이다. 5욕 7정이 전부 무명이니 어찌하겠는가. 방법은 오직 理性의 지평선을 넓혀가는 수밖에 없는 것이다. 그것이 정말로 이치라면 그곳에는 情이 없고 무명이 없기 때문이다.

여기서 한 가지 크게 주의해야 할 것은 우리가 情을 문제 삼는 것은 미정(迷情)이라는 것을 잊으면 안된다는 점이다. 은혜로써 사랑하는 은애(恩愛)라던가 효도와 희사와 봉사같은 것은 迷情이 아니다. 이런 것은 다 자비하는 마음(자비심)의 발로로써 미궁 속을 헤매는 迷情이 아니다.

無情은 깨달은 이(佛)의 가르침(敎)이 아니다. 물이 理라면 파랑은 情이다. 물은 파도와 떨어져 본적이 없고 파도는 그 자체가 물이다. 물과 파도의 둘 사이에는 기운(氣運,ENERGY)의 후박이 있을 뿐이다. 선문에서는 眞空과 妙有라고 용어 한다. 진공을 정(靜)이라 하고 묘유를 動이라 한다면 동정은 一如다. 一心이 一如로 되어있다.

명상

두 가지 종류의 명상이 있다. 두 가지라고는 하지만 명상이란 이름 아래있는 내용이므로 두 가지 구분이 꽉 물려있는 것도 너무나 당연한 일이다. 집중명상, 통찰명상.

집중명상은 삼매로 가는 길이다. 한문 번역으로는 定을 뜻한다. 이러한 삼매나 定은 초월을 결과한다. 초월이라고 하면 불교에서는 일단 욕계를 넘어서는 것을 말한다. 욕계는 世間을 말하므로 초월은 또한 세간을 초월한다는 뜻이다.

세간이란 시간과 공간(時空)을 소비하며 사는 시간적 인간과 공간적 인간들이 사는 세상이다. 중생계(衆生界)라고 하는 것이다. 중생계를 초월해서 넘어서는 방법은 시간을 넘어서는 [無我]와 공간을 넘어서는 [무경(無境)]의 두 가지 길밖에 없다. 〈二空〉이라는 我空 法空을 말한다. 이런 경험은 삼매와 入定에서만 가능하다.

그러나 문제는 入定과 出定이 있다는 [入出]의 한계성을 극복하기가 어렵다는 것이다. 入出이 자재한 것은 오직 불·보살뿐이라 한다. 이 때의 보살은 물론 관세음 등의 大力보살을 말한다.

흩어진 마음(산심散心)을 가지고 사는 중생에게도 문득문득 마음이 한 곳에 머물러 흩어지지 않는 定心을 일상생활에서도 늘 함께하고 있다. 우리가 생득정심(生得定心)을 가지고 있다는 증거다. 이 증거를 높이 들어서 연등불의 빛을 찾는 것이 불교수행이다.

빛부처(光佛)가 古佛이며 現佛이며 來佛이라는 것이 깨달은 이(佛)의 가르침(敎)이다.

통찰명상은 이른바 위빠사나를 말한다. 주로 [일어나는 마음(起心)]을 관하여 일어나기 전의 마음(不起心)을 찾아내는 명상선을 말한다. 집중명상을 定과 지(止)로써 번역하고 관찰명상을 관(觀)이라 번역한 바와 같이 지혜로써 식별하고 선별하는 用(작용)을 중요시 하는 것이 관찰명상이다.

이 때의 지혜는 세속지혜(俗知)이기 때문에 眞知의 발현을 위해 삼매(止)를 겸하지 않으면 안된다고 하여 지관을 같이 공부하라고 하는 것이다.

무위법

원래 불교에서는 空無하면서 연기하는(生滅) 것을 무위법이라 하며 이 뜻을 만족시키는 것은 진공묘유의 〈진여〉 하나뿐이다.

나머지 〈허공 무위〉라던가 수행 끝에 얻는 상수(想) 멸진 定이라던가, 아집과 법집을 끊고 번뇌장과 소지장이 영멸하여 허공과 같이 자재하는 것 등은 전부 무위의 한 부분이거나, 비슷할 뿐이라 가무위라 한다. 따라서 실법이 아니고 가법이다. 그러나 수행과 공부를 널리 받들어 칭송하고 격려하기 위해 이런 모든 것들을 다 무위법으로 분류한다.

또한 자연을 높이 받들어 〈무위자연〉이라고 하는 것도 가르침(敎)의 뜻을 품지 않음으로 불교에서는 배척하는 바다. 자연에는 번뇌도 없고 무명같은 것도 없음으로 인연의 법을 멀리 벗어나 있는 까닭이다. 진여는 不可言, 不可文한 그 무엇이다. 진여는 有論으로써는 접근이 불가한 그 무엇이며 無論으로써는 희롱할 수도 없는 것이다.

심지어는 성불한 응신이나 보신으로써도 가타부타 없이 묵언해야 하는 진여법신이기 때문이다. 진여법신이 진실법이라고 해도 또한 실체가 있는 것도 아니다.

그러나 우리는 어제도 오늘도 내일도 끝없이 言하고 文하고 論한다. 중생이니까. 중생자유에 속하는 방황이니까.

무아(無我)

나(我)는 망견(妄見) 上에서만 있는 것이고 실재하는 것은 아니다. 그러나 色身(몸)은 있다. 이 몸은 실재한다. 짧게 있던 길게 있던 있는 것은 있는 것이다. 일체의 相(존재)은 전부 실재하는 존재다. 우리의 色身이 없다는 것은 망상이다. 또한 이 色身이 견고하다고 하는 것은 믿고 싶은 대로 믿는 〈믿음〉일 뿐 흉칙한 망견이다. 우리의 마음(心)은 허망한 것이다. 定處가 없고 종잡을 수 없는 〈허무맹랑한 것〉이 마음이다. 순정을 다 바쳐 본들 소용이 있던가. 미안하지만 소용없는 일이다.

몸의 법칙과 마음의 법칙은 서로 다르게 달려간다. 身과 心은 不同인 것을 알아야 한다. 虛인 心과 實인 육신이 어떻게 같을 수 있을 것인가. 그러나 인간들은 이 둘(心 · 身)이 서로 통할 수 있다는 조상전래의 망상이 DNA속에 念으로 각인되어 있다. 이러한 不通을 通으로 아는 착각 때문에 心과 身은 고단하다. 心身이 고단하다. 이 妄見때문에 身은 피곤하고 心은 번뇌스럽게 되는 것이다.

生者야! 살아있는 자들아!
이것이 믿어지지 않는다면 마땅히 死者(죽은 자)를 깨워서 물어봐야 할 것이다. [心과 身이 같으며 통하며 서로 따르던가]하고 말이다.

나는 무엇인가. 色身이 我인가 心이 我인가 아니면 心身을 통째로 소리쳐 불러 나라고 하는가. 그렇지 않으면 삐끗거리는 心身의 통합체를 주관하고 컨트롤하는 그 무엇을 我라고 할 것인가. 無我는 心에 대한 〈空개념〉의 도입이다.

무의식 세계의 분별

우리의 무의식 세계를 불교에서는 두 가지로 나눈다. 〈아뢰야식〉의 세계와 〈말라식〉의 세계가 그것이다. 이 두 의식이 행하는 분별은 쥐도새도 모르는 아주 은밀하고 미세한 것이라 아무도 눈치채지 못한다. 눈치채지 못하므로 〈무분별〉이라 하고 〈무분별의 분별〉이라고 한다.

見大와 識大는 그 누가 사용하던 말던 무의식으로 남겨놓던 의식으로 써먹던 말던 우리에게 충만해 있는 것이다. 우리의 몸이라는 것은 이 見大와 識大를 담기 위한 그릇(器)이다.

그렇다면 이들 무의식이 분별한다는 소분별은 무엇인가? 분별 되어지는(所) 것은 과연 어떤 것이라는 말인가. 이것이 유식과 유심 공부에서는 가장 심각하게 난해한 부분이다.

분별되어지는 바 所分別을 불교에서는 한마디로 〈경(境)〉이라고 하기도 하고 〈상(相)〉이라고도 하는 것인데 見分과 상대하는 것들이다. 그래서 격을 맞추어 相分이라고 용어 한다. 갑돌이와 갑순이같이 처녀·총각의 이름과 같다. 커플반지같이 서로 만나야 인식이 이루어지기 때문이다.

왜 〈相分〉이라 하고 〈見分〉이라 부르는가. 왜냐하면 이 둘은 우리 몸 밖에 外在하는 어떤 존재를 상대하지 않기 때문이다. 무의식은 외계와는 접촉이 원천봉쇄 되어있어 外界를 대상으로(相) 본다는 것(見)은 불가능하기 때문이다. 오직 自心內에서만 활동할 수 있도록 그 영역이 제한되어 있다는 말이다. 말하자면 눈이 눈 속을 보는 것과 같고 신체가 몸을 아는 것과 같은 그런 것이다.

무의식이라는 能分이 상대하는 물건은 세 가지가 있는데 종자와 根(몸)과 自然(器世間)이 그것이다. 본식이며 근본식인 제8식 아뢰야식은 사실 이 세 가지를 자기가 가지고 있는 것이다. 그러므로 자기 물건을 자기가 보는 것이다.

한의사가 수 백 군데의 경혈과 기맥을 본다던가 요가 수행자들이 챠크라를 보고 느낀다든가 의사들이 신경계와 뇌와 男根女根을 잘 알고 있다든가 하는 것은 우리 몸의 구조와 기능을 아는 것이다. 根을 아는 것에 매우 가깝다고 할 것이다.

누구든지 이 우주 공간에 펼쳐져 있는 말할 수 없이 많은 세간을 다 마주하여 집기(house ware,器)처럼 볼 수 있다면 그는 스스로 外界人이 되는 기적을 내보이는 것이다. 산과 강과 大地와 수목과 풀과 돌과 같은 존재들과 삼라만상의 타물(他物)들을 무의식의 세계는 어떻게 분별하는가.

그것은 눈과(제1식) 귀와(제2식) 코와(제3식) 혀와(제4식) 피부(제5식)라는 〈5감각기관〉이 가지고 있는 能分이 의식(제6식)의 영역을 지나지 않고 곧장 본식인 제8 아뢰야식에 도착함으로써 우리의 무의식 세계는 自然(器世間)을 partner로 상대할 수 있는 것이다.

무의식이 몸 밖으로 탈출해서 자연과 外界를 직접 상대하는 일이란 있을 수 없는 일이다. 이 무의식 세계의 見大와 識大가 종자와 우리의 몸(根)과 外界와 자연을 훤히 볼 수 있다면 그것을 대원경(크고 둥근 거울大圓鏡)의 경지라 하고 5감각기관이 의식세계를 거치지 않고 바로 무의식 세계의 見大와 만나는 능력을 〈성소작지〉라 하여 이 두 지와 혜(智慧)는 自古로 불가사의하다고 평한다.

믿을 수 없는 불교의 내세관

불교에서도 사후에 대한 내세관이 있지만 교리발전의 중심적인 문제로 등장한 적도 없고, 교리발전이 지지부진 하다보니 설법의 메뉴로 등장하기도 힘들게 되어있다.

업(갈마) 연기 사상, 열반 사상, 진여 사상.

생전에 몸으로 애쓰고 입으로 주장하고 뜻으로 명심했던 것들은 몸이 죽은 후에도 하나의 세력으로 남아 그 파동을 남긴다. 큰 지진이 있은 다음에 여진이 있는 것과 같다. 이 업의 여진이 사후에 잠깐 동안 계속되는 前生의 삶이라 〈중간적인 있음(中有)〉이라 하거니와 곧 다른 존재로 나타나서(生有) 머물다가(本有) 다시 죽음으로 돌아가고(死有) 이렇게 있음(有, 존재)이 돌고 돌아 그침이 없음을 〈윤회〉라 한다.

〈업의 윤회〉를 믿는 것이 불교의 내세관이 되었다. 부모의 몸을 통해 우리는 있게 되지만(有) 부모가 〈나 있음(有我)〉의 절대적이고 유일한 이유는 아니다. 그러므로 뒤에 〈부모가 너를 낳기 전에 너는 언제 어디서 무엇으로 있었느냐(父母未生前面目)〉는 유명한 화두가 되었다.

업은 업보(果)라고 하는 바와 같이 因과 緣과 果는 業因과 業緣과 業報로써 不滅한다는 것이다. 그러나 인과 연과 과보가 어떻게 生住異滅 하는가는 전적으로 알 수 없는 일이다.(不可知) 그러나 알 수 없는 이 인연, 연기, 인과의 법이 天地까지도 만들고 부수고 개벽시키는 것을 어찌하랴.

그러므로 연기법 자체 그리고 여기서 파생된 윤회는 그 자체가 얽매임 없는 無碍法이다. 또 無常法이다. 이런 인연법과 無常法에 저항하는 것이 〈집착〉이라는 것이지만 집착은 허망한 것으로 결판나는 것이 천지의 리법(理法)이다.

불멸하는 것은 업뿐이고 나도 無常法에 함몰될 운명에 있는 것이라 〈我〉는 가법이다. 〈無我를 자각한 我〉는 깨달음과 같이 있는 實我다. 우리가 아무리 금생에 업을 짓지 않는다 해도 최초인간에서부터 나에게 이어져온 어떤 기운은 불멸한 것이다. 업보사상은 氣철학과 일맥상통한 것이다. 육신의 죽음은 業과 氣를 죽일 수는 없다는 것이 業報 윤회사상의 골자다.

이러한 업보 윤회사상을 〈믿음〉으로 정착시키고 〈교리〉로 체계화하는 것에는 불교자체의 최종적인 동의를 받아내지는 못했다. 불교에서는 원래 〈믿음〉이니 〈교리〉니 하는 것들의 고정화를 인정하지 않는다. 〈無常無我〉는 〈열반해탈〉法으로 대체되는 과정을 겪게 된다. 주장을 하지 않아도 자연히 〈업보 윤회〉같은 것은 부정된다. 상수 멸진定에 이르러서 바야흐로 無爲에 이르고 보면 行이 없으니 자동적으로 업이 소멸된다. 업종자의 기운(習氣)이 없게 되니 윤회라는 것은 있을 수가 없다. 아마도 밥을 먹을 필요도 없을지 모르고 숨을 쉬지 않을 수도 있다. 있는 것은 오직 초월뿐이다. 번뇌의 장애가 전혀 없어 적정하고 묘적할 뿐이다.

대승불교의 등장은 다시 〈보통사람〉인 중생을 중심해서 〈가르침〉이 있어야 할 바를 강조하는 운동이 일어났다. 〈깨달음〉자체를 문제로 삼지 않고 〈가르침〉을 문제로 삼는다는 것이다.

믿음을 일으키고(起信) 〈궁극적인 실재〉가 있음을 강조하는 모습으로 나가기 시작한 것으로 〈진여불성〉을 내세워 이 진여불성이 가법이 아니고 실법임을 증명하는데 온 노력이 투자되었다.

물론 실법이고 실재라고 해도 〈실체가 있는 존재〉가 아닌 점은 물론이다. 이 진여불성은 不可知이지만 어쨌든 생명의 원형질 같은 것으로써 불멸이며 동시에 생멸임을 보여준다. 그러므로 생멸과 윤회를 거듭하여도 진여불성은 손상됨이 없이 그대로 있는 것이며 진여로 여여해서 생멸을 버리는 것은 아니다.

이처럼 업보윤회와 열반사상과 진여불성 사상이 엉켜있으므로 우리는 어리벙벙하고 혼란스럽다. 이런 여러 가지 사상에 대한 정리와 정돈이 없다가는 우선 자가당착이 되어 일목요연한 가르침으로 나아갈수가 없다. 이러한 것은 개인적으로나 범불교적으로도 시급히 해결되어야 할 문제다. 신앙심(信)의 골수는 내세관(來世)에 귀착되기 마련이니까.

번뇌의 제거

중생들의 세속적인 삶을 성자(聖者)와 각자(覺者)와 인자(仁者)들은 이구동성으로 〈화택(火宅, BURNING HOUSE)〉에 처해 있다고 하여 딱하게 생각한다. 불난 집(화택火宅)에 살면서 초조하고 불안하고 가슴 조이며 한 평생을 보내는 것이 중생의 〈번뇌苦〉다. 이 번뇌와 번민과 고민을 제거하는 방법으로 불교는 크게 세 가지를 말한다.

첫째는 〈空삼매〉가 가장 권장되는 번뇌탈출 방식이다. 앉아서(坐) 선정에 들어가는 것을 일로 삼으므로 좌선(坐禪)이라고 한다. 선문에서 좌선만이 선정에 드는 길이 아니라고 강변하지만 좌선이 99.9%인 것을 어찌하겠는가. 고로 선종의 해탈은 〈좌탈(坐脫)〉이다. 일어나서 움직이기 시작하면 해탈은 간 곳이 없는 것이 대부분이다.

평생을 〈앉음〉 하나로 지낼 수 있는 출가자들의 〈번뇌해탈〉방식이다. 좌선의 공삼매는 삼매자에게 끝없이 집착을 끊어주므로 번뇌를 가져오는 제1 바이러스인 〈탐(욕)심〉을 극복케 한다. 자연히 〈무소유〉를 보여준다. 무소유는 무아(無我)를 증언하는 표상이다. 무소유가 아니면 무아를 표시할 수 있는 방법은 없다.

둘째 [무상(無相)삼매]자는 번뇌를 탈출한다. 〈상(相)이 없다는 것〉은 너라던가 저들이라던가 하는 분별심이 없는 것을 말한다. 실로 〈無相한 것이 실상(實相)〉이니까 말이다. 이 높은 뜻을 기려 전라북도 남원에 가면 실상寺가 있다. 신라 때의 九山선문의 실상사파가 생겨난 곳이다. 그곳의 화두는 "현상은 허망한가"를 묻는다.

YES와 NO가 발붙일 곳이 없게 되면 화두가 터져 진여(眞如)를 증득한다고 한다.

〈차이〉와 〈분별심〉은 다르다. 차이는 相이 있다. 無相은 차별심과 분별심에 관한 心法일 뿐이지 차이를 부정하는 것은 아니다. 이렇게 實相은 無相임을 알고 나면 中道를 안다고 설해져 있다. 차별심(분별심)이 無相(모양 없음)이므로 성내는 마음(진노)을 다스리게 한다.

셋째로 〈무원(無願)〉삼매자는 미래(FUTURE)라는 시간성을 잘라냄으로 번뇌를 탈출하는 방식으로 삼는다. 더 이상 바램이 없는(무망無望) 사람이 무슨 번뇌가 있겠는가. 미래를 도모하는 일이 적어지므로 어리석은 치심(痴心)을 극복해 번뇌를 탈출하는 것이다.

과거를 생각해보라. 과거는 〈지나간 미래〉다. 그 때의 그 많던 원하던 바 소원은 어찌되었는가. 어리석은 중생의 치심이 원하는 바 희망을 쉽게 포기 하겠는가. 치심의 제거는 극난한 일이라 부처님 외에는 가능한 일이 아니다.

번뇌의 바이러스 병균은 탐진치라는 삼독심(三毒心)이다. 생각생각이(念念) 잊지 말고(不離) 삼독심을 다스려야 한다.

법식(法食)과 촉식(觸食)

중생의 목숨은 두 가지의 먹이에 달려있다. 그러므로 눈만 뜨면 먹고 마신다. 첫째 먹이는 형체가 있는 것으로 소위 [단식(段食)] 이라는 것이다. [음식]이라는 것이다. 둘째 먹이는 형체가 없는 먹이로 [정식(情食)]이며 [感食]이며 혹식(惑食)이다. 정신적인 먹이다. 안·이·비·설·신을 통해 경(境대상)을 먹는다. 경식(境食)이라는 것이며 더 보편적으로는 [촉식]이라고 알려진 것이다. 촉식은 정신(의식)의 영향에서 벗어나는 것만큼 無我에 가까워져서 [해탈경지(해탈경)]를 얻기도 한다. 분별에 있어서는 自性분별이라고 한다.

선가에서는 이 자성분별을 보리(지혜)라고 한다. 견문각지(見·聞·覺·知)가 보리라는 것이다. [촉목보리(觸目)]는 유명한 화두다. 눈(目)에 접촉하는 것이 전부 보리라는 것이다.

법식은 깨달은 이의(佛) 가르침(敎)을 음식으로 식사하는 것에 비유해서 말하는 것이다. 법식을 해야 善根이 자라난다.

염식(念食)으로 법식한다. 아미타불을 염식하면 극락왕생하고 석가모니불을 염식하면 법열(法悅)을 느끼는 법사가 되어 중생을 널리 이익 되게 하여 보살행을 하게 된다. 법시(法施)를 베푼다.

화두를 굳게 잡으면 선열(禪悅, 기쁨)을 느끼게 되어 아뢰야식의 我

愛집착문을 활짝 열리게 하여 해탈의 기쁨을 알게 한다. 원(願)을 가지고 살면 願食을 하는 것이라 바라밀법에 상응한다. 해탈을 먹이(食)로 삼는 이는 열반을 성취하게 되어 자성 청정심(眞如心)이 현현하게 된다.

중생은 단단한 것을 먹는 단식과 촉감을 먹는 촉식을 주식으로 삼는다. 사상과 희망을 삶으로 삼는 서양 종교는 [思食]을 주식으로 삼는다할 것이다. 불교는 기본적으로 식식(識食)을 主食으로 삼는다. 불교는 唯識이고 唯心을 주제로 삼기 때문이다.

우리가 매일 삼시세끼를 먹고 살듯이 깨친 이의 가르침을 소홀히 하면 정신이 부실(不實)하게 되어 정신이 황폐해진다. 念食을 하던지 法食을 하던지 禪食을 하던지 願食을 하던지 해탈식을 하던지간에 부지런히 불교를 먹고 마시며 소화해 내지 않으면 우리는 부패한다.

복과 덕

청담과 성철이라는 두 걸출한 승려가 탄생하여 해방 후 한국 불교의 간판스타 역할을 해낸 師表들이시다.

5바라밀 중 보시, 지계, 인욕, 정진이 세간의 일이기 때문에 가르쳐야 할 利他덕목이라면 선정·지혜는 출세간의 일이며 닦아야할 이기적 덕목(利己的 德目)이다.

청담스님께서 보시와 지계와 인욕과 정진을 보이셨다면 성철스님께서는 선정과 지혜를 보이신 분이라 할 것이다. 이기와 利他를 대변하는 두 분의 행적이다.

부처님께서는 가사를 法衣라 하여 스스로는 물론 출가자들이 입도록 하셨다. 가사는 사실 [입는 옷]이 아니고 [걸치는 옷]이다. 내의를 전혀 입지 않고 맨몸에 걸쳤던 가사가 인도 출가자들의 가사 걸치는 법이었다. 중국과 한국과 일본의 북방에서는 혹독한 겨울추위를 견디기 위해 內衣와 바지저고리(장삼)를 입고 그 위에다 가사를 입었다.

성철 스님이 가사 입은 모습은 보기 힘들다. 고승의 장례식장이나 초파일이나 종단의 신년사 발표같은 한두번의 행사 때나 가사를 [예복]으로 입으셨다. 늘 동바지 저고리 차림으로 가야산에서 山行도 하시고 식사도 하시고 좌선도 하시고 하는 것이 일상생활이었다.

그와 반대로 청담 스님은 동바지 저고리의 장삼 입은 모습을 본 사람은 없을 것이다. 청담 스님은 가사를 예복이 아닌 [법복]으로 입으셨다. 혼자서 밥을 자실 때도 법복을 입고 밥상과 마주했고 어린 학생 하나를 만나도 법복차림이셨다. 청담 스님은 인욕과 下心을 불법(佛法)으로 받아들이는 인욕과 下心을 바라밀하셨다.

출가하여 가사를 입고있는 이들은 그 자체가 〈가사불사〉를 짓고 있기 때문에 수승한 윤회를 받는다. 부처님의 옷인 가사는 그렇게 거룩한 것이고 그 옷을 입고있는 출가의 福은 삼천대천세계를 덮고도 남는다. 그러나 복 자체가 덕(德)이 되는것은 아니기 때문에 부처님은 가사만 보이신 것이 아니고 德을 보이신 것이다. 福德이 거룩한 부처님은 〈복 많은 부처님〉이라거나 〈德 많은 부처님〉이라고 말하지는 않는다. 부처님의 복은 깨달음 때문이요, 부처님의 덕은 가르침 때문이다.

이기심은 身을 중심하기 때문에 악성 이기심이 된다. 출가자가 악성 이기심에 물들게 되면 가사 입은 밥도둑이 되고 出家나 수행도 도둑질을 위한 방편이 될 뿐이다. 淸淨의 종자가 실패한 종자(敗種敗種)가 되고 썩은 종자(腐種腐腫)가 된다. 利他心이 악성이 되면 위선(僞善)이 되어 不德이 된다.

출가자의 덕은 戒에 있다. 自利에 있어서나 利他에 있어 모두 그러하다. 三學(戒 定 慧)에서 戒를 말하는 이유가 여기에 있다. 戒는 강요해서는 무너지기 쉽다. 戒를 學으로 배우고 닦아서 戒體를 이루어야 하기 때문에 戒學이 중요하게 된 것이다. 수행자의 지계(持戒) 바라밀에서 萬善이 생겨난다.

불교의 세계관

불교의 인생관(인간관)이 〈無我〉라면 불교의 세계관은 18界다. 중생이 속하여 구속되는 세계다. 一眞法界관은 거시적인 안목으로 우주관이다.(화엄경)(一氣論) 만공의 〈世界一花〉같은 것은 一法界관이다. 대뜸 존재론(一花)으로 나가는 것이 선객들의 버릇이다. 깨달음의 세계(悟界)와 미혹의 세계(迷界 또는 惑界)는 二界관이며 욕계·색계·무색계로 界를 삼아 三界를 짓기도 한다. 여기에 더하여 인간의 인식 활동을 기준하여 세계를 구성하는 것이 18界설이다.

인생관이 〈존재이론〉이라면(無我냐 有我냐) 世界觀은 〈인식이론〉이라 할 수 있고(인연,변증법) 우주관은 〈관념론〉이라고 할 수 있다. (眞如, 연역법)

우리의 인식은 6경(境)과 6식(識)이 6근(根)에서 만나면 일어나는 것이다. 6者가 회담하는 6자회담이 인식 세계다. 이 때에 인(因)은 6根과 6識의 12界로 心內에 있는 세계이므로 범부는 알지 못한다. 연(緣)은 6外境이다. 이 3者가 合校가 되면 18界의 인식세계다.

그러나 인식도 알고 보면 內因과 外緣의 〈인연상결〉하는 인연법의 분석적인 표현일 뿐이다. 심근이나 심식은 인이고 외경은 연이다. 이 18界의 인연법 세계에 모여앉아 조잘거리며 노는 것이 인생이다. 모여 앉아 조잘거리며 인연을 사는 즐거운 삶이다.

불교는 覺敎다

깨달음(覺)의 가르침(敎)이 불교다. 불교는 자나깨나 깨달음을 좋아한다. 불문에 접속하면 깨달음 외에는 할 얘기가 없다. 각각등 보체의 공부와 수행은 물론이고 불교단체(교단, 종단, 신도회, 청년회, 학생회, 부인회 등등)도 모두 깨달음을 공부하는 쪽으로 방향이 모아져 있다. 특히 마명대사(ASVAGHOSA)는 불교의 핵심적인 용어체계를 전부 각(覺)이라는 글자를 붙여놓았다.

〈본성, 법성, 불성〉 등등의 명사를 전부 본각(本覺)또는 〈각성(覺性)〉 등으로 개명했다. 마명대사는 남인도 사람이지만 포로로 잡혀 중앙 아시아로 왔다. 그래서 마명대사는 북인도와 파키스탄, 아프카니스탄 등의 간다라 문명권에서 활동하게 되었다. 중국식 표기로는 월지국이 그때의 중앙 아시아였다. 불교사에서는 마명을 〈대승의 시조〉라고 부른다. 마명은 무명연기(부처님의 12연기설)를 〈不覺연기〉로 재해석한다.

하여튼 불교 공부의 가장 기본적인 용어중의 하나인 〈無明〉을 마명의 대승기신론에서는 〈不覺〉이라고 고쳐부른다는 것은 꼭 알아두어야 한다. 不覺無明의 세 가지의 처음 모습(初相)은 너무도 미세하여 8地 이상의 보살이 아니면 알아차리기가 어렵다.

無明業相, 能見相, 境界相. 세 가지 미세한 모습이라 하여 삼세

(三細)라고 용어 했다.

우리가 의식(제6식)세계는 어느 정도 이해할 수가 있다. 의식은 前5식(안이비설신)과 잠재의식(제7식)을 서로 연결해주는 고리다. 이러한 제6식의 인식 기능은 미세하지가 않아서 중생의 눈에도 감지가 된다.

이것을 6가지로 나누어 〈6추〉라고 하는데 거칠다는 추(麤)자는 아무짝에도 쓰이지 않고 기신론에서만 쓰는 글자니 익혀두라고 권하기도 난감하다. 이렇게 相을 보이며 不覺하는 모습은 우리의 두뇌식(제6식)에서 하는 정신작용이다.

나(我)도 相에서 봄으로 아상이 된다.
너(人)도 상에서 봄으로 인상이 된다.
그들(衆生)도 상에서 봄으로 중생상이 된다.
목숨(수자)도 상에서 봄으로 수자상이 된다.
금강경의 유명한 사상(四相)법문이다.
〈아상 인상 중생상 수자상이 非相이니라〉

나(일인칭)와 너(이인칭)와 그들(삼인칭)이라는 자기중심적인 편가르기가 당신의 목숨을 한정되게 만들었다(수자상)는 것이 깨달은 이(佛)의 가르침(敎)이다. 한정된 나, 제한적인 나를 무한정, 무제한적인 나로 돌려놓고자 하는 것이 부처님의 가르침이다. 무아(無我)의 성취가 불교다.

불교의 실존주의

불교는 철학적으로 말하면 실존주의다. 그러나 불교가 무슨 주의 나 주장은 아니다. 전적으로 종교성에 기초한 〈종교이기 때문〉이다. 그러므로 불교라는 종교는 불교 실존주의를 깔고 앉은 바탕 위에서 건립된 가르침(敎)이다.

불교적 실존은(그런 실존이 있다면) 마음이다. 그래서 불교에서는 마음(心)이 왕(王)이다. 이 心王을 한번 친견하고자 수행자들은 고군분투로 평생을 보낸다. 그러나 마음은 원래 공(空)이다. 이 空에 매달려 둥지를 틀고 사는 것이 식(識)이다. 곡예(서커스)도 이런 곡예가 없다. 그래서 세상살이가 곡예사보다 더 기기묘묘하다.

우리가 만일 식을 움켜쥐고 살 수만 있으면 세상과 세계의 〈주인공〉이 될 수가 있다. 마음은 원래로부터 위대하다. 空이 大하기 때문이다. 마음의 성품(性)은 장애될 바가 없고 마음의 작용(用)은 거칠바가 없다. 이런 아리송한 것을 실존이라 하기는 중생으로써는 좀 부족하다.

마음은 〈식(識)〉이라는 실재(實在)를 사용하여 용심(用心)을 하며 살아가는 실존이다. 주로 두뇌라는 우리 몸의 기관을 사용하여 식이라는 곡예사를 부리며 사는 것이 마음이다. 식(識)은 우리 몸의 뇌(BRAIN)에 둥지를 틀고 몸(色)과 마음(受 · 想 · 行)을 꽉 채우고 있다. 이 마음이 식으로 나투어 식신(識神)이 된다는 이치다.

우리가 식이니 인식이니 하면 좀 어렵게 느껴지지만 사실 이것들을 쉽게 말하면 〈생각〉이다. 그러므로 우리에게 〈생각이 실존이다〉. 생각이란 그야말로 각(覺)이 생긴 것(生)이다. 매 순간의 매 생각이 〈우리들〉의 깨달음이다. 깨달음은 이렇게 낮고 비루하다. 실존도 낮고 비루한 것이다.

불교의 우주관

〈진여실상〉이 불교의 우주관이다. 화엄경에서는 〈一法界〉를 우주관으로 삼는다. 法界를 UNIVERSE라고 영어로 번역한다. 그런데 法界의 체성(體性)이 진여이므로, 법계는 즉 진여라 〈진여 법계〉라고도 한다.

이 법계(우주) 안에는 온갖 잡다한 존재(법)들이 서로 자기의 영토(TERRITORY, 界)를 지키며 존재하고 있다. 존재는 자기의 영토(한계, 界)에 속박된다. 존재존재 나의존재 하면서 〈나〉를 내세우지만 존재는 결국 〈속박〉으로 끝장을 보는 것이다. 욕계에 있을 때는 욕망에 속박된다.

진여(법계의 본체)도 연기한다. 인(因원인)은 연(緣조건)에 속박된다. 조건만 맞으면 원인도 흔들린다. 조건(연)이 맞는데 변하지 않는 것은 하나도 없다. 진여가 불변(不變)이기는 하지만 연을 따라(수련隨緣) 변화무쌍하게 된다.

변했다고해서 진여가 배제되는 것은 절대 아니다. 진여는 방(ROOM)과 같아서 빈방(VACANT)이고 비어있을 때(EMPTY)도 ROOM(空)이 없어지는 것은 아니다. 방에 가구가 빽빽이 들어와 자리를 차지했다고 해도 空과 氣는 있다.

존재는 무슨 존재이던 진여가 내재(內在)되어 있는 본질이다. 진여는 첨가물이 아니다. VOID될 수가 없는 존재다. 충만(FULL)한 것이 어찌 비워질 수(EMPTY)있겠는가. 그릇 따라(수기隨器) 꽉 꽉 채워져 있는 것이 진여다. 연기라 하기도 좀 뭣하지만 그래도 이런 현상을 불교에서는 [진여연기]라고 한다.

法界는 진여로 꽉 채워져 출렁거리는 〈바다그릇〉과 같다. 이와 같이 법계는 상시연기한다. 상시개봉하는 영화관과 같다. 창조는 상시(常時)한다. 상설시장과 같다. 기독교에서도 창조신인 하나님은 살아계신다고 한다. 진화와 진보도 常時한다. 물론 소멸과 퇴화(退化)도 常時로 상연된다.

진여에 대해서 마명이 지은 대승기신론에 잘 해석되어있다.

〈일법계의 대총상이요 法門의 體다〉

一氣 진여로 된 존재의 세계(一法界)에서 진여가 제일 큰 총론이요 (대총상, 大總相) 모든 부처님 가르침의 골격을 이르는 것이다(法門體).

우리의 禪宗은 전적으로 기신론의 이론에 근거를 두고 있다. 진여 외에는 전부 각론이라 진여찾기에 몰두하는 것이 선종이다. 그러나 이런 태도는 ALL OR NOTHING이라는 위험부담을 안고 있다.

등신불

마음의 크기가 신체의 크기 만큼인 상태를 등신이라고 한다. 이 때는 마음이 신체에 꽉 붙잡혀 있는 상태이다. 초월이란 것이 싹도 트지 않는 때이다.

보통은 좀 부족하거나 모자란 인간을 〈등신같은〉 놈이라 하여 욕이라기보다는 모욕하는 언사로 낮추어 말할 때 사용되는 언어다, 불교가 만들어 낸 〈모욕하는 언사다〉. 중생의 깨달음을 〈등신불〉이라 한다.

중생의 성불은 정과 식(情과 識)을 사용해서 하는 깨달음이기 때문이다. 석가모니 부처님과 같은 깨달음은 구태여 언어로 표현하자면 신불(神佛)이라고 할수있다. 중생은 일단 신(神)이 되지 않고서는 부처(佛)로 나아갈 수가 없기 때문이다.

지금 우리나라가 사랑을 숭상하는 〈기독교 국가〉로 되어 가는 것은 장차 불국토가 되려는 전초적인 징조인지도 모른다. 그러나 불교는 철저하게 자리(自利)적인 종교다.

이타(利他)라는 것은 불교 족보에는 없는 개념이다. 그냥 善한 것은 이타가 아니다. 인간의 본성론에서나 다룸직한 문제다. 불교에서 이타가 있다면 본 성론적인 차원의 利他뿐이다. 인위적인 利他가 위선(僞善)으로 성장하는 것을 미리 알기 때문이다.

善함을 생각하지 말라(不思善)는 것이 불교의 구호다. 물론 惡도 생각 하지 말라는 것은 이미 전제되어 있는 개념이다.

등신불(等身佛)은 衆生佛이라고 한다. 우리 몸은 우리라는 존재와 끝까지 같이 가는 것이다. 그러므로 우리는 기껏 끝까지 가야 등신불까지다. 등신이 성취한 깨달음이기 때문이다.

소설가 김동리 선생의 〈등신불〉이라는 소설이 있다. 소시적에 읽은 소설이라 지금 그 내용을 짐작 할 수가 없다. 기회가 닿으면 한번 더 읽어 보고 싶다.

깨달음과 생각

깨달음과 생각은 한 뿌리다. 한 뿌리에서 생겨난 잎새들이다. 깨달음(覺)과 생각(念)을 이물질(異物質)이라고 여기는 것이 중생의 병이다. 이 몸이 이른바 법신(法身)임을 알지 못할 때 생기는 병통이다. 그러므로 법신이 깨닫지 못한 세계에 놓이게 되면 등신(等身)이 된다. 생각이 자기의 몸뚱이(신체)를 뛰어넘지 못하면 〈등신(等身)〉이라고 한다. 마음의 졸렬함을 비웃는 말이다.

생각을 되새김(반추)하면 깨달음이 된다. 〈반성〉이라고 할 수 있는 것인데 〈돌이켜 성찰하는 작업〉이 어떤 결론에 도달한 것이다. 이른바 〈이 뭣고〉하는 선가의 화두는 〈생각이란 것〉에 대한 원초적인 질문인 것이다. 그리하여 〈생각의 뿌리 없음〉을 직접 체달하게 되어 세상에서 말하는 〈도인〉이 되는 것이다. 그러나 그냥 생각이 없으면 멍한 놈이거나 부족한 인간 일뿐 道에는 접근 불가하다. 멍 때리는 것이 어찌 道에 이르겠는가.

한국 불교의 해외 스타이신 숭산대사께서는 평소에 〈무근수(無根樹)〉라는 화두를 제자들에게 많이 제시하시는 분이시다. 무근수는 물론 〈생각〉을 말한다.

생각이 깨달음의 용(用)이라거나 상(相모양새)이라거나 또는 깨달음이 생각의 근본(體體)이라거나 하는 식의 대답은 진작에 가져야 할 소중한 화두다.

물론 대부분의 화두는 막무가내식이라 깨달음 전에도 아무 뜻이 없는 것이고, 깨달은 다음에도 아무 뜻이 없는 가상화폐 같은 것이지만 無根樹 화두는 그렇지 않아 학창시절부터 내가 좋아하는 화두 중의 하나다. 1960년대에 서울에 있는 화계사에 나가면서부터 마음 속에 새기고 있는 화두다.

覺이 生하면 생각이 된다. 누구나 밤낮주야 없이 하는 것이 생각(生覺)이다. 그러나 생각은 각을 배반해야 발생하는 것이기 때문에 이 둘은 이율배반적 관계에 있다. 수행자들은 대부분 여기에서 녹아 내린다. 즉력(卽力)이 부족하기 때문이다.

생각

마음이란 무엇인가? 〈생각〉이란 것이 마음이다. 마음 있음은 생각 있음이고 마음 없음은 생각 없음과 동일한 이야기다. 그러나 마음(心)은 물질(色)이 아니므로 중생은 알 수가 없다. 그러면서도 마음은 나를 한시도 떠나본 적이 없다. 이러한 성질을 가진 마음은 참으로 요물(妖物)이다. 이 요물을 관찰하는 것이 불교의 이른바 관심문(觀心門)이다.

이러다보니 불교는 마음(心)을 절대시하여 심지어는 〈心外無物〉이라는 극단적인 말을 쓴다. 그러나 마음이 무엇인지 알지를 못해도 얼마든지 사용 할 수가 있다.

上中下와 左右와 깊고 낮은 어디에도 사용 할 수가 있는 것이다. 이렇게 큰 능력을 가진 것이므로 그 사용법을 잘 알지 않으면 나와 가정과 사회에 독극물이 될 수도 있는 것이다.

허공과 같이 가없고 분방한 마음에 코를 꿰어보자는 것이 부처님의 가르침이다. 이 가르침을 단적으로 집대성 한 것이 계(戒)다. 큰 강과 바다와 같은 부처님의 가르침을 다 이해하고 실천한다는 것은 가능한 일이 아니다. 그래서 5계나 10계 등을 실천하는 것으로써 부처님의 가르침을 이해하고 실천하는 묘책으로 삼는 것이다.

살생하지 마라(不 殺戒)

훔치지 마라(不 偸盜)

음란하지 마라(不 淫行)

거짓말 하지마라(不 妄語)

술 먹지 마라(不 取)

이 5계는 출가자나 재가자를 막론하고 지켜야하는 기본 계율이다. 이 5계를 흠결 없이 지킨다는 것은 불가사의한 일이다. 왜냐하면 우리는 세속의 은혜로 사는 입장이기 때문이다. 서로 은혜를 주고받는다는 것은 인정을 두텁게 함으로 마음을 붙잡는 길이 되기 때문이다.

제 II 장
사랑을 서로 부르는 메아리

사랑엔 미로迷路가 없다
정情에는 상사병리相思病理라는 미로가 따를 뿐

사랑과 자비

사랑은 서로 응하는 상응법이다. 메아리 법이다. 메아리가 들리는 시간과 공간이라는 범위 내에서만 사랑은 있는 임시조처법이고 가법이다. 임시로 있는 것이 이토록 인간을 웃게하고 울리게 하는지. 참 인간이란 한심하기 짝이 없다. 사랑하지 않으면 금방 도인이 되어 즉시 무사편안 할 터인데 그리 못하기 때문이다.

대체로 100명 이내 사람이 사랑의 대상이다. 첫째는 나, 둘째는 자기, 셋째는 가족, 넷째는 친척, 다섯째가 친지들이다. 이 중에 섞이지 않게 되면 호로자식이 된다. 호로자식이란 이름표를 붙이지 않는 대신 허다한 대가를 치뤄야 한다.

물질(色)로도 대가를 치러야 하고 마음으로도 엄청난 대가를 치러야 한다. 이 중에서 긍정적인 대가를 〈사랑〉이라하고 부정적인 대가를 미움이라 한다. 엄청난 사랑은 엄청난 대가를 의미하기 때문에 사랑은 얇은 옷을 입을수록 좋은 것이다. 사실 사랑의 옷은 원래 얇은 것이었는데 인간의 욕심이 사랑의 옷을 두텁게 만든 것이다. 얇은 옷 하이얀 가벼운 고깔은 시인도 찬탄한 바다. (조지훈 시인의 승무)

한국춤은 여간해서 짝춤이 없는 홀춤이다. 가볍고 사뿐하고 부담스럽지 않아 좋다. 서로 마주 보고 몸짓발짓을 다 해야 하는 서양춤은 땀이 나서 무겁고 부담스럽다.

자비는 나, 자기, 가족, 친척, 친지의 〈사랑 관계〉를 넘어서는 인연이 없는 사람과 것들에 느끼는 〈기쁨 *法*〉이고 〈슬픈 *法*〉이다.

첫째는 유사한 것들에 느끼는 기쁨과 슬픔이다. 고향이 같다고 하여 동향인에게 동병상련 한다. 인간끼리, 축생끼리, 식물끼리 이렇게 생물은 끼리끼리 동병상련하는 자비를 느낀다. 더욱 넓게는 인류나 생명체에 대한 기쁨 *法*과 슬픔 *法*이 자비다. 범부가 범부가 되게 하는 범부 *性*을 자비 할 수도 있고 *佛性*을 자비 할 수도 있다.

자비는 이렇게 인연없는 것에 대한 자비인 무연자비를 근본으로 삼는다. 자비는 *心法*이다. 마음으로 일으키는 *法*이므로 심법이다. 물질과 대상의 장애를 받지 않는다. 말하자면 정신적인 사랑이다. 자비는 불상응을 원칙으로 한다.

그래서 자비가문인 불자들은 정신적인 자비에 치중하고 물질과 장애에 대한 사랑은 지극히 엷다. 마음으로 다 하는데 무슨 *色法*이랴. 그러나 사랑은 *心色*의 두법이 공존한다. 그렇기 때문에 사랑은 서로 응하는 같은 메아리 속의 상응법이다. 상응법이므로 〈인과법〉이다. 인과는 질서스러워야 한다. 그러므로 사랑에는 사랑하는 법이 있다. 에코법(law of echo, 상응법)이다.

그러나 상응법은 유위법이기 때문에 표류한다. 인과가 표류하면 인연으로 축소되고 인연이 축소되면 인은 인으로 남고 연은 연으로 남는다. 인과법은 인연법으로 역행한다. 인연은 다시 인과 연으로 흩어진다. 여기도 한소식 하는 곳이다.

그러므로 사랑이나 자비는 다 無體 가법이다. 마음이나 色에 상응하거나, 마음에만 상응하거나, 色에만 상응하거나, 어찌 흐르던간에 無常으로 끝장이 난다. 인연동안은 상응이다가 끝장에는 불상응이 된다. 無常은 알고보면 心法도 아니고 色法도 아니다. 그러면서도 흐름이다. 行法 only다. 行法의 본질은 힘(기운, energy, power)이다.

行의 결과는 업이다. 흐름(流)은 자연적으로 업과 동행한다. 같이 간다. 그래서 〈行業〉이라고 붙여쓰는 개념이다. 이 흐름의 세력은 육체적인 죽음으로써 다 청산 할 수 없다. 이미 육체와 상응하지도 않고 마음과도 상응하지 않는 불상응 독립체인 호로자식이 되어 있는 것이다. 불가사의한 윤회의 종자(囚)는 바로 이놈의 세력이다(습기운).

死後에 일어나는 현상을 누가 말할 수 있겠는가. 그러나 어떤 현상이 있을 것이라 짐작한다. 유명한 티벳 성자의 〈死者의 書〉라는 고백서도 아주 죽었던 놈이 쓴 것은 아니고 가사상태에서 깨어난 다음에 쓴 가법이다. 가사상태의 의식이라고 해서 死後와 가장 가깝다고 할 수는 없다. 하늘과 땅의 차이가 있기 때문에 전혀 유사할 수 조차도 없다.

사랑의 미로

미로(迷路)는 出口(EXIT)를 찾지 못하고 헤메는 것을 말한다. 그러나 알고보면 사랑의 미로는 없다. 있는 것은 〈心理의 미로〉일 뿐이다. 자신의 心理를 터득하면 출구가 보인다. 출구는 보통 입구(ENTRANCE)와 같다. 콧구멍의 들숨날숨은 출입구가 같다. 그러나 눈구멍과 귓구멍은 배출구가 없다. 받아들임(受)뿐이다.

한번 들어간 것은 아예 미로에 잠겨 나오지 않는다. 누가 光이나 音을 토해 낼수가 있는가. 입구멍으로 들어간 것(음식물)은 다르게 익어(이숙異熟) 항문으로 출구를 잡는다. 출입을 하는 알갱이들이 얼마나 크고 거친가에 따라 그리되는 모양이다.

공기는 미세한 알갱이라 출입구가 따로 없고 光과 音은 알갱이라기보다 파동이라 흔적을 감출 수가 있는 것이다(光波, 音波). 그러나 알갱이가 큰 음식물은 쌓이면 큰일이기 때문에 출구가 미리 정해져 있다. 출구가 따로 있으면 관리도 따로 해야한다.

원래 출구를 입구로 이용하는 것은 금지되어있기 때문에(EXIT ONLY) 까다로운 절차를 밟아야 입구로 사용 할 수 있다. 그렇지 않으면 반칙이다.

사랑은 識이 한다. 想과 思라는 心所有가 한다. 想思는 정신 病理

다. 심층의식은 出口와 入口가 없어서 원래부터 미로다(잠재의식과 무의식). 그러므로 식은 나오고 들어갈때 전략이 필요하다. 想思는 미로를 잘 정리하지 않으면 病이 되어 앓게 된다. 기운(사랑)이 병이 되는 것이다. 그러나 파동인 氣가(사랑이) 눌러 붙으면 情이 된다. 情은 부피와 길이와 크기를 가진다. 밥이 밥솥에 눌러 붙으면 누룽지가 되는 것과 같다.

사랑이 物化(MATERIALIZATION)되면 情이 된다. 〈心所有 앙금〉이 情이다. 衆生은 有情하다. 〈有情衆生〉이라고 용어한다. 그러니까 찌꺼기와 앙금이 많은 것이 중생이란 말이다. 이 앙금이 苦情의 근본이다. 그러나 우리는 〈사랑을 한다〉고 말하지 〈情을 한다〉고 말하지 않는다.

사랑을 하면 身과 心이 쾌활하고 명랑하다. 넘실대는 파도와 같이 살아서 숨쉬는 모습이다. 왜냐하면 〈사랑〉은 先天的이고 선험적이기 때문이다. 하늘 이전이고 경험 이전의 별종자가 사랑이다. 氣이기 때문이다. 그러나 有情은 심소유(心所)다. 사랑은 심소유가 아니다. 사랑은 하나님의 것이다. 〈하나님은 사랑이시다〉고 하는 기독교의 가르침은 진짜다.

사랑에는 미로가 없다. 파도같은 本性이기 때문이다. 情에는 미로가 있다. 相이고 用이기 때문이다. 相思病理를 가지고 있기 때문이다. 이렇게 말은 해도 딱하기는 마찬가지다. 왜냐하면 사랑(하나님)은 情이 아니면 表할 길이 없으므로.

사복 스님

신라 스님 사복은 출가 전에는 사동이라 했다. 배암(뱀)처럼 기어 다니기를 열두살까지 했다고 한다. 그래서 이름을 사동이라고 했는데 남의 집에서 일하던 어미가 집안에서 늘 부르기를 사동아, 사동아라고 했다.

신라 서울 경주에서 탑돌이하면서 밤 늦게까지 놀다가 아비없이 낳은 자식이다. 야합(野合)이라 아비를 남편이라 내세우지 못했을 뿐, 어찌 아비가 없었겠는가.

사동이 열두살이 넘어 멀쩡한 사내가 되었다. 어머니는 그를 가까이 있는 고선사(高仙寺)에 출가 시켰다. 법명을 사복이라 했다.

그는 12년 동안 일어서지 못하고(不起) 기어다니면서 〈일어나지 못한 마음(不起心, 不動心)〉을 깨쳤다. 그는 깨치고 출가했으므로 그냥 불편한 집(거처)을 옮겼을 뿐이다. 그래서 그때부터 절을 〈절집〉이라고 부르는 풍습이 생겼다고 한다.

고선사(高仙寺)는 신라 스님 해동사문 원효가 오랫동안 머물며 많은 책을 저술한 곳이다. 그 고선사 마당에는 국보인 3층 석탑이 있었고 서당화상(원효) 비석이 세워져 있었지만 절도 탑도 비석도 모두 파괴되었다. 절터는 폐사지가 되어있고 탑과 비석은 그 잔해가 수습되어 경북궁에 옮겨져 있다고 한다.

〈고선사 서당 화상비〉라는 긴 이름을 가진 비석에 의해서 〈서당〉
이 원효 스님의 출가전 속명임도 알게 되고 혈사(穴寺)라는 절에서 입
적 했음도 밝혀졌다. 春秋七十이라 했으니 봄 가을 보내기를 70년 동
안 했다고 한다.

전라남도 구례에 있는 화엄사에도 화엄경을 돌에 새겨(石經) 법당
벽을 장식했는데 밤마다 방광했다고 한다. 일본인들이 모두 파괴하
여 일본으로 가져가고 남은 조각들을 모아 경복궁 어디엔가 돌 무더
기로 쌓아두었다고 한다. 그 화엄경 석경판은 지금 경북궁 돌 무더기
속에서도 放光을 하는지는 기록이 없다.

사복은 어머니가 돌아가심에 고선사의 원효에게 말하기를 〈스님과
내가 옛날에 불경을 싣고 다니던 늙은 암소가 죽었다니 같이 가서 장
사나 지내줍시다〉하거늘 원효가 선뜻 따라나섰다. 그 암소는 경을 싣
고 평생을 수고한 공덕으로 신라 경주에 사복 스님의 어머니로 태어
난 것이다.

원효가 요령을 흔들며 법을 설하되 계(戒)로써 하였다. 사복 스님의
어머니는 죽어서 계를 받은 것이다. 불살생 계를 설하되 〈죽지 말라
살일이 따로 없을 것이다. 살지 말라 죽을 일이 따로 없을 것이다〉라
고 했다.

둘이서 상여를 메고 경주 남산 동쪽 산기슭에다 묻었다. 흙으로 무
덤을 묻기 전에 사복 스님이 게송을 읊으되 〈옛날 석가모니 부처님
께서도 사라수 아래 열반 하셨다. 나 이제 그의 법을 따라 남산 소나
무 아래에서 연화장 세계에 들려한다〉 하고는 어머니 무덤에 들어가

이내 숨을 거두었다. 원효가 그 무덤에 염주를 던져 축원 하고는 곧
흙을 덮고 띠풀을 뽑아 흩 뿌렸다.

축원하여 이르되
생야 일편 부운기(生也 一片 浮雲起)요
사야 일편 부운멸(死也 一片 浮雲滅)이라
세상에 태어남은 한 조각 뜬 구름이 일어나는 것이요
죽음이란 한 조각 뜬 구름이 자취없이 사라지는 것이라
요령소리를 요란하게 내며 산을 내려왔다.

사유는 산란심을 불러 일으킨다

사(思)는 〈心行〉이라고도 한다. 행동하는 지성을 말하며 비행동성의 상(想)과는 다르다. 유(惟)도 생각한다는 사(思)와 같은 뜻으로 강조용법으로 사용되어 〈사유〉라고 쓴다. 사유는 우리 정신활동의 중추적인 역활이다.

100법의 심소유(心所)가 전부 정신활동의 방편이므로 사유심소도 방편이다. 물론 상(想)의 방편이므로 사상(思想)이라고 한다. 민주사상이나 공산사상도 이것이다. 일체의 100법 심소가 〈心行〉이지만 사상은 가장 높은 차원의 心行이다.

心行은 두뇌에 과부하(過負荷)가 걸리게하여 마음의 짐을 무겁게 한다. 그 중에서도 思(想)는 정리하지 않으면 마음을 산란케 함이 심대하다. 〈사유 선(禪)〉이나 〈사유 수(修)〉라는 용어가 등장하게 된 것은 이 때문이다.

부처님 당시에도 많은 제자들이 직접 부처님에게 〈사유법〉을 가르쳐 달라한 기록들은 많다. 금강경에 〈운하 주기심 운하 항복 기심〉의 구절도 〈사유 修〉를 물은 것으로 이해된다.

삼법인(三法印)

마음은 있는(有) 것(者)이 아니나 없는 것(無者)도 아니다. 그러므로 마음은 존재가 아니다. 마음은 일어났다 없어졌다하는 [기멸(起滅)]이다. 그러므로 알라. 나(자아)도 존재가 아니라 기멸(현상)이라는 것이 깨달은 이(佛)의 가르침(敎)이다.

기멸(현상)을 인연법이라고 하는 것은 불교다. 인과 연이 서로 결합되는 인연상결(因緣相結)의 이치와, 인연상결이 흩어져 서로 풀려서 인은 인으로 연은 연으로 돌아가는 이치를 가르치는 것이 불교다.

無常을 증명하려면 인연상결과 인연상해(因緣相解)로 설명해야 한다. [無我]라는 것도 無常의 한 축이다. 무상과 무아가 열반이라고 하는 것은 불교의 삼법인(三法印)이다.

無常은 매우 비밀스럽다. 無我도 매우 비밀스럽다. 열반은 매우 비밀스럽다. 몸은 매우 비밀스럽다. 마음도 몹시 비밀스럽다.

우리는 이 다섯가지 비밀스러움(五密)을 알지 못하므로 〈망상〉에서 춤춘다. 중생의 춤판은 피곤하다. 피곤한 인생이 싫고 짜증나면 빨리 〈중생의 춤판〉을 거두어 들여야 한다.

미혹한 정(情)을 없애고 실성(實性)을 관조하는 것이 부처님의 약 처방이다.

삼매와 연기

삼매를 통하지 않고는 진여를 볼 수 없다. 진여는 인자(因子)를 일 컫는 말이다. 물리학자들은 200개가 넘는 진여因子를 찾아냈다. 그 찾아낸 인자들을 기호로써 표기해 두고 〈원소〉라고 한다. 참으로 놀 라운 천재들이다. 어디 물리학에서 뿐이겠는가. 각양각색의 천재들이 있어 인생은 외롭지 않다.

불교에서는 인간의 自性을 찾아내는 것이 견성(見性)하는 길이다. 〈깨달았다〉고 하는 앎이다. 그 인간 자성은 부처가 되는 因子라고 하 여 불성(佛性)이라고 하는 것은 불교 목적상 붙인 이름이다. 佛性은 부 처의 씨앗(因)이다.

삼매는 필경에는 空에 이르므로 분별의식을 空으로 돌리고 대신에 무분별의식인 초월의식을 발휘한다. 이 무분별의식인 초월의식이 自 性을 친히 보는 것이다(친견親見). 그것은 자각(自覺)이므로 스스로는 모 른다. 우리는 다만 남의 깨달음을 알 수 있고 또 이런저런 이야기를 할 수 있을 뿐이다. 자기 눈 속을 자기가 본다는 것은 불가능하다.

자성부처를 보고서 부처님이 되는 것은(成佛) 관찰하는 관법(觀法)에 의해서다. 자비와 대원을 관하고 념(念)하면 그 관념을 통해 부처님의 길이 열린다. 부처님은 생멸문 위에 있는 이름이다. 인연법상에 있는 이름인 것이다.

그러므로 부처(自性)는 불생불멸(不生不滅)이지만 부처님은 생노병사를 피할 수 없는 생물체다. 기독교식으로 말하면 부처님도 피조물이다. 우리가 보기로는 하느님의 아들인 예수님도 생노병사의 과정을 거쳤다고 생각하는데 그들의 교리는 그렇지않는 모양이다.

일체의 있음(有)은 유위법 안의 존재이지만 있음의 自性은 空이므로 有를 떠난 空은 있는지는 몰라도 논할 가치가 없다. 이것이 색즉시공이고 공즉시색이 아닌가. 불교에서 不二법문이 있게된 내력이다.

우리의 후득지(後得知)는 막중하고 또 막중하다. 교육이 있게된 이유다. 대승기신론에서 세친조사는 말했다.

일체법은 無自性이고 不生不滅이고 본래 적정이며 따라서 自性열반이지만 인연화합으로 선악과 미추와 고하의 업보가 있다. 佛性은 本覺이라 그 자성이 청정한 것은 총보 안에서 각각등 보체가 가지고 있는 별보는 한량없는 차별이 있다. 고로 마땅히 알라. 별보는 잃어버리려 해도 잃어버릴 수 없는 것이며 파괴하려고 해도 파괴할 수 없는 것이다. 부처도 중요하지만 업보(연기)도 엄중하다. 당장 벌을 받지 않는다고 해서 죄업이 없어지는 것은 아니다.

상(相分)

　대상(相)은 〈우연히 마주친 그대〉가 아니다. 모르면 우연이라지만 알면 필연뿐이다. 연기법으로 추념(追念)하면 그렇다는 것이다. 식(識)의 두번째 기능은 相을 가지고 있다는 것이다. 이러한 相은 업종자에 내재(內在)하여 있는 것이며 식종자 안에서 見과 동거하면서 한 놈은 보고(見) 한 놈은 보여주면서(相) 한도 끝도 없이 계속하고 있다. 금강경의 〈범 소유상(凡 所有相)〉이다.

　이렇게 우리가 가지고 있는 소유상은 시작을 알 수 없는(無始) 태초의 때부터 상속되어 왔다. 이러한 무의식세계의 見과 相이 의식세계에 흘러나와(제6식) 사물을 인식할 때 작용한다. 물론 제7식(말라식, 잠재의식)도 의식과 같이 한다. 이렇게 의식에서 기능하는 〈能見〉을 〈我〉라고 名하고 〈相〉을 法(존재)이라 하여 이론을 전개한다.

　名은 그 자체(자체分)을 가르키는 것이긴 하지만 名이 眞善美를 다 할 수는 없는 것이므로 어떤 名이던지 진실이나 사실 그 자체는 아니다. 엄격한 사람들은(논객論客) 이런 이유로 名과 言을 가(假)짜라고 혹평한다. 그렇다고 가아(假我)와 가법(假法)을 무시하면 實用과 理用은 있을 수가 없다는 이익의 문제가 생긴다.

우리에게 처음부터 內在해 있는 相이 외부에 外在해 있는 사물을 접촉하여 또한 相을 이루고 이 相을 內在한 相(식의 相分)을 수정하고 변화 시키면서 相에 대한 변화가 계속된다. 이것이 식(마음, 앎)이 하는 두번째의 기능이다. 상분(相分)이라고 용어한다.

삼대(三大)

부처님은 위대하시다. 절대적으로 위대하다. 그의 위대성은 3가지 방면으로 이야기된다(三大). 첫째는 부처님의 체(體)가 위대함이며, 둘째는 부처님의 상(相)이 위대한 것이며, 셋째는 부처님의 용(用)이 위대하다.

진여(眞如)가 부처님의 심체(心體)다. 眞如門에 있는 진여는 〈불기(不起)진여〉다. 이러한 不起 眞如는 언어가 닿지않는 〈이언 진여(離言 眞如)〉라 접근할 길이 끊어진(言語 道斷) 것이다. 불가설(不可說) 불가념(不可念)이다. 말할 수 없고 생각해볼 수도 없는 것이 진여문의 불기 진여다.

그러나 생멸문(연기문)에 있는 진여는 인간에 있어서는 人格 속에 있다. 그러므로 가설(可設 : 말할 수 있다)이고 가념(加念 : 생각 할 수 있다)이다. 이 때의 진여는 마음에 있는 식진여(識眞如)다. 공(空)을 대입(代入)하여 방정식을 푼다면 識 眞如를 見할수 있다.

대승 기신론에서는 만약 당신께서 말을 떠나면(離言) 진여에 수순한다(隨順따른다)고 하고, 생각을 떠나면(離念) 득입한다(得入)고 말하고 있다.

부처님의 심상(心相)에는 六相이 있다.

대지혜 光明相이며, 변조 법계(遍照 法界)相이며, 진실 식지(眞實 識知) 相이다. 자성 청정심相이며, 상락 아정(常·樂·我·淨)相이며, 자재 (自在)相이다,

부처님은 心體와 心相이 一如하다. [심상일여]다. 心體인 진여는 부처와 중생에게 있어 차별이 없다. 무차별이므로 평등하다. 그러나 心相과 心體가 불일치 하여 心相이 오염을 보이는 것이 중생상이다.

부처님과 중생이 결정적으로 다른 것은 用心에 있다. 부처님은 그 用心에 있어 화신불과 응신불로 나타난다. 불타는 중생의 相을 가지지 않는다. 化身과 應身은 자기 자신을 방편으로 던질 결과로 얻는 것이다. 화신과 응신(석가모니 부처님)은 방편신(方便身)이다. 역시 〈無我身〉이다. 그러므로 부처님의 用心은 化와 應하심에 있다. 이것이 바로 法身의 인간적인 사용(用)이다.

상분(相分)

불교심리학에서 가장 이해하기 난감한 부분이 相分이란 것이다.

우리의 〈능히 알 수 있는 마음(能見)〉은 물론, 태어날 때부터 가지고 나온 生來의 천부적인 것이다. 누구나 다 같이 가지고 있는 이 능견하는 능력을 〈불성(佛性)〉이라고 하는 것은 불교의 독특한 주장이다.

불성은 일체중생이 다 함께 가지고 있는 것으로써(一切 衆生 皆有 佛性) 〈총보(總報)〉라고 용어한다. 또, 진여가 널리 행해진(변행遍行) 것이므로 〈변행 진여(遍行 眞如)〉라고 용어한다. 불성은 변행 진여다.

〈行〉이 있다는 것은 行法의 지배를 받는다. 따라서 진여라도 변행이 되고 나서부터는 行法의 법칙 아래 놓이게 된다. 정부(진여)의 行法을 행정법 또는 행정학이라고 하는 것은 사바세계의 피할 수 없는 〈반연 진여〉다. 〈얽히는 인연〉을 반연이라고 한다.

반연하는 진여는 상분(相分)을 인연하여 내연(內緣)으로 뻗고 얽히며 다음으로 相(대상)을 반연하여 외연(外緣, 外延)을 취하게 된다. 처음으로 내연(內緣, 內延)이 되어 주는 相分이라는 것은 결국 〈업연(業緣)〉을 말하는 것에 지나지 않는다. 전에 또는, 예전에 行했던 업은 고스란히 우리가 가지고 있는 종자(세포)에 채색(彩色)되어 있다.

우리의 총보인 불변진여(不變眞如)는 수련진여(隨緣眞如)가 될 때의 찰라에 내연 관계에 있는 업종자에 먼저 CONTACT하고 다음에 외연관계로 두루 널리 行하게 된다는 이론이다. 그 업종자를 진여의 첫 상대(相)가 되어 주었다는 관점에서 〈相分〉이라고 부른다.

우리들이 하나도 빠트리지 않고 가지고있는 업종자는 결국 아뢰야식(能見)의 대상(境)이 되는 것이다. 〈현재 相〉 이전의 〈과거 相〉을 相分이라고 한다면 이해가 가능할까. 相分과 相의 관계다.

일체의 과거경험은 다 업종자에 기록되고 보존되어 현재가 진행될 때에 相이 되어주는 相分이 된다는 것은 우리의 업행(業行)이 얼마나 엄중한가를 설법하신 부처님의 말씀을 증명하는 것이다. 업에 대한 공포를 심어 주어 〈자각시키자〉는 것이 불교가 가지고 있는 종교성이다.

우리의 능히 알 수 있는 마음인 능견심은 그가 상대했던 相을 상대한 후에 버리지 않고 다음의 사용을 위해 종자에 새겨 놓는다(훈습한다고 함)는 것은 참으로 묘한 〈마음의 메카니즘〉이라 할 것이다. 그러므로 우리의 內心에서 일차적으로 能見心의 상대가 되어 주는 內心의 相分에는 외부 대상의 〈본질〉이 내포되어 있다. 外相(諸法)은 相分에 그림자로 자리잡고 있는 것이다.

삼신 할매

식(識)이라는 것은 마음의 작용(用)으로써 분별과 사량을 양대기능으로 한다. 그러나 정작 마음 자체(心體)는 空空寂寂(공공적적)하여 헤아릴 길이 없다. 알 길이 없는 不可知다.

분별과 사량을 임무로 하는 식을 담고 있는 그 어떤 〈그릇 器〉가 마음이라고 해두자. 그러나 마음을 식그릇(識器)이라 한다고 하여 어떤 현물을 상상한다면 엄청난 과오를 범하게 된다. 만약 우주를 담는 그릇이 있다고 한다면 그 그릇을 상상할 수 있겠으며 개념 할 수 있겠는가. 만약 상상할 수 있고 개념할 수 있다면 그것이 바로 〈마음〉이다.

중생은 心이라고 하면 바로 식인 줄로 알고, 식이 멸하면 심도 멸한다고 알고 믿고 있다. 그러나 심은 식이 아니라는 것, 또 식이 없어져도 심은 영원히 불멸한다는 것을 안다는 것은 시방여래(十方如來)가 보리(대지혜, 깨달음)를 이룬 바로 그 곳이 당처이다.

이 당처를 아는 것이 마음을 보는 것이며 직지인심, 즉 마음을 바로 가르키는 것이다. 이 당처는 간혜의 땅(幹慧地)이다. 간혜란 마른 지혜라 하여 홀로 혼자서 받아들이는 깨달음의 세계다. 천상천하에 유아독존한 것의 경지로서 아기부처님께서 한 손을 치켜들어 하늘을 가르키고 있는 상구보리상(象)이다. 우리는 우주를 향해 뿌리를 내리고 있는 이상한 나무다.

이렇게 우리는 우주와 나와 땅이 한 뿌리인 同根으로 엮어져 있다. 그래서 아기 부처님은 한 손을 내려 땅을 가르키고 있다. 땅은 습혜의 땅이다(濕慧地). 습혜란 축축한 지혜인 것이면 관계에서 얻어내는 지혜의 세계다.

十方의 如來께서 성불하신 응신화신(應身化身)의 몸의 세계다. 아기 부처님도 삼신할매의 창조물이라 天과 地와 人의 三神을 표시하고 있다. 삼신할매는 우리에게 생명을 주신 분이다. 우리로 하여금 天과 地와 人을 갖추게 하신 우리의 조물주다. 우리 민족의 고유한 민족 신앙이다.

성불 하신 분이 천지인의 三身을 온전히 갖춘다는 것은 너무나 당연하다. 法身, 報身, 化身을 一身에 갖추고 있는 중생을 들어보이신 분이 여래 부처님이시다.

지리산의 옛 이름도 삼신산 이다. 三身 할매가 사신다는 곳이다.

생각(生覺)

〈생각〉이 〈존재의 이유〉다. 철학자들을 대변해서 파스칼(PASCAL)이 그렇게 말했다. 그러나 생각은 〈순정〉이 아니다. 순정이 한 박자 쉬면 생각이 된다. 생각도 〈情〉이지만 생각은 이미 잡정(雜情)이며 잡 생각이다. 바람에 흔들렸기 때문이다. 깃발이 깃발부대(데모꾼)와 같은 모습이 된 것이다. 情을 깃발처럼 흔들며 요란을 피우는 것이 인생이라는 것이다.

불교철학(유식)에서는 일곱번째식인 말라식을 생각이라고 한다. 이른 바 〈제7식〉이다. 생각식을 한문으로 〈사량식(思量識)〉이라고 한다. 사람은 자기의 무의식(제8아뢰야식)을 이어 받아 의식인 사량(생각)을 하게 되는 사고(思考) SYSTEM으로 되어 있다.

마음이 아뢰야식으로 변했다가 말라식(생각)으로 찰라지간에 바뀌는 것이 心의 능히 변하는 〈능변(能辯)의 능력〉이다. 마음(心)은 그 자체가 식(識)이므로 마음(식)은 능변 할 수가 있는 것이다.

항(恒,常)으로 능변하므로 상변(常變)이며 항변(恒變)이다. 이렇게 능변하는 식을 크게 셋으로 나누어서 이숙식(아뢰야식 제8) 사량식(말라식 제7) 분별식(의식제6)이라고 분별하고 이름지어 공부하는 것이 〈불교유식〉이라는 분야다.

심리학에서는 〈의식〉 〈잠재의식〉 〈무의식〉이라 한다.

생각을 한문식으로 사(思)이라고 하는데 우리들의 생각을 제7말라식이라고 분류한다. 생각식이라 하지 않고 〈사량식〉이라고 중국 사람들이 번역한 것이다.

마음에서 처음으로(初) 분화된 아뢰야식을 初能變(変)식이라하고 아뢰야식이 다시 心內에서 二次的으로 分化된 식을 제7말라식이라고 하고 다시 三次的으로 分化된 식을 제6식(의식)이라고 하는 것은 識연구가 들이 만들어낸 학설이다.

의식(제6식)은 分別을 담당한다. 分別事식 이라고 한다. 생각에 의지해서 분별한다.

생각 · 지혜

지혜는 생각에 있다. 그러므로 지혜는 생각에 속한다. 생각 속에 지혜가 있으니 생각 밖에 있는 大法은 없다. 생각을 생각하게 하는 것도 생각이고 생각을 없애는 것도 생각이다. 원래는 〈각(覺깨달음)을 나게하는(生) 것〉이 생각이라고 생각했다. 〈생각이 大法이다〉. 생각 밖에 또 무엇이 있겠는가. 불교적인 발상에서 생긴 단어(WORD)가 〈생각〉이라는 것이다.

지혜도 생각 중에 좀 낫다고 생각되는 것을 말할 따름이다. 깨달음(覺)도 하나의 〈자각증세〉로써 생각으로써, 생각을 찾고 생각을 살펴보는 정신작용을 일컫는 것이다. 이러한 자각하는 정신작용은 마음이 이미 소유하고 있는 마음의 51종자 중의 하나이다.

이 〈자각〉하는 정신작용을 대승기신론에서 높이 받들어 〈본각(本覺)〉이라고 용어하고 있다. 〈이미 깨달아 마쳤다〉는 언사는 선문에서도 항용하는 말이다. 〈본각종자〉며 〈본각심소〉다.

우리가 수행한다는 것은 저 본각과 합치되는 것을 희망하는 것을 말한다. 물론 대승불교의 선문에서는 〈진리를 깨닫는 것〉의 용도로써만 각(覺)을 인정하는 주장으로 나왔다. 〈진여(眞如)〉를 내세워 철학적으로 말하자면 매우 형이상학적이 된 것이다. 이런 현상은 흡사 神이 있다. 神을 보았다는 주장이나 증언과 크게 다를 바 없다. 〈불교 神學〉이라 생각 할 수 있는 말이 진여다.

[생각이 존재의 이유다]

파스칼(PASCA)이 철학자들을 대표해서 그렇게 말했다.

〈나는 생각한다 고로 나는 존재한다〉로 되어있다.

삼근(三根)

중생은 무엇으로 사는가? 사람에게 가장 중요한 세가지 뿌리에 의지해서 산다. 명근(命根). 남근 여근(男根 女根). 지근(知根)

명근이란 것은 불가사의 그 자체다. 命(목숨)도 모르는데 하물며 거기에 붙어있는 根을 어찌 알 수 있겠는가. 목숨은 色法에도 응하지 않고 목숨은 心法에도 응하지 않는 불상응법(不相應法)이다. 목숨은 물질도 아니고 정신도 아니라는 이야기다. 목숨은 육체적으로는 체온을 유지하고, 정신적으로는 의식(意識)을 유지함으로써 그 스스로의 존재를 확인시킬 뿐이다.

命은 체온에 붙어있고, 命은 의식에 붙어있으므로 생명은 항상 유지시킨다. 체온과 의식이 없어지면 命은 根을 거두어 無常으로 돌아간다. 항상(恒常)은 없어진다. 무상이 되어 空(괴공壞空)으로 돌아간다.

남근과 여근은 남녀를 구분하여 생식에 뜻을 두고있는 肉根이다. 肉이 개입되므로 의학에게 肉根의 眞과 善과 美를 넘겼다. 큰 의사이신 大醫(성인)들은 小醫들을 존중한다. 大小가 공존해야할 法界이므로 聖人다음에는 의사가 있다. 약사도 물론 의사와 완전 동격이다.

知根은 일체의 의식 활동, 즉 정신 활동을 말한다. 의식이나 정신이나 다 [知]를 실체로 삼고 [知]에 근거한다. 지식이 그것이다.

[知]는 두뇌에서 행해지고 두뇌활동의 내용이다. 知가 행해지고 활동하는 내용은 사량과 분별의 두가지라는 것은 불교는 말하고있다.(제7식과 제6식) 知는 觸受(감정으로 받아 들이는 모든 것)는 물론 想(분별을 말하며 분별식의 작용을 말한다)이라던가 思(사량을 말하며 모든 유위법의 시작이 여기로부터 출발하는 제7말라식이다)에 다 통한다. 知는 두뇌의 作意로써 촉 · 수 · 상 · 사를 다 거느리고 두루(변遍) 돌아다닌다(行).

知根은 번뇌없는 무루법에도 통하여 염(念) 정(定) 혜(慧)의 三學을 이끌어낸다. 우리가 견도와 수도와 아라한도에 가는 것은 다 무루의 知根을 의지해서다. 그러나 知根은 본래부터 유루법(번뇌법)과의 관계가 주된 임무다. 사람에게 있어 6根은 태생적으로 업때문에 청정하지 못하다. 이것이 知根이 가지는 한계성이다. 이 한계 때문에 우리는 염 · 정 · 혜의 三學을 모르며 안다고 해도 접근하는 힘이 약하다. 공부를 한다, 참선을 한다, 기도를 한다는 등은 다 知根에다가 보약을 먹이는 것이다.

根은 북돋우면 튼튼해진다. 성장과 진보와 진화가 진행된다. 지식인도 되고 지성인도 되고 석학도 되고 선지식도 된다. 복근(福根)도 되고 善根도 된다. 念이 많이 작동하고 定이 제대로 일하고 혜(慧)가 춤춘다.

根은 힘(力)이다. 뿌리깊은 나무는 바람에 흔들리지 않나니 信根은 증장시켜 信力이 생기고 進根을 능생하여 進力(꾸준히 하는 힘, 정진력)을 내게한다. 이 두가지 힘을 불교에서는 福이라고 한다.

삼도(三道)

　서울의 이남에는 충청 · 전라 · 경상의 三道가 있다. 제주는 바람과 여인과 돌이 많다고하여 삼다도(三多道)라고한다. 人生에는 혹(惑) 업(業) 고(苦)가 三道다. 혹(TEMPTATION, 유혹)은 보통 잘못된 것(WRONG)을 유발하므로 기독교 성경에서는 사탄이나 악마(DEVIL)로 표현된다. 그리고 이 혹(유혹)은 사람을 시험(TEST)에 들게한다. 예수께서도 아버지 하느님께 간구하시되 〈저를 시험에 들게 하지 마시옵소서〉였다.

　사람이 죽어도 의식이 바로 빠져나가는 것은 아니다. 일주나 이주나 최대로는 칠주까지 머물러있다(9제를 지내는 7주간), 生 다음에 몸은 바로 死가 오지만 의식만의 中有(영혼) 앞에는 삼도천(三道川)이라는 냇물이 흐르고 있다. 기독교의 〈요단강〉과 같다. 이 三道川을 지나야 〈다음 생〉으로 직행하는 것이다.

　다음생(차생次生)은 二배수의 옵션(OPTION)을 주어 6道로 나눈다. 지옥 · 아귀 · 축생 · 아수라 · 人 · 天이라는 6道다.

　지옥은 火道라 불같은 불만을 가진 자가 가는 지옥이다. 아귀는 다툼이 많아서 도산(刀山, 총칼이 산같이 많은)지옥이다. 진심(瞋心성냄)중생이 가는 지옥이다. 축생은 血道라 먹는 것이나 생각하는 것이 피(혈연)중심인 인간이 가는 지옥이다.

지옥 · 아귀 · 축생의 길을 삼악도라 하고 아수라 · 人 · 天의 길을 삼선도라고 한다. 둘을 합해서 6도라 하여 인간이 死後에 三道川을 지나 여섯갈래로 다시 生을 받는 6道가 되는 것이다.

업은 혹으로부터 생긴다. KARMA(업)의 원산지 표시는 모두 혹(TEMPTATION)으로 되어있다. 어떤 혹과 SOME을 탈지는 불가사의하다. 탐 · 진 · 치 · 만 · 의는 KARMA의 최대 원산지(혹)다. 이 5大근본 번뇌와 108번뇌와 무량번뇌가 전부 업의 원산지다.

혹은 업종자 이전의 일이다. 그래서 이 혹 · 업의 수레바퀴는 서로가 서로에게 연이 되고 과가 되어 그칠 날이 없다. 만고에 끊이지 않음을 상속한다고 한다. 혹과 업은 상속한다.

상속하는 것은 正 反合의 〈무한반복〉을 말한다. 무한반복이므로 따로 生滅을 논할 수는 없게 된 형편이다. 혹이 업이 되고 업은 다시 혹의 緣이 되니 분별이 이와 같아서 제6식(의식)도 生滅을 논할수가 없는 일이다.

〈분별(제6식)〉 이전에 먼저 〈사량(제7식)〉이 있었고 〈사량〉 이전에는 먼저 〈업종자〉가 사량의 대상이 되는 〈경험 我〉로써 자리잡고 있었기 때문에 이러한 인식의 형태는 집지되고 상속된 것이라 하지 않을 수 없다. 우리는 보통 상속된 〈경험 我〉를 〈기억〉이나 〈추억〉등으로 부른다. 〈경험 我〉는 지금 여기의 〈인식 我〉를 낳고 지금의 인식 我는 다시 경험 我로 저축되는 것이다. 〈무한 FEED BACK〉이다.

분별을 하게 한 사량은 기신론에서는 지(智相)라고 한다. 이른바

[지식]이라는 것이다. 그러므로 두뇌식은 지식이고 분별사식이고 사량식이다. 이것들은 모두 변계(遍計 : 이리 저리 헤아리고 계산하는 식) 소집 (집착함)성 위에 있다.

그러나 死와 함께 멸하지 않고 상속하는 것을 〈윤회한다〉고 한다. 윤회는 先天的인 것이다. 하늘 이전의 유전법이다. 증언이 필요없기 때문에 현생은 전생을 증언하지 않는다. 여호와의 〈증언〉이나 성경의 〈계시〉같은 것도 필요없다. 증언을 믿거나 말거나 하는 것은 〈자기 좋도록 하는 것일 뿐〉이다.

증언이나 계시 같은 걸 바라는 것은 인간의 버릇일 뿐. 증언이나 계시가 없이도 윤회는 자전하고 공전한다. 걱정 할 대상이 아니다.

선정의식

定(삼매)에 들어 [선정의식]의 지배하에 놓이게 되면 [世俗定]이라고 한다. 명상, 위빠사나, 독각, 연각, 성문각 등을 전부 世俗定에 포함시키는 것이 선종의 태도다. 선종의 이런 태도는 [수행을 위한 수행]이라던가 [수행 전문가]등의 비판을 듣기도 하지만 世俗定을 뿌리친 공덕은 크다.

의식은 이미 존재다. 우리는 [無表色]을 알아 볼 수 있는 능력이 없기 때문에 [의업(意業)]이 일으키는 의식을 존재로 삼기는 힘들다. 그러나 身業이나 口業은 表色이기 때문에 우리는 그 것의 존재를 알 수 있다.

물론 명상이나 위빠사나도 다 마음을 이야기하고 마음닦음을 주제로 하거나 실행한다. 이런 것을 관심법(觀心法)이라고 한다. 관심법에서는 주로 제6식(의식)을 동원하여 心法을 관한다.

이 때에 나타나는 의식(제6식)을 독두(獨頭)의식이라고 하는데 눈, 귀, 코, 입, 피부를 짝해서 일어나지않고 홀로 일어나는 [홀로의식]이다. 선정의식도 독두의식(홀로 머리를 내미는 의식)의 일종이다.

사람마다 가지고 있는 [홀로의식]이 각각 다른 것이며 이러한 홀로의식을 [경지]라고 하여 별의별 소리를 다양하게 하게된다. 검증되지도 않았고 검증하기도 어려운 문제지만 이런 [경지]의 과정을 거쳐간 선각자들은 안다. 선가에서는 이런 이들을 구참자(久參者)라고 한다 (오랫동안 참선을 한 사람).

미친사람도 독두의식 때문이고 꿈도 독두의식 때문이다. 발달불교 (후기불교)의 참선에서는 선정의식대신에 화두를 가지고 직관을 개발 하는 도구로 삼는다. 직관을 개발하여 수행자들은 [自性]을 깨치고자 한다. 이런 수행을 [自性禪]이라고 하여 명상이나 관법(위빠사나)과 구 분한다.

물론 이 때 화두를 드는 것은 의식이다. [화두]라는 물건을 통해서 수선(修禪)이 독두의식에 농간 당하는 것을 막고자 하는 것이다. 화두 는 벽암록을 지은 원오극근의 법제자인 대혜종고가 높이 선양하여 임제종의 수행방법으로 확실하게 자리 잡게 되었다. 선정의식 때문 에 [미친소리]라던가 [헛소리]나 하는 수행자가 되는 것을 막고자 하 는 공안수행을 화두라고 한다.

선악과(善惡果)

아담과 이브가 금지된 선악과를 따먹고 낙원에서 쫓겨나 실락원(사바세계)에 추락 했다는 것은 기독교의 유명한 설화다. 선이던 악이던 모두 행위(업業)의 결과(果)라는 〈선악업과〉는 불교의 유명한 담론이다. 이렇게 알고보면 동양서양을 불문하고 비슷한 설화를 전한 것이다. 그렇다면 〈선업이나 악업의 과보(선악업과)〉를 전수하게 된 최초의 불교적 인물은 누구인가. 이리되면 쓸데없는 노고를 가져오게 되어 헛수고만 하게 되니, 창조를 찾는 창조주의적 사고 방식을 아예 맛들이지 않는 것이 좋다. 원래 〈창조〉라는 단어는 사이비 단어이다. 창조동인이니 창조문학이니 창조경제니 하는 것들이 모두 사이비다.

불교적 명상은 〈무몰식(無沒識)〉이 조물(造物)의 인자(因子)라고 한다. 영원히 묻혀지지(沒) 않는(無) 識이란 무엇인가. 그것은 진공(眞空) 상태에서도 여여한 묘한 어떤 것(妙有)이라고 설명된다. 가사의한 것이 아니고 불가사의한 것이다. 이러한 불가사의는 心識이 한없이 확대될 때에 볼 수 있는 경지다. 보통 참선인들은 〈식이 끊어진다〉고 하지만 긍정적인 표현을 쓰면 〈식이 한없이 확대된 것〉이라 할 수 있다. 이 때에 영원히 묻혀지지 않는 무몰식을 확인 할 수 있는 것이다.

일체의 〈경험〉은 〈종자〉의 형태로 변하여 〈무몰식〉으로 존재한다.

우리의 〈정신〉이라는 것은 실로 경험의 종자인 무몰식이다. 이렇게 내장(內臟)되어 있어 있는 식종자는 필요에 따라 우리의 의식이 꺼내어 쓰는 무의식이다.

그러나 의식이 미쳐 갈피를 잡지 못하여 제 기능을 발휘하지 못할 때는 무의식이 직접 튀어 나와 의식 기능을 대신한다. 우리가 〈무의식적〉으로 했다는 것이 이런 현상이다. 우리의 무의식에 저장되어 있는 장식(藏識)이 선악과다.

이 저장식은 무덤(TOMB)이 없다. 장례를 지낼 수 없기 때문에 무덤이 없다. 무몰하는 식이라 〈무몰식〉이라 부르는 제8식 무의식 세계를 말한다.

삼능(三能 CAPABLE)

〈무명의 충동〉에 의해서 업식이 요동친다, 마음이 흔들린다 또는 마음이 움직인다, 구미가 당긴다고도 한다. 업식은 무명의 가이드 (GUIDE)가 되어 다 같이 〈숙주(宿主)인 마음〉의 하숙생이 되어있다. 가수 최희준이 이것을 노래하여 〈인생은 나그네 길 어디서 왔다가 어디로 가는가〉하고 물었다. 노래 제목은 〈下宿生〉이라고 되어있다.

숙주(宿主)인 마음은 심여태허공(心如太虛空)이라 마음은 우주만큼이나 큰 허공이지만 무명과 업식에 붙들려서는 〈중생의 마음(衆生心)〉이 된다. 하숙생이 된 셈이다.

중생은 생멸하고 중생의 무명과 업식을 껴안고 있는 중생심도 생멸심이 되고 만다. 그러나 중생과 중생심이 생멸하는 것이지 하숙집 (宿主)이 없어지는 것은 아니다. 하숙집과 하숙집 주인은 그저 하숙생과 〈같이 해줄 뿐〉이다. 그러나 〈사랑방 손님과 어머니〉는 그렇지 못 한 모양이더라. (박경리의 소설) 중생이 없어지면 마음은 太虛空에 있다. 〈중생심으로 붙들린 마음(衆生心)〉도 태허공에 있다가 인연 따라 윤회한다.

중생심이 요동치며 활동하게 되는 MECHANISM(기계론적)의 구조는 세가지의 기능(CAPABILITY)을 행사하기 위함 때문이다. 능견(能見, 능히 앎), 능현(能現, 능히 相으로 나타남), 능취(能取, 능히 소유로 취함) 이것을 중생의 삼능(三能)이라 한다(기신론). 이 三能이 종횡으로 무진하게 활동하는 것이 우리네 人生살이라는 것의 내용이다.

이 삼능을 품고 있는 중생심은 위대하다(大乘) 삼능은 쓰기에 따라 〈부처님 삼능〉에 까지 확대될 수 있다. 〈이 가능성때문에 내가 논(論)을 짓는다〉고 마명대사는 대승 기신론 첫머리에 쓰고있다. 그렇다 하더라도 나같은 사람에게는 마명대사의 선언문이 〈선전〉으로 들리니 참 민망한 중생이라는 한탄이 나온다.

부처님의 삼능은 다음과 같다.

부처님은 삼매(定)에 能하다. 삼매에 세가지가 있으니 〈空 삼매〉와 〈無相 삼매〉와 〈無作 삼매〉가 그것이다. 空 삼매가 〈定中 해탈〉이라면 無相 삼매와 無作 삼매는 〈해탈 定〉이다. 이것이 수행자인 禪師들과 다른 점이다. 실무중생이 득멸도자니 하이고냐(금강경)라고 無相 해탈 설법하셨고 실무소설(실로 설한바가 없다. 無所說)(금강경)이라하여 무작 해탈을 설하셨다. 空 삼매는 소승에 해당하고 無相 삼매와 無作 삼매는 대승에 속한다. 相을 상대하고 無相이 있기 때문이고 소작(所作 : 지은 바)이 있고 난 후에 無作이기 때문이다. 소승 해탈은 空 해탈 하나 뿐이나 대승 해탈문은 〈空 해탈〉〈相 해탈〉〈作업 해탈〉을 다 울러야 한다.

부처님은 삼명(三明) 육통(六通)에 능하시다. 상대(대경)를 앎에 있어 밝게 알며 대상을 인식함에 있어 통하지 않는 바가 없다. 숙명을 알고, 심안(천안)을 가지셨고 누진통(전생의 업)을 알고, 心耳를 지니시고, 타심통이 있으며, 발길 닿지 않는 곳이 없다(神足)는 등의 神通방통한 능력을 말한다.

부처님은 한량없는 중생(無量衆生)을 구원하시는 능력이 있다. 우리는 부처님(佛)의 교법(敎)에 의해서 구원을 받고 싶어 수행하고 공부하는 것이다. 그러나 부처님께서도 三不能이 있다.

부처님도 인연있는 중생(有緣衆生)만 제도하지(能) 무련중생(無緣衆生)은 제도하지 못한다(不能), 인연있는 중생(가족, 친구, 知人 등)도 제도치 못하는 우리들이 부처님의 불능을 비웃을수는 없는 일이다. 고기반찬을 엄청 좋아하는 사람이 채소반찬을 즐기는 이들을 나무라는 꼴과 같다.

부처님께서도 결정된(定) 업(KARMA)을 멸하는 능력은 없다. 不能이다. 定業(FIXED KARMA)은 과보로써 갚아야 한다. 〈인과응보〉라는 것이다. 현생에서 바로 받기도하고 내생에 받기도하고 언제 받을지도 모르는 과보도 있다. 업에는 깨끗한 업(淨業)도 있고 더러운 업도 있지만 응보가 있기는 마찬가지다.

부처님의 전생담을 보면 한량없는 전생에 한량없는 淨業을 닦아 마침내 부처님이 되셨다는 설명이 수도 없이 나온다. 成佛도 과보다. 중생을 다 제도할 수는 없다. 不能이다.

삼계는 허망하다

내(有我)가 확대되면 중생이 되고 중생이 확대되면 세계(界)가 된다. 세계는 다시 三界로 나누어 중생들의 세계와(중생계) 수행자들의 세계 (色界)와 초월자들의 세계(무색계)의 셋으로 나눈다. 色界는 有情세계와 無情세계와 그 중간의 세계다.

식(識)이 함빡 情에 젖어있는 사람들을 중생이라 한다. 〈有情한 사람〉들이다. 情에는 인정(人情)과 사정(事情)과 물정(物情)이 있다. 人情에 어둡거나(둔하거나) 事情에 밝지 못하거나 物情에 어두우면 등신 축구 바보가 된다. 부처님의 세간해(世間解)는 이러한 三情에 밝은 것을 말한다. 情의 세계가 곧 세간(世間)이다.

情은 감(感, FEELING)에서 온다. 情을 닦으면 반짝반짝 빛나는 감 (感)이 된다. 이 感에서 나오는 것이 가무음곡이다. 조선민족은 情이 많고 따라서 感도 많다. 음악과 노래와 무용과 체육 등에 특별한 재능을 발휘 할수있는 민족이다.

K-POP이나 LPGA GOLFER들의 세계 제패 등이 모두 이러한 민족성 때문이다. 眞, 善, 美중에서도 美에 가장 적합하고 眞에 가장 부적합한 민족이다. 5000년 민족사에서 眞(철학)에 가까운 사람은 겨우 원효와 퇴계를 꼽을 정도다.

밤만 되면 온 서울이 전부 술판이다. 술판은 삼류의 가무 음곡 시장이다. 싸움판도 많다. 무용과 체육심리의 표현인가.

情은 情感이 되어 정서로 향상될 수도 있고 하향하여 번뇌가 될 수도 있다. 오욕칠정이 전부 번뇌다. 번뇌가 장애가 되어(번뇌장) 인생이 꼬이게 된다. 어찌 감히 진리 같은 것(철학)을 생각할 겨를조차 있겠는가. 번뇌가 출구전략이 없어 탈출구(EXIT)를 찾지 못하는 것이 지적장애(지장知障)이다. 최근에는 자살로 出口를 찾는 이가 많다고 한다. 그러나 자살은 출구도 아니고 출구 전략도 아니다. 死해봐야 後의 윤회에서 〈定業을 미필한 죄〉를 묻게 된다. 자살은 죄업이다. 마치 병역미필자와 같은 신세가 된다.

중생의 세계에는 지옥·아귀·축생·악인(人)·선인(天)의 5류가 잡되게 섞여사는 세계다. 자기의 취향대로 살므로 〈5취중생〉이라고도 한다. 취향이라는 것이 업보에 따라나오는 것이므로 쉬운 문제라고 생각하면 큰 오산이다.

각각등 보체(報體)는 고락으로 받는 과보가 다르기 때문에 그 삶이 판이하게 다르지만 운동장(場, FIELD)은 하나 뿐이라 섞여 살 수 밖에 없다. 이것을 편하게 그냥 〈지구촌〉이라 부른다. 우리의 지구촌에는 三界의 중생이 잡되게 섞여있다.

삼계는 시간과 공간성이라는 二大로 짜여진 세계다. 그러므로 시간과 공간이 RULE이다. 이 時空 二大는 결국 우리에게 허망함을 안겨 주지만 부처님도 三界의 시간과 공간은 어쩌지를 못한다.

다만 유심(唯心)으로써 時空 二大를 조율 할 수 있다고 결론이 모아질 뿐이다. 그래서 〈삼계허망 일체유심조(三界虛妄 一切唯心造)〉라고 했다. 자나깨나 마음을 닦아(修心) 시간과 공간에 대적하는 수 밖에 없다. 허망을 삶으로 할 수는 없는 일이기 때문이다. 마음은 상주(常住)하는 것이라 허망법이 아니다. 상주하는 것은 상주하지 않는 것(非常住)을 모두 포용한다. 非常住하는 법은 〈인연법〉이다. 인연은 부서지기 쉽다.

소유가 무슨 잘못이 있겠는가. 하지만 소유를 常住하는 주인으로 삼아 甲질을 하는 것은 꼴볼견이다.

색(色)은 질기다

하늘나라(天國)를 불교에서는 〈색계(色界)〉라고 한다. 정신에 대해서 물질을 色이라고 하는 불교통설에 의하면 〈色界는 물질세계〉라고 할 수 있다. 하늘나라(천국)는 물질 세계다.

인정(마음)은 차라리 버렸으나 색깔을 버리지 못하면 아무리 수승한 닦음이 있어도 天國이라는 色界에 태어난다. 이러고 보면 물질은 마음(人情)보다 훨씬 더 질긴 것이다. 色은 질기다. 마음에는 이기고 색에는 진 것이 하늘나라에 사는 하늘 사람들이다. 색계 인간이다. 〈색계중생(色界衆生)〉이라고 부른다.

불교에서는 하늘나라(天國)나 하늘사람(天人)들이나 하늘나라의 일(天事)등의 하늘과 관계 된 것들을 비하한다. 비천하게 여긴다. 평가를 절하한다. 중생세계의 중생들은 물질을 소비할려고 야단법석이다. 탐욕과 좌절된 분노가 열기가 되어 지구를 태우고 있다. 그러나 色界의 중생들은 다 하지 못한 탐욕과 분노를 냉동하여 마음에 감추고 있는 어리석음(癡心치심)을 끌어안고 살아가는 중생들이다.

마음은 차기가 냉동창고와 같고 겨울나무들과 같이 장엄하지만 人情머리가 없어 사람 살 곳이 아니다. 그림의 떡이다. 하늘나라 사람들은 천안(天眼)과 천이(天耳)와 천애(天愛)를 가지고 살므로 우리가 쳐다보기엔 신통방통하지만, 본인들은 아무런 재미가 없다. 신통방통이 없었을 때가 재미있는 시절이다. 모르는 것이 점점 더하여 아주 몰라 버리면 아주 행복한 것이다.

그러나 중생의 〈모르는 바(不知)〉는 내가 아는 그것을 모른다는 것이지 다른 것조차 모른다는 건 아니다. 다들 제 각각은 자기가 아는 것 때문에 바빠 죽는다. 〈바쁜 것을 재미(樂)로 삼는 것〉이 중생의 뇌구조다.

당뇨병 환자는 뇌 구조가 단것을 찾는 뇌 구조로 바뀌어 있는 사람들이다. 적당히 바쁜 것은 〈삼매에 든 효과〉가 있어 生氣를 저장하지만 아주 바쁜 사람들은 환자적 뇌구조를 가지게 된 것이다.

번뇌가 적거나 없는 사람은 그의 현재의 삶이 하늘나라에 사는 것과 같다. 그러나 번뇌가 없는 것 가지고 〈멍청한 놈〉이라는 口舌이 따른다. 그러므로 인간은 반드시 〈知的장애〉를 극복하지 않으면 안 된다. 왜냐하면 사람은 광대하고 무변한 知의 세계를 가졌기 때문이다. 앎(知)는 善知도 있고 惡知도 있지만 善知만 있는 것을 〈지혜〉라고 한다.

인간의 마음은 지장(知藏)이다. WAREHOUSE OF KNOWLEDGE다. 善知가 가득 쌓인 〈지혜의 창고(지장知藏)〉가 인간의 마음이다.

서로 응하여(相應) 물듦(染)

나는 너를 생각하고 너는 나를 생각한다. 이것을 〈상응〉한다고 한다. 응하는 작용(RESPONSE)은 人에나 物에나 事에나 理에나 가리지 않고 걸림이 없다. 응은 무애다(應無碍). 대상을 가리지않고 흐르는 것은 우리들의 생각(念)이다.

식(識)이나 5변행심소(촉觸·작의作意·수受·상想·사思)는 그 자체는 염오(染汚)가 아니지만 다른 번뇌심소와 상응하여 물듦(염오染汚)이 있게 된 것이다. 그러므로 상응만 단절하면 오염됨을 끊을 수가 있다. 이것이 초기 불교의 수행론이다.

〈부딪치면 문제다〉 피하는 것이 좋다. 36계 줄행랑이다. 그래서 피하는 것(회피)이 상책으로 된 것이다. 그러므로 〈出家수행〉이 유일한 방법이다. 〈在家수행〉이란 말을 지어서 쓸 수는 있으나 개가 들어도 웃을 말이다. 〈개가 들어도 웃을 말〉을 사람들은 예사로 지어 예사로 쓴다. 재가 수행이 가당키는 한가.

상응을 끊으면 끝날 줄 알았던 수행은 더 큰 문제에 부딪치게 되어 산궁코 수진한(山窮水盡) 막다른 골목에 서 있게 된 자신을 발견하게 된다. 상응심을 잘라내고 번뇌를 내려 놓아 〈도인〉이 되어도 10리길도 못 왔음을 알게 되는 것이다. 이 때 넘어야 하는 벽을 〈은산철벽〉이라고들 한다. 그 은산철벽이 바로 불상응(不相應)한 오염(汚染)이란 것이다. 원래 나는 오염의 한 축이 아니었다. 누구라는 상대에 관계없이 그 응함을 불문하고(不應) 번뇌(오염)를 내려 보내는 절대자가 있더라는 것이다. 바로 無明과 業(KARMA)이란 것이다.

무명과 업은 나와 서로(相)의 사이가 아니다. 막무가내로 나를 덮어 씌운 올가미다. 난들 어찌지 못하고 속수무책이다. 대응이 원초적으로 불가능했던 것이다. 무명과 업은 우리에게 불상응 오염이다.

선택의 여지가 없이(不相應) 우리에게 온 손님(客)이 무명과 업이다. 이 무명과 업이라는 손님(客)은 하도 그 힘이 막강하여 주인은 완전히 철수하고 주인없는 무주(無主) 공산을 차지하고 〈나〉라는 명판을 걸어 놓은 것이다.

마음은 원래가 그렇게 허허로운 벌판과 같은 것이다. 허허벌판은 바람(風)에 약하다. 바람에 흔들리는 갈대와 같은 것이 벌판같은 이 마음(시심是心)이란 것이다. 이 벌판같은 가슴(是心)에 말뚝을 박고 집을 지은 것은 업과 무명이다. 是心에 不相應 하면서 是心을 원초적으로 오염시킨 물건이다.

상응하지 않는 오염은 우리의 무의식(제8식) 세계에 있다. 이 뜻은 우리의 무의식도 무명과 업에 의해 오염되어 있다는 것이다. 오염된 이 〈무명업〉을 제거하려는 수행이 八地, 九地, 十地 보살들이 닦는 수행이다.

生住異滅하는 생명의 四相(네가지 모습)에서는 〈相〉을 상대하는 수행이다. 상응염이다. 무명업식에 의한 生의 탄생에서 식의 주체로서 用心하는 능견심(能見心)을 나(我)라고 한 것은 인간의 잠재의식이다.

이렇게 제7말라식은 업아(業我)를 나라고 사량했으므로 〈진실我(진여)〉를 보지 못했다. 그러나 能見이 〈현실我〉임은 어쩔 수 없다. 지금(NOW) 그리고 여기(HERE)는 〈능견의 땅(能見之地)〉이다. 〈能我〉 즉 〈현실아(現實我)〉가 몸부림치는 땅이며 물들어 더러운 땅 예토(穢土)다. 물들지 않아 깨끗한 땅 정토(淨土)는 〈지금·여기〉에 있지 않다.

과거, 현재, 미래로 이어지는 〈시간의 상응〉을 떨쳐내지 않으면 염(染, 물듦)뿐이다. 여기저기 그리로 이어지는 〈공간의 상응〉을 지우지 않으면 不相應의 무렴(無染)은 없다.

성정 본각(性淨本覺)

　자성(自性)의 물들지 않음(淸淨)을 본각(本覺)이라 이름한다. 신라의 원효대사가 〈대승 기신론 해동소〉라는 논문에서 붙인 이름(名)이다.

　마음의 성질(心性)은 무명이 접근하지 못한다. 이것을 왜 깨끗하다 (청정)라고 이름 붙였는지는 모르지만 이러한 心性을 覺이론으로 본다면 〈본각(本覺)〉에 해당한다. 그래서 〈淸淨本覺〉이라 이름 짓는다고 했다. 원효는 과연 〈한국의 마명대사〉라고 할만한 분이시다.

　본각(자성 청정심)은 〈우리 마음의 어떤 상태〉가 분별(제6식)과 사량 (제7식)으로부터 완전히 해방되어 있는 공간이 있다는 것이다.

　왜 이러한 〈해방 공간〉이 생겼으며 영원토록 존재하느냐 하는 것은 물을 수 없는 일에 속한다. 왜냐하면 답이 없는 일이기 때문이다. 인간이란 기계가 창조 되었을 때 주어진 세포다. 이러한 본각 세포는 DNA가 되어 지울 수 없다.

　이 본각은 위빠사나며 참선 등등의 닦음(수행)으로서 만들어 지는 것이 아니다. 그냥 조물주의 유산일 뿐이다. 인간은 누구나 이 〈자성 청정심〉의 본각을 유산으로 상속 받았다. 이 유산 상속을 〈일체중생 개유불성(一切衆生 皆有佛性)〉이라고 부처님의 어록(경전)에 文으로 기록 되어 있다.

해방 공간을 불교에서는 〈해탈 공간〉이라고 이름하여 自然함을 좀 더 人工的으로 해석한 것이다. 수행 등으로 해탈을 확보하여 해방 공간으로 들어가야 하기 때문이다.

과거에 지리산과 덕유산에는 해방구가 여럿 있었다. 공산주의를 흠모하는 빨치산들이 아지트로 삼았던 곳이다. 뒤에 남한정부에서는 〈빨갱이들〉이라 하여 이들을 모두 토벌하였다. 인간들의 난이 너무 심하여 죽음과 상처를 길이 남긴 저와 나의 일이다(피아彼我).

서울에는 해방촌이라는 동네가 남산 밑에 있다. 나의 누님 중 한 분이 시집가서 산 동네다. 학생 때 누님집을 드나들 때마다 참 요상한 동네 이름도 있구나 했다. 이북에서 월남한 피난민들이 집단적으로 많이 살면서 붙여진 이름이라고 들었다.

종교인들이 자기들의 믿음을 중심으로 해방구를 만들어 살자는 운동이 많다. 불교인들도 가끔 그런 발상을 하는 이들이 있다. 무슨 미륵종같은 이름을 가진 집단들이 많다. 금강경 독송회라는 곳도 그런 냄새가 많이 풍긴다. 아파트에 모여 살자는 식이다.

전부 다 산발적이고 개인적인 IDEA라 크게 문제 삼을 필요는 전혀 없지만 원래 종교 집단들은 냄새가 지독한 곳이다. 워낙 계율이 엄정한 수행집단도 바람 잘 날 없듯이 잡음이 나는데 그냥 민간 신앙인들이 집단적으로 산다는 것은 어불성설이다. 천국이나 극락정토는 사바세계에는 없는 동네 이름이다. 이런 것들을 찾는 여가와 노력을 청정 해방구인 〈本覺〉을 찾는데 투자하는 게 더 효과적일 것이다.

세가지 지혜

우리의 지혜는 주로 3가지 방법을 통해서 습득된다. 습득된 것이 므로 후천적인 지혜다.

첫째는 문혜(聞慧)로 많이 듣고 보고 함에 따라 지혜가 성장 한 것을 말한다. 이것은 〈가르침이 결과한 지혜〉다. 참으로 듣는다는 것은 (문聞) 배우는 것이므로 教法이다. 일체의 교육은 지와 혜(知와 慧)의 근본적인 원천이다.

두번째로 지혜를 얻는 방법은 사혜(思慧)니, 고찰하고 사색함을 통해서 얻는 지혜다. 관찰하고(관觀) 사색(념念)하므로 주로 〈관념(觀念)〉이라고 하고 관념 철학이 대표적인 지혜다.

우리의 육체가 음식으로써 지탱한다면 우리의 정신은 관념으로써 유지한다. 불교에서는 비파사나를 관법이라고 번역한다.

셋째로 선문에서는 선정에 들어서 나오는 지혜를 말하여 〈선정의식〉을 말한다. 이 선정의식(지혜)으로써 일체의 대상(OBJECT)을 인식하는 것을 최고의 덕목으로 삼는 것이 깨달은 이(佛)의 가르침(敎)이다.

이러한 세가지 지혜를 얻는 방법은 문(聞), 사(思), 수(修)를 통해서다.열심히 듣고 배우는 문(聞)과 명상 하는 사(思)나, 삼매를 닦는 수(修)는 그 사이에 등급의 차이가 있는 것은 아니다. 각각등 보체가 타고난 기질에 따라 선택적으로 하게 되는 것이며, 어느 것이나 지극을 다하면 개별적인 깜냥에 따라 분수껏 깨닫게 되는 것이다.

대승 기신론에서는 이것을 푼수를 따라(수분修分)깨달음을 얻는다 하여 〈수분각〉이라 이름하고 있다.

사실 따지고 보면 깨달음에는 〈구경각〉과 〈비 구경각〉의 둘 뿐이다. 구경각은 부처님과 같은 깨달음이다. 금강경에서는 〈아뇩다라 삼약 삼보리〉라고 원어로 표현하고 있다. 일체 중생의 깨달음은 다 비 구경각이다.

세친보살의 진여관

유식 30송을 지은 세친(바수반두)보살의 진여관은 물론 유식 30송에 나와있고 이에 근거하여 수행법이 제시되어 있다.

세친보살은 진여를 〈死火山〉으로 본다. 화산은 화산이되 地心에 깊이 잠겨져 活動을 보이지 않기 때문이다. 화산이 한번 터진 다음에는 그 위에 흙이 덮여 산하와 대지가 되고 물이 범람하여 바다가 되었다. 그 위에 뭇(衆) 삶(生)이 벌어져 있다. 활화산 옆에서는 사람이 살 수가 없는 법이다.

지금은 衆生들이 화산(VOLCANO)을 의식하지 않고 알지 못 하고 火山(진여)도 衆生과 무련(無緣)을 보이고 있다. 진여도 心地에 묻혀서 활동없이 삶과 직접적인 인과관계를 형성하지는 않는 것이다.

지구와 우주를 만들어 냈던 火의 기운(氣)은 지금은 地心에 들어가 있다. 그 地下를 뚫고 들어가 地心의 火氣를 확인하고 친견하는 것이 유식의 공부수행이다.

유식적인 공부를 흔히 〈증득(WITNESS) 불교〉라 하고 死火山의 탐구라 하여 선문에서는 〈死句공부〉라 하여 내치고 活火山의 〈活句공부〉를 주장하여 점오점수를 나무랜다.

선문에서는 돈오(담박 깨달음)를 주장하는데 돈오 뒤에도 계속 닦을 것이 있다는 돈오점수와 一悟永悟(한번 깨치면 영원히 깨친 것)를 주장하여 더 이상 수행은 없다는 돈오돈수를 말하기도 한다.

물론 敎家에서는 大覺(아뇩다라 삼약 삼보리) 이전의 깨침은 전부 낱낱이 일부분의(分) 깨달음(覺)이기 때문에 〈分覺〉으로 분류할 뿐이다.
밝음(明과 見)의 크기를 태양만큼 키우지 않으면 안된다는 이론이다. 아무리 돈오라 해봐야 分覺 이상은 아니다. 그래서 敎家에서는 선문의 돈오돈수 사상을 일컬어 〈소꼬리를 내세워 소를 파는 꼴〉이라 하여 꼴볼견으로 본다.

물론 이런 선교간의 주고받는 언설들은 전부 공부 이야기이지, 세간 중생의 입에 올릴 입방아꺼리는 아닌 점을 알아야 한다. 배움이 얕고 수행이 천한 이들의 프로파간다(PROPAGANDA, 선동, 선전)식의 글과 說에 부화뇌동해서는 안될 바임을 명심해야 한다. 자고로 우열을 일삼는 이들은 我愛가 강한 부류들이다.

識공부(유식)의 공부관은 다음과 같다.
地上의 일을 분별하고 망상하는 外向式인 의식(제6의식)을 거두어 地下의 地心으로 內向해야 한다. 〈만날 천날 식당에 가서 사먹는 밥만 먹지말고 집에서 식사하세요〉
분별망상을 어느 정도 쉬게 되면 無明(밝지 않음, 어두움)천지인 땅 속 (地下)과 마주치게 된다. 地上에 살면서 여태 해왔던 〈밝다고 생각했던〉 知와 見과 分別이 몇푼어치 되지않는 밝음이었던 것을 알게 된다. 있는 것은 〈太(클태)무명〉뿐임을 아는 〈無明자각〉이 최초의 깨달음이다.

太無明 앞에 서있는 중생의 [변계소집(이리저리遍 헤아려計 분별하고 판단하여 집착하는執 바所)]은 점점 설자리를 잃고 힘이 빠져 나간다.

명상과 삼매(定)를 닦는 사람은 地上人들에게는 멍청해 보인다. 병신같고 바보같이 보이는 것은 당연하다. 변계소집과 집착에 매달려 사는 것이 地上人들이기 때문이다. 또 見聞覺知와 분별사량이 매우 밝은 마음이라고 신념하기 때문이다.

太(큰) 無明, 太 무명 앞에 떨고있는 나는 〈識身〉이다. 분별심(見·聞·覺·知) 하나로 버티어 온 중생의 모습은 地下의 큰 무명 앞에서 삼켜지고 〈識身인 나〉가 있을 뿐임을 안다. 오직(유唯) 識 뿐이다. 〈유식〉이다. 큰 무명을 보지 않는 이들의 識은 〈무식하다〉고 일컫는다. 무식한 이들이다.

內心은 원래 어두워 컴컴하다. 컴컴한 그들의 속을 누가 알랴. 저도 모르는 것이 內心이다. 제속을 저는 아는 것 같지만 도대체 밝지가 않아 요령부득이다. 이런 컴컴한 와중에서 판을 치는 것은 겐또(見分)뿐이다. 추측이 난무하다는 말이다. (겐또는 일본말이다. 유식의 그 어려운 見分이라는 개념이 일상의 속어가 됐다는 것은 일본의 유식 연구가 얼마나 대단한가를 말해준다)

見分이 태 무명 속에서 見(보는)하는 것은 相分 뿐이다. 피상(껍데기彼 모습相)적이라는 말이다. 見分이 껍데기 신세가 된 것은 순간적인 일이었다. 원래는 見(밝음 光明)이 내려 앉은 것이 見分인데도 말이다.

이 견분을 통해 太무명한 地下를 뚫고 地心의 火氣를 찾아 나선 수행자들은 〈見의 능력〉을 오로지 하기 위해서 相分(見의 상대)을 제거 할려고 달려든다.

나는 당신에게 있어 〈윤우相〉이다. 김씨 아저씨는 당신에게 있어 〈김상, 金相〉으로 불린다. 일본 사람들은 상대방을 전부 상(相)으로 부른다. 나까무라 상, 도요타 상, 하루꼬 상, 춘자 상 등등이다. 유식의 그 어려운 相分이라는 개념을 이렇게 소화해낸 것이 일본 불교의 대단한 저력이다.

太無明 속에서 見分을 구해 내고자 하는 작업이 삼매(定)라는 작업이다. 相을 향해 치닫는 백천가지 마음을 달래어 하나의 相에만 머물게(주住)하는 일경주(一境住)를 테크닉으로 삼는다. 명상과 화두 참선법이다. 心이 一境에만 머문다(住)하여 저 유명한 〈心一境住〉라 하는 선 문용어다.

은산(銀山)의 철벽처럼 住心이 단단해지고 전후와 좌우가 다 끊어져 나간 백척이나 되는 장대 위에 올라 앉은 꼴이 된다(백척간두에 진일보하라는 화두). 이 때쯤이 되어야 外境과 內境이 다 무너져 見分이 접촉할수 있는 〈相分〉이 떨어져 나가는 것이다. 見分이 외로워(소孤) [心月]이 太無明 천지에 떠 있음을 볼수있다. 대개의 〈禪詩〉라는 것들은 이럴 때 읊어진다.

바야흐로 병아리가 껍데기를 쪼아내고 머리를 내밀기 일보전이며 地心의 火氣를 見性하기 일보전의 상태다.

의타(依他)해서 기(일어날 起)하는 연기의 性을 아는 깨닫는 작업이다.

〈연기된 것〉은 太무명의 환경에서는 전부 허망한 모습(妄相)임을 여실히 본다는 것이다. 그렇다고 연기법이 없어지랴. 무명은 없앨수가 있는 그런 것이 아니다. 다만 허망을 알았기 때문에 〈집착〉(着心)하지 않을 뿐이다.

소(牛) 이야기

　계룡산에 있는 공주의 갑사(甲寺)에 가면 절 옆으로 흐르는 조그마한 골짜기 물가에 [牛公塔]이 세워져 있다. 소의 공덕을 기린 탑이다. 그 때의 그 힘센 황소는 절을 짓는 목재를 등에 싣고 옮겼다. 짐승이라고 어찌 공덕이 없으랴!

　축생이나 인생이나 가릴 것 없이 공덕으로 法身을 얻는다. [지혜로는 報身을 받고 자비로는 化身을 받는다. 지혜와 자비가 통합되어 있는 [공덕]에 의해서 비로자나 법신 부처님을 증득할 수가 있다. 법계에 들어간다고 한다(入法界). 三身을 거두어 법계에 들어간다.

　마음이 언덕(안岸)이라면 소는 識이다. 마음은 소가 기댈 언덕이지 소 그 자체는 아니다. 그래서 心은 識이 아니다. 그러나 그놈의 소는 그 언덕에 의지해서 맨날천날 붙어산다. 풀도 뜯어먹고 새끼도 놓아 키우고 한다. 놀고 먹고 자고 하는 것이 전부 그 언덕 그 들판에서 이루어 진다. 心을 보면서도 識을 몰라라 하는 것은 웃을 일이다. 識을 알아 보면서도 心을 모르는 것은 이치에 맞지 않다.

　[心卽是識이고 識卽是心]이다. 空卽是色이고 色卽是空에서 글자만 바꾸면 된다.

기독교에서는 양치기 이야기가 많지만 불교에서는 소 먹이는 이야기가 많다. 한문으로는 목우(牧牛)라고 용어한다. 목우자(牧牛子)는 고려스님 지눌의 호다. 신라의 원효와 이조때의 서산과 더불어, 한국 불교 1500年史에서 초고봉으로 꼽는 인물다. 목우자 스님은 화엄경에 의지해 참선을 하고 깨친 바를 [원돈신해門]등의 많은 저서에 담았다.

원돈(圓頓)의 돈오를 이야기 해놓고는 敎家의 信解(믿음과 이해)를 같이 엮었다고 하여 최근에 성철스님으로부터 호된질책을 받았다. 유명한 돈오돈수와 돈오점수의 氣싸움이다.

悟와 覺의 다름과 같음을 알면 이 문제는 해결된다. 지눌스님은 보조국사라는 이름으로 더 많이 알려졌지만 부패의 극치를 달렸던 고려불교를 개혁하고자 전남 순천의 송광사를 중심으로 수행승가를 결의하고(결사문) 한국 불교사에서 처음으로 총림을 이루었다. 수행을 위한 결사는 없고 사회정의를 위한답시고 스님들이 설치는 것은 전도몽상이다. 이런 인연으로 송광사를 〈승보종찰〉이라고 한다.

十牛도(圖, 열마리 소그림)는 마음을 선수행하는 10가지 과정을 그림으로 표현한 것으로 매우 유명한 것인데 어느 절에서나 법당건물의 바깥 벽에 많이 그려져 있다.

처음이 심우(찾을 尋심)라, 소를 찾는 일이다. 한용운 스님이 서울 성북동에 살면서 자기의 집 이름을 [심우장]이라 간판했다. 술꾼들이 무슨 술집인줄 알고 발걸음을 하기도 했다니 개눈에는 뭐만 보인다는 격이다.

두번째 견 우적(見 牛跡)은 우적(소의 흔적)을 찾았다는 것이다.

셋째는 드디어 소를 만난다(見牛).

넷째는 소를 얻어서(得牛, 見性)

다섯째 소를 키우면서 길들인다(牧牛). 목우는 선문에서는 보림이라고 한다. (成佛의 과정) 돈오돈수파에서는 [보림]이라는 말도 호되게 나무라고 배척한다.

나머지 다섯은 見性후의 일들을 열거했다.

소강(小康)이 정상적이다

작은 건강이 소강상태다. 有爲(묘유)의 세계에서는 큰 건강상태 (大康)란 없다. 그러므로 〈大康〉이란 단어는 없다. 동양사상에서는 無 爲의 세계를 크게 건강한 상태로 보기 때문에 불교나 도교에서는 무 위법을 주창한다.

소강상태는 항상 깨지기 마련이다. 겨우겨우 소강상태를 유지하다 가 개악(改惡)이 되어 DOWN GRADE로 가던지 개선(改善)이 되어 한 번 더 UP GRADE가 되던지간에 소강상태는 유위법(行法)에 있어서는 영원한 진리다.

常을 유지한다 싶으면 無常을 맞이하게 되고, 我라는 튼튼한 집에 입주했다고 생각했는데 無我가 침범하여 집을 비우라고 한다.

소강상태의 인간은 불안에 쫓기는 동물이다. 〈有공포〉가 동물의 본색(本色)이다. 열반처에 이르러서야 〈無有공포〉라고 했다. 열반은 [大安]의 상태다.

大安은 신라때의 스님이시다. 원효스님의 스승이라고 전해진다. 경주 남산에 있는 자연 동굴 속에서 기거했는데 그 동굴은 원래 여 우집이라 여우들과 동거했다고 한다. 여우 새끼들이 배고파 할 때는 경주시내에 내려와 젖을 빌어 여우 새끼들에게 먹였다고 한다. 가끔 걸식을 하기 위해 경주시내에 들어오면 [大安이오 大安이오]를 외치면서 짚고다니는 지팡이를 울리며 염불을 했다고 한다.

염불은 불·보살의 이름을 소리내어 외우는 것이다. 불보살의 한량없는 자비력이 不安에 고스란히 노출되어 있는 중생들에게 위로가 되기 때문이다. 지금은 보험(INSURANCE)이 중생의 불안을 해소할려고 안간힘을 쓰고있다.

소강상태는 물리적이나 정신적이거나간에 건강과 非건강 사이에 BALANCE를 이루고 있는 상태다. 이 BALANCE의 추는 조그만한 미풍에도 움직인다. 그러다가 언발란스(UNBALANCE)가 BALANCE상태로 굳어져 갔다가 또 평형상태가 무너진다.

종교에서 설해지는 BALANCE의 평형추는 한 곳에 고정되어 있다. [大安]에 추를 맞추도록 되어 있다. 大安의 지점을 가리켜주고 大安에 도달하도록 중생을 이끌어 주는 것이 종교다.

이끌어주는 방법을 불교적으로는 훈습리라고 한다. 훈은 연기가 피어오르듯 스며들어 習(익힘)이 되도록 하는 작용을 말한다. 習이 지속되면 業이 된다. 새로운 업인 신업(新業)이 창조되는 것이다. 정업(淨業)이기도하고 [오염]이기도 한다.

수연과 적연(隨緣과 積緣)

누구나 그러하듯이 인연을 따른다는 것은 진리다(수연隨緣). 적연은 인연을 쌓아간다는 뜻으로 [反진리]다. 情이라고 하는 것이다.

情은 끝도 없이 연을 따라 흐른다. 만일 〈인연법이 최상의 진리〉라고 한다면 [끝없이 흐르는 것]은 진리다. 노자께서도 말하지 않았던가 〈도는 上水(윗물)와 같아서 흐를 수 있는 것을 道라 한다〉고.

성인 공자께서 말년에 강가에 나가 우셨다고 하는 그의 고백은 많은 것을 던져 주고 있다. 그가 도를 몰라 그리했겠는가. 자신을 포함한 인간의 한없는 수구성(守舊性옛것을 지켜서 멈추려고 하는 억지)을 한탄하셨을 것이다.

가르침만을 일방적으로 펴주신 석가모니 성인이나, 神이 들어 절규했던 성인 예수에 비하면 공자는 매우 인간적인 성인이었다. 그는 많이 울고 웃고 싸우고 한 이혼남이다.

緣을 쌓아가는 것을 증상연(增上緣)이라고 하는데 증상연은 적폐가 되기 십상이다. 폐단이 누적되면 적체가 되어 부패를 초래한다. 연을 쌓으면 많은 인연때문에 內로는 갈등이 쌓이고 外로는 분주다망하여 노고(勞苦)함이 막대해서 피곤하다. 중생들의 얼굴을 가만히 들여다 보라. 알게 모르게 피곤함이 중첩되어 있다. 緣이 쌓여서 흘러간 〈積 緣의 흔적〉들이다.

연이 쌓이는 것은 한 대상 혹은 소수의 대상일수도 있고, 여러 상 대일 때도 있지만 STRESS와 피곤함이 쌓이기는 마찬가지다. 스트 레스가 있고도 피곤하지 않으면 스트레스 그릇(용량)이 큰 것이다. 스 트레스 용량이 무한대로 크신 이가 부처님이라고 말할 수도 있다.

스트레스 해소의 제일 좋은 방법은 그 용량을 넓히는 일이다. 道 를 닦아 스트레스의 퇴로(退路)를 열어 주는 것이다. 왔으면(來) 보내 면(왕往) 되는 것이지만 길(道) 없이는 보낼 수 없다. 어쨌든 〈길을 마 련 해야〉되는 것이다.

돈을 마련하면 〈대부분의 길이 마련 되는 것〉으로 되어있다. 단 무 욕이나 小慾인 경우에만 그러하다는 전제 조건을 중생은 까먹고 있 다. 과욕자의 돈타령은 섶을 지고 불구덩이에 들어가는 중생의 모습 이다.

불구덩이가 무엇인가 〈화탕지옥〉일세. 일단 세 가지의 끔찍한 길 (三惡道 : 지옥 · 아귀 · 축생)에 들어가고 보면 自力으로써 갱생할 방법은 없다. 삼선도(三善道 : 아수라 · 人 · 天人)만이 자력갱생이 가능하다.

수월 도량

물(水)에 비친 달(月)은 〈우리의 마음 모습〉을 묘사하는 불교적 文學語다. 달은 차고(만월滿月) 기울기를 찰라도 쉬지 않고 진행한다. 물론 달이 고무공같이 부풀었다가 쭈구러드는 것은 아니지만, 지구의 자전 공전에 따르다보니 빛과 그림자로 자기 모습을 들어내 보여주는 것이다.

우리는 기울어진 마음을 가지고 착오된 시각(착시)을 가지고 살게 되어 있다. 이 착시 현상을 잡아 보겠다고 定心을 수행해보지만 깨달아 보면 결국 싸늘한 대답만 안겨 줄 뿐이다. [定心이란 것은 없다]. 〈물에 비친 달(水月)〉과 같은 마음이 있을 뿐이라는 것이다.

水月은 천변 만화(千變 萬化)하는 변화(變化)의 개념이지 선악의 개념이 아니다. 우리는 천변 만화(변화)에 능한 만큼 자유자재 할 수가 있고 자유자재한 정도가 만일 水月만큼 된다면 법신을 증득하는 것이 되는 것이다. 法身을 일러 〈하여튼 그 무엇이 있다〉고 하는 것은 거짓이다. 法身이 출현하는 곳을 〈水月도량〉이라고 한다.

변화는 무죄다. 그러나 변덕(變德)은 유죄다. 변화는 心性이고 변덕은 심술이다. 변화는 순정이고 변덕은 망정(妄情)이다. 망정을 〈변계소집성〉이라고 하는 것이다.

妄情 앞에 나타나는 것은 그림자 뿐이다. 實性이 아니다. 그러나 망정도 인연따라(수연隨緣) 일어난 마음이니 고운 눈으로 흘겨 볼 정도지 아주 미워 할 것은 아니다. 實性만 좋아하여 찾다가는 인간을 잃어버리기 십상이다.

물결진 물에도 달은 뜬다. 물결진 물 위에 뜬 달을 보고 있으면 본성이란 없는 듯 하다. 알고보면 〈일렁이는 마음〉이 본성이다. 물에 비친 달은 항상 일렁임 속에 있다. 그 일렁임은 속삭임이고 생명이다. 그 곳에 앉아 있다면 그대는 〈水月道〉를 닦는 수월 도량에 자리를 잡은 것이다.

스님 중에 〈水月〉이란 법호를 가진 이가 있다. 구한말 때의 사람이다. 충청남도 홍성 땅에서 태어났다. 만해 스님 한용운도 홍성 사람이다. 설악산 백담사로 출가 했다. 水月 스님은 글을 몰라 천수경의 신묘장구 대다라니만 외웠다. 염불삼매로 도를 통한 이로 유명하다. 만주로 건너가 중국쪽의 백두산 기슭에서 평생을 살았다. 〈앎을 잊어 버리지 않음(不忘)〉을 얻었다고 한다. 그의 만주행은 아마도 경허 스님을 찾다가 그리 되신 듯 하다.

구한말의 홀로한 와중에서도 불교계에는 큰 별 둘이 떴다.
경허와 水月이 그 별의 이름이다.

수행(修行)이란 무엇인가

대승기신론에서 마명(바수반두)대사께서 수행에 대해 법문하셨다. 우선 싫어하는 바(염厭)와 구하는 바(구求)를 정립하여 염구법(厭求法)을 닦아야한다.

이 수행은 처음 수행공부를 발심한 초발심으로 부터 구경각(十地보살)이 될 때까지 계속 되어야 하는 가장 기본적인 수행법이다. 여기서 물러나거나(퇴退) 굴절(꺽임屈節)이 있게되면 수행과 공부는 진전이 없다. 그저 잡설이나 늘어 놓으면서 지낼 따름이다.

염(厭)할 것은 무엇인가. 삶의 고통이다. 널부러져 있는 것이 苦가 아니던가. 苦海라고 하는 것이다. 고통이 없는 나, TRAUMA가 없는 나가 되면 〈無我〉가 된다. 세상도 고통 없는 세상이 되면 제법 무아 (諸法 無我)가 된다. 生에 있어서 老·病·死의 고통이 있는 한 무아는 없다.

구하는 것은 무엇인가. 心相이 다하기를(진盡) 구하고(心·相·皆·盡), 緣(대상)도 因(나)도 멸하기를 구하고(인멸, 연멸), 진여가 훈습하기를 구하여, 삶의 苦海를 건너기를 구한다,

위와 같은 염구법(厭求法)을 지속하는 것이 수행이라는 것이다.

싫어해서 벗어나고자 구하는 바가 있으면 그것이 수행이다. 세속에 탐착하여 취하고 집착하는 바가 강하면 수행은 멀어진다. 취착하는 마음(取着心)과 염구심(厭求心)은 서로 반비례한다.

반야심경에는 〈원리(遠離) 전도몽상 구경열반〉이라고 법문되어 있다. 이것을 〈원리법(遠離法) 수행〉이라고 하는데 몽상(망상)을 멀리하는 원리법은 유식에서 보다 더 잘 설명되고있다.

우리의 〈인식하는 능력(識)〉은 처음 시작부터가 무명에 오염된 업식이기 때문에 〈마음은 망식(妄識)으로 요동친다〉는 전제 하에 있는 것이다. 그러므로 우리의 인식은 매우 불확실하고 오염되어 있어서 우리가 인식하는 모든 경계는 실재가 아니거나 실상에 미흡하다.

그러한 外界를 집착하는 것은 곧 업(KARMA)이 될 뿐인 것을 깨닫는 것이 유식의 목표다. 이른바 〈유식무경(唯識無境)〉이라는 것이다. 다시 말하자면 〈여실지(如實知)일 수가 없는 知〉에 의한 삶이 중생의 삶이라는 것이다.

유식의 이치에 달관하면 해오(解悟)니 학오(學悟)니 하여 증오에 비해서 하열한 것이라고 하는 것은 선문의 PROPAGANDA(선전)다. 점수문의 점오라 하여 끝날 날이 없다는 것이다. 그러나 30년 40년이 걸려서 깨달음이 좀 있다고 하여 돈오돈수겠는가. 부질없는 일이다.

식(識)은 神이다

외부의 신을 믿지 않는 불교는 그 대신 내부의 신을 믿는다. 그 내부의 신을 〈식신(識神)〉이라고 부른다. 그야말로 신출(神出)하고 귀몰(鬼沒)한 것이 이 식신이다.

우리의 일생은 실로 神出 뿐이고 잠을 자면 神에 따라 다니는 귀신(귀鬼)은 잠깐 사라진다(몰한다). 神은 쉬지않는 법이다(불식不息). 그래서 잠자는 시간까지 포함하여 우리 인생은 〈신출귀몰〉하다고 한다.

내부의 神이 밝을때는 六門(안이비설신의)이 방광(放光)을 한다. 六門이 放光하는 것을 살아서 사리를 발(發)함으로 〈生사리〉라고 부른다.

내부의 神이 어두울때는 六門이 암매(暗昧)하고 암울하다. 신을 따라다니는 귀신이 치성할 때다. 神은 六門으로 그 자신을 나타낸다.

우리들 〈내부의 신〉이라는 것이 도대체 무엇일까. 그것은 〈마음〉아니고 무엇이겠는가. 그래서 心卽識이고 識卽神이라고 할 수가 있는 것이다. [心과 識과 神] 이3者는 같은 물건이다. 한 물건의 다른 이름(異名)이다. 반야심경의 色(식識) 즉 是空(心)이요 空卽是色이란 것도 이 진리를 뒷받침하는 설법이다.

마음은 물론 몸통(體)조차 없는 것이라 空할 것도 없고 色할 것도 없지만(無相無名) 마음의 핵인 識이 마음의 空과 色과 名을 나타내는 것이다. 물론 識體는 마음 그 자체이지만 마음은 名과 色을 거부하기 때문에 識으로 心을 나타낼 수밖에 없는 형편이다. 그러므로 마음의 변화무쌍한 것이 바로 식변(識辯)이다. 識은 마음따라 能辯한다. 식은 의타기성이다(依他起性 : 의타하여 起하는 성질).

마음은 물의 파동과 같다(心如水波) 能辯하는 식의 체(識體)가 파동과 같으니 마음의 대변인인 식이 파도치는 것은 너무나 당연한 법칙이다. 우리 선조들은 젊잖게 그냥 〈마음은 조석변(朝夕變)이다〉고만 하셨다. 변화를 주도하는 것은 神의 일이다.

빛(光)은 빛줄기다. 비(雨)가 빗줄기인 것과 같다. 빛이나 비나 생명이나 전부 변화의 연속성에 요점이 있다. 식이 어찌 조석변 만이겠는가. 찰나찰라로 변하는 것이 識이다. 그러므로 識變은 神變이다. 識神은 신출귀몰하다.

식(識)이 실존이다

〈식(識)이 실존이다〉라는 2500년 전의 크게 깨달은 이의 선언은 불교 공부의 핵심이다. 그러므로 일체의 불교적 수행도 식(識)을 떠나 있을수가 없다. 홀로는(獨) 영원히 일어서지 못하는(不起) 것이 마음이지만, 식을 의지하면 마음은 일어난다.

마음에 독립성은 없다. 이 비독립성을 마음의 〈의타기성(依他起性)〉이라고 한다. 다른 것(他)을 의지한다(依)는 의타는 식을 의미한다. 식을 의타하여(心) 起한다는 것이다. 〈의타기〉는 마음의 性이다. 性이므로 마음 그 자체의 본성이며 우리 마음의 표상이다.

〈他〉가 없다면 〈起性〉도 없다. 그러므로 타(他)는 마음의 절대적인 상대다. 타(他)는 人일 수도 있고, 事일 수도 있고, 物일 수도 있고, 理일 수도 있고, 무엇일수도 있지만 주관의 입장에서는 식이다.

촉심소와 작의(作意)심소가 마음의 역활을 할 때다. 이 他를 접촉해 마음은 일어나는 것이다. 마음은 일어남과 동시에 그 이름은 식(識)이 된다. 식(識)이 되기 이전의 마음은 실존이 아니다. 마음은 식이 되고 나서야 마음답게 되는 것이다.

식을 품지 않는 마음을 〈공(空)〉이라고 한다. 그러므로 空心은 물론 자성(自性)도 없다. 실물이 아니고 자성도 없으면서 실제하는 실존인 마음을 찾는 것이 불교 수행이다.

〈식(識)이 된 마음〉은 〈생각〉이라고 한다. 그러나 생각이라는 것은 엄밀히 말하면 有情이다. 생각이 흐르는 통로(길)는 情이다. 결국은 생각이 실존이다. 생각은 찰라에 일어나고 찰라에 멸하므로 識도 찰라생 찰라멸이다. 常은 없다. 無常이다. 결국은 無常이 실존이다.

식(識)은 원자(ATOM)다

우리의 의식(CONCIOUS)은 원자다. 이 원자의 시작은 알 수가 없다. 한량없는 옛적부터 있어온 것이며 미래가 끝나는 날까지 끊어지거나(단) 없어지는(멸) 법이 아니다. 단멸법(斷滅法)이 아니란 말이다.

식은 생명이 흘러가고 전해지는 [주체]이며 동일한 종류로써 불변한다. 식은 너무 미세하여 우리는 보통 비물질(非物質, NON-MATERIAL)이라고 하지만, 아무리 미세해도 물질은 물질이 아니겠는가. 만일 현미경이 지금의 수준보다 몇만배나 더 효능이 발전한다면 아마도 우리는 식을 볼 기회도 가질지 모른다. 그리되면 위빠사나 수행(관법·지켜보기)이나 화두참선 같은 일체의 수행도 자연히 자취를 감출 것이다. 불교도 석가모니식 불교를 마감하고 미륵부처님의 용화 세계로 바뀔 것이다.

용화는 DRAGON FLOWER를 말한다. 우리나라의 오동나무의 자주빛 꽃이다. 예수가 아프리카에서 탄생했다고 하는 이들이 있다고 하더니 미륵 부처님이 아마도 백두산 자락의 북간도 즈음에서 탄생하실지도 모를 일이다. 지금부터 96억 7000만년 후의 일이라고 예고되어있다.

보리수 아래서 성불하는 것이 아니라 미륵은 용화수(오동나무)아래서 성불한다고 한다. 우리나라는 그때를 대비해서 〈용화사〉라는 이름을 가진 절을 수십 군데나 벌써 세우고있다. 〈용화교〉를 빙자한 사기꾼들도 가끔 출몰한다.

원자가 다시 깨어지면 엄청난 힘이 나오는 모양이다. 원자탄이나 수소탄같은 것은 정말 그 파괴력이 어마어마하다. 그러나 식이라는 원자가 파괴된다는 말은 없다. 다만 무명이라는 원자는 깨어진다고 한다. 〈미륵〉이라는 법왕자가 무명원자를 깨고 새 부처님으로 출현하신다고 한다.

실존(實存)

불교에서는 실존을 인정하지 않는다. 〈제행은 무상〉하고 〈제법은 무아〉하기 때문이다. 諸行과 諸法은 모두 의타기(依他起)한다. 다른 것에 의지해서(의타) 일어난다는 말이다. 연(緣)을 기다려 인과 연이 서로 결합되면(인연상결因緣相結) 物과 心의 모든 현상이 나타난다. 因 홀로나 緣 혼자서 생겨나는 법은 없다. 事(일, 현상)가 생기는 것은 인과 연이 서로(相) 맺어질 때(結)에 한정 된다.

실존은 〈인(因) 혼자〉있을 때의 상태와 모습을 일컫는 철학용어다. 과(果) 이전의 인과 연을 보는 눈을 도안(道眼)이라고 한다. 보리를 보는 눈이라 〈보리안〉이라고도 한다. 금강경에는 다섯 종류의 눈을 열거하고 있다. 육안肉眼 · 천안天眼 · 혜안慧眼 · 법안法眼 · 불안佛眼의 5종을 말한다.

천안을 가지게되면 예언을 하고 방언(하늘 나라에서 쓰는 사투리)을 한다고 야단법석을 떤다. 예언을 모아 책을 만들어 〈神의 말씀〉이라고 울고불고 매달리는 종교가 서양 종교다.

그들은 〈神〉을 〈하느님〉이라 고쳐 써서 사용한다. 이 하느님(神)이 〈유일한 실존〉이라고 주장한다. 이 주장을 믿는 것은 情이다. 망정

(妄情)이다. 理(이치)는 아니지만 妄情이 理(이치)를 치워 버리는 방법을 사용한다.

불교의 실존 이론(理)은 情을 덮을 만큼 강력한 힘이 없다. 그저 혼자 알면 그만이다. 그래도 끼리끼리 노는 일은 있지만 이나마도 신통치 않다. 그러나 불교의 실존 이론은 워낙 大法(큰 진리)이라서 모든 사상과 철학과 종교의 근원을 제공해 주고 있다. 머리를 달고 사는 사람은 불교에서 떨어져 나갈 수가 없다.

〈깨달음이 실존이다〉 이것이 불교의 실존 이론이다.
나무아미타불 관세음보살!

심(心)과 식(識)

가야의 땅에 출현하신 부처님께서는 그의 설법하심에 있어 인(因)과 연(緣)과 과(果)를 통털어서 통문(通門)으로 하셨다. 그래서 경에는 전부 〈心〉이라는 통칭으로 되어있다. 유명한 일체 유심조(一切 唯心造)라는 법문이 보여주는 바와 같이 〈유심, 唯心〉이라는 것이 경에 보이신 文이다.

세월이 흘러 心은 식(識)이란 文과 字로 바꿔쓰기 시작했다. 중생들이 통(通)을 이해하기 어려워하여 엉거주춤한 이해에 머물게 되므로 원해 여래 진실의에 의하여 여래 부처님의 진실한 뜻(眞實意)을 이해(解)하고자 원(願)해서 通을 쪼개어 各으로 나누어 설명하기 시작했다.

통론(通論)이 있고 각론(各論)이 있게된 것이지만, 일구 다언(一口 多言)이라 어찌 입과 말이 다르겠는가. 心이나 識이나 같은 내용의 같은 말이며 유심(唯心) 이나 유식(唯識)이나 같은 뜻이다.

이름 名에 차이가 있는 것이지 心이라 名하던 의(意)라 名하던 識이라 名하던 료(了)라 名하던 같은 것을 경우에 따라 변용하고 병용한 것일 뿐이다.

심진여(心眞如)를 이야기하는 것은 화엄경이고 이를 대본으로 하여 대승 기신론이 나왔다. 心을 진여(眞如)라고 名하고 부르는 것은 진여

일심(眞如一心)으로 부터 만법이 전개했다는 진여연기(眞如緣起)다. 기껏해야 일체 유심조에 대한 덧칠이다. 괜히 어렵게만 되었다.

〈心은 깨끗한 것〉이라는 전제 조건이 이들의 주장이라서 淨法의 연기가 진여연기다. 선문(禪門)에서는 이런 주장을 좋아하여 화엄과 대승 기신론을 금과옥조로 생각한다. 〈부처〉라는 과위(果位)에 딱 들어 맞기 때문이다.

교문(敎門)에서는 오염된 중생심을 끌어안고 佛果를 향해 나아가는 門이다. 중생은 인위(因位)에 있다고 설해진다. 부처 될 원인을 짓는 입장과 그런 자리에 있다고 해서다. 그러므로 거짓과 물듦을 꾸짖어 참됨(眞)과 깨끗함(淨)으로 인도하고자 한다. 따라서 眞門과 淨門과 聖門에서는 心이란 말만 쓰고 識이란 용어는 사라진다.

그런데 識이란 말만 쓰고 心이란 말을 쓰지 않아야 할 중생들이 心이란 말만 쓰고 識이란 말을 쓰지 않는다. 참으로 난감한 일이다. 아마도 화엄과 선문의 발자취가 워낙 커서 그러한 것인지 싶다. 아마도 원인이라는 因에 매달리기보다는 결과라는 果에만 집착하는 중생심 때문인지도 모른다.

심소유(心所有 : 心所)

우리의 〈[마음]은 [식(識)]〉이다. 고로 유식(唯識)이고 唯心이다. 〈마음이 움직인다〉는 것은 〈식이 움직인다〉는 뜻이다. 식(마음)은 불고기(不孤起)라 홀로는 일어나지 못한다. 무엇인가 짚고 의지해야(반연攀緣) 일어날 수 있는 줄기식물과 같다. 식(마음)은 이렇게 짚고 일어 설 수 있는 구체적인 기능들을 챙겨서 항상 가지고 있다. 그냥 아주 종자의 형태로 만들어 영구적인 소유물로 만들어 가지고 있다. 절대 잃어버리거나 잊어버리지 않는 〈不失法〉이다.

식(마음)이 짚고 일어 설 수 있는 지팡이들(기능)을 우리는 〈心所有〉라고 한다. 지난 세월에 인식했던 모든 것은 전부 다 심소유가 되어 말할수도 없이 많은 心所有가 있지만 대충 善심소와 惡심소와 선악도 아닌 무기심소등의 종교적 목적으로 분류되어 있는 것이 불교의 심소유 법이다. 이 심소유 법은 마음을 따르지 않고(不隨自性) 인연대상을 따른다(隨緣性).

우리의 마음(식)은 더 이상 마음이 아니고 심소유들에 점령 당해있다. 〈심소유〉는 어느새 〈소유심〉이 된 것이다. 소유심은 거의 영구성을 구축하고 있는 CEMENT CONCRETE 건물이 되어 있는 것이다.

소유에 가리는 것은 마음이나 몸이나 마찬가지인 모양이다. 소유를 뚫고 심지에 도달하는 것은 어려운 난제다.

무의식도 識이다

우리는 보통 〈의식〉이 있다고 하고 〈무의식〉적으로 했다고 한다. 〈알고 행하면 의식〉이라 하고 〈모르고 행하면 무의식〉이라고 한다. 의식의 본래 이름은 〈有의식〉이었지만 줄여서 그냥 의식의식하는 것이다. 의식은 엄밀히 말하면 色法(물건)이다. 물건이니까 있다 없다하는 것 아니겠는가. 물론 물체는 아니다. 〈物化된 물질〉이다.

아이의 식(識)에 있어서도 세속과 같아서 아버지 알기를 눈 밖으로 안다. 그냥 돈만 받으면 되었지 알려고 하면 따지고 면박 주고 하니까 피곤하다. 특히나 그 애비가 호인(好人)일때 더욱 그렇다.

인간은 원래 정신이 없는 물건들이라 〈고통〉이 심한 차례로 그 기억이 강력하게 되어있다. 태어남의 고통(生苦)은 전적으로 어미가 감당하기 때문에 자식은 어미만 알고 따른다. 애기들도 엄마와 똑같은 고통을 겪으며 태어나지만 의식이 苦를 인식 할 만큼 성숙되지 않아서 生苦를 모를 뿐이다. 의식으로 인식하지 못한 〈生苦〉는 生老病死하는 四苦의 시작이다. 태로써 나는 태생이 그렇고 알로써 나는 란생도 生苦를 겪는다.

계란을 보면 피가 묻은 계란이 많다. 여인들의 자궁(子宮)을 높여서 태궁(胎宮)이라 부르는 것은 불교의 예의법이다. 어미는 뱃속의 애기를 너무 귀하게 여기므로 임금이 사는 궁전에 모신 것과 같이 한다는 뜻이다. 어머니의 태(胎뱃 속)에 든다는 것은 〈극락세계〉에 왕생 한 것과 같다고 한다.

우리가 죽은 다음 서방정토의 〈진짜 극락〉에 가지 못한 有情(중생)들이 ONE MORE TIME이라고 재차 한번 더 태어나 죽을 때 한번 더 극락왕생 할 CHANCE를 가지는 것이 입태(入胎)다. 강력한 의지다. 입태한 다음에는 껍데기와 살(肉)이 생기고 뼈대를 구축해서는 어머니의 태중에서 아기는 자기 살 집을 짓는다. 자궁 속에서 몸집을 불리다가 자신이 생기면 출태(出胎)한다. 이 때부터 아기는 은혜를 배반하고(배은背恩) 어머니의 노고를 잊어 버린다(망덕亡德).

이것을 〈배은망덕〉이라고 한다. 이렇게 배은망덕이 자라면 두번째로 자연(自然, NATURE)에 배은망덕한다. 마지막으로 애지중지하던 것을 놓아버리고 자기를 배반하면 〈死〉라고 한다. 이렇게 〈자기〉라고 하는 것은 허망(死)으로 끝난다. 無我 사상의 원조는 죽음과 관계되어 있다.

빙산과 같아서 물 속에 잠겨있는 빙산의 뿌리는 드러난 봉오리보다 수백배 큰 것처럼, 무의식이라는 의식은 실로 거대하고 방대한 것이 무의식의 세계다. 有의식은 無의식 위에서 춤추는 불나방에 불과하며 아직까지는 심리학에서도 연구 초기 단계에 불과하다.

〈무의식〉이라는 심리학적 용어가 나오기 전, 한정없이 오래전에 불교에서는 이것을 〈아뢰야식〉이라 이름했고 제여덟번째의 識名이므로 〈제8식〉이라고도 한다. 그러니 제8식(아뢰야식)의 이해는 어렵고 어렵다. 그러나 의식은 전적으로 100% 무의식에 의지해서 존재하는 것(의존)이므로 마음(의식)을 알기 위해서는 무의식 세계(제8 아뢰야식)를 알아야 하는 수 밖에 없다.

이것이 깨달음이다. 어떤 이들은 귀신씨나락 까먹는 소리를 좀 하고는 무슨 깨달음인 양 하는 것은, 깨달은 이(佛)의 가르침(敎)이 아니다.

〈무사(舞師)〉로 깨달은 것은 스승(師)에 돌아 와야 不覺의 집안에 들어 올수 있다. 최고의 스승(師)은 다 불언(불경) 속에 남아 있다.

문화 충돌

인간이 하는 일은 모두 거짓투성인 것이니 거짓 僞자가 생겨난 문자적 유래다. 그러므로 일체의 진정한 삶의 원리를 인간이 아닌 자연의 섭리에 두어야 한다는 것이 노장철학이다. 고대 희랍에 있어서도 이것은 마찬가지였으며 뒤에 자연법 사상의 근간이 되었음은 두 말할 필요도 없고 더구나 하늘의 지배가 인간 세상의 최후의 지배가 되어야 한다는 것을 기독교에 있어서나 무슬람교에 있어서나 다같이 자명한 전제조건이 되어 오늘에 이르고 있다.

이런 사상과 종교들은 우리의 문화 환경이 되었는데 삶의 지역성과 시간성에 불가분의 관계를 가지는 것으로써 사람은 창조자의 피조물이라기보다는 환경의 피조물이라 할 것이다.

우리는 태어나자마자 상과 벌. 나무람과 칭찬이 거듭되면서 삶의 환경에 길들어져 가는데, 삶의 환경을 총체적으로 우리는 文化라고 이름한다. 이러한 문화인이 되는 과정은 십 년이 훨씬 넘는 학교 교육을 통해서 더욱 다져지는데 이것을 소위 사회적인 동물인 인간의 사화화라 하며 세상 사람들의 금과 옥조가 되어 있는 것이다.

이로써 개인은 문화에 함몰되고 삶의 환경은 개인을 정복하는 것이 된다. 따라서 개개인에 있어서는 문화 환경 이상의 삶을 살기는 어렵도록 재편되는 것이다. 어찌하랴. 환경은 너무나 막강한 주어진 조건이고 개개인의 힘은 미약한 것이니 적응하는 것 외에는 선택의 여지가 없다.

개인의 독선이 집단적 독선을 형성하면 전쟁으로 분출되는 것이 인류의 역사다. 개인의 위선이 집단위선으로 치달리면 보통은 혁명으로 끝장이 난다. 위선이 도를 지나쳐 독선이 되고 독선이 모여서 집단적 독선이 되면 전쟁불사다. 이것이 인과의 법칙인데 어찌 피해 갈 수 있겠는가. 독선의 수위를 위선의 수위로 끌어내리는 것은 전쟁과 같은 큰 힘이 아니고는 될 수가 없다.

개인에 있어서도 이런 변화는 환골탈태가 아니고는 어림없는 일이다. 우리는 슬픔을 가지고 그렇게 보고 걱정과 더불어 그렇게 판단한다. 사악한 위선을 독선이라고 하는데 우리가 독선을 가지게 되면 적대감이 생기고 이 적대감이 살해심으로 커지면 개인적으로는 최악의 국면을 맞이하게 되는 것이다.

평상심에서 일어나는 위선적인 삶을 지키지 못하고 독선적인 삶이 된다는 것은 우리에게 있어 돌이킬 수 없는 패배다. 혹자는 문화간의 충돌이라고 이름한다. 기독교 문화와 모슬렘 문화간의 충돌 이라는 것이다. 그러나 이러한 견해는 매우 선동적인 문구일뿐 진실성이 결여된 매우 조폭적 언어다.

종교전쟁이란 있을 수 없는 전쟁이다. 문화충돌이란 있을 수 없는 충돌이다. 다만 독선을 합리화시키고 전쟁을 벌이는 인간들이 하느님의 도구를 인간의 도구로 끌어내린 수작에 불과한 것이다. 전쟁은 神들의 전쟁이 아니고 독선적인 집단을 가진 인간들이 자초하는 것이다. 전쟁으로 결판이 날 수 밖에 없는 상황이라면 전쟁 후에나마 그 개편에 마음을 쏟지 않으면 안된다.

개인은 삶의 여러 환경에 있어 영원한 주체다. 이것을 병과 죽음이라는 종점을 통해서 겨우 자각한다는 것이 비극일 따름이다. 개인의 삶이 전쟁을 넘어서야 하는 절박한 입장에 있는 民草들에게 부디 무사 안녕을 기도할 따름이다.

제 III 장
발가락이 닮았다

현생과 후생을 이어주는
끊임없는 펼침(緣起)을 보인다.

바미안 큰 부처님

나는 한국에 나가면 한두 군데 옛 절터를 찾아보는 습관이 있다. 주춧돌이나 기왓장만 남아있는 옛 절터에서 지난 세월과 세월의 풍상과 산중의 흥망을 망연히 더듬어 보는 것은 큰 공부요, 즐거움 중의 하나다.

모든 것을 거부하고 부정하는 무상에 이길 장사가 어디 있겠는가. 그러나 이 무상에 짝하여 인간의 유위가 계속되어 끊어짐이 없다는 것 또한 장엄한 일이다. 인도와 중국의 불교흥망도 그러하며 거의 깡그리 망가졌다고 생각한 그 곳에서 불씨가 남아 지금 불교의 부흥이 일어나고 있다.

지식인과 상류사회를 중심했던 신라불교와 권력과 탐욕에 유착되어 부패가 코를 찌르던 고려불교는 조선 왕조에 의해 그 뿌리가 완전히 뽑힌 지경이 됐다. 그 고사목에서 다시 불교의 싹이 터서 고개를 내밀고 있다. 조계사의 혈전을 거치고 술집과 기생방에서 승복을 보여주면서 시장바닥에 거침없이 나앉아 우리에게 친근한 모습으로 다가오고 있다. 너무도 빠르고 무차별한 세속화에 대한 반감도 많지만 나는 이런 모습을 매우 친근하고 역동적이고 긍정적으로 본다.

자연에도 보면 가끔 산불이 일어나서 기성의 산림을 불태우고 다시 새로운 숲을 이루 듯, 이 제도종교는 역사적인 흥망성쇠를 가지게 되어 부서지고 망가지지만 진리종교와 문화종교로서 다시 재생되어 역사하게 되는 모습은 좋은 것이다.

아프카니스탄의 높은 산 석벽에 조각되어 있던 80m 높이에 달한다던 바미안 큰 부처님의 사망은 멸종과 재생의 역사를 극명하게 보여주고 있다.

인도불교는 예수님의 탄생이 있기 이 · 삼백년 전에 가장 붐을 이루었는데, 그 막강한 힘의 분출은 카시미러 고원으로 터져 중앙아시아에 안착한 것이다. 여러 잡다한 부족들이 불교를 중심으로 아프가니스탄 남부의 칸드하르에 수도를 정하고 뭉쳐서, 간다라 제국과 문화를 만들어내게 되었는데 북으로는 타지키스탄, 우즈베키스탄, 카자키스탄 등지를 석권했고, 서쪽으로는 북부 이란과 터키 지방을 영향권에 두게 됨으로써, 당시에 터키의 지배자이던 희랍민족과도 뒤섞이게 되어 서양에 불교사상이 스며들게 된 전초가 되었다.

또한 동으로는 힌두쿠시의 좁은 협곡을 따라 중국 최서쪽지방의 사막국가를 확보하게 되어 뒷날 천산북로를 따라 몽고와 조선에 불교가 유입하게 된 말미가 됐다.

우리의 신라시대 처용가등에 나오는 아라비아인은 중앙아시아인들로써, 우리와의 문물과 문화의 교류는 전부 이 통로를 통한다. 중앙아시아는 북쪽의 러시아와 동쪽의 중국과 서쪽의 이란, 이락, 터키, 그리스 등지를 이어주는 교통의 요지가 되어 징기스칸의 몽고군도 이 길을 휩쓸었고, 로마의 십자군도 이 길을 따라 진군했으며, 영국군과 러시아 군대도 이 길을 따라 이동했다. 그러므로 침탈과 약탈과 혼란이 늘 있어온 지정학적 입장은 우리 조선 국토가 중국과 러시아와 일본 등이 서로 길을 비켜달라는 길목이 되어 숱한 수모를 겪어야 했던 민족사적 역사와 흡사하다 할 것이다.

뒷날 중국과 한국의 구도승들이 지나쳤던 구도의 길이기도 했고, 신라의 혜초가 다녀온 길이 되기도 했으며, 천산북로를 통한 간다라 문화의 전래는 바위에 불상을 새기는 우리나라 마애불상과 석굴과 들판에 돌부처를 깍아 모시는 석조불상의 유래가 되어, 마침내 저 경주 토함산의 석굴암 돌부처님이 생겨나게 된 것이다.

험준한 산과 깊은 협곡의 암석과 동굴에다 불상을 새겼던 간다라 문화는 중국 돈황석존의 불상이 있게 된 배경이 되기도 하니 바미안 큰 부처님의 실로 엄청난 그 모습은 간다라 문화의 총체적인 모습이라 할 것이다.

이 큰 부처님은 인류의 문화유산이라며 세계가 한 목소리로 말렸던 외침도 허사가 되어, 아프가니스탄의 텔레반 정권에 의해 산산조각이 나고 말았는데, 어쩌면 바미안 큰 부처님의 산화하고 싶은 뜻이 있었는지도 모를 일이다.

간다라 넓은 제국은 많은 종족의 갈등 때문에 모래알처럼 해체되었고, 인민은 도탄에 빠져 먹을 것이 없는데 전쟁은 또 인간을 도륙하여, 그 비참한 아비규환은 말로써 표현하기 불가능한 지경이 되고 말았으니, 저 구름 위의 창공에 우뚝하던 바미안 부처님은 얼마나 민망하고 그 심정이 통절하였겠는가. 바미안 큰 부처님은 산산히 산화하여 통곡과 굶주림이 끝나기를 바랬는지도 모를 일이다.

사막은 원래가 멸종의 땅이다. 생물이 살기에는 너무나 척박한 땅이므로 엄격한 절약과 절제와 율법이 필요한 땅이다. 그러면서도 젖과 꿀이 흐르는 풍요로운 땅을 동경하는 꿈이 있는 순박한 인간들이다. 이 절제와 동경은 종교가 번식하기에는 가장 알맞은 토양이 되는 것이니 종교가 소금이 되는 사막의 땅에서나 조금 가능한 일로써 숲이 무성하고 평야가 넓은 곳에서는 종교가 소금이 되어지기를 바라는 것은 그렇게 현명한 일이 못된다.

멸종의 땅에서 살아남은 자들은 종교를 진실하게 행하고 그 순수함을 간직한다. 이 진실함과 순수함이 정치와 종교의 일치를 부르짖는 제정일치로 나아가게 되서, 저 사막국가들이 활로를 뚫기 위해 혈투를 벌이고 시행착오를 거듭하고 있는데 이러한 꿈이 하루바삐 이룩되어 편안하고 행복한 삶이 이룩되기를 기원할 따름이다. 티끌로 산화한 바미안 큰 돌부처님이시여 부디 가피력을 내려 이들을 도와주소서.

바람처럼 사는 사람들

방하착(放下着)은 [내려놓는다]라는 동사 관용구다. 그러므로 주어와 목적어를 찾아내는 것이 우선 해야 할 일이다.

내가 내려놓는다면 [내(我)]가 주어요, 네가 내려놓아야 한다고 가르치면 [너(汝)]가 주어인 것은 너무나 쉬운 일이니까 논란이 있을 수 없다.

욕심이나 성냄이나 거만이나 선입견이나, 사견(邪見) · 악견 · 사견(私見)같은 것들을 내려놓아야 하겠지만, 가장 통합적이고 축의적인 말은 [情]일 것이다. 탐진치의 삼독심이나 5욕7정이 전부 정 아닌 것이 없다.

人情, 事情, 物情과 같은 속정(俗情)을 내려놓는 게 우선이고 일상적인 방하착이겠지만 수행자들의 방하착은 어떤 것일까. 내려놓는다는 것은 붙박이의 언어가 아니다. [바람(風)의 언어]다. 바람은 地大, 水大, 火大, 風大의 四大 중에서 유일하게 우리의 육안을 벗어난 [있음]이다.

우리는 바람을 볼 수가 없다. 볼 수도 없는 놈을 어찌 알겠는가. 風大는 바로 우리 몸의 작용을 말한다. 육조혜능의 최초 설법인 [風動 心動]은 유명한 법문이다. 바람은 움직임(動)이 그 자성이다. 몸도 움직임이 그 自性이다. 이 · 쇠 · 훼 · 여 · 칭 · 기 · 고 · 락의 8風이 身風이다. 수행자는 [마음을 찾아 헤메는 사람]들 이므로 붙박이 생활을 떠나야 한다. 出家도 그 하나를 위한 방편이고 萬行도 그 하나를 위한 방편이다. 떠돌기 위해서다. 이러한 身行은 물론 번뇌에 붙들리지 않는 心出家와 心萬行도 점차 친근해야 할 일이겠지만.

우리 몸 속의 風大가 風氣로 움직이는 것이 인생이다. 사람의 삶이 인생 아닌가. 인생은 氣다. 몸속의 풍기가 끊어지면 뇌가 졸(卒)한다. 우리의 삶은 끝장이다. 몸의 風氣가 너무 심하여 소용돌이가 되면 바람은 칼이 된다. 風은 도(刀)가 된다. 악업은 風刀가 되어 [칼바람]의 고통을 피하기 어렵다.

우리 마음의 바람은 어디서부터 오는 것일까. 心風은 욕망으로 온다. 욕망이 조용하면 바람도 조용하다. 욕망이 거칠어지면 바람도 거칠어진다. 욕망이 잔잔하면 바람도 잔잔하다. 情도 역부여시하다. 바람이 없어진다는 것은 망상이다. 몸의 바람을 어찌 없앤단 말인가. 망상을 향해서 수행하지 마라. 인간이 있어서 空도 識도 見도 다 위대하여 空大, 識大, 見大가 되지만 風大를 넘어설 수는 없다. 만물이 生成되고 長成하는 것은 전부 몸속 풍대의 조화다. 바람을 우습게 보지 마라.

나는 바람 중에서도 허허함을 느끼게 하는 바람을 좋아한다. 허허한 들판에서 느끼는 바람이다. 출가자들은 대부분 바람처럼 사는 습성을 가지고 있다. 나는 옛날부터 바람처럼 사는 습성을 가진 [친구스님]들이 많다. 조건없이 무조건 좋아할 수 있는 사람들이다. 그들은 산과 들(山野)을 사는 사람들이다. 붙박이들이 아니다.

겨울 바람을 가르며 영남의 알프스도 같이 넘고 진안의 마이산을 넘는 기분도 좋다. 읍내에 내려와 국시를 후후 불면서 먹는 모습도 좋다. 겨울만 되면 한국의 山河가 그리워지는 것은 바람처럼 사는 〈스님 친구〉들 때문이다.

　바람에서 바램이 나온다. 바람과 바램(욕망)은 같은 언어다. 몸과 마음은 같은 바람이고 같은 바램이다.

발가락이 닮았다

저를 그대로 빼닮은 자식을 가지는 것이 일체 생명체의 비밀스런 (秘) 소원(願)이다. 〈秘願〉이라고 한다. 자기의 종자(自種)는 반드시 자기의 열매(自果)라야 한다. 自種을 自果하지 못하면 양자(ADOPTION)도 들이고 심지어 사오기도 하지만 생물학적으로는 용납되지 않는다. 代를 이어가기 위해 다른 이의 열매(他種,他果)를 빌리는 것은 사회적인 일이지, 종족보존의 생물학적 법칙은 아니다.

인류가 인류를 낳는다. 그렇기 때문에 〈하나님(神)이 인간을 창조했다〉는 〈말씀〉은 새빨간 거짓 증언이다. 알고보면 각각등 보체는 전부 自果를 친히 생산하는(親生) 창조주다. 그러므로 우리는 또 알게된다. 당신도 창조주이고 나도 창조주이다. 그래서 창조주가 PERFECT(완벽)할 이유는 애시당초부터 없었다. 이것을 불교에서 〈업보〉라고 부른다. 업(KARMA)은 세력을 가지며 기(氣)로써 존재한다. 그래서 업은 안·이·비·설·신·의·로써는 알수가 없고 오직 감(感)으로 알 뿐이다. 감지(感知)할 뿐인 것이 업이다.

이렇게 우리가 감지 할 수 없는 업의 감(感)이 연(緣起)를 있게 해서 만상과 만감의 일체를 있게 한다. 일체를 있게하는 것은 바로 우리들 각각등 보체의 업감이다.

만상(萬象)과 만감(萬感)과 일체는 우리들의 업감(業感) 위에서 춤추는 꼭두각시들이다. 사람들이 각각 다른 것은 사람들의 업이 각각이기 때문이다.

불교에서는 소위 말하는 〈개성이 다르다〉는 표현을 쓰지않고 〈업이 다르다〉고 하고 인간은 시종일관 자업을 자득 할 따름이다. 업인 인과의 주체다. 업은 POWER(힘)이므로 현생과 후생으로 이어지면서 끝없는 펼침(연기)을 보인다.

연기하는 동안 끝없는 변화와 차별을 나타내지만 그 결과는 파도와 같이 번을 갈아서 밀려오고 밀려 갈 뿐이다.

발(發) 보리심

〈보리(BODHI)〉는 〈본각(本覺)〉이라 번역되는 지혜심을 말한다. 〈아녹다라 삼약 삼보리〉를 줄여서 보리심이라고 한다. 佛果의 지혜다. 이 보리심이 일체 淨法의 因이다. 보리는 그 自性이 청정한 진여심의 다른 이름(異名)이다. 우리들 중생심이 〈흙탕물〉이라고 한다면 흙탕은 무명이고 깨끗한 물은(청정수) 보리며 지혜며 淨法이다.

不覺일 때는 염정(染淨)이 혼합되어 있는 衆生心이다. 그러므로 중생심에 내재(內在)되어 있어 마음의 한 축이 되어있는 만고에 불변하는 보리본각과 지혜진여심을 끌어내어 증강시키는 것이 우리의 수행이다. 이것을 〈發보리심〉이라고 하며 생사를 싫어하고 열반을 구하는 자가 발보리심자 또는 줄여서 〈發心者〉라고 한다.

이 보리심을 發하는 〈初發心〉의 때를 찬양하여 화엄경에서는 초발심시에 문득 上 · 正等 · 正覺을 이룬다고 기록되어 있다(初 發心 時 便 正覺)

인생에 있어 가장 중요한 보리심(구도심, 求道心)을 내는(發) 것은 3가지 방편에 의하는 바, 몸은 항상 행원(行願)에 있고 입은 항상 부처님의 뛰어난 가르침을 칭송하고 마음(識)은 항상 삼매(定)를 닦게하는 三門으로 방편을 삼는다. 〈보리의 방편문〉이다. 우리가 몸 받아 사는 이 세상은 우리에게 인연의 땅(因地)이다. 因地에서는 발심(발보리심)을 깨달음(覺)보다도 더 높게 평가한다. 因과 緣을 귀하게 여기는 것은 〈땅(地)의 일〉이기 때문이다. 보리의 방편은 발심이다.

身(몸)·口(입)·意(뜻) 三業이 그것이다. 몸으로도 잊지않고 입으로도 잊지않고 뜻으로도 잊지않고, 그래서 나의 생명으로 잊을 수 없는 三不妄業이 보리의 방편인 行願과 세속을 뛰어넘는 공부와(厭求心) 相을 줄여나가는 삼매의 닦음이다.

이 발보리심을 내는 發心을 〈진여의 淨法훈습〉이라고 하는 것은 마명대사의 대승기신론이다. 발보리심은 진여의 정법훈습이라는 것이다. 淨法훈습은 우리의 의식활동이 벌리는 〈분별〉과 〈사려心〉을 淨化시켜 사려분별에 상응(相應)하는 오염을 제거해 나가는 것이다.

제6식(의식)을 분별事의식(분별사식)이라고 이름한 것은 뛰어난 작명이다. 우리들 의식이 妄分別과 망사려(妄思慮)를 하는 과정은 유식이론에서 잘 설명하고 있다. 이 分別知가 정화되어 마음이 미혹됨을 막는 것이다. 잠재의식과 무의식인 제7식, 제8식의 심층의식에 진여심의 훈습함이 작용하여 아뢰야식을 정화시킨다. 發보리심의 공덕 때문이다.

백법(100法)

 우리의 인식대상이 되는 경(境) 또는 법(法)은 숫자가 부족해서 모두 못 헤아린다. 백·천·만·억·조·경을 다 동원해도 못 헤아린다. 그래서 이것을 대충 큰 줄기만 잡아서 100가지로 정한 것이 불교의 〈존재론〉이며 〈제법(만법) 분류법〉이다. 즉 우리가 인식 할 수 있는 〈인식 가능한 대상〉을 100법에 담아 본 것이다. 물질은 물론 정신적인 모든 존재와 현상이 다 포함되는 것이다.

 물질(色)은 11가지로 인식가능한 대상으로 삼는다. 물질은 모두 색깔(色)을 띤다. 소리를 가지고 있으며, 냄새를 가지고, 맛을 가지며, 촉감을 유발한다. 이 모두(5가지)를 가졌거나 한가지만 가졌거나 일부만을 가질수도 있다. 대표해서 色(색깔)을 가진 것으로 세운다. 고로 불교에서는 물질을 色이라고 한다. 매우 유식적인(인식론적인) 사고방식이다.

 色은 변하고 부서져서 흩어지고 질량이 있기 때문에 색이라고 한다. 물론 무표색(無表色)이라는 것이 있다. 종자가 된 물질은 전부 무표색이다. 물질적 존재 중에는 표시 할 수 없는 色도 있다(無表色). 아뢰야식에 포섭, 저장된 업종자는 종자가 현행될 때에는 색(차별)도 나타난다. 종자만 보면 잘난 놈 못난 놈을 가릴 수 없지만 싹이 나고 현행이 되면 호·불호·선·악 등의 차별이 고스란히 色을 띠우고 나타난다. 色卽是空이고 空卽是色 이다. 이러한 무표색을 감별하는 능력은 초지(初地 一地)보살 때 부터다.

心法은 마음이 가지고 있는(소유, 心소유) 법적 존재로 51가지가 있다고 한다. 〈정신〉이 된 마음을 심법이라 한다. 善法, 번뇌법, 악법 등이 전부 심법이다.

色(물질적)도 心도 아닌(상응하지 않는) 불상응법을 行하는 것도 24가지나 존재한다. 물질도 아니고 정신도 아니며 心所有(心所 즉 종자)도 아닌 것이 실제로 존재하며 행동하고 행위하는 것들이다. 예를 들면 명줄(命)이라는 것이 心·身에 상응하지 않으면서도 독자적인 흐름을 행한다. 천륜같은 것이다.

定(삼매)이라는 것이 정신인가 몸의 작용인가. 定(삼매)은 정신도 아니고 몸 작용도 아니다. 體도 아니고 相도 아닌것이 用만 있다. 그러면서도 定은 있어 엄연한 존재이며 삼매도 行이 있어 〈정중의식〉활동을 한다.

불상응을 行하면 거의 무위법(無爲法)에 가까워 〈道人行〉으로 보는 것을 소승(小乘)이라고 하여, 대승불교에서는 [폐기 처분]했다. 이러한 대승의 〈폐기처분〉은 두고 두고 불교에 말썽을 일으킨다. 소승의 〈道人〉과 〈멸진定〉과 무위법(無爲法)은 폐기처분이 가능한 것인가? 소승 교단인 승단(출가자 집단)은 폐기처분 할 수 있는 SYSTEM인가? 이런 〈이념투쟁〉과 〈정권투쟁〉은 아마도 쉽게 끝날 것 같지는 않다.

특히나 〈신대륙(미국) 불교〉는 이 두 가지 투쟁에 알게 모르게 접속

되어 있다. 이러한 신대륙(미국) 불교에 우리는 기대 반 절망 반이라는 관망적 태도 밖에 취할 수 없는 것이 한국 불교의 입지(立地)다.

아무튼 존재는 법이다. 고로 각각등 보체는 〈나는 법이로소이다〉하고 외칠 수 있다. 여러분. 여러분은 法이로소이다.

등각과 묘각

중생의 입이라고 어찌 말 할 수 없겠는가. 그러므로 깨달음(覺)에 대해서 말 할 수 없다는 것은 말이 되지 않는다. 그러나 말의 한계를 밝혀가면서 말하는 것은 피차간에 매우 중요한 일이다. 그래야 불통 (不通)의 간격을 좁힐 수 있기 때문이다.

보살이 수행하는 단계를 화엄경에서는 51가지로 규정하고 있고 10 信과 10住와 10行과 10回向을 거쳐서 10地의 10바라밀을 다시 닦아 서 마침내 등각(等覺)에 오른다는 말씀이다. 여기까지가 말로 할수있 는 佛教의 전부다. [口業佛教]는 등각에서 心行處가 없어서 마음이 갈 곳을 잃는다.

등각을 선문에서는 해오(解悟)라고 부르는데 분증(分證)이라고 하여 전증(全的인 증오)과 구분한다. [전증(全證)에서 본 깨달음]을 妙覺이라고 하는데 果佛이며 부처님이시다. 해오를 분증한 이들은 등각까지도 전 부 수행자에 불과하여 부처라는 이름을 얻지 못한다. 수행자들은 중 생에 다 있다는 그 〈佛性〉이란 것을 의지해서 進化한다.

묘각은 불성에 의한 깨달음이 아니다. 묘각은 진화의 결과가 아니 다. 묘각은 수행의 결과이기도 하겠지만 꼭 수행이 부처를 보장하는 것은 아니다.

아무리 계란 속에서 병아리가 부화하여도 [바깥에서] 어미닭이 계란 껍질을 쪼아서 뚫어주지 않으면 병아리는 탄생할 수가 없다. 부화되지 않는 계란 속의 병아리는 결국 죽게 된다. 병 속에 갇힌 새는 죽게 되어있다. 등각이 묘각이 되기위해서 〈보이지 않는 神의 손〉이 필요하다. 신비할 따름인 〈결국 모를 따름인〉 어떤 힘이 있어야 된다는 점이다.

超越이 필요하다. 이래서 그 한초월(一超)로 말미암아 如來地에 바로 들어 갈 수 있다(直入 · 頓入). 수(修닦음)가 끊어지는 자리며 닦음과는 관계없는 그 어떤 무엇이 어미닭 노릇을 해줘야 한다.

불교에서는 敎門에서나 禪門에서 어느 쪽에서도 그 어미닭 노릇을 하는 그 무엇에는 전혀 언급이 없다. 10地 보살과 등각보살은 전부 有心(연기한 마음)의 범주에 속한다는 이야기다. 묘각은 수행이나 공부의 과보로써 얻는 것이 아니고 초월의식의 돈각이며 기신론의 용어로는 구경각이다. 이 자리에는 언어의 길이 끊어졌으므로 수많은 언어의 팽창(INFLATION)이 횡행한다.

이 때의 무심은 大無心이라 하고 이 때의 열반은 大涅槃이라 하고 大해탈이라고 말한다. 大지혜 라는것도 있다. [大]라는 글자와 [超]라는 글자와 [本]이라는 글자 등등의 인플레이션 된 언어가 나와서 물가를 높인다. 물가가 올라가면 소비자인 중생의 삶은 더 어려워진다. 돈 풍년 속에 民草들의 삶은 더 팍팍해지는 법이다. 언어의 인플레이션도 이와 같다.

동업 중생

업(KARMA)이 같으면(SAME) 동업 중생이다. 장사를 같이 해도 동업 (同業,PARTNERSHIP)이라고 한다. 힘든 세월을 같이 하고(同苦) 즐거운 시간을 같이 하면(同樂) 동고동락하는 사이라고 한다. 苦情과 樂情에 동업한 것이라 그 情이 유별나다.

빛(光) 쬐임을 같이 해도 동창(同窓)이라고 한다. 학교 교실의 창문을 열어 제치고 머리들이 옹기종기 모여 시시덕거리던 동창생을 말한다. 몇 년이나 같은 창문을 통해 같이 바라보았던 하늘과 들과 산과 운동장, 그 속에서 같이 했던 성장통을 어찌 잊을 수 있단 말인가. 언제 들어도 미소 짓는 〈동창생〉이란 단어다. 우리가 남이가! 同業중생이고 共業중생이고 업 동창생(KARMA COMRADE)이다. 〈동무〉라고 한다.

업이란 실로 무엇인가. 지나간 시절(과거)의 일체 행위(行爲)를 말한다. 〈지나간 시간과 공간〉은 죽은 것이 아니다. 현재를 연속케하며 장차(미래)에 SURVIVE하여 재연할 바가 업이다. 업(KARMA)은 지독한 인(因)이다. 연을 만나면 즉시 부활하는 무좀이나 습진과 같다.

이와 같이 〈업의 힘〉은 맹렬한 열화(火)와 같아서, 중생은 불구덩이에서 벗어나지 못하는 삶을 살게 되어있다. 업력(業力)때문이다. 구조적인 힘이 업력이다.

업은 인간의식 구조에서는 〈잠재의식〉을 장악하고 있다. 잠재의식이라고 하는 것으로 업식(業識)을 말한다. 의식은 잠재의식에다 그 뿌리를 박고있으므로 생각과 뜻의 뿌리는 업식에 있는 것이다. 업식 중에서 업이 념(뜻念)으로 변하여 힘을 가지면 〈업 종자〉가 된다.

업 종자는 무의식에 올라가 저장된다(장식藏識). 이 장식은 장차 재생산된다. 업식연기라고 하는 것이다.

사바세계는 동업자끼리 동거하는 〈동업 동거〉라고 한다. 그러나 사바세계의 구성원인 개개인은 사업(私業)을 지분으로 가지고 동참해 있으므로 그 세세한 내용은 동거잡토(同居雜土)가 되어 있다. 그래서 중생들은 정토(淨土)에 나서 살기를 기원한다.

사람들이 대량으로 출몰하는 연말연시나 홀리데이같은 때는 동업중생이기 때문에 생기는 사건·사고가 많다. 도로와 쇼핑몰같은 곳은 특히 그러하다. 사람은 모두 제각각이지만 〈공동 행위〉를 할 때가 많다. 자기도 모르게 또는 알게 우리는 공업에 동참하도록 되어 있는 사회적 동물이다. 사회생활에서는 공동으로 苦樂을 받게 되어 있다. 이웃과 사회와 국가는 선택하기가 매우 힘든 업보를 우리에게 안겨 줄 때가 많다. 불가피한 일이다.

동업 중생의 대열에서 이탈하는 것은 동행(同行)을 잘 만났을 때나 가능한 일이다. 평생에 절차탁마 할 수 있는 길 벗을 가지는 것은 大福 중의 大福이다. 좋은(善)벗 〈善友〉을 가까이하면 악업이 물러난다. 〈악업소멸〉을 하는 법은 동업중생을 잘 선택하는 것이다.

동화(同化)

〈무엇무엇과 같게〉〈변화〉시키자는 것이 동화작용이다. 변화는 〈힘(力)〉에 의해서 진행된다. 그 힘이 물리적힘이든 화학적힘이든지 생물적힘이든지간에 또는 여러가지 힘이 복합된 어떤 힘. 그 힘이 作이고 用이고 化고 爲다.

理와 氣(力)는 일원(一元)이다. 이른바 〈理氣一元〉論이다. 원(元)은 원소를 말한다. 그러므로 理와 氣는 한 원소 안에서 동거하고 있는 공생체(共生體)라고 하는 것이다. 이러한 이기일원론을 불교에서는 [非一非異]한 상태라고 용어한다. 同一한 것도 아니고 그렇다고 다른 것(동일하지도 않는 것)도 아니라는 상태라는 것이다.

무엇이 동일한 것이고 무엇이 동일하지 않고 다른 것인가. 동일한 것은 理가 같은 것이고 동일하지 않는 것은 情(事)이다. 즉 氣가 다른 것이다. 理는 평등이고 氣는 차별이다. 이것이 理氣二元論이다. 그러나 理氣가 두가지 원소로 되어있다고 해도 出入은 늘 같은 문으로 한몸(一體)이 되어서 行한다. 行法(유위)이 아닐 때는 둘 다 잠잠할 때다. 理도 동하지 않고 氣도 동하지 않은 때다. 不動地라고 한다 (보살8地).

선문에서는 〈眞空〉이라는 것을 보는 때라고 한다. 動하면 진여(理)도 부산하다. 잘났다고 설친다. 진여가 속물이 아닌 것처럼 설치는 꼴은 목불인견이다. 눈뜨고 못 본다. 중생은 이런 것을 다 알고 고개를 돌린다. 動하면 情(事)이 까불어 댄다.

요리조리 머리를 굴리는 변계(邊計)와 이렇게 변계한 것을 집착하여 지키려고 하는 〈보수(保守), 꼴통 보수주의자〉가 되는 것이다. 목불인견이다. 눈뜨고 못 본다. 중생은 이런 기미(氣의 맛味)를 다 알고 비굴하게 웃는다. 이리해서 진보(理無)와 보수(情有)는 앙숙이 되어 싸움판을 벌린다. 평등을 주장하느냐, 차별을 주장하느냐의 싸움이다.

이런 싸움판에서는 〈잠이나 자는 것〉이 최고다. 잠잘 때는 無心이라 〈空無〉니까 眞空이다. 이것이 최상의 도리(理)다. 眞空이란 것은 〈無心한 상태〉일 때를 말하는 용어다. 空하고 無有한 空無한 상태다.

불교에서 無心한 空無의 상태를 眞이라고 보는 측면이 강하다. 물론 이해와 훈습을 위해서 眞空을 따로 떼어내서 강조하는 것이지 有爲(有心, 有識)를 妙有를 모른체하는 것은 아니다.

眞인 理(眞理)는 절대로 〈협소한 것〉이 아니다. 넓다거나 협소하다는 것도 한갓 말장난이고 사실은 空(無)과 有는 한 원소 속에서 一元論的으로 非一非異하게 있을 따름인 것이다. 空卽是色이요. 色卽是色이 一元論의 모습이다.

眞空과 묘유는 진공만도 아니고 有爲만도 아닌 제3의 어떤 형태가 되어서 理(空)와 氣가 엉켜있다. 이 어떤 형태는 內的으로나 外的으로나 항상 자기원소 쪽으로 상대를 끌어 당겨 [완전한 同質性]을 만들려고 한다. 진공은 진공이 충만한 세계를 향하고 묘유(유위)는 묘유가 충만한 존재를 향해서 끌어당기는 힘(引力)을 행사한다. 이러한 동화

현상은 힘의 이동이라는 물리적 현상이므로 물리적 법칙성을 따른다. 强에서 弱으로 이동이 있게 된다는 것이다(轉依).

이 전의(轉依)가 모든 불교 공부의 근본 목표다. 內的으로나 外的으로나 의지(依)한 바를 떠나서 전부 다 眞理로 向하기를 바라는 것이 우리가 공부하는 목표가 아니겠는가.

돌아갈 곳 없어라

신옹이라 이름 하는 거사가 고봉스님에게 물었다.

〈萬法이 一로 돌아간다고 하니 그 하나는 다시 어느 곳으로 돌아 갑니까〉 (萬法歸一 一歸何處)

선문의 매우매우 유명한 화두다.

고봉이 답했다.

진퇴(進退)를 둘 다 얻지 못하느니라(俱不得)

이것이 진퇴양난이라는 것으로 후퇴도 못하고 진격도 못 할 입장이니 그 무엇이 살아 남는 길(活路)이겠는가. 높이 솟구쳐 구름이나 잡아 쥐는 수 밖에 없지만, 산산히 흩어져 비가 되어 땅에 떨어질 것이 이 또한 活路가 아니다.

고봉스님은 다른 스님(귀곡선사)의 말씀을 들어(인용하여) 자기의 대답에 대신했다.

〈이 화두는 만법이 하나로 돌아갈 수가 있는 것인가. 하나는 만법으로 돌아갈 수가 있는가 하는 문제다〉

고봉선사가 다시 말로 보이셨다(言示)

〈실로 하나가 만법으로 돌아 거거나 만법이 하나로 돌아감이 아니니라, 하나거나 만법이거나 실로 돌아 갈 곳이 없노라〉

이러한 言句는 임제스님께서 말씀하신 바 〈조고각하(照顧却下):

네 발밑을 살핌〉 하라는 말씀이나, 서양 철학자들이 좋아하는 〈지금 여기(HERE&NOW)〉라는 말씀들과 상통하는 뜻이다.

고봉선사는 〈禪要〉라는 유명한 책을 지어 공부인이 그 이름을 모르는 이가 없는 뛰어난 선사다. 특히 우리나라 에서는 갓 출가한 어린 사미들이 공부하는 4집(서장, 도서, 선요, 절요)중의 한 책이다. 이 4집 중에서 절요(節要)라는 책만 우리나라(고려) 보조국사 지눌 스님이 지은 책이지만 최근에 해인사의 성철 스님께서는 〈절요〉라는 책을 선문에서 퇴출시켜야 한다고 강하게 주장 하셨다.

선요란 선을 수행하는 요긴한 글 모음이란 뜻이다. 매우 어렵고 까다로운 내용이지만 4집에 넣어 어린 출가자에게 가르치는 것은 평생 동안 뇌리에 화두의 제목이라도 각인시키려는 뜻일거라 생각한다.

두 가지의 선천적인 覺

우리는 태어남과 더불어 두 가지의 선천적인 覺을 가지고 나온다. 감각과 지각이 그것이다. 안·이·비·설과 그리고 身은 우리 몸에 구멍이 작아서 그냥 뚫어놓은 것이 아니다. 〈감각을 하라〉고 생긴 것이다. 우리의 두뇌도 〈知覺을 하라〉고 있는 몸의 기관이지, 그냥 놀라고 생긴 것도 아니다.

이런 선천적인 감각작용을 유식에서는 〈촉(觸)〉이라고 용어하고 이런 선천적인 지각작용을 〈작의(作意)〉라고 용어 했다. 이러한 二大작용을 전부 識에 의해서(BY THE 식, FOR THE 식, FROM THE 식) 전면적으로 통합되어 있다는 것이 불교의 기본 가르침이다. 부처님의 12연기 법문에서 선언되어 있는 내용이다. 生(태어남)은 전면적으로 識에 말미암아 있다. 이러한 식이 연기하는 것이 〈삶〉이라는 것이다. 삶이 그러할진대 老와 死도 전부 〈식연기〉때문이라는 것이 12연기 법문에 표현되어 있다.

식이 태어나서 식이 노사(老死)에 이르는 중간 단계(삶)는 전부 受·想·思라는 식의 3능변(三能變)에 의한 것이다. 12연기 법문에서는 愛·取·有로 요약되어 있다. 애(愛)는 受의 능이 변함(능변能變)이며 취(取)는 想이 능변한 것이며 有는 思가 능변한 것이다.

이렇게 識은 감각기관(다섯 가지 창문, 五窓, WINDOW)과 지각기관(두뇌)

과 더불어 깨달음(覺)을 연기해 나가도록 되어있다. 5창(五窓)으로는 시각·청각·후각·미각과 촉각을 발산해 낸다. 그리고 1뇌(一腦)로써는 知覺을 발산해 낸다. 마치 개똥벌레가 야광(夜光)을 한없이 반짝이면서 밤새 어둠 속을 돌아다니는 것과 같다.

형광물질은 개똥벌레에게는 선천적인 것이다. 선천적인 것은 전부 〈먹이〉를 찾고 〈짝〉을 찾기 위한 二大 생명의 조건 때문이다. 〈食과 色〉이 생명의 二大조건이다.

사람에게 있어 깨달음(覺)은 〈형광물질〉과 같은 존재다. 이것은 인간의 능력이다. 능력은 능변력(能變力)을 줄여 쓰는 말이다. 능히 변화하는 능력(ABILITY TO CHANGE)이야 말로 우리들의 선천적인 형광물질인 識이다. 인간의 형광물인 識은 〈현재의식, 무의식, 잠재의식〉이 있음으로 能變도 의식의 수준에 있어서, 또 무의식의 수준에 있어서, 또 잠재의식의 수준에 있어서 能變力을 갖고 있다는 것이 유식 공부의 본론 부분이다.

우리는 서론과 결론 부분만 터치해도 어렵다고 아우성이라 정작 본론에는 들어가기가 힘들다. 그러나 어렵지 않는 공부가 어디 있겠는가. 개미구멍으로 둑 무너뜨리듯이 조금씩 틈을 보아 할 수 밖에 없다.

마음 공학

요새 기독교인들의 말을 들어보면 인간을 비롯한 일체의 피조물들이 〈조물주(하느님)의 설계〉에 의한 것이라는 주장이다. 조물주 하느님은 PLANNER이시다. 〈만들어진 것이 있다면〉 반드시 〈만든 자가 있을 것이다〉는 가정법에 의해서 그 만든 자(조물주造物主)가 〈하느님〉이란 어르신이고 그 어르신의 명함이 여자 호자 아자를 쓰는 〈여호아〉님이란 것이다. 여기까지는 좋다. 믿지 않는다고 이해까지 못 하겠는가.

그러나 만든 자와 만들어진 자가 갑을(甲乙)관계가 되어 갑질이 도를 지나친 것은 썩 마음에 들지를 않는다. 이것을 본뜬 목회자와 목민(민초)들도 甲乙관계임을 보여주는 많은 사례들은 〈착취이론〉을 내놓은 공산주의 이론보다 나을 것이 없어 보인다. 착취가 바로 갑질이다. 노동을 착취하거나 정신적으로 착취하거나 갑질을 하는 것은 평등법에 어긋난다. 정의롭지 못하다. 정의롭지 못한 것을 폐기시켜 온 것이 인류의 문화사(文化史)다. 정의는 자유와 진리를 가져오는 대방편이다. 정의가 아니면 죽음을 달라.

마음도 신체와 같이 공학(工學)의 입장에서 파악하고 이해해보자는 것이 마음공부다. 일단 마음도 〈기계(MECHINE)〉라고 가정법을 써 보자는 것이다. 기계는 여러 PARTS(부품)로 이루어져 있다. 기계는 힘 (POWER, ENERGY)에 의해 작동하도록 되어있다. 힘은 처음 MAN POWER(人力)나 ANIMAL POWER였으나 증기(STEAM)를 사용하고 나서부터는 산업에 혁명이 일어났다. 뒤이어 전기전자 핵 등이 POWER로 등장하였고 風力 水力등의 自然力도 여전히 유효하다.

기계는 기술자(MECHANIC)가 필요하다. 꾸준히 보수하고(REPAIR) 조절하고 조정해야 하기 때문이다. 불교에서도 조사님들을 종장(宗匠)이라고 하여 기술자 장자(장인 匠人)를 쓰고 있다.

이 기계적 작동이 생물학에 적용된 것이 〈기계론〉 MECHANISM이란 THEORY다. 물론 사화과학 전반에도 사용되는 이론이며 용어다. 우리의 육체와 마음은 생물학적으로 이루어진 희한한 기계다.

기계는 여러 부품으로 이루어져 있지만 기계와 부품은 그 성격이 판이하게 다르다. 무슨 DEVICE(고안품,작품)나 마찬가지다. 아무리 좋은 계획(PLAN)으로 일을 짜도 결국 요상스러운 요물이 되는 것도 허다하다.

마음공부의 결정판들이 빛나는 수행인들에 의해 모두 잘 정리되어 마음 공학이 되어있다. 이제 우리가 할 일은 이 〈이론적 작업〉들을 믿어야 한다는 점이다. 가르침을 듣고(聞) 바로 믿음이 기(起)하는 선근(善根)종자를 길러야 한다. 信根이다. 이것이 〈듣는 지혜〉 문혜(聞慧)다. 들은 가르침을 사색하고 사유하여 지혜를 발휘해야한다. 〈생각하는 지혜〉 사혜(思慧)다. 마지막으로는 〈닦음지혜〉 수혜(修慧)를 실천해야 한다. 수행이란 것은 〈行을 닦는 것〉이지, 따로 입산수도하는 것은 출가 사문들이 수행하는 방편 수행이다.

결정코 믿는 자는 사혜(思慧)로써 그 믿음에 결판을 내고 바라밀다時로 行을 닦는 수행이 있을 뿐이다. 보시 · 지계 · 인욕 · 정진 · 선정 · 지혜의 6바라밀다에다 방편과 자비大願과 大知(方便知, 後得知)의 4바라밀을 더하여 10바라밀을 수행하는 것이다. [바라밀다〈시時〉]가 지금(NOW)이고 여기(HERE)다. 이것이 실존과 당위를 不二로 엮어 낸 부처님의 不二법문이다.

실존은 무엇보다도 소중하다. 그러나 당위(마땅히 해야 할 일)가 빠지면 실존도 설자리가 없어 무너진다. 이것이 [대승(大乘,MAHAYANA)] 이라는 것이다. 대승은 인류의 文化史를 끌고 가는 큰 수레다.

마지막으로 마명대사는 간절히 빌었다. 반드시 제불의 수기(授記)하심이 있을 것을! 수기하심은 가피하심과 같은 말이다.

마음먹는 기본 반찬

밥을 먹자면 반찬이 있어야 한다. 반찬 없이 밥을 먹으면 맨 밥을 먹는다고 한다. 김치와 된장은 반찬 중에서도 기본 반찬이다. 여기에다가 계절따라 반찬이 더 올라와 보통 5가지는 되는 게 통상적이다. 물론 그 외에도 반찬은 많다. 7첩 반상이니 10첩 반상이니하여 상다리가 부러지게 차리는 경우도 있다. 대가집에서 큰 손님이 오실 때 차리는 밥상이다.

반찬은 밥을 먹기 위한 보조 수단이다. 밥은 살기 위해 먹는다. 마음을 먹는데도 반찬이 있어야 한다. 51가지 반찬이 나열되어 있는데 〈심소유〉 또는 줄여서 〈心所〉라고 간단히 부르는 것들이다. 심(식)은 5가지의 기본 반찬(5心所)을 가지고 마음을 먹기 시작한다. 5첩 반상은 마음먹는 밥상의 기본 반찬이다. 무조건 조건없이 이렇게 차려진다. NO CHOICE이다.

촉(觸) 심소, 작의(作意) 심소, 수(受) 심소, 상(想) 심소, 사(思) 심소. 이중에 촉심소와 작의 심소는 마음(식)이라는 우리 마음의 HARD WARE이다. 〈기계의 작동 심소〉에 해당한다. 受 심소와 想 심소와 思 심소는 〈감각과 지각 작용을 일으키는 심소〉다. 우리 마음의 SOFT WARE다.

우리가 제8식이라고 부르는 아뢰야식 · 장식 · 무의식의 세계는 이 5가지 심소만 가지고 日常을 생활한다. 다른 반찬(심소)은 제8식(아뢰 야식 · 장식 · 무의식)밥상에는 일체 올라오지 않는다. 다른 7가지의 〈식 밥상〉에는 여러가지 반찬이 올라온다. 특히 제6식(의식)에는 51가지의 심소 반찬이 다 차려진다.

그러나 우리가 반찬을 먹기위해 젓가락질을 할 때, 한 젓가락에 한 가지 반찬만 집듯이 심소라는 마음 먹는 반찬도 한가지 심소씩만 집 어 올린다. 이런 이야기는 SLOW VIDEO를 보듯한 聖人들에 의해 그 러할 뿐, 실제는 여러 가지 심소들이 〈한꺼번에〉라고 표현해도 될 수 있을 정도로 찰라지간에 일어나는 연속동작일 뿐이다.

촉(觸) 심소

촉은 촉매 하는 작용을 말한다. 마음(식)과 바깥대상(경境)이 서로 화 합하여 인식작용을 하기 시작하도록 촉발시키고 촉매하는 것을 말한 다. 식과 경을 잇는 징검다리는 〈근(根)〉이다. 식과 경이 촉발하고 촉 매된 결과는 〈분별〉이라는 것을 결과하는 놀라운 변화를 보인다. 이 촉의 작용은 有爲 無爲나 선악(善惡)이나 수행에 좋거나 나쁘거나 한 다는 등의 〈가치판단〉과는 전혀 무관계하다. 다만 생명체의 〈기계적 작동〉일 뿐이다. [식변(識變)] 이라고 용어한다.

識과 根과 境이라는 삼자가 화합할 때 촉(촉매)이 일어난다. 식으로 하여금, 근이라는 통로를 통해, 경을 대하게 하는, 중신아비의 일 (작용)을 촉이라고 한다는 것이다. 식과 근과 경의 三者和合의 결과는 〈인식〉이다. 그러므로 인식작용이 일어나는 공(功)은 완전히 촉 심소 때문이다.

작의 심소

작의는 의지(意)를 지음(作)이니 항상 잠들어있는 마음을 깨워서 마음을 끌어내는 작용을 하는 심소를 말한다. 그러므로 〈마음이 충만한 것〉은 전부 작의 심소 때문이다. 이 작의 심소가 인연있는 대경(境)에 마음을 끌고 가 접촉시키는 역할을 한다. 그래서 촉 심소와 작의 심소는 늘 쌍으로 있을 곳과 시간을 같이 한다. [작심(作心)]은 작의 심소를 줄인 말이다. [마음 먹는다]가 우리말 이다.

죽은 듯이 엎드려 있는 종자를 깨워 〈종자 현행〉을 일으키는 심소다. 인식이 촉(촉 심소) 발(작의 심소)되면 잠자던 업(KARMA)이 벌떡 일어나는 것이다. 업이란 무엇인가. 전생이든 금생이든지 간에 지나간 때(과거)의 경험담이 종자화 되어 집착되어 있는 그 무엇이다. 그런데 인간이 집착하는 것은 단 한 가지뿐이니 그것을 애(愛)라고 한다. 그러니 이런말 저런말이 필요 없이 우리의 속은 무의식, 잠재의식 할 것 없이 죄다 〈愛에 대한 집착〉뿐이다. 육체적인 愛든, 정신적인 감정 愛이든간에 가리지 않고 愛에 대한 집착 뿐인것이 우리의 속이다. 그런데 우리의 속마음에 있는 愛는 경험에 의해 벌써 선악·호불호·위순(違어긋남 順맞음)등이 판단되어 있다. 자기애에 의한 자가 판단이므로 각각등 보체는 그 선악·호불호·위순이 모두 다르다. 그러므로 촉발의 두 심소에 의해서 우리의 마음(식)이 대경에 접촉되면 바로 〈愛와 非愛 판단〉과 더불어 그 대경을 받아들인다. 받아들여서 본래 있던 업(본업)에 덧칠을 하여 약간 다른 愛와 착(着)을 가지게 된다. 이것을 담당하는 작용을 수 심소(受 心所)라 한다.

사상(思想) 심소

받아들임(受)의 결과에 따라 思와 想의 두 심소가 바쁘게 작동한다. 상(像영상)을 만들고 사색을 하는 작용을 담당하는 심소가 바로 思와 想의 두 심소다. 연(緣)이 되어준 소연(所緣)의 대경에서 영상을 취하고 마음에 종자의 형태로 담아두고 또 재활용하고 이름을 붙이고 개념화하고 하는 것들이 모두 이 두 심소 때문이다. 사려와 분별과 환상(幻像)을 가지게 되는 것도 이 두 심소 때문이다. 이 두 심소는 같이 붙어있다. 이 思와 想의 두 심소가 우리로 하여금 유위법의 와중에 있게 하는 우리의 기본적인 〈마음먹는 반찬〉이다. 그러므로 우리 중생은 누구나 할 것 없이 각각등 보체가 전부 사상범들이다. [有爲者]는 종종의 思想을 짓는 사상범들이다. 특히나 세상과 사회를 움직이는 〈공업사상, 共業〉은 매우 중요하다. 공업사상을 〈주의(ISM)〉라 한다. 사회사상들이며 역사와 괘도를 같이한다.

마음에 대한 접근

　불교를 공부, 또는 수행하지 않는 일반 사람들은 마음이란 용어를 쓰는데 아무 애로나 헷갈림이 없이 그저 평평 사용한다. 그런데 유독 불교를 공부하는 사람들을 가장 헷갈리게 하는 개념이 이 마음이라는 요물이다. 마음을 마음 놓고 마음 끌리는대로 쓰지 못하는 것이 불쌍한 佛子들이다. 깨달은 이(佛)의 가르침(敎)이 마음에 집중되어 있기 때문이다. 홍수처럼 넘치는 마음을 갈증으로만 바라보는 것이 불자들의 마음이다. 풍년에 흉년맞은 몰골이다. 초최하다. 초라하고 시달리는 모습들이다.

　일반인들에게 마음이란 별 것 아니다. PSYCHOLOGY 즉, 心理作用이 마음이다. 보통 심리작용을 말하는 범부들은 모두 자기 머리를 스스로 가리킨다. PSYCHOLOGY와 심리작용이 두뇌에 있음을 말해주는 시늉이다. 인간들에게 뇌(腦BRAIN)는 항상 과부하 상태다(OVER-FLOW). 과부하가 되면 열이 난다(OVERHEATED). 머리가 지끈거린다. 이것을 불교에서는 〈번뇌〉라고 용어 한다. 번거로워진(煩) 뇌(惱)를 말한다. 108번뇌(心所有)로 동란(動亂)상태에 놓이게 된다. 항상 6.25동란과 같다. 번뇌가 무궁무진하기 때문이다(무변중생, 무진번뇌).

　PSYCHOLOGY며 심리작용이며 무진번뇌인 중생심은, 유식적으로는 마음이 움켜쥐고 있는 심소(心所有)를 떠나지 못하는 마음을 말한다. 식(識)을 心王이라하고 이 心王인 識을 기능케 하도록 보조하고 안내하는 것을 心所有라 하는것은 세친의 독특한 용어창조다. 심은 소유가 없어도 자족하고 自立하는 물건이다.

그러나 식을 기능케 하기 위해서는 심소유(心所)가 나서야한다. 식이 기능하면 인식작용이라고 한다. 이것을 세상에서는 보통 〈정신작용〉이라 하는것이다.

善심소, 惡 심소, 人格 심소, 번뇌 심소, 총괄하는 심소, 세부적인 심소, 개념 심소, 깨달음 심소, 자비 심소 등등 심소의 작용 방식은 다양하고 찬란하다.

사실 〈정신작용〉이란 용어는 불교에서는 맞지 않는다. 〈마음작용〉이며 〈식의 활동〉 즉, 〈식의 연기〉가 정신이라는 것이다. 마음은 업의 소산이 아니다. 그러나 심이 소유하고 있는 心所는 업의 소산이다. 업 아닌 것과 업인 것인 心과 識(心所)은 동일한 것도 아니고(非同) 다른 물건도 아니다(非異). 이것이 인간의 구조적인 메카니즘이다. 조사들이 밝힌 인간의 심리구조다.

심소를 이해하고 다스리고 좋은 방향으로 나아가게 하는 것 등은, 이런 메카니즘(기계론)에 기인한다. 심리학과 심리치료와 정신과의 발달은 理(기계론)에 대한 事이다.

이러한 心理作用은 그것이 모두 用이므로 行에 해당하고 爲에 해당하는 마음으로써 〈연기된 마음〉이다. 연기된 마음은 심소유가 기능한 〈번뇌심〉이다. 번뇌가 과도하게 걸리면 과부하가 되어 자꾸만 브레이크가 쇼트(SHORT) 난다. 전기불이 자꾸 꺼지고 무명이 덮친다.

깨달은 이의 가르침들은 모두 〈연기되기 이전의 마음〉이 있음을 알려주는 것에 전 생애를 바친 것이 그 歷史다. 心所有가 범람하기 전의 마음으로 業(KARMA)이 아니다.

그 마음 즉, 연기되기 전의 마음이 ORIGINAL(원초적인) 마음이며 마음의 고향이며 眞善美가 넘쳐흐르는 무너지지 않는 대적광전이며 常樂我淨의 불국토라는 것이다. 이 〈연기하기 이전의 마음〉은 알 수가 없고 無名無相하여 절일체이므로 안되겠다 싶어 불교에서는 理體를 세워 〈眞如〉라고 이름 붙였다. 〈眞如佛性〉이라고도 용어한다.

이 眞如의 세계를 향해 한발한발 나아가는 것이 불교의 진면목이라고 되어있다. 진여는 두기지 성질(진여성)을 가지고 있다고 한다. 변하지 않는 성질을 가지고 있으면서(因子) 변하는 것과 상응해서 온통 한통속이 되어버리고 마는 연(緣)을 따르는 성질을 가지고 있다(緣性). 진여는 그 자체가 因이며 그 자체가 緣이라 인과 연이 시간과 공간을 초월해서 결탁되어 있는 결탁물(果)이다. 진여는 KARMA가 아니면서도 업을 품고 있다. 중생심의 인과 연과 果가 시간성과 공간성 위에서 춤추는 춤사위라면 진여심은 시간성과 공간성에 관계없이 존재하는 희귀한 요물인 것이다.

自性(스스로의 성질)과 異性(다른 것들의 성질)을 동시에 천부적으로 가지고 있는 것은 하나님이시다. 하나님은 인간을 창조할 때 자기와 꼭 닮도록 만들었다고 하는 말씀은 옳다. 하지만 닮은 정도가 아주 같은 독생자 예수를 세워 증명해 보이신 것은 너무 과도한 체스추어같다. 자기 창조에 대한 不信을 스스로 표출한 것에 불과하기 때문이다.

自性과 異性을 한 因子속에 가지고 있는 것은 전부 〈창조능력〉이 有하다. 세포도 그러하다는 것이 생물학자들의 성과다.

세포는 업(KARMA)을 가지고 있어 스스로의 창조능력을 입증한다는 것이다. 그야말로 心(自性)과 識(異性)이 한 세포 안에 있어 창조능력이 가능하다는 것과 같은 말이다.

진여는 이 두 성질(兩性)을 같이 가지고 있는 것으로 설해지고 있다. 自性과 異性이 동시적인 존재이기 때문에 양성이 동시연기 한다는 것이 〈진여 연기설〉의 내용이다. 진여는 시집 장가를 가지 않아도 아이를 잉태한다. 하나님이 그러하고 마리아가 그러하다. 생멸심이 일어날 때는 진여심도 온통 동요되어 꿈틀거리는 것이 진여가 연기하는 모습이라는 것이다. 이렇게 진여의 化身이 일체존재라고 봐야하는 것이 〈實相〉이라고 설한다. 연기된 것과 연기된 마음은 같은 것이기 때문에 諸法(物的 心的인 일체존재)은 실상이다(제법실상).

〈진성(진여의 진짜성질)은 극히 미묘해서 自性만을 고집불통으로 지키지 않고 異性을 따르는 생멸심위에 춤추고 있네〉라고 의상조사는 노래했다.

인간들의 갖가지 〈마음 씀씀이〉를 미소로 바라 볼 수 있는 사람은 진성 居士며 진성 보살일 것이다. 나처럼 구태여 전라북도의 남원 땅까지 찾아가서 〈實相寺〉를 찾지않아도 될 것이다.

충청북도 서산에 있는 보원사를 찾아가는 길에 〈백제의 미소〉라고 요즘 사람들이 이름을 붙인 부처님의 미소가 크지않는 바위덩어리에 양각되어 있다. 달력같은데도 유행한 사진들이다. 어째서 그것이 〈백제〉의 미소 만이겠는가. 〈부처님의 미소〉라고 불렀어야 될 것이다. 미소는 心소유가 아니다. 부처님의 안면근육에 나타나는 징조다. 부처님과 중생과 마음이 三位一體임을 보일 때 나타내는 징조며 증거다. 중생이 부처님과 같이 되는 것은 깨달음에 있지 않고 미소에 있다. 당신이 미소할 때는 당신은 부처님과 꼭 닮아있다.

신라고찰 보원사는 탑과 비석으로 국보 다섯 점을 남긴 채 사지로 남았다. 상왕산(象王 코끼리라고 마야 부인께 잉태하신 왕자 싯달타)의 골짝 개활지에 넓게 자리하고 있다. 보원사는 그 별명이 〈강당사〉다 (TEMPLE OF CLASSROOM). 신라 불교 제일의 대단위 강당이 밀집한 사찰이었다. 부처님의 미소(백제 미소)바위가 보원사 가는 모퉁이 길목을 지키고 있는 것은 의미심장하다. 수천·수만의 수행자들의 발길이 거쳐간 길목이 아니던가.

그 상왕산 보원사를 넘으면 개심사(開心寺)라는 작은 절이 있다. 한국에서 제일 아름다운 절로 이름난 절이다. 작은 법당이 국보로 지정될 만큼 신라 고찰이다. 개심사의 화장실은 아직도 사용하는 통나무 재래식 변소인데 보살님들이 반드시 들리는 관광 일호 보물이다. 또한 개심사는 선원이 있어 수행자들의 요람이다.

아마도 보원사에서 경론을 익힌 수행자들이 산을 넘어 開心寺에 들려 참선을 배운 것이 공부길이었던 것 같다. 결론을 통한 해오(解悟)수행이 공부 버팀목임을 佛敎史가 전해준다.

마음의 主와 客

　일어나지 않은 마음이 〈마음의 主〉이고, 일어난 마음이 〈마음의 客〉이다. 손님(客)은 어디까지나 손님이고, 도우미(HELPER)는 어디까지나 도우미다. 주객이 전도되면 무질서하게 되어 개판이 된다. 객은 갈 때가 되면 떠나야 한다.

　일어나지않는 마음은 〈무위심(無爲心)〉이라하고 일어난 마음은 〈유위심(有爲心)〉 이라한다. 고로 무위법이 주인이고 유위법은 객이다. 일체의 유위법은 전부 상(相)이다. 無常하고 無我하고 개고(皆苦)다. 무위심은 囚(주인)이지만 유위심이라는 相의 도우미가 있어야 움직이고 활동하게 되어있다. 그래서 무위심와 유위심는 〈내연(內緣) 관계〉를 이루고 있다. 心中의 내연관계를 〈相〉이라고 한 것은 불교의 기발한 아이디어다. 체(體)와 相은 내연관계다. 그러나 내연관계는 합법적 관계는 아니다.

　　범 소유상 개시허망이니(범부들이 가지고있는 〈소유상〉은 모두 허망한 것이니)

　　약견 제상 비상이면(만약에 세세생생이 쌓아온 내연관계인 소유상을 청산하여

　　　　　　　　　　非相으로 돌릴수만 있다면)

　　즉견 여래라(즉시로 부처님을 친견 하리라)

　　금강경의 제일 사구계다.

相은 주로 껍데기(피皮)라는 뜻이다. 피상적(皮相的)이라고 한다. 그러나 껍데기(皮相)도 전적으로 잘못된 것은 아니다. 또한 100% 피상적이 아닌 관찰이나 앎이란 가능하지도 않다. 이를테면 주관(主)과 객관(客)사이에는 끼어있는 중간적 〈낀 존재〉가 있다는 것이다. 그것은 본질이면서도 완전한 본질 파악은 못되는 그런 것이다.

제7식인 말라식이 인식 할 때 대상으로 삼는 인식대상은 제8식(아뢰야식)이다. 이 제8식을 보고는 저것이 〈나(我)〉라고 한 것은 그것 말고는 나라고 할 만한 대상이 없는 것을 어찌 하겠는가. 아예 이름을 짓지 않아야 할 것인데 我라는 이름을 붙인 것은 우리의 인식이라는 것이 얼마나 헛똑똑이인가를 말해주는 것이다. 우리의 인식은 본질을 100% 본질 그대로 인식할 능력이 없다.

마음이 없을 때

일체의 유위법(相)에는 본질적인 것이 결여되어 있다. 유위법으로는 본질을 모두 담을 수 없다. 유위(有爲)일 때는 동시적으로 무위를 나타낼 수가 없는 법이기 때문이다. 상(相, 껍데기, 皮)은 체(體, BODY)와 동시적으로 상응하지는 않는다. 〈빛일 때는 어둠이 사라진다〉는 光(빛)과 明(밝음)의 관계는 〈동시적인 현상〉인 것인데 중생은 차별에 능한지가 억겁이 지나 하도 오래되어서 동시(同時)를 볼 능력이 거의 퇴화되었다. 그러나 깨끗한 마음(자성, 청정심)을 되찾고 보면 일체의 현상이 동시적으로 상응함을 본다고 한다(화엄경). 부처님은 체와 상과 용이 동시적이다. 理와 事가 동시적이란 말과 같다. 일종의 동심원(同心圓)과 같은 것이라 일체 만유의 차별 속에도 동그라미 중심은 하나다 라는 것과 같다.

그 때와 그 곳을 〈마음이 없을 때(無心)〉라고 하거나 〈空〉이라고 하거나 〈체(體)〉라고 하는 것이 불교철학이다. 철학이라고 하면 우선 짜증나는 일이지만 불교철학은 불교와 같이 가는 것이므로 〈그냥 믿으면 된다〉 믿으면 편안하고 聖敎가 이해된다.

믿음이 약한 자는 〈겁약한 자〉라고 한다. 겁이 많고 약한 자라는 뜻이다. 겁약하지 않다면 〈이해〉하지 못 할 일이 무엇인가. 신과 해는(信解) 두발 자전거의 두 바퀴와 같아서 항상 같이 간다. 信과 解는 구도자의 양족(兩足)이고 지혜와 자비는 부처님의 兩足이다. 그러나 지금 불교신자들은 信心이 거의 땅바닥 수준이다. 이 해(解)가 받혀주지를 못하니 무근수(無根樹)와 같고 부평초와 같다.

절에 나가는 것을 신심이라고 하는 틀에서 한발자국도 나오지 못하고 있다. FRAME에 갇힌 새들과 같이 애처롭다. 이런 FRAME(틀)을 깨지 못하는 한 어리석음이 그대로인데 탐욕심이 DOWN 되겠는가. 불교신자는 아무리 믿어도 어리석음은 그대로다.

그러면 불교에서는 무엇을 〈마음이 없을 때〉 즉 〈無心〉이라고 하는가. 이런 용어를 전혀 모르기 때문에 〈엉뚱한 꾀임〉에 빠져 엉뚱한 상상과 엉뚱한 行을 하게 된다. 인생실기(人生失期)라 남는 것은 허송세월뿐이다.

無心은 無我와 완전 동의어다. 無心이 바로 삼법인 법문에 들어있는 無我와 꼭 같은 말이란 것이다. 無心일 때는 〈무위법〉이란 업(행)을 지으면서 사는 것이다. 유위법이 자취를 감출 때가 無心의 때이다. 인연이 서로 맺어지는 〈인연상결〉을 최소화하고 가장 SIMPLE 하게 사는 삶을 가르치는 것이 불교적 지혜다. 무심과 무아가 가져다주는 지혜다. 우리의 중생은 겁이 많고 약하다. 겁약하다.

〈마음이 없을 때〉를 한번도 생각해 본적도 경험해 본적도 없기 때문이다. 겁약해서 無心을 받아들일 준비가 되지 않는 것이다. 그냥 〈식객(食客밥손님)〉이 좋고 편안하다. 중인이 되어 마당 쓸고 군불 때고 하는 일들이 싫은 거다. 부엌에서 손에 물 묻히는 것이 귀찮은 것이다. 밥통이 되어 식충(食蟲)이 되어 가는 지도 모를 일이다. 외롭거나(고孤) 혼자되는 것(독獨)을 끔찍하게 생각한다. 無心은 大心 丈夫(대심 장부)라야 가질만한 마음이다. 소심 졸장부는 흉내 낼 일이 아니다.

마음(心)과 식(識)

　마음의 체(몸통)는 식이다. 마음의 모습(心相)을 나타내는 것도 식이다. 마음의 사용(心用)도 식을 통해 진행된다. 이것을 알면 〈마음의 체·상·용이 다 위대하다〉는 깨달음을 불러일으킨다. 체는 眞에 해당하는 부문이요 모습(相)은 아름다움(美)에 해당하는 부문이며 마음의 사용(用)은 善에 해당하는 부문이다. 따라서 마음을 깨닫고 보면 眞 善 美를 알게된다.

　우리의 마음은 그 몸통(體)에 있어 위대하여 眞理와 더불어 한다. 마음의 본바탕인 식은 우리 마음의 體가 되어 체성(體性)이 된 것이다. 마음이 〈더불어 하는 진리〉는 식(識)이다.

　우리의 마음은 그 모습에 있어 위대하여 최고의 아름다움(美)과 더불어 한다. 아름다움의 결정판이 〈자비〉다. 자비한 자는 첫째로 말에 사랑을 싣는다. 〈애어(愛語)〉라고 한다. 입으로 짓는 입보시이므로 LIP SERVICE다. 애어는 대승의 첫째 요목이다. 왜냐하면 애어는 자비의 전초병이기 때문이다. 자비한 자는 둘째로 베품(보시)에 넉넉한 마음을 가진다. 재물을 베풀고 佛法을 베푼다.

　1불·2불·3불·4불·5불 정도가 아니고 무량한 천말불소(佛所)에 보시하는 아름다움을 버리지 않아야 한다. (금강경) 자비한 자는 셋째로 이행(利行)이라 하나라도 세상에 이익됨을 선사하는 사람이 자비행자다. 자비한 자는 넷째로 몸을 사용하여 봉사함으로 자비를 나타낸다. 요컨대 자비는 身口意의 三行을 다하여 〈연꽃(蓮花)을 피우는 것〉을 말한다.

불타는 집과 같이(火宅화택) 뜨거운 사바의 삶에 연화를 심어 중생의 입에 미소를 받아내는 것이 자비행이다.

빚 받아내듯이 악착같이 미소를 받아내도록 하는 자비행이야말로 우리 중생들의 心相이 위대함을 보여주는 것이다. 부지런히 善根의 종자를 심어 그 몇배나 되는 종자를 추수하여 업종자로 재충전해야 한다. 그 업종자들이 〈心의 소유물〉이다. 心의 소유물(心所有 또는 心所)을 간직하고 있는 마음을 〈식(識)〉이라고 용어한다.

식은 빈 깡통이 아니다. 종자들로 가득 채워져 있는 것이 식이다. 우리의 마음이 아무리 위대하다고 외쳐 보아야 〈空염불〉이다. 식이 내포하고 있는 종자들이 위대해야 마음(식)의 위대함을 증명할 수 있는 것이다. 종자가 일용할 양식이라 종자의 질(QUALITY)은 매우 중요하다.

마음은 있다

마음은 있다(有心). 그냥 있는 정도가 아니고 오직 마음 뿐이다 (唯心). 그러나 마음은 찾아 볼 수 없다. 찾을 수 없다고 하여 〈마음은 없다〉고 판단 할 수 없다.

중국 선종의 제2조인 혜가스님이 달마에게 하소연 했다.
〈제자의 마음이 심히 갈등스럽고 불안합니다 어찌 하오리까〉
달마가 대답했다.
〈그 마음을 나한테 가져와 내 놓아라 그러면 내가 고쳐 주리라〉
혜가 스님이 대답했다.
〈아무리 찾아봐도 마음을 찾지 못하겠읍니다〉
달마가 다시 말했다.
〈그러면 됐다 네 마음을 편하게 했느니라〉
혜가 스님이 言下에 깨달았다.

유식에서는 〈식(識)이 마음을 대변한다〉. 〈식은 마음의 내용이다〉 고 하여 見分 · 相分이라는 구조에 의하여 〈인식〉이라는 것을 하도록 되어있다. 마음은 실로 인식을 위한 기관(ORGAN)이며 이 〈心識〉이라 는 기관을 통해서 色을 보고 소리를 듣고 냄새 맡고 맛을 알고 촉감을 느낌으로 알고 뜻으로 法을 아는 일체의 분별, 사려, 판단, 기억, 회상 등의 온갖 정신작용을 하게 된다. 이뿐만이 아니라 깨달음도 이 심식작용이며 일체의 앎도 이 심식작용때문이다.

〈유위〉며 〈연기〉며 〈현상〉인 우리의 마음은 우리 인간이 선천적으로 가지고 있는 〈정신작용(行法)〉이다. 行法이므로 無常하고 가법(假法)이다. 그렇다면 〈연기된 마음〉 〈정신이 된 마음〉 이전의 〈마음〉이란 무엇인가. 이것을 알아내는 것도 우리들의 마음이 해내는 일이다. 마음이 증득 할 수 있는 심식의 능력에 의해 증득함이 있으면 〈法身〉이 된다. [증득법신]이라고 부른다. 法身이니 法界니 하는 용어들이 등장하는 것은 우선 우주냄새가 난다. 그래서 공부의 끝은 〈우주관〉이 안 될 수 없다. 우주관과 세계관과 인생관을 관통하는 깨달음을 통각(統覺)이라고 용어 한다. 통각에서는 心을 총(總, TOTAL)이라 하고 佛과 衆生은 별(別, SPECIAL PART)이라고 한다.

마음은 理고 부처와 중생은 事라고 보는 것은 화엄경의 설법이다. 理事가 무애하고 事事(佛과 중생)가 무애한 것은 통각의 경지며 法身佛의 경지라 하며 대각(아뇩다라 삼약 삼보리)을 성취하신 부처님을 예찬하는 말이다.

〈공부와 수행에 있어서 心〉이란 것은 色에 비교되는 인간의 정신문제에 한정되는 것이 제1차적인 과제다. 이것은 피치 못 할 사정이다. 수행공부 할 때의 마음은 [연려심(緣慮心)]을 대상으로 하는 〈發心〉을 말한다. 옛날에는 〈보리심〉이라는 말을 더 많이 사용하여 〈발 보리심〉이라 했다. 대승의 心觀이다. 대승에서는 발심을 최상의 마음으로 여긴다. 대승에서는 과정을 중요시하기 때문에 바라밀다를 수행공부의 근간으로 세운다. (10바라밀)

마명보살과 진여

진여는 깨달은 이(佛)가 본(見) 바(所)를 말한다. 〈佛所見〉이다. 깨닫지 못 한 이(중생)가 본 바를 〈중생 소견〉이라 한다. 소견(본 바)에 따라 소행(所行)이 있다. 그렇다면 우리에게 있어 〈진여〉란 무엇인가. 어찌 이해해야 하는가. 그것은 애시당초 가능한 일이 아니다. 不可知! 알 수 있는 것이 아니기 때문이다.

그렇다면 역대전승, 세대를 거치고 거치면서 전해져 내려오고 승계한, 여러 큰 스님들과(제대조사) 天下에 그 이름이 쩡쩡 울리는 종사들과(天下宗師) 선지식(도인)들의 증언은 과연 믿을 수 있는 것인가. 佛所行(부처님의 행적)을 찬탄하는 유명한 시문(詩文)을 남긴 이는 대승기신론을 지은 마명보살이시다.

중생의 사는 모습을 보고 환멸을 느껴 성을 빠져나와 [이욕(離欲) 발원(發願)]하심과 숲 속에 들어가 난행고행하시던 일과 〈아뇩다라 삼약 삼보리〉의 지혜를 이룩하시던 일과 급고독원과 죽림정사와 기원정사 등지에서 1250인의 제자를 얻어 법륜을 굴리시던 일과 열반의 일과 사리가 사방으로 퍼져나간 일 등을 아름다운 詩文으로 찬탄한 내용이다.

佛所見(부처님 께서 보신 바)을 〈진여〉라고 하여 널리 선양하신 이도 마명보살이시다. 저 유명한 〈대승기신론〉이라는 설교를 통해서다. 그는 우선 우리 중생들을 대승(大乘큰 수레)이라고 치켜 세웠다. 마명은 심리를 알아 말을 할 줄 아는 보살이시다. 요사이 한참 유행하는 〈칭찬의 심리학〉을 2000년 전에 구사하신 것이다.

어리어리하고 휘황찬란한 수레들이여 〈진여〉라는 것을 믿어 주시오. 이 진여의 내용은 한 마디로 [여래장(如來藏)]이라는 번쩍거리는 보석이다. 불교에서는 유독히 보석에 대한 이야기가 많다. 예나 지금이나 보석은 귀하고 값나가는 것인 모양이다.

또 다른 포교사(논사論師)들은 진여라는 용어 대신에 〈佛性〉이라는 용어를 열반경에서 찾아내어 유행시켰다. 최근에 와서는 〈진여불성〉이라는 합성용어를 만들어 대미를 장식하려고 하고있다.

아무튼 〈진여〉라는 말을 유행시켜 [佛所見]을 해석해 내고 또 〈보리〉라는 말을 높이 유행시켜 [佛所行]을 찬탄 하신 것은 마명보살의 위대한 포교 업적이다.

所見이 괘씸하면 所行이 괘씸하다. 마명보살이 제시한 소행은 5바라밀행이다(一心 二門 三大 四信 五行 六字) 중생은 진여(一心 二門 三大)를 알지 못하기 때문에 信으로 길을 잡아 所行이 있어야 할 바를 포교하셨다. 이렇게 친절한 가르침을(敎) 역겹다하여 禪門에서는 敎門을 닫아 걸었다.

망심 훈습

이 마음은 원래 妄心도 아니고 眞心도 아니다. 그냥 마음이다. 흰 종이와 같이 無色하고 無味한 것이다. 인간에게 내려앉은 마음은 眞心과 妄心이 一元的으로 非一非異하게 되어있는 〈眞妄 화합식〉의 형태로 되어있는 〈아뢰야식〉이다. 아뢰야식이 眞心이기도 하고 妄心이기도 한 이유가 [一元的 화합성]때문이다. 그러므로 만일 당신이 〈空〉을 보았다고 하면 반듯이 〈非空인 무명〉을 보아야 한다.

眞空(空無)과 無明(識)은 같이 行한다. 부처님의 12연기설에서는 무명이 行해지면 그것 자체가 識이다. 〈妄識〉이라는 것이다. 妙有는 망식이며 망심이다. 진공에서 妙有가 나오는 것이 아니다. 원래 함께있을 뿐이다. 비유하면 마치 生死와 같다.

산다는 것이 원래 죽음과 같이 붙어있어 同行하기 때문에 〈완전 生〉은 없다. 죽는다는 것도 원래 生과 동행하기 때문에 〈완전한 死〉는 없다. 의식이 끊어지고 호흡을 거두어도 의학이 아직 밝히지 못하고 있는 0.00000000000001%의 生이 同行하고 있는 것이다. 死에서도 남아있는 生을 영혼이라 하는가?

0.00000000000001%란 미지수가 일단 성숙할 때는 찰라지간에 즉시 1(ONE)을 성취하는 것이다. 生도 일순간에 시작하고 死도 일순간

에 오는 것이지 生이나 死는 지리멸멸하게 늘어지게 일어나는 것이 아니다. SPARK 현상과 같다. 돌이 부닥침과 동시에 石火가 일어나는 것과 같다. 生死는 一如이기 때문이다.

空無도 이와 같아서 무명(妄識)과 一元的으로 화합되어 있기 때문에 [無明·行·識]이 눈에서 불이 나는 것과 같다. 어둠 속에서 얼굴이 기둥에 부딪치면 불이 번쩍 난다. 無無明이라 無明 없음만 알고 無無明진(盡 : 무명이 다 함은 없다)을 보지 못하면 진짜 선지식이 아니다. 하기사 무명(망식)이 바로 生相인데 무명보기도 하늘에 별따기다.

육조 혜능스님께서 왈하셨다.

〈有一物 於比하니 한 물건이 여기에 있으니 하늘을 덮고 땅을 덮으며 밝기는 태양보다 더 밝고 어둡기는 칠흑같은 밤보다 더 어둡다〉

이 일물(어비於比)이 무엇인고?

저 유명한 〈이 뭣고〉 화두다.

그러므로 妄心(허망한 마음)은 眞心과 一心에서 同體가 되어있다. 妄心은 〈잠재울 수 있어도 버릴 수는 없는 것〉임을 명심할 일이다. 버릴 수 있는 一物이 아닌 것이다. 妄心이 바로 妙有이기 때문이다.

우리가 아침에 눈을 뜨기 시작하면 잠깐 동안은 비몽사몽간이다. 처음은 해(태양)가 산 봉오리에 걸려 뜰까말까 하다가 툭 불거져서 허공 속에 매달린다. 우리가 흔히 보는 日出광경이다. 의식의 출현도 이와 같다. 물론 일몰(日沒)광경도 마찬가지다.

眞妄 화합식에서 妄識이 日出 하듯이 솟아나는 것은 〈망심 훈습〉의 시작이다. 우리의 하루 일과가 시작하는 것이다.

맺음을 좋아 하는 사람들

무엇이든지 맺으면(結) 그 맺음에 결박되고 구속된다. 그리하여 그 맺은 부분에 대해서는 속박되어 자유를 잃는다. 그러므로 어떤 경우에든지 삶(生)을 걸어야 하는 맺음은 절대 피하는 것이 상책이다. 설렁설렁 맺는 것이 좋다. 맺음(結結)은 결국 〈번뇌〉로 갚음을 하기 때문이다. 그래서 은혜조차도 맺지 말라는 것이 불교의 가르침이다. 그러나 이런 가르침은 〈방편적인 가르침〉이라 원칙으로 삼아서는 안 된다.

[마음에는 없고 일(事)에는 있다]

이 무엇인고(이 뭣고)

맺음을 마음에 간직하는 것을 착(着)이라고 부른다. 집착을 줄여서 그냥 착이라고 한다. 애(愛)나 취(取)나 견해(見解)나 미움(憎)이나 거만함 같은 것을 맺으면 그 집착(着)이 눈덩이처럼 커진다. [집착]이야말로 마음에는 없고 일에는 있는 것이다.

애나 취나 견이나 증오나 거만같은 것은 그 자체가 원래부터 마음에 있는 것은 아니다. 일 따라 생겨서 일이 끝나고 나서도 떠나지 않고 마음에 둥지를 틀고앉아 있는 것이다. 마음에 둥지를 틀고앉아 있으면 종자가 된다. 〈심종(心種)〉이라는 것이다. 이러한 심종들을 불교에서는 식(識)이라고 부른다.

인류가 나타났다는 4억이나 5억 년 전 부터 마음의 종자인 식이 유전되어 온 것이다. 이 유전인자(종자)들이 우리의 신체를 결정하고 마음을 결정한다. 우리의 인식하는 마음 작용은 전적으로 무수한 그야말로 UNLIMITED한 〈식종자〉들의 활동 때문에 생기는 것이다. 무심한 마음에 식종자를 심는 접착제가 정(情)이라는 것이다. 정은 글루(GLUE)와 같은 접착제인 것이다. 맺음(結)을 좋아하면 정이 많다고 한다.

머리와 마음의 싸움

머리는 〈마음의 AGENT〉다. 그래서 〈머리의 구조〉에 신세를 입어 마음은 자기를 나타낸다. 머리는 물론 〈뇌(BRAIN)〉를 말하고 마음은 물론 〈생각(식識)〉을 말한다. 뇌(머리)가 HARD CORE라면 마음(생각)은 SOFT CORE다.

생각(識)은 두뇌에 엄청난 빚(부채)을 지고있다. 태아 때부터 그러니까 어머니 뱃속에 있을 때부터 출생하여 살다가 죽는 순간까지 생각은 뇌를 후려친다. 뇌는 자주 아프다. 세속에서는 〈골치 아프다〉고 내뱉는다. 〈뇌의 아픔〉은 생각에 엄청난 영향을 미쳐서 〈아픈 생각〉을 대량으로 생산한다(量産한다).

심장의 더운 피로 만들어 지는 게 마음이다. 사랑과 용기와 희망과 같은 마음의 소유(心所有)는 머리(두뇌)를 거치지 않고 행동으로 뛰어 나오는 것이다. 이렇게 직접 튀어 나온 것들이 그 사람을 대변한다. 당신을 달리 대변할 방법은 없다. 心所有만이 당신을 대변한다.

佛子들은 心(마음)을 가지고 자기를 나타내고 표현하고 들어내고자 하다가 반드시(必) 망한다(亡). 필망(必亡)한다. 心所有를 홀대 하다가는 큰코다친다. 心은 수행의 일이고 心所는 공부의 事이다.

소위 종도라고 불리는 일반 불자(신도)들도 종단개념은 ZERO다. 조계종은 출가자들의 승단이다. 사부대중(四部大衆)이라고 하여 비구와 비구니와 우바새(남신도) 우바이(여신도)의 FOUR PARTNER로 분류 하지만 서로간에 PARTNERSHIP은 소멸 되었다. 불자들은 각자 도생하여 事를 찾을 수 밖에 없다.

원래는 계(戒)를 중심으로 대중을 분류했다. 지금은 〈대중 一戒(사회법)〉뿐이고 5계 10계 108계 등은 모두 사라져 갈 판이다. 오직 지키는 계율은 사회법뿐이다(민법·상법·형법 등등).

계는 사라지고 법만 남았다. 그렇다고 불교는 크게 낙망하지 않는다. 절대자와 중간자(목사·신부·승려 등)로 구성된 종교들은 사회적 산물이지 불교의 목표가 아니기 때문이다. 〈일체 유심조〉라는 心造가 진검 승부를 한판 붙어볼 시대가 도래하고 있다.

명(名)은 대변한다

태초에 상(相, 모습, 형태, 의미 등)이 있었다. 주관보다도 객관이 먼저 있었다는 이야기다. 그러므로 色(객관, 물질, 대상 등)은 空보다도 先行하는 것이다. 만약 表色이든 無表色이든 色이 없었다면 空이라는 말이 등장할 여지가 없는 것이다. 이러한 色과 相에 名을 붙여 그 色과 相을 대변함에 따라 인간의 공동생활을 가능케 했다. 이렇게 자동적으로 AUTOMATIC하게 相과 色에 상응하는 名이 가지는 원초적인 힘을 [作意]라고 한다. 心이 일어나는 최초의 모습인 [心所有]를 12연기에서는 [名色]이라고 한다.

민주주의는 서로 상의해서 결정하는 직접 민주주의가 가장 바람직하지만 사람의 머릿수가 많아짐에 따라 직접 민주주의는 불가능 하게 되었다. 그래서 나와 우리를 대변해주는 대표자를 뽑는 간접 민주주의를 하게 되었지만, 나와 우리보다는 저 자신을 대변하는 대표자 때문에 민주주의 제도는 딜래마(DILEMA)에 빠지게 되었다. 물론 직접 민주주의 요소를 가미하고 별별제도를 만들어 내었지만 역부족이다. 대변하고 대신하고 代行한다는 것(REPRESENTIVE)은 자나깨나 不信의 늪에 빠지게 되어있다.

이러한 [이름연기(名연기)]의 허구성에 민감하게 반응 한 것이 깨달은 이(佛)의 가르침(敎)이다. 作名이전의 自相을 깨달아 허명(虛名)에 놀아나지 않는 게 생명답다는 것을 높이 받들었다. 그래서 自相연기(진실연기)를 꿈꾸게 되었다.

이 때는 주관의 개입이 없는 [物자체]의 연기를 따르게 되어 不信의 늪은 없게 된다. 不信의 늪에서 허우적거리지 않는 것을 맑다고 하고(淨) 밝다고 한다(明).

대변한다던지 기준(FOUNDATION)이 되는 共相같은 것에 대한 이해 없이 [名]이나 [相]같은 것을 막무가내식으로 이해한다는 것은 곤란하고 혼란스럽다.

名과 相이 어찌 헛되기만 하겠는가. 名은 본질 그 자체는 아니지만 본질과 흡사한 [名分]을 가지고 있는 것이다. 相도 본질 자체는 아니지만 본질과 아주 유사한 [相分]을 가지고 있는 것이다. 名과 相은 상당부분 본질 그 자체를 대변함을 잊어서는 안 된다.

또한 인간은 순전히 주관에 의해서 전혀 객관성이 없는 그림을 제멋대로 그려대는 재주가 있다(독영경獨影境). 삼매중에 일어나는 定中의식이나 꿈꾸는듯한 환상의식이나 무명에 상응하는 무명상응의식 등이다. 이러한 혼자만의 독두의식(獨頭)이 본질의 상당부분을 갖추는 대질경(帶質境)일 때는 창조가 된다. 창조는 발견이고 발명이며 환희작약이며 생명을 노래한다.

이러하지 못하면 공부와 수행은 피곤한 노력에 불과하다.

멍 때리기

사람은 일시적으로 생각이 멈춘 듯 멍하니 있을 때가 있다. 뇌에 과부하가 걸려 쥐가 나면 큰일이다. 자동적으로 BREAK BOX의 스위치가 내려가 전력이 전달되지 않게 되면 과열현상이 쿨다운 된다. 멍 때리는 BREAK TIME이 지나고 나면 우리의 의식은 더 밝고 명랑하게 되어 창조적인 재능이 더 가동한다고 한다. 머리를 FRESH 시킨다고 한다. 이렇게 멍하니 있는 시간을 가지자는 것이 운동으로 확대될 조짐을 보이고 있는 것은 직장인들이 스스로를 구하겠다는 자구책으로 자연발생적으로 요구된 모양이다. 머리가 돌아 버리지 않으려는 자구책일 것이다.

멍 때리기를 더 심도있고 체계적으로 개발한 것이 삼매(定)다. 산스크리트어인 〈삼마지(SAMADHI)〉를 줄여서 〈삼매〉라는 소리로 번역한 음역이다. 뜻으로 번역한 의역으로는 〈정(定)〉이라 했다. 한정없고 끝없이 산만하고 난잡하고 찰라적인 마음을 한곳에 모아 망념과 망상을 떨쳐내려고 하는 것이 〈定〉이다.

멍 때리기가 절정의 최고조에 달하면 [空체험]을 하게 된다. 이 空체험을 삼매에서는 [무상정(無想定)]이라고 한다. 망동하는 의식(想제6식)을 멈추고 의식의 졸개들인 심소(心所有 탐심, 성냄, 질투, 교만 등 51개)를 추방하여 마침내는 [無心]에 이르르는 것을 말한다.

모르는 이들은 무상정(생각 없음, 멍 때리기)을 오인하여 열반의 경지로 착각하여 좋아하지만 대승에서는 이를 싫어한다. 왜냐하면 멍 때리기(空체험)로는 〈통달 無我〉가 다 되지 않기 때문이다.

대승불교에서는 無心定인 〈空체험〉을 싫어한다. 그 대신에 〈물든 마음(염심)〉을 품고 있는 〈잠재의식〉을 자각하는 〈멸진정〉을 좋아한다. 아집 번뇌로 짜여진 [진식(塵識티끌식)]을 알아내는 것이 멸진정이다. 소승과 대승의 갈림길이다.

소승은 처음부터 끝까지 자기의 입장을 세우는 것이고 대승은 자기는 어디에도 없고 부처님만을 세우는 입장이다. 부처님만 있고 자기는 없는 것이 대승의 무아다.

스님들이 전부 세속의 성을 버리고 석씨로 성을 바꾸는 풍속은 이로부터 나왔다. 석청담, 석성철 등등, 석가모니의 석씨 가문이 되는 것이다. 적적(空)하면서도 성성하여 또렷하고 열롱한 마음을 가지는 멸진정이야말로 열반의 경지라고 생각한다. 그래서 시각(始覺)의 끝은 대충 멸진정을 경험하는 잠재의식의 자각에서 끝난다. 道(길)는 여기까지 나와 있다. 8地보살 이라고 한다. 〈禪삼매〉는 끝났다. 禪으로 갈 수 있는 길은 멸진정이 최고위다.

다음에는 [경(經)삼매]에 들어야 한다. 법화삼매와 화엄삼매가 대표적이다. 이것을 〈禪삼매〉에 대하여 〈경(經)삼매〉라고 한다. 평상심(平常心)은 산란심(散亂心)이다. 이 산란한 마음인 평소의 마음(평상심)일 때부터 경을 읽고 문구를 외우는 것이다.

이로써 無想 無念의 〈空心〉에다가 참회와 반성하는 생활, 은근히 권하는 권선징악하는 생활, 이웃과 사회와 더불어 울고 웃고 성내고 한탄하는 일을 수희공덕하는 생활, 모든 것을 부처님을 내세우고 나를 숨기는 생활, 원(願)이 쌓이고 굳어가는 생활이라는 5가지 생활을 법화(法華진리의 꽃)의 이름으로 법화경 삼매에 들어야 한다.

절대로 〈선(禪)삼매〉에 들면 안된다. [生活삼매]가 〈법화삼매〉다. 理根을 관하는 것이 선삼매라면 情根을 관하는 것이 경삼매다. 그러므로 실상(實相)을 파악할려면 〈情根〉을 알고 뿌리 뽑아야 하기 때문이다. 〈平常心이 시도(是道)〉라고 하는 것이다.

화엄경을 삼매하는 것은 〈돌아다니는 꽃(萬行)〉을 관하는 삼매다. 〈앉은뱅이 꽃(禪삼매)〉은 흉내내지 말라는 삼매법이다. 行禪이다. 만행(萬行)은 10바라밀에 다 포함된다. 그리하여 마침내 부처와 마음과 有情(중생)의 3가지가 다 갖추어져 함께 춤추는 世界一花가 화엄 이라는 꽃이다. 有相과 無相을 함께 꿈꾸는 萬行의 세계관이다. 무애인(無涯人 : 걸림이 없는 해탈 자유인)의 萬行이 화엄삼매의 이상형이다.

금강경을 삼매하는 금강삼매는 무너지지 않는 삼매(불괴삼매)를 말한다. 色(地 · 水 · 火 · 風의 氣)과 空(理)은 인생의 2가지 근본되는 요소다. 일체의 유위법(有爲法)을 色이라 하고 일체의 無爲法을 空이라 한다. 色空의 인과를 밝히는 것이 금강경 계통의 경과 論이다. 色과 空은 뛰어난 기능이 있고(色) 뛰어나고 원만성실한 진여(空)가 있다고한다.

몸과 마음은 왜 생겨났는가

몸은 두말할 필요 없이 〈존재〉를 위해 생겨났다. 철저하게 〈有我〉다. 有我이므로 〈有爲法〉으로 살아간다. 유위법은 〈有我法〉이고 〈나〉를 부르짖는 것은 존재를 표시하는 〈존재법〉이다. 사람들 중에서도 유독 자기 표시에 예민한 사람들이 있다. 몸을 신으로 믿는 〈몸神〉자들이 대부분 그러하며 〈색신(色神)〉을 끔찍히 생각하는 〈有我〉자들이다. 몸은 色으로 표시된다. 그러면서 色은 무한하게 변하고 흩어지고 무너진다(변괴變壞). 色이 있고 그 색이 질량을 가지면 우리는 물질(MATERIAL)이라고 부른다. 물질의 세계는 무량무진하므로 이름(名)을 달리해서 부르게 되었다. 인간은 作名(이름 붙이기)의 천재들이다. 〈이름 붙이기〉가 인류의 역사다. 심지어 복 받을 놈은 이름에 영향을 받는다고 선전하여 좋은 이름을 지어주는 作名家들도 있다. 이것도 직업이라 그들은 돈을 받고 作名한다.

부처님께서 무아를 내세워 유아를 꾸짖는 것은 인간들이 色(몸)을 빙자해서 물질주의자로 되어가기 때문이다. 물질주의자는 육식만 주장하는 사람보다 훨씬 더 위험하다고 보는 것이다.

물질은 인간의 행복을 위해 필요조건이지만 충분조건은 아니다. 인생을 다 살고 난 다음에 거의 老와 死에 이르러보고 나서야 사람들은 누구나 하는 말이다. 좀 젊었을 때 일찍 알았더라면 좋았을 것을.

마음은 〈인식〉하기 위해 생겨났다. 쉽게 말하자면 알기 위해(知) 태어난 것이 마음이다. 마음은 그냥 〈인식 할 수 있는 능력〉 그 자체지만 육신의 몸 기관(ORGAN)인 뇌(BRAIN)를 통해서 앎(知)을 만들어간다. 마음 〈식(認)〉은 우리의 몸에 의지는 하지만 몸의 기관은 아니다. 그러므로 우리가 죽으면 식(마음)은 날아서 하늘로 뻗히고 몸은 땅에 묻혀 티끌이 된다. 마치 부부가 한 덩어리(온蘊)일 때는 한 몸 같지만 깨어지면 한 여자와 한 남자로 분리되는 것과 같다.

우리는 원래 肉과 識(心)이었지만 하나의 온(뭉친 덩어리)이 되어 〈이 놈〉이 된 것이다. 사람을 〈온(덩어리)〉으로 파악한다는 것, 그리고 色(덩어리)을 이루고 있는 티끌인 肉과 識은 따로따로는 사람이 아닌 것(空)이라는 게 깨달은 이(佛)의 가르침(敎)이다. 반야심경에서는 색즉시공(色卽是空) 공즉시색(空卽是色)이라 표현하고 있다.

인간은 색과 심이 둘이 아닌 色心不二라는 묘한 존재다. 연꽃과 같이 묘해서 〈묘한 존재(法)인 연꽃〉에 비유하여 묘법연화경(법화경)이라는 BIBLE이 있다. 또한 꽃의 찬란함을 찬양하는 화(花)엄경도 있다. 풀일 때나 꽃일 때나 씨앗일 때나 모양만 다를 뿐, 삼위일체라는 것이 깨달은 이(佛)의 가르침(敎)이다. 불교의 三位一體說이다. 3가지 위치가 다 거룩하여 당신은 풀이어도 좋고 꽃이어도 좋고 씨앗이어도 좋다.

둘이 아니라는 법문인 不二門은 불교의 기본 골격이다. 다름(異)은 철저히 알아야 할 지혜(智)임은 틀림없지만 같음(同)을 철저히 아는 것도 지혜(智)다. 異를 부탁하여 山이름에다 새기고(智異山) 同을 부탁하여 절 이름에다 새겼다(대구 팔공산 동화사).

　色과 心이 다르지 않다는 色心不二는 색즉시공이나 공즉시색이나 같은 표현이다. 同이나 異는 분명히 있고 관찰해야 하는 것이고 알아야 하지만 집착하면 둘 다 변견(邊見)이 되고 편견이 되어 〈불편한 진리〉로 타락되고 만다. 有我도 있고 無我도 있다. 집착한 我가 有我고 집착하지 않는 我가 無我일 뿐이다.

무명(無明)이란 무엇인가

무명은 시작한 바를 알 수 없는(無始) 태초부터 이어져온 〈習〉을 말한다. 태초부터 나한테까지 이어져온 그 [習力]은 막강하기가 비교 할 것이 없다(莫强無比). 삶을 모두 엉망진창으로 만드는 〈妄心〉도 무명 때문이다. 그러나 이 무명은 삶에만 관여하는 정도가 아니고 사후의 영혼까지도 윤회로 이끈다. 무명은 힘이다. 살고 죽는 것이 다 힘에 달려있다. 무명도 이와 같아서 우리의 生老病死에 여(與주는 것)권과 탈(奪빼앗는 것)권을 다 가지고있다.

원효스님은 대승기신론을 풀이하면서 世俗의 티끌세상(진세塵世)이 [空]이라는 것이다. 〈一心진여〉에서는 空을 논하지 않는다고 했다. 유식에서도 我와 法이 空한 것을 가르치는 것이지 我空 法空의 二空이 성취된다면 〈空〉은 글자와 뜻을 모두 상실한다고 한다.

원효스님은 계속해서 말한다. 만약 중생의 망심이 떠나가면 실로 空이라 할 것이 없다고 하여 파집(破執 : 집착을 파괴함)의 유효성은 眞如門前까지만 유효하다고 했다.

그렇다면 마음에는 無明이 없는 것일까. 아니다. 마음에는 무명이 확실하게 있다. 마음이 홀연히 있을 때는 무명도 홀연히 일어나고 마음이 홀연히 없어질 때는 무명도 홀연히 없어진다. 마음의 生滅과 무명의 生滅은 그 궤도를 완전히 같이한다.

반야심경에서는 [無 無明]을 설하고 있다. 〈초월한 것(無)에는 無明이 없다〉는 뜻이다. 불교에서 초월한 것은 眞如를 말하므로 眞如門에서는 무명을 논하지 않는다는 뜻이다. 진여문은 〈空門〉을 말한다. 空門에서는 [自性]을 세우지 않는다. 自性이 없는 것은 존재(有)를 성립시킬 수 없다는 것이 법칙이다(자연법). 젖는 자성(습성濕性)이 없는 것은 水가 아니다. 태우고 열나는 자성이 없는 것은 火가 아니다.

무엇이나 세울 것(立)이 없는 건 自性이 청정하다는 〈자성 청정심〉이다. 많은 공부인들이 〈청정〉이라는 낱말에 현혹되어 〈깨끗하다〉〈고요하다〉고 한글(언해諺解)로 바꾸어 말하고 쓰는 것은 원래의 뜻에 어긋난다고 봐야한다.

空門은 佛門에서는 남대문에 해당한다. 경상, 전라, 충청의 남한이 전부 이 문을 통해 한성(서울)을 출입했다. 동대문으로는 점잖은 강원도 사람들만 주로 출입했고 서대문으로는 평안도 함경도 사람들이 드나들었다. 北門은 일종의 비밀통로로 사용됐다. 佛門은 넓다. 四大門을 다 포섭하고 있는 점에 유의하여야 한다. 空門은 心滅門이고 有門은 心生門이다. 眞如門과 無明門으로 二門을 삼은 것이다.

무아(無我) 라니요?

일체의 존재들은 〈자기 자신의 존재〉를 의식 중에서 감지하고 있다. 〈자기 자신의 존재〉를 감지(感知)하여 득지(得持얻어 가짐)한 것을 〈나(我)〉라고 이름하고 간판으로 내건 것은 인간이다. 인간의 위대한 인식능력 덕택이다. 그 때부터 대놓고 〈나〉라고 부르고 〈나〉대고 〈나〉팔불고 〈나〉동그라지고 하면서 천방과 지축을 오가면서 生을 꾸려나간다.

실로 나(我)라는 〈존재의식〉이 나의 전부다. 〈존재〉와 〈의식〉이 같이 상존(常存)하는 것은 제법(諸法)중에서 인간만이 할 수 있는 위대한 능력이다. 이 존재와 의식을 동시에 할 수 있는 위대한 능력 때문에 인간은 스스로를 높여서 〈만물의 영장〉이라고 불렀다.

부처님 당신께서도 〈천상천하 유아독존(天上에서나 天下에서나 이 우주공간에서는 나만이 오로지 한다)〉이라고 외쳤다지 않는가.

존재는 色法(물질)이고 의식은 非色法(비물질)이다. 生物중에서 식물이나 동물은 色法이 80%이고 비색법이 20%라면 인간만이 정반대 현상을 보인다. 인간이 빙산(氷山, GLACIER)이라면 물 위에 모습을 나타낸 부분을 色法이라 하고, 水面에는 보이지 않는 물 속의 얼음 부분을 의식(非色法)이라고 보는 것이 불교다.

고로 色法은 의식의 입장에서는 빙산의 일각(ONE CORNER PART OF GLACIA)이다. 그래서 인간 최초부터 의식의 발달이 낮았던 때까지 인간이 자기 자신을 〈나(我)〉와 동질시 할 수 있는 것은 色法(신체)에 치중한 것 뿐이었다. 우리가 나(我)라고 불러댄 것이 실은 〈色我〉며 〈身我〉였던 것이 기본 골격이다. 이와 같이 신견(身見)은 본질적이고 사실적이며 그 유래가 깊고 그 반향(메아리)이 크다. 커도 너무 커서 我見은 통제가 거의 불능하다.

〈너희가 나를 色見我로 찾거나 음성으로 구하면 틀려 먹은 일〉이라고 꾸중하시는 금강경은 이것을 말한다. 이 身見이 바로 〈有我〉사상으로써 有我는 필연적으로 아소(我所)와 我見과 我執과 我愛라는 〈4번뇌〉를 동반하게 되어 결국 나(我)와 4번뇌는 〈동반자살〉로 끝을 보고 마는 것이 중생이라고 보아 자비심을 일으키신 이가 부처님이라고 되어있다.

부처(깨달음 이치)는 無心이지만 부처님(석가모니)은 無 無心이다. 부처님의 有心은 중생을 위하여 〈4번뇌의 죄와 과오가 심대함을〉 일으켜 주는 자비심 그 자체다.

이미 조상 대대로 전승되어 온 有我 사상으로 말미암아 철근콘크리트보다 더 견고하게 결집되어 있는 4번뇌를 어떻게 녹여 갈 것인가. 이것은 〈色法(신체 육신의 물질 법)으로 존재하는 나와〉 감지로 득지(感知 得持)하는 의식을 분리해야 수거할 쓰레기를 들어 낼 수 있다는 것이다. 4번뇌를 돌이켜 상락아정(常·樂·我·淨)의 열반 4덕(四德)으로 되돌려놓는 것이 자연으로 돌아가는 자연한 일이라고 보는 것이 불교다. 알고보면 〈4번뇌의 주체 세력인 나(我)〉라는 관념이나 열반

4덕의 주체 세력인 나와는 전혀 같은 존재라는 것이다. 빙산의 일각이라고 하지만 그 일각은 빙산 전체를 대변하는 것 아니겠는가. 화엄경 약찬계를 외어보면 알 일이다.

몸(色身)의 상태는 의식(識, 마음, 정신)의 상태를 대변한다. 몸이 常·樂하면 마음은 我·淨 한 것이다. 반대로 마음이 我·淨 하면 몸은 常·樂한 것이다. 마음(뒤에는 識이라 함)이라는 非色法을 주장하는 것이 불법이다. 非色은 無表色이다.

色界 중심이던 인간의 생각을 무의식의 세계로 끌어올린 것이 불교의 출현이다. 有我의 色界는 4번뇌가 거래되는 예토라면 無我의 무색계는 4덕이 거래되는 정토다. 그러나 무아라고 하여 유아(有我)가 없어지는 것은 전혀 아니며 有我라고 해도 빙산의 일각이라는 비난을 받지 않으려면 無我中의 有我임을 밝히 알아야 한다. 無我의 세계에 가까워질수록 〈행복한 삶〉 열반이 손에 잡힌다는 사실 때문에 불교는 설해졌다.

무아·유불(唯佛)·여불(與佛)

경(인식대상)중에서 불자들이 최고의 가치로 여기는 것이 〈무아(無我)·유불(唯佛)·여불(與佛)〉이라는 〈3경(三境)〉이다. 三境이 境(인식대상)으로써 갈 수 있는 삼매(定)이며 定中에 나타나는 의식(定中의식)이다.

無我 체험이 〈空 체험〉이며, 唯佛 체험이 〈色 체험〉이며, 與佛 체험이 〈식(識) 체험〉이다. 마음의 體·相·用·三大다.

定中의식은 의식이라기보다는 체험(경험)이며 경지(境地)라고 봐야한다. 경지는 〈주관적인 지식〉이지만 수행자들은 〈지식이 아니고 지혜라〉고 고집하여 불통한다. 이 때 객관인 대상은 무아와 오직 부처 뿐이라는 唯佛과 부처와 더불어 한다는 여불이다. 이 객관인 대상인 삼경에 나아가 유식을 밝혀야 〈유식 道〉에 이른다. 변화를 객관적인 대상에서 찾는 수행 방법이다. 〈참선 道〉는 이와는 반대로 완전히 주관적이며 〈無境〉에서 찾는 수행방법이다. 心外無境(無物)이라 禪門에서는 유불·여불을 찾지 않고 無我(空)를 찾아 空으로 견성하고 성불하기를 도모한다.

무명업과 能見(주관)과 경(境)이라는 삼세(三細)중에서 어느 것으로도 一心眞如를 볼 수 있다는 것은 대승기신론의 주장이다. 三細가 三大라는 것이다. 무명업은 주로 信心있는 평신도들의 수행 방법이고 주관인 능견심(能見心)은 참선수행의 궁극이며 경계상(객관)은 관법 수행자들(공부인(비파사나)이라고 함)의 중요한 포인트다.

경(境)을 외경과 내경으로 나누어 보는 것은 불교의 일관된 관법이다. 외경과 내경 중 어느 것이 먼저냐 하는 것은 닭이 먼저냐 달걀(계란)이 먼저냐 하는 의문과 같다. 우리들의 주관(能見相)이 객관(경계상)을 인식 할 때 우리들의 주관이 객관으로 나가서 인식하는 것인가, 아니면 객관(경계들)이 우리들의 주관으로 밀려오는 것인가는 간단히 해결되는 문제가 아니다. 주객의 인식을 따지기 전에 영상(그림자)은 이미 주관 객관 이전의 존재이기 때문이다.

영상(影相)! 이것이 무엇인고.

무아의 발견

불교는 有我를 부정하는 것이 절대로 아니다. 부정 할 수 없는 것을 어떻게 부정 할 수 있겠는가. 有我를 부정하면 이치에 맞지 않은 일이라 억지가 된다. 부처님께서 어찌 억지를 부리셨겠는가. 그분의 주장은 우리에게는 〈有我〉가 틀림없이 있고 또한 〈無我〉라는 것도 확실히 있다는 것이다.

有我는 이미 있는 것이니까 말할 필요가 없고 새로이 발견한 無我만을 설(說)하는 것이 깨달은 이(佛)의 가르침(敎)이다. 상(常)도 이와 같아서 모든 존재가 항상 함이 있는 가운데 [無常]함도 있다는 것이다.

이렇게 나(我)에는 有我와 無我가 있고 상(常)에도 有常과 無常이 있다는 것이 확실한 일이지만 중생은 無我와 無常을 모른다. 이것이 우리가 변견(邊見.SIDE KNOWLEDGE)을 가지게 된 근본 원인이다.

변견(편견)은 中道(중용)를 방해함으로써 열반(행복)의 길을 심하게 방해한다. 지금의 나(有我)에 비단 옷을 입히고(금상) 꽃다발을 안기는 것(첨화)은 〈無我라는 비단옷〉과 〈無常이라는 꽃다발〉을 단장함과 같다. 이러한 화장으로 단장한 모습을 〈화엄〉이라고 하는 것은 불교 집안의 풍습이다.

관세음보살이 항상 화관을 머리에 쓰고 있는 것은 무상과 무아와 열반의 3가지 진리인 3법인(三法印)을 실천하고 있다는 것을 보여주는 것이다. 그렇다면 우리가 〈발견해야 할 無我〉라는 것은 어찌 생겨 먹은 놈인가.

몸은 有我뿐이다. 몸이 我인지는 알 수 없지만 하여튼 나라고 삼는다. 어떤 여인을 아내로 삼는 것과 같고 어떤 남자를 남편으로 삼는 것과 같다. 이 色身(肉身)이 나(我)라는 것은 〈나라고 삼은 것〉이다. 이 색신(육신)으로 말할 것 같으면 확실한 〈존재〉다. 존재이므로 〈法〉이다. 나(我)라고 이름 붙일만한 대표자의 자격이 있다. 그래서 이 몸이 달마(DHARMA)고 담마(DHAMMA)다. 이 몸은 〈존재하는 自性〉이다. 남이 나를 자기가 아님을 바로 구분해내는 것은 이 나의 〈존재하는 自性〉 때문이다. 다른 사람으로 하여금 금방 알음알이(이해理解)를 내게 하여 분별을 가능케 하면 담마이고 法이고 존재이고 有我(나 있음)이다. 나(我)는 타(他,OTHERS)와 다름을 그 본질(自性)로 한다. 나와 他는 다르기 때문에 서로의 대경(상대적 존재)이 되는 세계가 법계(法界)다. (불교의 우주관)

이 법계에는 존재가 무궁무진하여 무진 연기가 끝도 없이 時空을 다하는 날까지 계속 이어가는 것이다. 이른바 화엄경의 법계 연기설이다. 우리는 〈法界身〉이 되어 존재로써 영원하다.

불교에서는 물질적 존재를 〈색(色)〉이라는 한마디로 표현한다. 우리 몸은 色身이라 물질적 존재다. 어떤 물건(物)이 질량(質)을 가질 때만 물질이다. 마음은 질량이 없는 존재다. 질량이 있다는 물질이란 것은 한마디로 물건인데, 물건은 변하고 깨어지고 다른 것을 방해한다. 色(물질)은 전부 화학적(화합적) 존재로써 그 작용(用)은 물리적이다.

마음이 깽판만 치지 않으면 우리는 〈色界 天人〉이 되어 존재한다.

色界는 그냥 물질적 대사 관계만 있지 心理의 탐·진·치 3독이 끼어들지 않는다. 이런 세계(色界 : 물질의 세계)가 실상(實相)의 세계다. 마음은 욕계 중생에게만 힘을 쓴다. 초연할 때에는 마음이 작난을 걸지 못한다. 色界는 〈삼매의 세계〉에만 존재한다. 초(1)선, 2선, 3선 4禪의 삼매에 따라 色我(物我)를 나누고 있다.

色界는 〈無我衆生〉들이 사는 세상이다. 탐욕과 번뇌와 애결(愛結 : 사랑의 결합)같은 人爲가 없는 〈色(물질)의 법칙〉에 따라 사는 세상이다. 無爲의 세계다. 〈心의 법칙〉에 따라 사는 욕계 중생들은 有我의 化身들이다. 有爲의 세계다. 〈마음으로 가는 하늘나라(天國)〉는 불교에는 없다.

물의 모습과 본성

물은 조건에 따라 흐르기도 하고 파도가 되기도 하고 가만히 정지되어 있기도 하는 가지가지의 모습을 가진다. 이것을 〈相〉이라 함은 불교 일반의 용어다. 물이 움직이는(動) 것은 水相이며 동상(動相)이지 水性은 아니다. 물은 인연을 따른다(水緣). 인연은 相이다.

물의 본성(性)은 젖는 것(습濕)이다. 물이 어떤 모습을 가지고 있던 물은 주구장창 젖는다. 적셔준다. 젖는 性은 변하는 것이 아니다(불변 不變). 조건따라 변하면 性이 아니다. 性은 인연의 대상이 아니다.

성과 상(性相)은 전혀 별개적 존재다. 그러나 〈같은 것처럼〉 보인다 (性相一如). 부부가 한방에서 지내니까 같은 것 같지만(동상同床) 꿈은 각각 자기 꿈을 꾼다(이몽異夢). 〈부부 일신〉이라고 하지만 알고 보면 〈각각등 보체〉다.

일(事)에 따라 달라 보이는 것은 이상한 일이다(異相). 일(사건)이란 것은 원래가 이상한 일 뿐이다. 〈하나도 이상한 것이 없다〉는 것은 속인들의 속설(俗說)이다. 지리산에 가보면 한시간 전후가 다르고 아침 점심 저녁 때마다 다르고 물론 춘하추동의 사계절마다 다르다. 그래서 다름(異)을 알라(智)고 하여 〈지리산〉이라고 화엄경을 닦는 이들이 붙여준 산이름(山名)이다.

옛날에 찍은 경판을 보면 〈변상도(變相圖)〉라는 판화가 찍혀 나온다. 시청각 교육적 발상이다. 하도 知異를 못하니까 그림을 그려서라도 알려 주려고 했던 옛 사람들의 배려다.

우리들의 〈본래면목〉과 〈현재면목〉은 생판 다르다. 역사와 현실은 다르다. 같은 술 공장에서 나온 〈처음처럼〉이라는 소주를 어제 마신 술 기분과 오늘 마신 술 기분이 같다고 하면 믿겠는가. 그러나 소주병에는 항상 〈처음처럼〉이라고 씌여 있더라.

함몰되는 삶을 살면 두개골이 함몰된다. 묻혀서 찌그려진다는 말이다. 인간은 각각등 보체에 너무 함몰되어 있다. 저 잘난 맛 밖에 모른다. 부부가 일신처럼 보이면 얼마나 아름다운 일일 것인가. 〈一身처럼〉이 아니고 진실로 그 理에 있어서도 그러하다. 원래가 〈眞善美〉는 一如다. 法身 報身 化身의 三身이 본래 一如다.

법신불인 비로자나 부처님이나 보신불인 아미타 부처님이나 화신불인 석가모니 부처님이나 〈三身一體〉다. 어찌 三身 뿐이랴. 제법이 모두 一如지만 제법의 오만상을 보이는 것이다.

인간은 그 출발이 전부 동심원이다. 원점이 같으면 그 지름은 달라도 모양은 모두 一如하여 겹쳐진다. 이 동심원(同心圓)과 같은 것을 불교에서는 〈性相一如〉라고 용어한다. 性과 相은 같은 것처럼 보여도 다른 것이고 다른 것처럼 보여도 같은 것이다. 한문의 사자성어로는 〈非一非異〉하다고 한다.

〈동일한 것도 아니고 생판 다른 것도 아니다〉

佛性에 있어서는 너와 내가 같지만 현재 면목은 너와 나는 다르다. 본래 면목과 현재 면목이 한 자리에 앉아서 미래를 꾸려 나가는 것이다.

연기(緣起)와 성기(性起)

〈性〉은 本質的인 그 무엇 또는 체(體)를 말한다. 이 性이 연(緣)의 도움 없이도 일어나는 것을 성기(性起)라고 한다. 중생은 연의 도움 없이는 念을 일으키지 못함으로 연기만 한다. 오직 부처님만이 性起하시며 설법하신 분이시다. 중생의 〈연기〉입장에서 보면 부처님의 〈性起〉는 기적 같은 일이다. 기적이라 하여 무턱대고 쉽게 부정 할 일은 아니다. [믿어 보면 안다]. 이리저리 말을 맞추어보고 꾀를내어 설명 할 필요는 없다.

앎(知大)이 緣을 빌리지 않고 바로 나타나는 것을 〈직관〉이라고 한다. 직(直)은 직접적인란 뜻이므로 緣을 빌리지 않는다는 뜻이다. 제8식이(藏識, 아뢰야식, 진망 화합식) 〈직접〉관 하므로 직관(直觀)이라한다. 물론 관(觀)은 삼매(지, 止)에 들어서 활동하는 知(慧)이므로 사실은 〈선정의식〉 또는 〈삼매의식〉에 속하는 개념이다. 이러한 〈선정의식〉이나 〈삼매의식〉에서 나오는 분별과 사량을 관(觀)이라한다.

결국 6바라밀법의 마지막인 선정과 지혜 門을 언급하는 것이다. 관법(觀法)이다. 그러나 이러한 선정과 지혜 門에서 나오는 분별과 사량은 제6식과 제7식이 하는 분별과 사량과는 질적인 차이가 있다. 연기법으로는 갈 수 없는 眞如門을 두드리는 것이 바로 선정과 지혜門

에서 나오는 묘 관찰지(妙 觀察知)다.

禪門에서는 이 묘 관찰지를 〈무 분별지〉라고 애써 주장한다. 선문에서는 〈마음의 空性〉을 들어내는 것이 목표이므로 부정적인 접두사인 〈無〉나 〈非〉나 〈空〉과 같은 언어를 많이 사용한다.

제8식이 하는 분별력을 〈현식(現識)〉이라고 부른다. 종자에서 직접 발(發)하는 〈이숙식〉을 말한다. 善惡에 물들지 않는 무기(無記)다. 원래 제8식은 그 자태가 이숙식이며 無記라는 것은 유식에서 모두 밝힌 바다. 이러한 〈無記性 現識(무기성 현식)〉을 性起의 因이라 할 수 있다.

이러한 因인 性이 제7말라식에 내려앉으면 平等知가 되고 제6의식에 내려앉으면 묘 관찰지(직관)가 된다. 苦와 痛을 몰고 다니는 연기법을 적게 상대하고 성기법으로(주체적으로) 살고자 하는 것이 불교의 목표다.

의식과 무의식

눈·귀·코·입·피부·마음의 여섯 기관이 기관마다 각각 가지고 있는 인식 능력을 여섯식(6識)이라고 한다. 이 6가지 중에서 안·이·비·설·신의 다섯은 바깥 대상을 향해 있고 마음은 몸 내부를 향해 있는 인식 기능이다.

이 때의 마음이라는 것은 우리의 몸(肉)에 붙잡힌(단團) 포로와 같은 마음을 말한다. 좀 더 전문적인 불교 용어로는 〈심소(心所,붙잡힌 바의 마음)〉라고 부르는 정(情)을 말한다. 육단심(肉團心)이다. 실제하는 실존의 마음이다. 실존하는 기관이다. 이 마음은 情의 모습과 情이라는 용도로 실제하고 실존하는 것이다. 사람들이 〈마음은 있다〉고 주장하는 그 마음이다.

심체(心體)는 〈일반의식(제6식이라고 함)〉으로써는 파악이 불가능 하므로 〈특수의식〉을 개발·발전 시켜야 심체(性)를 본다고 한다. 심체는 〈識〉이다. 그러므로 심체를 본다는 것은 〈식으로써 식을 본다〉는 것이니 눈으로 제 눈을 보는 것과 같아 지극히 어려운 일이다.

마음은 지나간 일들의 경험담을 〈종자〉의 형식으로 간직하고 있다. 종자는 心所有다. 모아서 간직할 뿐만 아니라 장차에 올 미래에 종자가 心理로써 활동하도록 하고 있다(제8식).

마음은 항상 쉬지 않고 〈사량(思量)〉하는 心理인 생각 그 자체다.

그러므로 心과 식(識생각)은 동체이명(同體異名)이다(제7식).

마음은 쉬어 가면서 항상 〈분별〉한다. 잠잘 때는 前6식이 분별을 쉬는 시간이다. 〈안·이·비·설·신·의〉의 여섯 기관으로 분별하는 우리의 분별심은 종자가 간직하고있는 과거의 경험을 빌려 분별의 기준으로 삼는다.

그러나 그 과거의 경험이라는 것이 사실은 우리가 과거생의 중생이었을 때 가졌던 미망(迷妄)한 집념(執念)임을 어찌하겠는가. 과거 삶의 미망(迷妄)했던 중생의 집념(執念)이 현생의 의식이 되었으므로 우리의 의식은 전적으로 망심(妄心)이다. 우리의 의식은 〈모태 의식〉이다. 이렇게 우리는 우리의 의식인 망상을 〈우리의 마음〉이라고 일컫는다는 것이 깨달은 이(佛)의 가르침(敎)이다. 우리의 의식은 〈망심〉이며 〈망상〉이다.

그러나 우리의 의식은 〈상식〉을 지킬 만큼은 건강하다. 그러나 상식(COMMON SENSE)이라는 것은 어디까지나 공동체(COMMUNITY)의 의식이다. 일종의 도덕성이다. 배워서(學) 익힌(習) 〈학습된 의식〉이다.

법과 질서(LAW & ORDER)로 이룩된 사회(SOCIATY)를 지켜나가기 위한 학습으로 개발된 의식이 상식이다. 이러한 공동체 의식을 조금 벗어나면 〈망령〉이 들었다고 비난한다.

공동의식(상식)에서 많이 벗어나면 법과 규칙이 나서서 질서를 지킨다. 그렇다고 망심과 망념이 영영 종적을 감추는 것은 아니다. 개인적인 사적영역에서는 여전히 망심과 망상이 판을 친다. 전체(AS A WHOLE)로 WHOLE SALE되는 것을 거부하는 것이 개체(INDIVISUAL)다. 개체(각각등 보체)는 자기 자신의 망상과 망념을 ENJOY한다.

〈못된 개체 의식〉이다. 중생 의식이다. 자기 자신의 의식이 망상이고 망념이란 것을 스스로 깨치고 아는 것이 불교수행이다. 중생의 못된 개체 의식은 〈상(常)·락(樂)·아(我)·정(淨)〉에 대한 망상이고 망념이다. 몸(身)은 상락아정의 범주 안에 놓여 있지만 마음(心)은 無常이고 無我며 非樂 非苦며 非淨이라 윤리적 도덕적 세계가 아니다. 몸에는 있고 마음에는 없는 것(身有心無) 사이에 균형을 잡지 않으면 망령스러운 인간이 되는 것이니 조심 할 지어다.

의식에는 반연 뿐이다

마음(의식)을 잘못 알고 〈일체유심조〉에 귀의하면 큰 과오를 저지르게 된다. 마치 신(神)을 모르면서 하느님에게 귀의한 이들의 답답함과 같다. 큰 과오의 결과는 〈불각(不覺) 중생〉이라는 삶이다. 전도몽상을 한평생 실컷하고는 〈인생은 한바탕 꿈에 불과하다〉고 토설(吐舌)하고 생을 마감하게 되니 불쌍하긴 해도 슬퍼할 것은 없다. 몸(신체)은 一生一死 뿐이라도 의식(마음)은 萬生萬死다.

마음(의식)에 인식작용이 있게되는 데는 대경(對境,OBJECT)에 마음이 의지할 때만 가능하다. 의식PLUS, 대경PLUS, 근(根신경조직)이 있어야 가능한 것이 인식작용이다.

식(識)과 根 대경에 의지하는 모양새를 식과 근은 대경을 반연(攀緣)한다고 한다. 그러므로 의식(마음)은 〈반연 함〉에 빚을 지고 인식을 하게 되어있다. 〈식에서 인식으로 능변(能變)함〉을 위한 것이다.

빚은 갚게 되어있다. 마음(의식)의 빚(부채)은 고스란히 〈번뇌〉라는 형태로 되돌아온다. 인간에게 번뇌가 있게되는 이유가 바로 〈반연 작용〉때문이다. 因·緣·果에서 緣이 반연이므로 번뇌를 있게하는 것이다. 반연(攀緣) 작용이 곧 〈번뇌〉의 초동(初動)이다. 안·이·비·설·신이라는 전오식(前五識, 감각기능)은 그 자체는 인(因)이고 대상인 色·聲·香·味·觸은 연(緣)이다. 因인 의식(마음)은 〈생각〉을 연으로 하여 인식을 한다.

생각은 불교용어로는 〈법경法境〉이라고 한다. 〈52가지〉의 생각이 마음의 소유(心所有)로써 〈생각 덩어리〉를 心中에 가지고 사는 것이 인간이라는 존재로 보는 것이 깨달은 이(佛)의 가르침(敎)이다. 우리가 心中에 가지고 있는 52心所는 前生의 업으로써 물려받아 생긴 것이며 우리는 살면서 또 엄청난 現生의 업을 생각 덩어리에 보태고(ADD) 있다. 이것은 장차 〈나〉의 生前과 生後(死後)에 개인적인 유산으로 남게 되는 것이다.

〈반연〉은 실로 〈일체 번뇌〉의 근본이 된다. 부디 마음을 반연에 빼앗기지 말아야 한다. 마음은 돈에도 또 물건에게도 빼앗겨 반연하지 말고 정신이라는 것에도 빼앗기지 말아야 한다.

〈빼앗긴 마음〉을 한걸음 더 나아간 연(緣)이라 하여 불교 용어로는 증상연(增上緣)이라 한다. INCREASE되고 ENLARGE된 연이 반연이다. 〈ORIGINAL 인연〉이 반연을 확대 재생산하는 것이 인간의 연기법(緣起法)이다. 불교는 한마디로 〈연기법에 대한 가르침〉이 아니겠는가. 이렇게 〈반연으로 부풀어 오른 마음〉을 〈내 마음〉으로 아는 것이 不覺중생 이라는 것이다.

覺者는 부풀어 오른 마음을 신속하게 원 위치로 돌려 놓는 능력자를 말한다. 탐심, 성냄, 어리석음을 그리고 이 三毒心으로 부풀어 오른 어마 어마한 생각덩어리를 재빨리 원 위치로 돌려놓는 것이다.

항구로 돌아오지 않는 배는 풍랑에 유랑하는 난파선이다. 항구로 돌아오기 위해서 배는 출항을 하고 입항한 배는 다시 출항을 위해서 입항하는 것과 같이 心行도 이와 같아야 한다. 入出과 出入은 같은 DOOR의 양면인 것과 같이 인연과 반연의 관계도 이와 같다.

이름(名)과 거짓

우리 한국불교는 금강경을 소의경전으로 하고 참선을 수행방편으로 삼는다. 그래서 文과 言에 열악한 참선 수행자들도 유독 금강경 하나에만은 文과 言으로 열을 낸다.

지금 문제 삼고자 하는 항목은 名(이름)에 대한 것이다. 금강경에서는 시작 부문에서부터 [相]을 도마 위에 올려 놓고 있다. 相이란 모습상, 형태상, 상태상이라 읽는다. 무슨 모습이며 형태며 상태냐 하는 것은 모든 세계의 존재물들이다. 色界존재와 의식세계의 존재와 잠재의식이나 무의식 세계의 존재까지 다 망라되는 엄청난 대상들이다. 불교에서는 [諸法]이라고 간단명료하게 용어한다. 특히 제법에는 유위법은 물론 무위법까지 포함됨을 잊어서는 안 된다. 금강경에서는 이러한 [相]을 거론하다가 돌연 문제를 名(이름)으로 옮긴다.

명은 전부 다 작명(作名)된 것이지 처음부터 존재 자체가 이름표를 달고 나오는 건 단 하나도 없다. 이렇게 作名하는 것은 이름을 부르기 위한 호명(呼名)이 목적이다. [내가 부르다가 죽을] 이름들이다. 이렇게 작명하고 호명하는 이유는 우리의 의식 활동인 정신활동을 원활하게 수행하기 위한 단 하나의 목표 때문이다. 의식 활동인 정신활동은 [분별]과 [사량]과 [판단]을 말한다.

인류의 역사는 작명과 호명의 역사다. 발견과 발명과 진화가 전적으로 여기에 의존한다. 相을 분별하고 相을 사랑하고 相을 판단해서 作名을 하고 그 이름을 불러주는 것이 인간이다. 作名이 끝나지 않고도 호명이 되는 것에는 UFO라는 것이 있다. UN-IDENTIFIED(확실하게 파악되지 않는) 그 무엇들이다. 우리 불교의 선사들의 言과 行도 UFO적인 것이 대부분이다. 우리는 이것들을 알아보겠다고 [화두]라는 것도 들어보고 별의 별 야단법구통을 친다.

작명과 호명을 거쳐서 대를 이어 전해진 것은 이름이 되어 어떤 실체를 [대변]한 것에 불과하다는 원뜻을 훨씬 뛰어넘는 실체가 되어 실세가 된 것이다. [불확실성]을 확실하게 뛰어 넘어버린 것이다. 금강경을 이야기하는 사람들 중에서 많이는 〈저 나무가 나무가 아니라 그 이름이 나무일 뿐이다〉하는 등의 수작을 건네는 것은 매우 부적절하고 생경한 文과 言이다.

그러므로 확립된 상식의 세계에서 名은 어떤 존재의 相과 用뿐만 아니라 性도 대변하는 것이며 그 존재의 [물자체]도 대변한다고 말해야 한다. 이름표 말고 무엇이 있다는 말인가.

물론 업이 있다. 그러나 이 업은 전적으로 잠재의식과 무의식에 연결되어 있는 개념이다. 업종자는 無記이며 無表이며 직접적인 힘은 없고 간접적인 영향력만 행사한다. 제6식인 의식세계에 절대적이고 결정적인 영향을 통해서 업을 행사한다. 명언종자(名言)라는 것이다.

이 명언종자는 의식세계에서 만들어 지는 것이지 잠재의식이나 무의식 세계는 업을 만들 능력도 행사하는 능력도 없다. 그래서 제8식인 아뢰야식을 이숙식이라 하고 무표이숙이라하고 무기이숙이라 한다. 이름을 바로 거짓(가짜)으로 연결하는 태도는 中道에서 멀어져 있다. 깨달은 이(佛)의 가르침(敎)을 진실되게 이해한 것이 아니다.

인자(因)를 찾아서

무엇에서나 〈SMALLEST UNIT〉은 인자가 된다. 과학에서는 원자 (ATOM)라는 용어를 쓴다. 마음의 인자를 찾아나선 이들을 선객이라 부른다. 이 선객들이 맨 마지막에 내뱉는 단말마의 탄식과 같은 말이 〈이 뭣고〉다. 실험에 실험에 실험을 거치고 거쳐서 원자를 막 발견 하려는 물리학자의 마지막 순간과도 같은 시절이다. 미세한 것의 절 정이 인자(원자)다. 연(緣)을 거친 연부터 하나하나 제거해 나가서 마 지막 미세한 연을 떼어 버리면 인이 나타난다.

〈즉문 즉답〉이라는 해괴한 말이 나돌고 있다. 즉문이라는 것이 있 을 수도 없고 즉답이란 것도 마술사의 요술 같은 환상이다. 몽 · 환 · 포 · 영과 같은 〈즉문이란 것〉이고 이슬과 같고 번갯불 같은 허망한 것이 〈즉답이라는 것〉이다. 그러나 당신은 아난존자와 같아서 즉문 을 할 수 있는 것이며 누구는 부처님과 같아서 즉답을 할수 있는 것 일까. 물론 우리 불교에는 〈즉심 즉불〉이라는 매우매우 중요한 말이 있다. 이 몸으로(차신此身) 〈성불(成佛)〉을 한 이들을 일컫는 말이다.

〈누구나 부자가 될 수 있다〉고 하여 나와 당신이 부자라는 뜻은 아니다. 〈일체중생에게 전부 불성이 있다〉고 하여 나와 당신이 부처

(님)라는 뜻은 아니다. 장군의 육척 장검으로 모기를 해부하려는 것과 같아서 즉문 즉답은 묻는 자나 답하는 자나 위태위태한 줄타기를 하고 있는 것이다.

물과 물결과 같이 事와 理가 완전히 일체일 때만 즉문 즉답이라 할 수 있다. 본래 두 물건인 것을 한 줄에 세운다고 하여 二物이 和合한 것은 아니다. 〈水는 不離 波하고 波는 不離 水라〉 이는 體 · 相 · 用 이전의 한 구절이다. 자문자답(自問自答)이 因을 찾아 나선 이들의 내공있는 공부법이다.

일상(一相) 삼매

一相은 一心과 같이 둘이나 셋이나 넷같은 것이 있을 수 없는 원초적이고 영원불멸하고 더는 깨트리거나 파괴할 수 없는 相(모습)을 말한다. 이것을 불교에서는 [실상(實相)]이라 용어 한다.

우리는 一相삼매를 통해서 實相을 알 수 있다. 물론 이 실상 속에는 〈나의 실존〉도 포함 되어있다. 나의 실존이란 나 자신을 아는 것이다. 나의 시작과 나의 현재 진행과 나의 종말을 다 아는 것이다. 나의 과거, 현재, 미래의 三世가 一相안에 있는 것이기 때문이다.

남원쪽에서 올라가는 지리산의 길목에는 실상사라는 절이 있다. 국보만도 10개가 넘는 신라고찰이다. 남원쪽에서는 지리산을 실상산이라고 부르기도 한다. 신라 九山 선문중 하나인 남원 실상 山門이라는 학교가 OPEN되었다. 남원에서 지리산을 끼고 섬진강을 한굽이 돌아가면 구례의 화엄사가 있고 다시 산구비를 하나더 돌아가면 하동 쌍계사가 나온다. 西道와 南道의 풍경을 한꺼번에 느낄 수 있는 고을들이다.

삼매는 공부인과 수행자의 방편이다. 삼매 그 자체가 목표는 아니다. 그러나 인간은 자기가 선택한 〈방편〉을 넘어서기 쉽지 않다. 오히려 한술 더 떠서 〈방편〉을 찬양하고 존중하고 모시고 살기도 한다.

직장과 생업에 목을 매달고 사는 중생의 모습과 흡사하다. 우리가 알고자하고 찾고자하는 궁극적인 목표는 〈실상〉이다. 이 실상을 철학자들은 〈실존〉이라고 부른다.

그렇다면 一相이란 무엇인가. 우리 범부들이 가지고 있는 相은 전부 우리 범인들의 소유상(所有相)일뿐 實相은 아니라는 것이 불교적 안목이다. 소유상을 스스로 파괴하고, 폐기처분이 불가능한 실상을 찾아야 참으로 실존자로써의 구실을 한다는 것이다.

우리 인간은 다 心界(마음세계)의 心理와 心事에 의존해 있다. 그러나 알고보면 이것은 저 法界(우주적 세계)의 理와 事에 大同하고 小異하다는 것이다(크게 같고 다른 점은 아주 작다 大同小異). 法界는 우주과학을 비롯한 자연과학을 통해서 우리는 그 OUTLINE을 쉽게 받아드릴 수 있다. 그 자연과학적 성과를 통해서 法界라는 개념의 윤곽과 요점을 정리할 수 있다는 것이다. 그리고 이것을 心界에 대입해 보면 心事를 대충 짐작 할 수가 있는 것이다. 이렇게 하다보면 虛에 부닥치기도 하고 空에 부닥치기도 하고 無에 골몰하기도 한다.

이렇게 해서 一相을 잡아 나가면서 가물고(玄) 가물한(玄) 〈실상 경험〉을 하게 되면 〈실상〉이나 〈실존〉의 희미한 그림자를 찾기 시작하는 것이다(見牛소를 보다).

최후로 心界의 법집을 한번 더 넘어서면 하나님을 친견하는 것으로 되어있다. 〈불교적 하나님〉은 진여라고 용어되어 있음이 특이하다. 금강경의 아상·인상·중생상·수자상이라는 四相은 우리의 〈소유상〉들이다. 我相은 4번뇌(아애·아만·아집)를 말하고 나머지 인상 중생상 수자상은 법집(法執)을 말한다.

일어나지 않은 마음

마음이 이미 피어나면(기발심旣發心) 이것을 우리는 〈의식〉이라고 한다. 불교의 유식이론에서는 제6식이라고 한다. 홀로는 못 일어나는 마음이 일어나기 위해 더위잡는 물건이나(物) 일이나(事) 관념을(理) 대상이라 한다. 줄여서 〈상(相)〉이라 용어한다. 이 相이 마음에 나타나면 상(想)이 된다. 〈생각이라는 것을 하게 되어〉 정신작용이다. 마음을 大地라고 하면 이 마음 大地에 相을 비춰 들여서 객관을 형성한다. 이렇게 주객(主客)이 화합하여 〈인식〉이 이루어진다. 마음이 因이 되고 대상이 연이 되어 서로 얽히면 인연상결의 결과 또는 과보가 있게 되는 것이다.

일어나지 않는 마음(미발심未發心) 이것을 우리는 〈무의식〉이라고 한다. 불교의 유식 이론에서는 제8식이라고 한다. 이 일어나지 않는 마음의 세계를 들여다보면 화엄경에서는 제8지 보살이라고 하여 〈不動地〉의 위치에 있다고 한다. 미발하여 부동하는 마음을 보았기 때문이다. 이 미발심의 무의식 세계를 불교에서는 〈아뢰야식〉이라 불러 번역을 삼가한다. 물론 진제스님은 〈무몰식(無沒識)〉이라 이름했고 현장스님은 〈장식(藏識)〉이라 했지만 아뢰야식의 큰 특징을 짚었을 뿐이다.

이 두 분의 번역은 전부 〈종자〉하고 관련된 언어다. 〈종자는 불멸한다〉 〈종자가 갈무리 되어있다〉는 뜻이 이 때문이다. 우리의 미발심에는 불멸하는 〈종자〉가 저장되어 있다는 것이다.

그러나 종자는 주인이 아니다. 어디까지나 손님(客客)이다. 그런데 세상 어디서나 손님과 주인의 역활이 뒤바뀌는 일은 너무나 허다하다. 〈주객이 전도되었다〉고 하는데 〈전도몽상〉이 일어나는 이유가 된다. 김주영의 소설처럼 객이 주인이 되는 객주(客主)는 곤란하다. 이런 현상은 전부 慾이 心이된 〈慾心〉때문이다. 그래서 우리는 부처님이 설하신 진리를 존중해서 따른다. 부처님이 설한 진리는 팔만사천의 법문이 하나같이 욕심을 떠나는 이욕(離慾)과 관계되어 있다. 욕(慾)은 원래가 망(望)이었다. 망(望)은 〈바램〉이다. 욕에 사로잡혀 포로가 된 것이 〈욕망〉이라는 거물(NET)이다. 인류의 꿈(望)은 욕에 의해서 SPIDER MAN이 되는 것이다. 무엇이나 더위잡고 기어오르려고 평생을 애쓴다.

왜 욕심이 일어나는가? 욕심은 心識이 일어날 때에 즉 의식이 일어날 때면 반드시 무조건 따라 일어난다. 그렇게 작동하도록 되어있는 우리들의 메카니즘이다. 지구의 자전과 공전 같아서 막아볼 수가 없다. 다만 〈삼매〉가 이것을 막아낸다고 하는 것이 불교의 수행관이다. 삼매에 들면(入定) 무의식이 되어 不起心(未發心)이 되므로 욕망이라는 심소유가 일어날 까닭이 없다는 것이다.

그러면 삼매에 들지않는 出定 때에는 어떠한가. 물론 욕망이 침노하지만 삼매의 습(習)으로 그 맹렬성이 떨어진다는 것이다. 다시는 〈욕망의 맹렬함〉에 사로잡히지 않기 위해서는 관법에 의존해야 한다고 말해지고 있다. 부처님 말씀 중에 엑기스나 자기가 좋아하는 귀절을 염념히 염하여 끊어짐이 없도록 관법을 수행해야 한다는 것이다. 그런데 불교는 왜 평생토록 수행! 수행! 하고 수행만 찾는가. 그것이 수행이 그나마 〈편한 일〉이기 때문이다. 아주 편하기 위해서 〈견성 (見性)〉을 들먹이지만 견성전에도 수행 없는 세속 생활보다는 수행이 훨씬 편하다. 해 보시라! 해보면 안다. 수행하고 공부하는 일이 얼마나 편한가를.

있는 것은 情이다

　중생이 중생인 이유는 단 한가지뿐이다. [情]이 그것이다. 우리와
같은 동양인들은 비교적으로 人情에 많이 골몰하고 서양인들은 비교
적으로 物(色) 情에 더 골몰하는 듯하다. 아마도 중동인들은 비교적으
로 事情에 더 골몰한다고 할 수도 있다. 이렇게 人과 物色과 事도 다
情 위에 춤추는 것이다. 이것은 知 情 意라는 분류방식에도 크게 벗
어나는 것은 아니다.

　情은 무겁다. 마음에 무게가 실리게 하는 것은 다 情 때문이다. 무
게(重)는 힘(力)을 생산한다. 중력이라는 것이다. 무게와 힘이 합쳐지
면 움직임(動)이 된다. 心情은 가볍고(輕) 편안(安)한 경안이 되기는 그
냥은 힘들다. 중생은 잔뜩 무겁다. 경안은 그림의 떡이다.
　理(이치)는 머리를 복잡하게 한다. 진여를 증득해도 머리는 복잡하
다. 그러나 마음을 무겁게 하지는 않는다. 利害관계(情)가 없는 것이
理의 본성이니까. 이것을 [理의 무기성]이라고 한다.
　情과 理의 함수관계가 중생과 수행인의 위치를 저울질한다. 일체
유위는 情쪽이고 일체무위는 理쪽이다. 情을 불교에서는 無明이라 부
르고 있으며 최고의 理를 불교에서는 진여라고 한다. 道人은 情도 없
고 理도 없어 마음이 무겁지도 않고 머리가 복잡하지도 않다.

일촉즉발(一觸卽發)

　귀가 소리를 접하는 것과 같이 또 눈이 색깔을 보는 순간과 같이 일촉(一觸한번 마주침)에 즉발(卽發즉하여 일어나는)의 순간을 잡아내어 살면 道人이라고 칭송한다. 도를 얻었다하여 득도(得道)라고 하고 도를 얻어 그 자리에 들어간다고 하여 득입(得入)이라고도 하는 것들이다.

　의식의 개칠(덧칠)을 떼어 버리고 감각이 일촉으로 즉발한 상태를 〈얻는다(得)〉고 하는데 의식이라는 기성수단에 의지하지 않음으로 불상응법(不相應法)에 해당한다. 그래서 감각은 각(覺)이다.

　이 때 아! 하고 내뱉는 신음 비슷한 발성은 지각의 원음이다. 지각도 각(覺)이다. 이것을 좀 생소한 불교용어로는 〈현량(現量)〉이라고 하는데〈극 현재(極 現在)〉의 〈물량(어떤 것)〉이라는 뜻이다. 정신적현량이나 물질적현량이나 모두 그 어떤 物量이다.

　비량(比量)이란 것에 강하면 〈지식인〉이라 한다. 비교하는(比) 물량(量)이므로 분석 분별하는 힘을 말한다. 추측하는 능력도 강하여 추리력의 기본이 되는 知的 탐험가가 될 궁리를 많이한다. 比量은 현량을 〈속물(俗物)〉로 만들어버리는 요물(妖物)이다.

　비교는 왜 하는가. 大小와 장단(長短)과 경중(輕重가볍고 무거움)을 가리자고 하는 것 아닌가. 그러므로 다름(異,DIFFERENCE)과 차별을 가져오는 것이다. 촉(TOUCH)이 즉발(START)하고 보면 그때부터 감각과 지각은 현량이 비량으로 바뀐다. 감정이 되고 앎이 되는 것이다.

이 때의 대상은 전부 낱낱이 그 대상물의 본질이 그대로 찍혀 나오는 것이 아니고 주관이 잘못 인식하는 오류를 범하게 되는 것이다. 너는 나에게 〈너의 너〉는 될 수 없다. 너는 나에게 〈나의 너〉만 될 뿐이다. 그래도 다소간의 그 본질은 살아있다. 불교 용어로는 대질경이라고 한다.

내가 인식하고 경험한 대상의 〈본질적인 모습〉을 띄고 있다는 것이다. 이것이 우리가 감각 능력과 지각 능력을 결합 했을 때 일어나는 情의 현상이다. 의식(제6식)이 전5식(안·이·비·설·신)의 감각을 맞이하여 발생시키는 인간의 인식작용은 이와 같이 情이라는 흠결로부터 출발하는 것이다. 그러나 가장 중요한 것은 이러한 〈흠결있는 인식〉을 정상적인(NORMAL) 것으로 삼는다는 것이다. 누구나 예외는 없다. 비록 수행자가 〈지금, 여기(NOW&HERE)〉를 말하기는 하나 번갯불에 콩 볶아먹듯 과대 포장의 헛된 말(虛言)에 불과하다.

그래도 그렇게 안다는 것만도 장하다면 장한 일이다. 그러므로 수행자는 〈悟道者〉가 아니고 〈수행을 생활로 삼는〉 〈생활인〉이다. 그들은 그 모습을 삼매(몰입)로 뒤집어쓰는 것을 사업(BUSINESS)으로 삼는다.

좀 딱딱하고 어려운 이야기로 하자면 전오식(前五識 : 안·이·비·설·신)이 하는 〈일촉즉발〉의 인식은 항상 〈현량(現量)〉이고 그 상대파악은 〈성경(性境)〉이다. 선사들은 이것을 〈도둑놈은 이미 지나갔다〉고 표현하고 있다. 도둑놈을 놓친 중생들은 모여 앉기만하면 쑥떡공론만 요란하게 한다.

진여

眞은 절대자의 초상화(眞面目)를 말하는 眞으로 〈절대 無爲〉로 불변·항상의 초월성을 가지는 것이다. 절대자의 초상화는 아무리 그려봐야 그림자(影)에 불과하다. 〈진영(眞影)〉이라고 한다. 사진술의 발달에 힘입어 지금은 인간의 진영은 거의 볼 수 있다.

如는 현실과 같은 것을 말하는 如로써 유위의 세계인 변화무쌍의 상대성을 가지는 것을 말한다. 이러한 상반된 眞과 如가 한 용어가 된 〈眞如〉는 이해하기가 난감해 졌다. 진여는 창(모)과 방패(순)다. 창을 따르자니 방패가 울고 방패를 따르자니 창이 운다.

이러한 진여의 眞하고 如한 양면성을 古來로 不變하는 성질(연기를 따라주지 않는 마음)과 수련(隨緣)하는 성질(연기하는 마음)로 표현해 왔다.

不變하는 모습은 物理的인 이치탐구로 대충 이해 할 수도 있고 어느 정도 접근이 가능하다. 인연을 따라 수련하는, 연기하는 모습은 化學的 이치탐구로 어느 정도는 접근이 가능하다.

그러나 不變과 隨緣을 非一非異 동일한 것도 아니요, 그렇다고 異物質로 가지고 있는 것도 아닌 〈이놈〉은 도대체 무엇을 방편으로 삼아 대충 이해 하고, 어느 정도 접근 할 수가 있을까. 답답하지만 묘약은 없다. 오직 공부하고 수행하는 방편 외에 길은 없다. 공부와 수행에 〈답답한 마음〉을 내지 않는다면 그 때부터가 〈공부인〉이고

〈수행인〉이라고 부를 만하다.

〈철들자 환갑〉이란 말이 있다. 그저 이런 것이다. 어떤 목적이나 목표를 이룬 것이 구원이 아니다. 방법이나 방편이나 〈과정〉이 구원이다. 공부가 구원이고 수행이 구원이기 때문에 인간들은 공부인이 되고자 하고 수행인이 되고자 한다.

다만 이것뿐이다. 〈되고자 하는〉 욕심을 내었으면 〈욕심 낸 만큼〉 고통의 법칙을 따라야 한다. 이것이 〈인욕 바라밀〉이라는 것이다. 바라밀의 세번째 바라밀이다. 인욕 바라밀은 善根을 가진자가 할 수 있는 수행이다. 중생으로써는 〈가장 질이 좋은 최고급 중생〉이 〈선근중생〉이다. 육질(肉質)은 모르지만 성질(性質)이 좋은 사람이다. 공부선근과 수행선근이 二大善根이다.

최초연이 된 무명(初緣 無明)

불교 교리(이론)에 있어 제일 풀기 어려운 문제 제1호가 〈초연·무명〉이다. 불교 공부가 전적으로 마음·식·업·진여 등에 집중되어 무명은 DETAIL하게 규명된 바가 없다. 그저 언급만 되었다. 그러니 연기가 제대로 공부될 리가 없다. 부처님의 12연기설이 〈무명 연기설〉이 아닌가.

무명은 마음(진여)에는 존재했던 것이 아니다. 이러한 무명이 〈홀연히〉 일어나서 마음으로 하여금(영심令心) 움직임이 있게 했다. 〈마음 움직임〉을 우리는 〈연기〉라고 이름지었다. 그러나 무명은 그 자체가 〈오염 덩어리〉인지는 확실하지 않다. 다만 不動을 연기로 이끌어내는 최초緣인 점만 확인된 상태다.

무명은 앎 이전의 문제이고 경험 이전의 문제이므로 무명이 무엇이냐고 질문하는 건 허락되지 않는다. 설해질 수가 없기 때문이다. 그것이 홀연(忽然)이라는 형용사의 글 뜻이다. 다만 〈증지소지 비여경〉으로 깨달은 이(佛)만이 알 수 있는 바(所知)라고 했다. 그러나 깨달은 이가 없는 것인지 있는 것인지 說 해진 바가 없기 때문에 깨달은 이나 깨닫지 못 한 이나 벙어리 냉가슴 앓듯이 답답하기는 마찬가지다. 중생은 그냥 벙어리고 깨친 이는 꿀 먹은 벙어리다.

그러나 홀연이던 무엇이던 일단 나타난 것, 일단 일어난 것, 일단 생긴 것은 우리의 타켓으로 정조준 할 수가 있는 것이 人知다. 기신론에서는 〈일어난 것이 염(念생각)이라〉 규정되어 있다. 홀연염기(忽然念起)라는 것이 그것이다. 이것은 12연기설에도 딱 부합하는 언급이다. 무명이 行해지면 그 결과는 식(識)이라지 않는가.

識이나 念이나 한 생각이나 다 천지만물 이전이므로 유식(唯識)이고 唯心이다. 이 때의 心은 물론 不起門의 心이 아니고 〈생멸심〉을 말하는 것은 명백하다. [여래장 이란 마음]이며 [중생이란 마음]이다.

초지(初地 · 제1地)

비로서 처음으로(初) 〈믿음(信)의 정신상태〉를 초월하여 〈초월심으로 가는 땅〉이다. 초월하지 않고는 염심(染心)을 단절하는 〈단심(斷心)〉이 되지 않는다. 信心으로는 과거의 무명업으로부터 상속되어져 오는 망념(妄念)도 끊을 수 없고 집착되고 상속된 주관이나 집착되고 상속된 객관의 영향력을 벗어날수는 없는 것이다. 상속된 망념은 우리의 의식(제6식)을 말하며 염심의 상속을 의미한다.

인(因)은 연(緣)을 더하여 과(果) 또는 보(報)를 낳고 果와 報는 다시 인과 연을 불러들여 이렇게 인과는 상속되어 끊어지지 않는다. 이것이 상속법이다. 이 상속 말고는 다른 실체가 없으므로 〈상속〉하는 모습(相)이 바로 연기법이다. 그러므로 상속은 생각과 더불어 無常하다.

생각(念)은 찰나 사이에도 生 · 住 · 異 · 滅 하지만 이어지면 상속이다. 그러므로 상속은 無常이며 常이다. 생각(念)도 역부여시하여 無常이며 常이다.

제1지인 초지(初地)에 진입하면 시간과 공간에 대한 개념이 멀어진다. 시간과 공간이란 것에 매달려 사는 것이 우리의 삶이다. 초월삼매를 통한 단심(斷心)의 공덕으로 차츰 時空에 매달린 밧줄이 느슨해지고 숨쉬기가 편안해진다. (모든 삼매는 다 초월삼매다. 초월삼매가 따로 있는 것으로 오해할 필요는 없다)

信心이라는 人爲的 善心에서 점차 자연적마음이 되어 차차 〈자연업〉으로 되돌아가게 되어있다. 〈자연적 마음〉이 필연적으로 가지게 되는 해탈스러움은 〈환희심〉으로 나타난다. 初地를 환희지라고 부르는 것은 이 때문이다. 初地에서는 無常과 常이 함께 묻혀가는 〈상속식 실종〉을 경험하게 된다. 상속식은 우리들의 〈의식〉인 제6식이다.

푸른 매실

여름은 청매(靑梅)의 시절이다. 청매는 쓴맛을 대표하는 과실이다. 청매는 비록 쓴맛이라 인기 있는 과실은 아니지만 〈졸음의 멍청함〉을 씻어 주는 최고의 열매다. 청매가 10가지 쓴 소리를 남겼다.

마음을 반조하지 않으면(心 不返照) 경 읽는 것이 헛된 일이다(看經 無益)

空 체험을 하지못하면(不達 性空) 좌선 해봐야 쓸데 없다(坐禪 無益)

정법을 믿지않으면(不信 正法) 고행이 헛 고생이 된다(苦行 無益)

아만을 요절내지 못하면(不折 我慢) 佛法도 쓰잘데없다(學法 無益)

스승이 될 덕이 없으면(不得 師德) 중생제도가 헛소리다 (濟衆 無益)

실덕이 없으면(內無 實德) 겉치례가 웃음거리가 된다(外儀 無益)

마음이 믿을만하지 못하면(心非 信實) 말 잘하는 것도 사기질하기 쉽다(功言無益)

인(因)을 가벼히 보고 과(果)를 기대하는 것은(輕因 望果) 구도가 인과법을 넘치게 되어 이치가 아니다(求道 無益)

뱃속에 든 것이 없으면(心腹 無識) 아만으로 속을 채운다(我慢 無益)

생을 다하여 괴짜만 일삼으면(괴각일생乖角 一生) 세상에 무익하다(處衆 無益)

항상(恒) 존재(存) 하는 성질(性)

항존성(恒存性)을 부인하는 것이 불교의 대의다. 因에 있어서도 항상하는 존재성은 없고 緣에도 그리고 果에 있어서도 항존성은 없다는 것이 부처님의(佛) 가르침(敎)이다. 만일 불법에도 〈항상하는 존재〉가 있다면 그것은 〈항존성이 없다〉는 진리가 恒存이다.

항존성을 주장하는 이들은 神法이다. 창조주인 하느님 神은 恒存法이다. 브라만(BRAMAN)이 그러하고 알라신이 그러하고 여호와 신이 그러하다. 주여주여 하고 외치는 主다. 쉽게 말하면 중생의 有情에는 있고 무생물의 無我에는 없는 것이 神法이다.

因도 항존하고 緣도 항존하고 果도 항존한다. 神은 因이라 부정할 수가 없는 항존이고 神의 法도 緣이지만 항존한다. 그러므로 BIBLE은 지울수가 없다. 〈부처님의 뗏목〉(금강경의 비유)같은 것이 결코 아니다. 果도 항존하여 〈하늘나라〉는 부정할 수도 없고 〈神國건설〉은 피할 수 없는 것이다. 항존성에 있어 [空]은 악마의 법이다. 악마는 죽임을 당해야 마땅하다.

無常이란 것도 있을 수 없다. 천당과 神國이 있는데 어찌 무상이 될 수 있다는 말인가 영생(永生)이니 기쁘고 기쁘다.

불교에서도 항존성 비슷한 것은 많이 있어왔다. 〈空〉이라거나

〈진여〉라던가 〈無自性〉같은 것도 같은 맥락이며 無爲法도 항존성을 가지는 것으로 주장된다. 〈이 뭣고〉라는 화두도 마찬가지다. 이런 항존성 비슷한 것은 전부 삼매(入定)때에만 있고 出定(출 삼매)때에는 없는 것들이다. 入定의 삼매에서 깨닫는 것을 각(覺)이라 하고 불(佛)이라고는 하지 않는다. 부처님은 〈入出이 [如如]하다〉

入定과 出定에 간격이 있으면 무기다. 禪者가 무기가 되는 것은 너무나 쉬운 일이다. 물론 무기는 善과 惡에다 다리를 걸치고 있으므로 무기 善도 있고 무기 惡도 있다. 수도자를 어찌 악인이라 할 수 있겠는가. 그러나 一生을 맨날 천날 〈가능성〉 하나만으로 버티다가는 무기력에 빠져 들기가 열 명 중에서 팔구다(十中八九).

이런 것은 수행에 방해가 되는 무기력이므로 〈유부무기〉라고 용어한다. 그러나 호시탐탐 눈빛을 세우고 의욕이 충만하다면 수행에 방해가 되지않고 격려가 되므로 〈무부무기〉라고 용어한다.

〈心과 佛과 衆生이 차별있는 것이 아니다〉라는 화엄경의 법문은 수행공부의 大지침이다. 心의 탐구에 빠져서 부처도 몰라라하고 중생도 내쳐버리면 〈惡性無記〉에 빠진다. 그러나 佛과 衆生에 빠져 버리면 이 또한 수행에는 방해가 된다.

과거 7불에서 석가모니 부처님께 전해 내려온 〈공통된 언어〉는 한가지 뿐이다. [모든 악은 짓지말고 뭇선을 봉행하라(諸惡莫作 衆善奉行)] 이 말씀은 수행자에게 내리는 말씀이었다. 無記가 무기력에 빠지지 않는 것은 굳은 신심 하나뿐이다.

현실(現實)은 있다

현실이 있다는 것은 현재라는 시간과, 현재가 만든 공간이 있다는 것이다. 있다는 것은 自性이 있는 것이므로 현재라는 시간에는 法이 있고 몸통(體)이 있다고 해야 한다. 현실을 직시하라 현재가 있는데 어찌 현실이 없으랴. 〈지금, 여기〉는 항상 있다.

그러므로 과거·현재·미래의 三世중에서 과거와 미래는 이치상으로나 실제적으로나 부정하기가 어렵지않으나 현재와 현실은 부정하기가 쉽지 않다. 우리가 과거과거하지만 〈현재화 된 과거〉가 있을 뿐, 과거라는 실물도 없고 실체도 없다. 또 우리가 미래미래하지만 〈現實化한 미래〉가 있을 뿐, 미래는 실물도 없고 실체도 없다.

이것을 [지금, 여기(HERE&NOW)]라 한다. 시간은 항상 그 길고 짧음(장단長短)이 문제의 핵심이다. 짧은 시간 단위를 많이 가지는 사람은 소탈하다. 어린애들이 그렇다. 늘어진 시간(긴 시간)을 많이 가질 때는 복잡다단해 지기 일수다. 세(世)라는 시간 단위는 비교적 긴 시간이다. 아버지가 一世라면 자식은 二世다. 世代차이 라는 것도 보통 20년, 30년의 기간이 적용된다. 三世心 不可得이란 금강경의 三世도 보통언어에서 뜻하는 제법 긴 시간을 말하는 것으로 보아야 한다. 〈지금, 여기 HERE & NOW〉까지 부정하자는 것이 아니다.

마음의 시간 단위는 〈찰라〉라고 규정되어 있다. 찰라라는 시간은 너무 짧아 不可得이다. 〈순식간〉이란 시간을 어찌 사람이 감당하겠는가. 얻어 볼 수 없다(不可得)고 표현한다. 物量化 할 수 없기 때문이다. 물량화 할 수 없는 시간과 공간을 [無爲]라고 용어한다.

앞생각(前念)이 사라지면 뒷생각(後念)이 [生]하고 상속한다. 미래심이 현재심으로 역류하는 것도(거꾸로 흐름) 이와 같아서 과거심과 미래심은 전부 現在化한 현재심만이 있는 것이다. 현재라는 것은 과거와 미래가 농축되어 있는 시간이다. 이것이 〈현실은 있다〉〈현재라는 시간은 있다〉는 주장이다. 가히 얻을 수 없는 시간(不可得)과 공간을 無爲라고 한다.

無爲는 〈生起〉의 기능을 할 수 없는 극미한 시간 단위에서 일어난다. 무위에는 시간의 생과 起가 없는 것을 뜻한다. 生起가 없으니 무멸(無滅)이 다 없어질 것도 없다. 무생 무멸이라는 것이다.

그러나 이런 것은 다 有爲內의 무위일 뿐이므로 [절대무위]는 인정하지 않는다. 과거와 미래는 없다고 할 수 있으나 현재와 무위는 있다고해야 한다. 하지만 과거와 현재와 무위도 다 알고 보면 現在化되어 있는 것이므로 과거와 미래와 유위가 없는 것도 아니라 할 수 있다. 어쨌거나 시간과 그 작용인 생멸과 그 모습인 유위와 무위는 복잡하게 얽혀있다.

그 중에서도 현재는 말살하기가 어렵다. 짧던지 길던지 마찬가지다. 시간을 길게 잡아 하루로 보던지 한달로 치던지 그때는 그 시간이 있다. 찰라나 눈 깜짝할 사이라 해도 사이(시간)는 있다.

힐링 PROCESS

분노(나 자신위주) = 연민(상대방 위주)

분노는 1분 30초 밖에 되지않는다. 힐링은 힐링 그자체가 정화이다. 이름을 붙여서 자신에게 주어라. 〈나는 너한테 반응하지 않겠다.〉라는 말을 세번씩 반복한다,

오른쪽 코는 태양 왼쪽 코는 달이다. 아침에 일어나서 오른쪽 코를 막고 숨을 쉬면 하루가 편하다. 몸이 차다고 느끼면 왼쪽 코를 막고 숨쉰다. 힐링명상은 어릴쩍 나를 쳐다보는 연습으로 시작한다.

〈미안해요〉

〈용서해요〉

〈고마워요〉

〈사랑해요〉

토막언어

선사들도 言語와 文字를 사용하시되 전부 토막언어와 툭 던지는 언어 뿐이다. 언과 어와 문이 장황하고 긴 것을 질색하고 기피한다. 〈체험〉이나 〈직관〉이란 것이 도대체 그 성질상 장황하고 길거나 친절하고 자상할 수가 없는 것이기 때문이다.

체험과 직관의 표현은 매우 시적이다. 게송이라 한다.

교종이 소설을 쓰는 사람이라면 선종은 시를 쓰는 사람이다. 이 것이 선을 매우 신비적인 것으로 여기게 하는 요소가 되었다. 그러나 직접 체험이나 직관은 매우 사적(私的)이고 비밀스럽다는 혐의를 벗어날 수가 없다.

체험이나 직관의 〈일반화GENERALIZE〉나 표준화 규격화는 거의 불가능하다. 따라서 선의 대량 생산(量産)은 제로에 가깝다.

선의 수행자들은 아름다운 사람들이다. 인생을 詩적으로 바라 볼 수 있다는 것은 아름답지 않는가.

최초의(初) 연(緣) 〈초연初緣〉

연(緣)은 분명히 선택적(SELECTIVE)인 움직임만 한다. 不起 · 不動한 상태와 관계를 깨고 [예스 起 예스 動]을 낚아내는 것이 연이기 때문에 연에는 연이 먹혀 들어갈 고유의 상대(대상)가 있게 마련이다. 연은 인을 선택하는 것이다. 불가사의 한 [촉각]이다. 이것은 하늘 이전(先天的)의 능력이다. 〈因果 동시적인 존재〉에 연이 파고들어 因과 果를 능히 나누고 변화시켜 [새로운] 因果同時의 존재를 만들어 내는 무서운 세력이다.

모든 존재는 인과 연과 동시적인 것이다. 나무 한 그루에도 업종자(因)가 있었고 바람과 비와 삶의 열정이라는 연(緣)이 녹아있고 지금의 나무상태가 [果]인 것이다. 물론 인생도 역부여시하다.

인간에게 있어 최초의 因은 업이며 識이며 이치(法)이다. 업과 식과 이치는 다 진여에 녹아있다. 그러므로 인간이 있게 된 최초인(初因)은 진여라고 말해진다. 마음(진여)은 不起門에 들어있다. 그냥 인(因)이며 그냥 果다. 因果만 있으므로 말할 때 우리는 [존재]라는 용어를 사용한다.

존재는 세속의 철학적 용어이지, 원래 불교 용어는 아니지만 빌려서 쓰고 있다. 빌려서 쓰는 것이므로 말빚(언채言債)을 지고 있다. 구구하고 절절한 〈변명을 늘어놓아야〉하는 것이 말빚이다. 빚을 지면 인간은 구차스럽게 된다. 논자와 식자들은 수행자들로부터 수없이 매도당하고 천시된다.

일어나지 않는 그 마음의 존재(상태적 존재)를 마명조사는 〈진여〉라고 했지만 원효스님은 〈열반〉이라고 했다. (기신론 소)

또 心(마음)이라는 세속적 용법을 뿌리치기 위해서 〈一心(한마음)〉이라고 용어했다. 원효스님은 정말로 탁월하시다. 말빛(언채)을 지지않는 그 모습은 누구나 할 수 있는 일은 아니다.

不起門에 들어있는 心이 起와 動이 되기 위해서는 물론 연(緣)이 없이는 불가능하다. 이 때 최초의 연이 [무명]이라고 정의되어 있다. 수학에서 〈피타고라스의 정의〉와 같다.

홀로는 일어날 수 없는(不孤起) 不起門의 마음에 무명이 접촉(촉, 12연기설에서는 行이라는 용어를 썼다) 됨으로써 바야흐로 〈은산철벽〉이 무너지고 마음(진여)의 시대가 열리는 것이다. 연에 의하여 일어났으므로 연기라고 한다. 최초 因인 마음(진여)이 최초의 연인 무명을 접촉하여 연기(생멸)가 시작되는 것이다.

추억 여행

색(色물질)을 의식하고 아는 것은 안·이·비·설·신의 5감각 기관을 통한 감각(感)과 뇌 기관을 통한 지각(知)의 합동 작전으로 이루어진다. 〈육체적 항상성〉을 유지하는 것이 우리의 오장육부라면 〈정신적 항상성〉은 감각과 지각으로 유지한다. 그래서 감지덕지해야 할 것은 깨달음(覺). 즉 감각과 지각이다. 시각·청각·취각·미각·촉각·생각이 전부 다 각(覺)아닌 것이 없다. 〈ORIGINAL 覺〉이라 본각(本覺)이라 한다. 이 六覺말고 본각은 없다.

〈우리는 본래로 깨달아 있다〉는 선종의 언어는 이것을 말한다. 〈촉목보리〉라 눈에 접촉되는 모든 것(諸法)이 보리(진리) 아닌 것이 없다. 어찌 보리 진리가 산중에만 기어 올라가 있겠는가.

비색(非色,비 물질,마음)을 의식하고 아는 것은 무엇이며 어찌 해야 하는가. 이것이 불교의 전 과정이다. 왜냐면 마음이 非色이므로. 비색(非色, 비 물질)은 〈마음〉이라는 것이다. 마음이란 무엇인가(이 뭣고), 〈속마음〉과 〈겉마음〉은 어찌 다른가.

우선 안·이·비·설·신과 짝이 되어 있는 마음을 겉마음(表心)이라하고 유식 용어로는 〈5구 의식(5감각 기관이 갖추어진(俱) 마음〉이라 부르는 것이다. 一心이 5감각기관으로 더불어 同體가 되어있다. 그것이 바로 일심동체다.

식(識)은 마음이 가지고 있는 마음 고유의 〈능력〉이다. 이 어떤 능력을 물질화시켜(物化) 우리의 기관(ORGAN)으로 삼고 있는 것이 〈의(意)〉라는 기관이다. 그러므로 〈의식〉은 〈인지능력〉을 가지고있는 기관이다. [지각(知覺)]을 담당하는 마음의 최첨단 기관이 〈의식〉이다.

최첨단 기관 〈의식〉이다. 그래서 우리 몸은 여섯 기관을 가지고 있다. 안 · 이 · 비 · 설 · 피부 · 意다. 감각 되는 것은 안 · 이 · 비 · 설 · 신이라는 5감각 기관이 담당하고 지각작용은 의(意)라는 기관에서 담당한다. 이 6각(六覺)이 우리를 있게 한다.

눈에는 의식이 있다. 유리구슬로 해넣은 이식된 눈에는 의식이 없다. 그러나 의식이 있을 때 보았던 色(물질)에 대한 추억은 있다. 〈추억의 物化〉가 의식이다. 추억여행이 의식이다. 안식(眼識)이 의식에 인계되어 생긴 추억이며 추상이 의식이다. 귀와 코와 혀와 피부도 다 위와 같다. 의식이 깨끗하면 시각 · 청각 · 비각 · 미각 · 감각이 깨끗하다. 더러운 의식은 더러운 감각을 가지게 된다. 〈능엄경〉등에서 두고두고 강조하는 바 [6근청정(六根淸淨)]이 이것이다.

6근이 정말 청정하다면 우리의 〈추억여행〉은 나의 최초 前身에까지 미칠 수 있다. 6신통이 생겼다고 한다. 肉眼은 천안(天眼)으로 바뀌고 우리의 의식인 심안(心眼)은 慧眼 · 法眼 · 佛眼으로 차차로 바뀐다고 금강경에는 쓰여 있다. 이른바 오안(五眼)이다. 〈제3의 눈〉이라는 말이 있지만 불교는 공식적으로 〈제5의 눈〉이 있다고 되어있다. 귀도 〈제5의 귀〉까지 간다. 天耳만 되면 우주(하늘)의 북소리(천고天鼓)를 듣는다고 한다.

추억여행은 공감적으로는 三界를 다 다니고 시간적으로는 三世를 다 다닌다. SCHOOL BUS는 없고 〈天馬〉를 타고 다닌다. 天女는 종 (BELL)에 새겨져 있다.

출세 합시다

출세하면 부귀(富貴)와 영화(榮華)가 손 안에 잡힌다. 돈(부)과 높은 자리와(귀) 명예(영)와 번쩍번쩍(화)이 내 손에 잡히는 것이다. 이 부(富) 귀(貴) 영(榮) 화(華)를 세간(世間)에서는 최고 제일로 친다. 한국에서 국회의원이 되는 것과 같다. 또 중앙의 장차관이나 고위 공직자가 되는 것과 같다. 그들은 모두 부와 귀와 영과 화를 가지는데 자기 일신에만 그치지 않고 최소한 삼대에는 걸친다. 이것이 유교식 관료국가의 경험을 가진 나라의 일반화된 정서다. 세속(世俗)의 정설(定說)이 되어 있다. 이것 때문에 학교라는 SYSTEM에도 차별이 생기고 동네도 차별이 생겼다. 〈차별이 곧 世間이라〉는 등식이 확고하게 의식으로 자리 잡은 것이 유교의 관료주의 전통을 가진 나라 백성들의 꼴통이다.

出世라는 말은 사실은 불교에서 생긴 말이다. 〈出 世間〉의 줄임말이다. 이 때의 出은 떠난다(이離)는 뜻과 같고 실제로 출리(出離)라는 단어는 불교에서는 친숙한 용어다. 출가(出家)라고 할 때도 이 뜻이다.

또한 출세는 〈세간에 나타남〉을 뜻하기도 해서 〈부처님의 출세〉등과 같은 표현이 있다. 예수께서도 출세한 분이다. 부처님이나 예수님이나 모두 〈하늘나라로부터〉 세상에 출현하신 분들이다. 그 분들은 〈化身〉이시다. 〈무엇무엇으로부터〉는 중요한 형용구다. 그래서 돈으로부터 출세한 사람, 귀함으로부터 출세한 사람, 명예로부터 출세한 사람등의 뻔쩍이는 出世는 좀 속물스럽다.

세간을 벗어난(出世間) 즉 부귀영화의 출세들을 버린 이들을 出家者라고 부른다. 출가한 이들이 세간의 부귀영화를 구하면 家出이 된다. 세간(세상)의 삶에는 과오와 과실이 많다. MISTAKE와 ERROR가 점철되는 것이 세간의 삶이다. 이것을 알고 고쳐서 영원히 없어지게 영멸(永滅)시킨다면 우리는 〈점오〉라고 한다. 그러므로 돈오가 이관(理觀)임에 대하여 점오는 사관(事觀)이기 쉽다.

따라서 점오와 돈오는 서로의 보충관계에 있는 것이지 점오가 따로 있고 돈오가 따로 있다고 생각하면 사도(邪道)가 되어 사기꾼이 된 사람이 많고 많다. 선객들 사이에서는 〈부처님 말고는 다 사기꾼이다〉라는 말이 전해 내려온다. 그만큼 〈최종적 깨침〉은 무상심심 미묘법이라는 말일 것이다.

점오나 돈오나 〈깨침〉이라는 것도 無常法下에 있기는 미오(迷悟)때와 다를 바 없다. 無常法下에 있다는 말 뜻은 인연 · 연기법의 大道를 벗어나지는 않는다는 말이다.

인연법이나 연기법이나 인과법으로 표현되는 〈일체유위법〉은 다 〈시간과 공간(時空)〉이라는 개념을 내포하고 있다. 인연법의 무상대도에는 〈영원한 것〉은 없지만 〈잠시〉를 떠나 있을 수는 있다.그 잠시라는 시간이 한도 끝도 없는 세월놀음이다. 100년이면 잠시일까 1000년도 눈 깜박할 사이일까 아니면 찰라가 잠시일까 하루가 잠시일 것인가.

일을 보고 깨침(事觀)은 소승법이라 하고 이치를 보고 깨침(理觀)은 대승법이라 한다. 일(事)이란 CASE BY CASE라 밑도 끝도 없이 닥치는 것이 일이라 하세월에 그 많이 부닥치는 일들을 다 깨침으로 처리할런지는 요원하고 의심스럽다. 점오는 피곤하다.

이치를 보고 진리를 깨치는 것은 돈오(頓悟, 몰록깨침)라고 하지만 동심원(同心圓)이라고 동그라미의 크기가 동일한 것은 결코 아니다. 구심점이 같아도 원의 크기는 천차만별하다. 견성했다고 부처가 된 양(成佛) 말하는 것은 철없는 아이들의 장난만큼도 못하다. 出世는 욕계에 한한 이야기 이다.

일체의 世間事를 인연 따라 行하며 살되 욕망(欲望)을 떠나면 〈出世했다〉고 말하는 것이 불교다. 뾰족심(차별심)말고 넉넉한 마음(평등심)을 가진 삶을 출세한 사람이라고 한다.

충효와 우의

이 세상의 도는 똑같다. 다 사람의 일이기 때문이다. 도의 내용은 한마디로 성실함이니 예수에게 성실한 도를 기독교라 하고 부처께 향한 성실함을 불교라 할 것이다.

우리는 교회나 절에 다니면서도 정작 성실한 것에 소홀함으로써 탐욕과 악의와 게으름과 같은 온갖 잡된 마음을 제어할 능력이 없어지게 된 것이다. 성실한 사람은 욕망의 늪에 빠질수가 없고 악의를 품고 있을 수가 없는 법이다.

나라의 일이란 곧 정치로서 귀결된다. 나라가 크고 자원이 많다고 잘 사는 것도 아니고 나라가 작고 자원이 빈약하다고 못사는 것도 아니다. 자유와 평등과 법과 질서가 있는가. 즉 사회정의가 있는가하는 문제이다. 이것이 성실함을 가지고 사회와 나라의 일에 동참해야하는 근본적인 이유다.

우리의 학교나 가정교육의 가장 중심적인 테마는 시민교육과 정치교육이 아니면 안 된다. 민주주의나 인권같은 것이 정치학습없이 공짜로 유지된다고 생각하면 곤란하다. 신라의 원광법사는 이 점을 높이 평가해서 범인이 지켜나가야 할 제일 계율에 나라사랑을 주장하고 있다. 나라사랑을 계로써 지키고 나라사랑을 소홀히하는 자를 율로써 다스리라고 했다(사군이충). 성실함의 극치가 계와 율이기 때문이다. 또 이 성실의 도를 일상생활에서 연습하기 위해 가족으로 존재하기를 바란다. 이 세상에 가족만큼 좋은 것이 또 어디에 있는가. 물론 과거에 충효라고 하면 수직적 관계로 명령과 복종과 부양등이 강조되어 온 비합리적이고 고통스러운 면이 너무나 많았지만 이런 점은 고치면 되는 것이다. 수직적 관계는 수평적 관계로 펴고, 책임과 복종같은 무거움은 편함과 편의제공과 같은 가벼움으로 바꾸면 된다.

다음은 정신적으로 나라와 사회의 가장 기초가 되는 것은 믿음과 신뢰이니 모든 사람이 신의를 가지고 살 수 있는 환경을 제공하는 까닭이다. 믿음이 있는 곳에서는 모두가 신의를 가지게 된다. 불신하는 곳에서는 저마다 의심과 악의를 가지고 살게되니 악의는 무겁고 어두운 마음으로 우리를 긴장시키고 초조하게 하고 스트레스를 쌓이게 하므로 모든 나쁜감정의 원조가 바로 이 악의라 할것이다. 친구나 이웃을 믿는 것은 우리가 계로써 지킬 바이며 믿음을 잃는 것을 죄로써 다스려야 마땅하니 세속 오계의 세번째가 되는 것이다.

하지만 2000년 넘게 따라온 나라사랑(충)과 가족사랑(효), 이웃사랑(신)이 한번 더 이 시대에 맞는 해석으로 있어줄 기회를 잃어버린 채, 용도폐기된 것은 안타까운 일이다. 그러나 그 용도폐기 되었다고 생각되어온 것들이 사실은 우리 민중의 깊숙한 내면에 살아있다는 점이다. 저 붉은악마의 응원 결집력이 그것이며 새마을 운동, IMF극복 등 모든 민족대사에 나타난 그 것이 충효와 우의로 다져진 것이 아니겠는가.

트라우마(TRAUMA)

바깥에(外) 생긴 상처(傷)를 의학에서는 트라우마라고 용어했는데 이 외상을 치료하여 완치하고 난 다음에도, 정신에 흔적과 흠집이 생겨 병도 아닌 것이 〈병 비슷한〉 내상(內傷)을 일으키는 현상을 뜻하는 것으로 용어 변화가 생겼다. 지금은 심리학의 용어가 되었지만 心理가 병들면 정신병이 되는 것이기 때문에 TRAUMA는 의학용어로 정신과 의사들에 의해 복귀되었다. 하기사 심리와 정신은 한 물건의 다른 이름이기 때문에 그 본질은 같다.

일체의 내상(內傷)을 불교에서는 [번뇌 망상]이라고 한다. 외상 때문에 생긴 흔적, 추억, 상실, 괴로움, 중독, 잊어버리지 못함, 시달림 등등의 內傷은 전부가 청정하지 못한 사바세계(예토)의 일이다. 內傷은 내 마음 속에 펼쳐진 사바세계를 말한다. 사바세계는 [악몽(惡夢)]의 세상이다. 악몽이라는 과보를 안겨주는 인연을 惡緣이라고 한다.

內와 外(안팎)라는 것도 사실은 非同非異한 것이다. 동일한 것이 아니면서도 전혀 다른 別物도 아니라는 것이다. 이것을 깨닫고 알면 [내외통철] 하다고 한다. 그러므로 우리가 앓고있는 內傷은 앓을만큼 앓고 빨리 外傷으로 돌려주어야 한다. 빨리빨리는 우리 민족의 주특기가 아닌가. 가히 국기(NATIONAL FAVOURITE)라 할 빨리빨리는 돈오와 돈수의 이념이기도 하다. 화려강산의 화려한 민족이 가질만한 특징이다.

맹자는 왈하시되 [차일시 피일시(此日時 彼日時)]라고 했다. 이것은 이때의 일이요, 저것은 저때의 일이다. 라는 뜻이다. 어찌 오래토록 TRAUMA를 안고 살 수 있으랴. 이렇게 호쾌한 념(念)을 맹자는 왈 하시되 [호연지기(浩然之氣)]라 한다.

[念(념)은 氣다] 이것은 유학자들의 신앙(信)이다. 信念을 氣運껏 뻗으면 人生은 좋은 시절(好時節)이다. 정신일도 하사불성이라고도 했다. (念을 한 군데로 모으면 못 이룰 일이 없다) 불교에서는 념(念, 생각)을 분별심으로 보는 입장이다. 왜냐하면 念이나 氣는 결국 유위법(有爲法)이기 때문이다.

트라우마가 깊어지면 업(KARMA)이 된다. 일단 업종자가 되고 보면 수시로 현재진행형이 되어 정신과의 단골이 되기 쉽고 내생에는 악업종자로 윤회하게 된다. 업이나 종자나 무명이나 전부 EMOTIONAL TRAUMA다. [情]이라는 것이다.

[사랑]은 情 위에서 춤추는 HAPPENING이며 쇼다. 불교에서 최후에 다루는 테마는 情이다. 그렇게 호들갑을 떠는 〈깨달음〉도 情위에서는 공연하는 SHOW중의 한 장르다.

능엄경에서 증명한다.
[理卽頓悟나 事非頓隨라]
이치는 몽땅 즉시에 깨달을수 있지만(돈오)
정(事)은 한꺼번에 잘라 낼 수는 없다(돈제, 돈수).

화엄경에서 증명한다.

理무애, 事무애, 理事무애, 事事무애의 4가지무애(四無碍)중 정과 정 간에 무애한 것은 불가사의한 걸림없음이라고 했다(사사무애).

파도는 위대하다

배에다가 엔진을 장착하고 물갈퀴를 돌리는 것은 파도를 일으키는 동작이다. 앞으로 나아가자는 것이다. 헤엄을 치는 것도(수영) 마찬가지다. 손발을 휘저어 열심히 파도를 일으켜야 몸이 앞으로 나아간다. 출렁거림(파동波動)이 없으면 우주도 썩어 내려앉을 것이다. 그래서 우주 공간에는 수없이 많은 출렁거림이 있다. 전자파, 자기파, 光波, 열파, 明波, 無明波, 水波, 風波, 地波, 火波 등등이 그러한 출렁거림의 표본이다.

파동(波動)은 물론 현상(相)이다. 본질(體, 몸통)이 위대하다면 현상(相)도 위대한 것이다. 현상은 性에 속해있다. 현상은 속성이지 성을 떠나 따로 있을 수가 없는 것이다. 대승기신론의 유명한 體大 · 相大 · 用大라는 〈三大〉이론이다. 물론 마음에 대한 이론이다.

우리가 웬 종일 바다를 바라보고 있다면 그것이 바다를 바라보는가 아니면 파도를 보고있는 것인가. 두말할 필요없이 三大인 體 · 相 · 用은 如一하여 사실은 MIXED되어 있는 것이지만 이해를 하기 위하여 분석적으로 가설한 것일 뿐인 것이다. 체상용 三大는 마음의 위대한 一大일 뿐이다.

마음의 一大를 체상용 三大로 나누어 쓰면 피곤하다. 맨날 천날 자성 청정한 진여나 지키고 앉아 있으면 지키는 마음은 피곤하다. 그래서 일상생활도 三大에 따라 삼등분 하여 균형을 이루도록 조정되어 있다. 8시간 수면을 취하는 것은 體로 돌아가는 시간이다. 중생이 할 수 있는 유일한 〈삼매의 시간〉이며 STRESS ZERO의 시간이며 해탈의 시간이며 열반적 정의 시간이다. 이 때 마음은 자성청정의 상태다. 8시간 업무(일)는 用으로 돌아가는 시간이다.

用處가 없는 인간을 〈잉여인간〉이라고 한다. 남아 돌아가는 것은 시간 뿐이라고 자조하는 인간 군상들이다. 노인 세대가 여기에 해당한다. 노인이 따로 없다. 일 없으면 노년생활이다.

8시간은 소비하는 人間相을 보여주는 시간이다. 시장판에 앉아 오고가는 인간 군상들을 보고 있으면 〈구매력(돈)〉이 인간의 相을 좌우하고 있는 것 같다. 소유가 있어야 살아갈 수 있는 인간의 속성이니 어쩔 수 없는 일이라 할 수도 있는 일이지만 구겨지고 그늘진 상판(相板)을 보면 슬퍼지더라. 백화점도 아닌 시장판은 주로 생활필수품이 거래되는 자리인데 말이다.

바다의 파도가 달과 별과 해와 같은 우주 간의 존재들에 의한 만유인력에 의한 것이건 지구의 자전공전 때문이건 깊은 바다 속의 지진이나 화산때문이건 간에 간단(끊어짐)이 없다. 인간도 자기의 업력(ENERGY OF KARMA)때문에 자성청정심에 파도가 출렁거린다.

파도는 〈生·住·異·滅〉을 끝도 없이 보여준다. 이 파도를 치게 하기 위해서 우리는 그 ENERGY源으로 밥을 먹는다. 〈부딪쳐서 깨어지는 물거품(수포水泡)을 남기고〉 그 물거품마저도 다음 파도가 거두어 가버린다.

이렇게해서 하나의 업(一業)이 그 임무를 만족하면 또 하나의 업이 파도로 밀려온다. 이렇게 水波(파도)와 水泡(물거품)는 끝없이 이어지지만 둘 다 끝날 날은 기약할 수가 없다. 有爲는 실존의 터전이기 때문이리라. 부처님께서는 금강경의 제일 마지막에 이렇게 탄식을 하셨다. 〈일체 유위법은 여포(如泡)라 물거품과 같은 것이니 그리 알고(응당 여시관) 살아가시게〉

물거품은 물의 꽃이다.

하늘나라

푸른 하늘 은하수의 하늘나라는 우주에 매달린 영토와 영공이다.
우주 비행선이나 외계인이나 UFO같은 것이 있고말고 상관 없다. 우
리 인간은 우주의 입장에서 보면 〈지구별〉에 空居하고 있는 것이다.
그러므로 우리는 우리 자체가 하늘나라에 살고 있다고 말해야 한다.
다른 별에서 볼 때 지구인은 天空과 창공과 우주안에 空居(공중에 떠
서 거주한다)하는 것이다.

하늘사람(天人)들은 다 둥둥떠서 존재하면서 욕(欲)과 망(望)에 情을
두고 살아간다. 欲은 원하는 마음이며, 望은 기대하고 바라고 희망하
는 것들이며, 〈無明情〉은 〈기회因〉(BY THE CHANCE)이다. 기회만 생
기면 바로 욕망과 무명情은 서로 반연한다.

반연(攀緣)은 인연을 부추겨서 인연의 힘이 더욱 강성하여 뻗어나
가도록 하는 강장제 같은 것이다. 이렇게 인연이 INCREASE(증강)되
고 ENLARGE(증대)되면 간이 배 밖으로 튀어나오는 사고의 연속이
될 수 밖에 없다. 반연은 욕망이고 무명情이라 실체가 있는 것도 아
니며 가법이다.

유식에서 의타기(依他起)하는 마음이 변계소집(요리조리 머리를 굴리고
그 결론에 집착하는 것)을 타(他)로 삼아서 밀착하는 것을 반연이라 한다.

그러나 우리 마음이 원만하고 진실한 것에 의지(衣地)하여 일어날 때는 진여에 나아가는 인연이 되는 것이다.

하늘나라도 욕과 망과 정으로 사는 중생의 세계며 이들 중생은 淨化가 많이 진행된 중생이므로 하늘나라는 〈좋은 나라〉다. 불교에서는 이 우주를 여섯 개의 하늘나라로 나누어 놓고있다(욕계6천).

四王天 · 33天의 도리천 · 야마천 · 도솔천 · 화락(化樂)天 · 他火自在천 여섯인데 이 중에서 四王天과 33天은 地居天이라 인간이 살고 있는 지구별의 대기권을 말한다. 땅에서 가까운 하늘이므로 地居天이라 하며 중음身이 거주하는 곳이다. 야마천 이상은 전부 空居天이다.

욕계의 여섯 하늘나라 중에서는 도솔천이 中心天으로 〈좋은나라〉다. 〈知足天〉이라 번역하는데 욕계중생은 지구촌에 있거나 空居天에 있거나 욕과 망과 情에 만족함을 아는 것이 최고의 삶이 되기 때문이다.

사왕천과 도리천과 야마천의 중생은 欲과 情에 너무 잠겨서 살고 화락천과 자재천의 중생들은 너무 들떠서 산다. 무엇이나 즐거움(樂)으로 바꾸어(化) 사는 능력있는 중생들이니 얼마나 기고만장하여 희희락락하며 들뜨고 있겠는가. 기고(氣高)라! 기분이 좋아 힘만을 숭상하는 중생들이다. 기분이 조금이라도 안 좋거나, 힘이 좀 빠질 때는 화락천 중생은 그 마음이 우중충하게 침잠한다. 차분한 MOOD같으나 사실은 마음이 침잠한 것이다.

이것을 선가에서는 〈도거와 혼침〉이라고 하여 제일 경계하는 마음 상태인데 물론 51심소중의 둘이다. 왜냐하면 뭘 좀 안듯하고 본 듯하면 들떠서 야단하다가 도로아미타불 상태가되면 침잠하여 우중충한 마음이되어 차분한 저기압으로 지내기 때문이다.

그러므로 무욕이나 무원(無願)을 외치는 것은 공허하다. 자족하면서 욕과 망과 情을 사랑하고(可愛) 즐거워하는(可樂) 묘욕(妙欲)으로 바꿔 나갈 수가 있기 때문이다.

이 도솔천 안채에는 미륵보살이 여기에 있으면서 하늘사람들을 불러 모아 설법하고 계신다. 그러면서 지구촌에 내려와 여래부처님이 되기 위해 그때를 기다리고 있는것이다. 석가모니 부처님도 도솔천 안 채에 계시다가 如來佛로 오신것이다. 일체의 보살은 전부 도솔천에 空居 하고 있다.

허공은 무너지지 않는다

허공불괴(虛空不壞)라는 것이다. 건물은 무너져내려도 허공은 끄떡 없다. 어찌 건물뿐이랴. 삼천大天 세계가 산산이 흩어져 내려도 허공은 다 채울 수 없다. 그러므로 이 허공의 넉넉함에 의지하여 온갖 가유(假有)가 있을 수 있고 無量生滅의 거래(去來.갔다리왔다리)가 있을수있다. 시간과 공간도 虛와 空이 있음으로 가능한 가유다.

허공은 우리가 올려다보는 정도의 〈하늘〉이 아니다. 우리의 눈이 별을 볼 수는 없다. 빛이 가는 속도로 몇 억년을 달려가야 가물가물한 빛으로 존재하는 그 별이 있다고 한다. 우리의 육안이 어찌 그리 멀리 있는 물체를 볼 수 있겠는가. 우리가 별을 보는 것이 아니고 별이 우리 눈에 내려앉은 것이다. 이와 같이 허공이 우리 눈에 내려 앉은 것이 하늘이다.

하늘님이 그냥 하늘까지만 내려와서 머물고 있다면 우리는 하늘님을 쉽게 볼 수 있을 것이다. 그런데 하늘님은 우리 〈몸속의 허공〉까지 사정없이 내려앉아 있어서 우리는 하늘님을 볼 수 없게 되었다. 손을 눈에만 대고 있어도 볼 수 없는데, 하물며 눈 속으로 들어가 버린 그 하늘님을 어찌 알겠는가.

우리의 시력으로는 〈몸속의 허공인 마음〉을 볼 수는 없게 되어있다. 그러나 남들은 〈내 마음〉을 안다는 이도 있고 본다는 이도 있다.

참으로 기특하다.

　허공은 무불관이라 허공은 관통하지 못하는 것이 하나도 없고 관통하지 않는 것은 하나도 없다. 色(물질·물체)은 우리들의 〈망상 위에서만 있는 것〉이지 色이 그렇게 견고한 것은 아니다. 허공 앞에는 〈견고하다〉는 色은 없는 법이다.

　色은 허공 앞에서 허망하다. 물론 우리의 정신이라는 것도(受·想·行·識) 우리들의 〈망상 위에서만 있는 것〉이지 실제하는 것은 아니다. 정신도 허공 앞에서는 허망하다. 一切가 헛된(虛) 업이다(虛業)

　이렇게 되면 많은 사람들이 〈허무주의〉에 빠진다고 염려한다. 정치적으로는 〈무정부 주의〉가 되기 쉽다고 한다. 정말 그런 것인가?

혼돈(混沌)의 눈썹을 그리다

혼돈은 천지가 나누어지기 이전(천지 미분전)의 모습이다. 뒤에 이 말이 바뀌어서 무언가 알 수 없고 희미해서 분별과 차별을 할 수 없는 상태를 말하게 되었다. 제6식인 의식으로서는 갈 수 없는 곳이다. 〈정신이 혼돈스럽다〉고 말할 때이며 무언가 판단과 시비의 근거를 찾지 못했을 때를 말한다. 이 때는 이 혼돈이 정신으로 하여금 어둡고 답답하게끔 만든다.

이런 혼돈스러운 정신 상태를 불교에서는 〈혼침(昏沈)〉이라고 용어한다. 특히 선정 중에 있으면서도 컴컴한 동굴 속에 갇혀있는 것처럼 조견(照見)하는 힘이 약할 때를 〈혼침에 빠졌다〉고 한다. 그러나 정신이 막 돌아 다니는 것은 혼침은 아니지만 〈들떠서 흔들거린다〉하여 〈도거〉라 한다. 그래서 혼침과 도거는 禪門의 二大장애라 한다. 조견(照見)을 장애하기 때문이다.

혼돈에 눈썹을 그린다면 대단한 화가다. 혼돈을 보지 않고 혼돈이 어떻게 생겼는지도 모르는 사람이 어찌 그 몸에다 눈썹을 그릴 수 있겠는가. 마명(바수바두)이라는 희대의 화가가 나와서 두 눈썹을 그려놓고 眞如와 無明이라고 했다. 부처님의 말씀을 그림으로 옮겨놓은 사람이다. 그 그림책이 〈대승기신론〉이다. 그러나 이 그림이 별로 볼품이 없다고 하여 다시 칼집을 내어 아홉 군데에다 구멍을 내놓았다(삼세와 육추三細六麤). 이 아홉가지 구멍을 통해서 아홉가지 인연이 상결 (因緣相結)되니 치심 무명과 見(진여)를 앞세워 愛, 取, 질투와 시기(疾질) 거만함(慢), 분노, 인색함(간, 慳, 利己心), 의심과 不信이라는 것이다. 이래서 九山에다 禪門을 세워 자비를 드리운 지가 오래인데도 아직 약효가 미미하다.

허공은 性으로 채워져 있다

성만(性滿) 법해(法海)라는 것이다. 이 우주 허공은 性(自性)으로써 가득찬 法(理, 진리적 존재)의 바다로 되어있다. 보통 虛空이라고 부르는 공간을 물리학도들은 장(場, 운동장, FIELD)이라고 부른다. 이 운동장은 힘(力, POWER, 氣운)들이 뛰어노는 역장(力場)이다. 이 힘들이 주역 64괘의 승수로도 형용할 수 없는 이합집산을 한시도 쉼 없이 生과 滅로써 내뱉고 들이마시고 한다. 마치 호흡 활동과 같다.

힘들이(FACTOR) 떨어지고(離) 모이고(合) 엉키고(集) 흩어짐(散)이 무한 변수로 무한한 공간에 무한정 이어지는 것이 우주 허공이다.

입자가 없이는 氣를 담아서 보존 할 수가 없다. 씨가 없이는 씨앗을 담아서 보존 할 수가 없는 것과 같다. 마찬가지로 원자가 없다면 핵과 전자와 양자 중성자같은 내용물을 담아 둘 수가 없다. 원자의 껍질 속에서는 〈기운의 파동〉이 빛의 속도로 파동치고 있다는 것이 과학자들의 증언이다. 허공은 이와 같이 원자라는 입자(물질, 질량)와 파동이라는 기운(氣運)으로 가득 차 있는 性滿 法海다.

法界는 휴식이 없다. 心如虛空하여 우리의 마음이라는 운동장에서 識이 뛰어노는 것도 휴식이 없다. 마음에는 밤낮이 없기 때문에 주야장창 쉬지 않고 識이 뛰어논다. [식은 치열하다]. 時間과 空間을 간격 없이 엮어낸다.

과거 현재 미래는 겁(劫)으로 영원하다. 三世心은 얻어 볼 수 없어도 영원함(영겁永劫)은 있다. 진여(法性)는 끊어짐이 없기 때문이다. 깨달은 이의 常은 영원을 말한다. 無常은 없다.

홀연히 念에 나타난 무명

아뢰야식은 그렇다면 누가 왜 만들었을까. 말하자면 하느님은 누가 만들었느냐는 질문과 같아서 〈묻지마라〉하면 될 것을 불교에서는 아뢰야식의 출처를 친절하게 늘어놓고 있다. 〈무명〉이 그것이다. 무명은 〈밝은 것이 아니라는 것〉이다. 그러므로 肉眼으로는 볼 수 없는 것이다. 빛으로 비추어 보아야(회광반조廻光反照) 그 정체의 그림자를 겨우 알 수가 있는 물건이다. 우주는 처음에 어두웠다(玄). 천지는 현황이요 우주는 홍황이라 〈천지는 깜깜하고(玄) 누리끼리해서(黃) 도대체 알아볼 수가 없고 우주는 넓고 황량해서 거칠기만 하더라〉 (千字文 첫귀절)

그러므로 우리의 창조주인 아뢰야식은 무명을 뚫고 나온 빛인 것이다. 뚫고나오다 보니 많이 더러워졌다. 더러움으로 물든 〈염오식(染汚識)〉은 그대로 업이라는 힘을 통해 흘러나오게 된 것은 필할 수 없는 사정이었다. 이렇게 더럽혀진 진여·염오진여가 아뢰야식이 되었다는 이야기이다. 더럽혀지기 이전의 아뢰야식은 〈청정 무구심〉또는 〈자성 청정심〉이라 용어 한다.

무명은 그 시작(始)과 원형(源)을 알 수 없는 것이라 한다. 부처님도 손을 들었다. 홀연히 업(念)에 나타나 識 속으로 흘러들어 왔다(流入).

〈流入 無明〉이라는 것이다. 무명은 그 始源을 알 수가 없다. 우리 불교에서 무명을 깨트린다 또는 무명을 끊는다 하는 것은 시원을 알 수 없는 그 무명이 아니다.

식안에 유입된 무명은 마음의 소유(心所有)가 된 心所(有)를 말한다. 탐·진·치라는 三毒의 탐욕심소, 성내는 심소, 어리석은 치 심소의 셋 중에서 치 심소를 무명 심소라고 하는 것이다. 이것을 무명의 이숙과보인 아뢰야식이라고 한다.

이 무명을 심리학에서는 〈원초적인 충동〉이라고 하거나 〈성의식〉 또는 〈성적인 충동〉 등으로 표현하지만 〈本無明〉을 규명하기에는 부족한 것으로 사료된다.

아뢰야식은 우리의 마음과 영혼과 같이 앉아있는 창조신이다. 우리의 마음과 영혼을 불교에서는 아뢰야식이라 한다. 그러므로 인간은 神性으로 또는 불교식으로는 佛性으로 충만되어 있다. 인간이 하기 따라서는 神으로 회복 될 수 있고 佛로 회복 될 수 있다는 것이 깨달은 이(佛)의 가르침(敎)이다.

우리와 늘 함께하고 있는 우리의 창조신이신 이뢰야식은 그 시원을 알 수 없는 無明에 대한 〈생명 정보〉와 아뢰야식을 싣고 운반해 온 우리의 업에 대한 〈경험정보〉를 다 가지고 있다. 우리의 마음과 영혼과 식은 부족함이란 없다. 그래서 한문으로는 아뢰야식을 장식(藏識)이라고 용어한다. 모든 것을 다 갖추어 갈무리 하고있는 식이라는 뜻이다.

〈홀연히 나타났다〉는 것은 시간적인 개념이 아니고 갑자기 〈부지불식간에 나타났다〉는 뜻이다. 이것이 念(식)에 나타났다고 하는 것은 홀연히 식(념)이 어슴푸레하고 컴컴한 무명을 품었다고 봐야한다. 무명과 念(식)과 또 이 둘의 이음새인 KARMA(업)는 三位一體다.

過(과거 · 무명)와 現(현재 · 식)은 이렇게 영겁(미래)을 이어가는 우주적 섭리에 속한다. 過 · 現 · 未(과거 · 현재 · 미래)는 三位一體 속에 함몰되어 있는 것이다. 그러므로 혜안과 법안이라는 두 심안으로 보면 一心 연기이므로 불가득이다. (금강경) 그러나 중생은 육안과 천안을 동원해서 〈얻어 볼 수 있는 것〉으로 이해하고 있는 것이다(가득可得).

환각적인 사랑(나르시즘)

무의식의 또 하나의 세계인 말라식은 불교에서 제7식이라고 하는
것으로 이 말라식의 見大(能見)가 상대하는 相分(대상)은 놀랍게도 아
뢰야 근본식의 能見하는 用이다(見分). 用을 상대로 삼은 놀라운 自愛
다. 나르시즘과 같은 환각적인 사랑이며 눈 먼 사랑(맹목적인)이며 근
친상간과도 같은 〈어두운 세계〉의 일이다. 自愛는 이런 것이다.

말라식(제7식)이라는 무의식의 見分이 분별되어지는 대상(相分)으로
삼은 것은 말라식의 상위 계급인 근본식의 用인 아뢰야 근본식의 見
分이라는 것을 꼭 기억해 두어야 한다.

이래서 인간은 원래 근본이 없고 싸가지가 없는 물건이 된 것이다.
우리 몸속에 내재해있는 아담과 이브는 바로 이 말라식이다. 이러한
自愛는 〈자기보존〉의 생물학적인 요구 때문에 필수적으로 존재하는
법칙이 아닌가 한다.

내친 김에 아예 [無明]으로 버티는 것이다. 그렇지않고 처음부터
밝음(明) 이었다면 인간의 〈어두운 세계〉는 생기지 않았을 것이다. 무
명은 제7식인 무의식 세계의 말라식에 본부를 두고 의식 세계에서는
어리석음(痴)으로 활동하는 것이다. 삼독 중의 탐진치 중의 하나다.

自愛는 我見을 높이고 아만을 높이며 아치를 깨닫지 못하여 이른
바 4번뇌라는 근본번뇌라는 어두운 세계를 內心에다 저장하게 된다.

물론 전생으로부터 전이 된 4번뇌를 아뢰야식에 저장되어 있는 종자에도 이미 내포하고 있는 것이지만 새로이 강화된 4번뇌는 다시 아뢰야식의 종자를 훈습하는 것이다.

自愛를 그치고 아견과 아만과 아치가 정화되면 무의식 세계의 말라식은 평등을 과보로 가지게 되어 〈평등성地〉가 된다. 물론 心所有로 의식 세계에서 가지게되는 아치(我痴)심소는 묘한 분별식인 〈묘 관찰지〉로 전변된다는 것이 유식의 이론이다.

어쨌든 번뇌는 정신세계의 암덩어리로 전전하면서 각가지 번뇌를 조장하고 마음은 병들고 신음하게 하지만 잘 다스리면 묘한 관찰지혜가 되어 인류의 문명발달에 지대한 역할을 하기도 하는것이다.

참고로 기신론에서는 무의식세계의 相分으로써 삼세(三細 : 무명업상, 能見相, 境界相)을 용어하고 의식세계가 所分別로 삼는 것은 6추라고 용어하고 있다(지상, 상속상, 집착상, 계탁분별상, 행업, 苦).

환생과 부활

윤회는 이치며 그러므로 실법이다. 그러나 환생은 살아있는 자의 情일 따름이며 그러므로 가법이며 욕구일 따름이다. 윤회 중에는 물론 환생 또는 부활이라는 현상도 있다. 그러나 인간이 살아생전 그대로의 모습으로 재생(再生) 되기를 바라는 것은 깊고 질긴 [我愛]다.

부활은 기독교의 내세관이다. 인간은 후손이 있게 되고 그 후손인 나는 전부 〈죄〉때문에 전개 된 것이다. 태어난 인간은 전부 죽는다. 〈죽음〉은 태어난 죄의 값(벌)이기 때문에 피할 수 없다는 것이다. 그러므로 인간은 죽음으로써 죄 값을 전부 치르고 땅속에 편히 누워있다는 것이다. 그러다가 심판의 날이 다가와 천지개벽이 다시 일어날 때 하느님은 죄 값을 치른 땅속의 죽음들을 불러 일으킨다는 것이다. 부활이다. 再生(重生, 부활)은 하나님의 전지전능에 의해서만 있을 수 있는 기적 Happening이다. 왜냐하면 우리를 지은 자도 하느님뿐이기 때문이다. 죽어 땅 속에 누워 있는 자는 빨리 천지개벽이 되라고 기도하고 있는지도 모른다. 그래야 인간으로 재생되어 부활을 누릴 수 있기 때문이다. 이 때는 하늘나라에서 영생하면서 하느님 곁에서 예수님과 여러 천사들과 더불어 마주앉아 밥도 먹고 뒷담화도 나누고 웃고 즐긴다니 실락원에서 다시 낙원으로 귀향 하는 것이다.

불교의 내세관은 [윤회]한다는 것이다. 내가 지금 살아서 이런 일

저런 일을 하고, 겪는 것은 전생으로부터 이어져온 [업]의 인연때문이며 죽어서는 다시 生으로 되돌아오게 되어있다. 그것은 [업의 무게]에 따라 생을 받기 때문에 우리의 안목으로서는 그 현상을 측량하기란 불가능한 不可知다. 가끔 증언자도 있고 또 이런 사례를 모은 자료집도 있다. 또한 사주와 팔자라던가 점술등으로 측량을 시도하기도 하지만 역부족이다. 육조 혜능께서도 〈돌아올 때는 입이 없다〉고 자기의 환생을 不可知라고 고백한 바 있다(육조단경).

情감이 많은 문학인들은 〈언제 어디서 무엇이 되어 만나랴〉고 한숨짓기도 하지만 사실 有爲法과 有爲의 세계는 보통이 아닌 것인 모양이다. 왜냐하면 일체의 무위법과 무위의 세계가 다 有爲를 Roll Model로 삼고 있기 때문이다.

부처님과 제보살이 다 그러하고 예수님과 그의 제자들이 現今에 이르러서도 다 유위세계에 나투시면서 살기 때문이다. 특히나 지장보살같은 분은 한 중생도 남아 있는 한, 자기는 유위인간으로 再生하겠다니 유위세계를 엄청 좋아한다고도 할 수 있다.

불교는 그 세계성때문에 히말리야 산을 넘어 티벳에도 오고 파밀고원을 넘어 중앙아시아와 중국으로까지 오게 되어 지구의 절반 가량을 풍미하게 되었다. 오고보니 중국대륙에는 도교 외에 신선도와 유교 등이 있어온 땅이었다는 것이다. 기성세력인 토종세력이 정신계를 지배하고 있었다는 것이다.

중국인에게 영혼이나 업 같은 것은 까마득히 먼 세상의 일이고 〈조상이 있고 내가 있고 자식이 있다〉는 것만이 확실한 일이라는 것이다. 죽은 실체인 조상을 숭배하고 예배하는 것은 너무나 당연한 일일 뿐이다. [관·혼·상·제]는 공자에 있어서는 막중한 인륜대사로서 〈제사〉와 조상의 은혜를 기원하는 것 정도가 중국인의 초라한 내세관이었다. 관례는(어른이 되어가는 수련) 수신에 해당하고 혼인은 재가에 해당하여 〈수신재가〉하면 사회성이 확실히 입증되고 또한 윤리 도덕적 善行이 요구되는 것이었다.

중국불교의 간판인 선종은 석가모니 불교에서 업을 밀어 내는 변질을 보이기 시작했다. 무명을 단멸하고 보면 無業이 되어 〈열반〉이 된다는 것이다. 열반은 〈존재하지 않는 상태〉를 통해서 존재성을 초월하는 곳에서 나타나는 경지를 말한다.

그러므로 열반과 해탈에는 〈업〉이니 〈불멸性〉이니 하는 것들이 발들여 놓을 공간을 확보 할 수가 없다. 윤회나 환생 같은 이야기를 들으면 모든 선사들은 그저 소처럼 히죽히 웃는 몸짓뿐이고 가타부타 말이 없다. 불교의 來世觀은 선종에 와서 완전히 분실되었다. 미래 부처님에 대한 미륵신앙도 역사 속으로 사라져 갔고 아미타 극락세계를 구하는 미타신앙도 흔적뿐이다.

선종에서 남아있는 것은 〈궁극적 실제며 실존〉인 진여(眞如) 하나뿐이다. 眞如의 진공(眞) 묘유(如)를 찾아 부처를 이룬다(成佛)는 이야기뿐이다.

그러나 어떤 의미에서나 인간이 [불멸성]을 찾아 획득하는 것은 각각등 보체의 초헌법적 기본권이다. 생을 받을 때부터 본질적으로 가지고 있는 기본 권리다. 이 불멸성에 대한 기본 권리를 단순히 〈중생적 희망사항〉일 뿐이라고 일축하는 것은 成佛의 길을 방해하는 지적 장애(知障)다. 또는 〈수행망상〉이라고도 부른다.

수행자들 스스로는 대견하다고 自愛하는 것이 〈수행망상〉임을 깨닫지 못할 때가 많다. 수행망상은 중생망상보다 더 허망하고 웃기는 것이기 때문에 수행이란 것은 아니함만 못하다고 폄하하는 사람들도 있다.

　토끼의 뿔이니 거북등에 난 털이니 하는 경론상의 비유는 수행망상과 定중의식이나 선정의식같은 엉뚱한 독두의식을 부처님과 옛 어른들이 나무라는 말이다.

확연대오

　견성(見性)에 대해서는 세갈래의 유형이 있다. 첫째는 위빠사나 수행에서 추구하는 알아차림이다. 알아차림의 수행이 처음에는 왜 화가 일어나는가 왜 욕심이 일어나는가 등을 알아차리는 연습을 하다가 점점 수행이 깊어지면 무명과 업이 行해지는 진리를 알아차리게된다. 일차 견성이다. 이 때는 心만 일컫지 않고 心身을 분리하지 않지만 [온전(全)한 人格] 구현을 목표로 한다. 계행이 청정하고 삼매가아름답고(삼매라기 보다는 명상이라고 한다) [명상으로부터 〈생긴 지혜〉]가위대하다. 소위 말하는 계정혜(戒定慧)의 三學道다.

　둘째는 教家에서 주장하는 十地사상이다. 보살의 1지 2지에서부터8지 9지 10지등의 [차례가 있는 깨달음]이며 이들을 전부 견성 무리로 분류한다. 소위 말하는 초견성(初見性, 제1地見性)으로부터 제10地의法雲地 까지를 말한다. 처음 禪門에서는 화엄경의 十地사상에 기초하여 닦았으므로 見性은 〈경지〉라는 세속의 언어로 바뀌어 10급공무원에서 1급 공무원을 두듯이 점차의 차등을 두어 불교 집단을계급사회 집단으로 만들었다. 학교에 어찌 學年이 없고 학번이 없을수 있으랴.

　세 번째로는 확철대오다. 十地도 오히려 大悟에는 미달한다고 하여 경지(十地)를 넘어 等妙二覺에 가서야 구경견성이라는 주장이다.

覺에 등각과 묘각의 차별을 두는 것은 깨친 자만이 알 수 있다. 구경
견성하는 수행을 [조사선]이라 하여 경이나 논의 공부 수행은 [여래
선]이라 구분하는 이들이 나와서 불교계에 어리둥절함을 안겨주기도
한다.

훈습이론

마명(바스반두)대사는 그의 대승기신론이라는 논문에서 〈훈습〉이란 문제를 많은 량을 할애하여 법문하고 있다. 대사(큰 스승)들의 논문은 단순한 이론서가 아니고 법문인 것이다. 그러므로 논문을 모아 논장 (論藏)이라고 하여 부처님의 말씀인 경장(經)과 율장(律)과 더불어 경·율·론이란 삼장을 이루어 팔만대장경 속에 불멸하는 法文으로 기록 되어있는 것이다.

훈(薰)이란 끼침(AFFECT 또는 INFLUENCE)을 가져올 수 있는 POWER 를 말한다. POWER이므로 습(젖익힘)이라 하여 이 훈습의 POWER에 의하여 종국에는 무명과 업종자까지 변화 시킬 수 있다고 기대하여 닦는 것이 불교다.

인간의 心과 身에서 질질 새어 나오고(누漏) 질질 흘리는(流와 轉) 일 이 없도록 하는 〈인간 개조의 사업〉이 훈습이다. 깨달은 이들(佛)이 대를 이어가면서 하는 사업이므로 불사(佛事)라고 하고 INFLUENCIAL BUSINESS다. 그러므로 알라. 깨침과 깨침을 위한 장치를 마련하는 것 외에는 불사가 아니다.

서양 종교들은 두려움(공포)과 찬양이라는 二大방편을 사용하여 〈신앙적 귀〉를 통해서 훈육하고 훈습을 시도하고 있다. 어찌했거나 감화(感化)를 받아내고자 하고 있다. 감화를 받는 것을 〈은혜〉라고 하는데 불자들에게 〈깨침〉만큼 귀하게 여기는 것이다.

인간에게 가장 큰 영향력을 가지는 것은 유전(HEREDITY)과 환경 (ENVIRONMENT)이라고 생각하는 것이 불교다. 유전적인 요소는 선천적이라 인분자(因分子)이고 후천적인 것은 연분자(緣分子)다. 이러한 인자(因子)와 연분(緣分)이 서로(相) 얽히면(結) 〈인연상결〉이 되어 결과(과보, 果報)가 생긴다. 그래서 〈因 + 緣 = 果〉라는 등식이 성립한다. 이 등식에서 因은 상수이고 緣과 果는 변수다.

이 등식을 다시 쓰면(REWRITE) 〈因 = 果 − 緣〉이된다. 果에서 緣을 빼고 나면 상수인 因만 남게된다. 불교에서는 이 상수를 진여무명 업식(心王)이라고 하고 있다. 한국에서 요란한 〈四大江〉과 같은 상수적 존재다. 한강 · 낙동강 · 섬진강 · 영산강이 4대강이다. 강은 바닥을 보이면 난리가 난다. 강은 강둑을 넘어도 난리가 난다. 常數에 다가 손을대어 고치려하니 말도 많고 탈도 많다.

연분자(緣分)는 우리의 內心에도 있고 외부에 있는 일체의 사물에 있다. 이 연분을 불교에서는 독특하게도 〈상(相)〉이라고 한다. 그러므로 상에는 內相과 外相의 두 가지 종류가 있다.

우리의 마음 안마당 즉 內心에도 물건이 넘쳐나고 있다. 홍수가 범람하는 강과 같은것이 우리의 內心이다. 실제의 물건을 념(念)으로 만들어서 간직하고 있다. 금은과 같이 귀한 보석으로 된 念도 있다. 이 마음속에 예토(穢土)와 정토(淨土)가 모두 갖추어져 있다. 물론 이런 것을 모두 相이라고 한다.

당신은 이러한 제상(諸相)을 비상(非相)으로 할 수가 있는가. (금강경) 이 싸움에서 이겨내면 즉견여래(卽見如來) 하노라.

훈습

훈습은 불교에서 엄청나게 그 중요성이 막대한 개념이다. 불교의 핵심 중의 핵심이다. 깨달음(佛)은 훈습이 성공한 경우만큼 있다. 가르침(敎)은 훈습 하나에 매달려있다. 이와 같이 훈습이라는 용어는 막중무비한 것이다.

훈(熏)은 끼친다는 뜻이고 그 끼침의 습(習)은 힘을 말한다. 우리가 日常(everyday life)동안 그리고 전 생애를 통해서 몸과 입과 의식이 하는 일은 전부 그리고 낱낱이 〈끼침(熏)의 거래〉에 속해있고 이 거래의 손익계산(대차대조)은 고스란히 머물러 있게 된다. 習은 절대로 없어지는 법이 없이 일정한 세력(기운氣運)이 되어 우리의 心身에 머물러 있게 되는 것이다.

이렇게 머물러 있는 습기는 업종자가 되는 것인데 이 업종자를 입으로 몸으로 의식으로 시시각각 표출하게 되는 것이므로 행업(行業)이라고 부른다. 업습기를 行하는 것을 우리는 〈삶〉이라고 말한다. 삶은 行業 이외의 딴 뜻이 없다.

우리가 어려서 부모 슬하에 있을 때는 부모의 훈습을 받는다. 조금 커서 학교에 다니게 되면 선생님과 친구들의 훈습이 있게 된다. 학교를 통해 훈습 되는 것을 학습(學習) 효과라고 한다. 논어의 첫 머리 구절인 學而時習에서 나온 용어다.

학교를 졸업하고나면 세상과 사회의 절대적인 훈습 하에 놓이게 된다. 마누라도 훈습의 주체(能熏)로 나설려고 하기 때문에 한정없이 싸운다. 氣싸움이 어찌 그리도 한정 없는지!

이렇게 보면 부모를 중심한 가정이나 학교기관이나 친구나 사회가 전부 나 밖의 대상인 대상세계다(기세계器世界). 이 器세계를 心法에 맞추어 경(境)이라고 하는데 外心 뿐만 아니라 수행상의 內心을 포함시키기 위한 배려다. 왜 훈습이란 것이 가능한가. 여기가 한 소식 하는 곳 중의 하나다.

우리의 〈심체는 自在하다〉. 우리의 심체가 자재하지 않다면 나하고 성인과 바이블이 무슨 하등의 관계가 있겠는가. 쓰일 바가 없다, 소용이 없다. 그러나 심체가 자재하다는 것은 우리의 심체가 가지고 있는 업종자를 변화시킬 수 있다는 것이다. 업은 얼마든지 천번이고 만번이고 변화 시킬 수 있는 것이다. 이리해서 마침내 업종자가 마르고 닳으면 업과 그 종자는 모습을 바꾸어 최종적인 지혜로 나타날 수 있다는 것이 깨달은 이(佛)의 가르침(敎)이다. 가법이 아닌 실법의 마음을 볼 것이요. 그 마음은 평등하기 그지없어 자비로 빛날 것이며 보이는 객관마다 멋지게 관찰 할 것이며 하는 일마다 원하는 바 따라 이루어 질 것이다(四智). 심체는 무엇으로도 나툴 수 있다. 지옥같은 마음으로도 짐승같은 마음으로도 성인의 지혜로서도 무엇으로나 자재롭다.

心體는 훈습을 받아들인다. 무위는 불변하고 상주하는 법이므로 훈습을 받지도 않고 훕습을 내놓지도 않는다. 무위는 연기 할 수 있는 생멸법이 아니므로 훈습을 할수도 받을 수도 없는 것이다. 훈습은 有爲와 연기 생멸법에만 가능하다. 이것으로 미루어 볼 때 훈습을 받아들이는 心體라는 것은 무위가 아니다. 무위는 가르침의 법(敎法)에서는 배척한다. 무위는 본질적으로 空無다. 이러한 무위법의 곤란한 처지를 해결 하고자 나온 것이 〈진여〉라는 이론이다. 진(眞)은 空無를 배척한다. 또한 묘유(妙有)의 인연법은 중생에게는 영원히 不可知에 속한다. 空無를 배척한 과보로 不可知를 가지게 된다.

진여는 훈습한다. 이 진여훈습론은 마명어른께서 그의 신명을 바쳐 이룩한 금자탑이다. 만고에 불변하는 법인 부처님의 연기법을 새로운 각도와 언어로써 재해석한 쾌거로써 진여를 통해 무위와 유위의 상극을 극복하고 최종의 마침표를 도출해 낸 것이다. 상극은 없고 相生은 있다는것이 기신론이다. 무위와 무위의 相生 이론 말이다. 우리의 원효성사께서도 이 기신론을 천명 하는데 그의 생애를 바쳤다. 목숨을 걸고 귀의한 곳이다.

마명 어르신의 위업을 양분해서 敎說하신 이는 용수와 세친의 두 보살이다. 용수는 空사상을 높이 선양하고 세친은 實有의 연기를 〈식연기〉로 떠받들었다. 깨우친 이(佛)의 가르침(敎)을 반석위에 올려 놓은 것은 실로 이 세분 보살님의 공덕이다.

제 IV 장
욕망이라는 이름의 재산

욕심에서 멀어져 해방할수록
해탈의 문에 가까워지리

욕망이라는 이름의 재산

일체의 현상은 심소유인 욕(欲)의 활동으로부터 일어난다. 三世의 업이 활성화(ACTIVATE)되는 것은 전부 욕의 起業 때문이다. 그러므로 欲은 有爲世界를 있게 하는 원초적인 心所라는 것은 異論이 있을 수 없다. 우리의 신체에 欲이 起業하여 일체를 만들고 부수고 또는 보존한다(身業 : 살생, 도둑질, 음행). 우리의 입에 欲이 起하여 이간질, 매끈한 말, 거짓말, 욕설 등을 행한다(口業). 우리의 마음에 欲이 起業하여 탐, 진, 치를 일으켜 스스로 三毒지옥에 빠지게 된다(意業). 즉 身有爲, 口有爲, 心有爲의 三有爲가 有爲世界의 전부다.

하고많은 欲情 중에서 실제 欲行으로 나타나게 하는 內心의 인력이 있으니 이것을 〈승해심(勝解心)〉이라한다. 心所有다. 마음에 갖추어져 있는 업식을 심소유라 한다. 지난 날에 만들어져 우리에게 전승된 업보심이 심소유라는 것이다. 우리들의 MEMORY CHIP에 저장된 〈경험 정보〉들이다. 이런 기억 중에서도 가장 확실하고 결정적인 이해라고 기록되어 있는 경험 정보를 승해심이라고 한다.

勝은 뛰어나다 빼어나다라는 뜻이고 따라서 승리하는 요건이 된다. 기독교의 바이블은 하느님의 승해심으로 도배가 되어있다. 四복음서도 역부여시하고 계시록도 그러하다. 이 승해심으로부터 二次的

으로 흘러나온 게 믿음(信)이라는 심소유(심소)다. 그러므로 〈소신(所信: 믿는 바)〉은 있지만, 믿는 바의 정체는 오리무중한 것이 대부분이다. 맹목적이고 광적인 믿음은 개인적으로나 사회적으로나 가끔 많은 문제점을 야기시키는데 이것이 다 비뚤어진 승해심 때문이다.

이 잘난(勝), 또 가장 잘 이해된(勝解) 자기만의 심소유로써 이 때문에 欲이 승해심에 이끌려 心外로 나타나는 것이다. 승해심은 실로 마음을 끌고 몸을 부리며 다니는 인력(引力)이다. 자기는 자기의 잘난 맛에 사는 게 인생이 아니든가. 전부 다 자기의 승해심(잘난 마음)을 가지고 제 잘난 맛에 살아간다.

이렇게 해서 청정본연한 자성청정심은 업식(심소유)과 혼재(混在)하게 되고 主와 客이 伴이 되어 삼라만상 두두물물들이 생겨서 나타나게 되는 것이다. 자성청정인데 산하대지와 삼라만상이 어찌 일어났는가할! (만공스님의 법문)

깨달은 이(佛)의 가르침(敎)에서는 무엇보다도 욕심으로부터 멀어지는 〈離欲의 길〉을 마련하는데 전력을 집중하고 있다. 無欲이면 최상이겠지만 小欲을 최고의 윤리와 가치로 상정하고 있다. 소욕이 불교의 윤리관이며 가치관이다. 자기의 전생으로부터 받은 승해심을 잘 살펴보고 좋은 방향으로 나아가는 欲心이 되도록 한다는 것이 불교의 종교성이다. 이 때에 쓰는 용어가 〈일체유심조〉며 〈만법유식〉이다.

욕심에서 멀어져 해방이 될수록 해탈의 門에 가까워진다. 해탈의 경지에서는 편안하고(安) 즐겁다(樂)고 용어했다. (법화경 안락행품)

첫째로 몸(身)으로 짓는 악업이 이욕(離欲)따라 편안하고 즐거워진다. 선가에서는 경(輕 : 사뿐하며 가볍다) 안(安 : 편안하다)하다고 한다. 경안심소다. 남을 해치거나 해롭게 할 욕심이 줄어들고 소유욕이 뜸해져 物欲으로부터 멀어져 담백해지고 음욕으로부터 멀어져 자연히 아름다워진다. 그러나 몸이 있는 한은 살해심(殺害心)과 도심(盜心)과 음심(陰心)을 박멸한다는 것은 있을 수 없는 일이다. 왜냐하면 살해심과 도심과 음심은 스스로 존재할 이유를 가지고 있기 때문이다.

둘째로 입으로 짓는 악업(口業)도 이욕(離欲)따라 편안하고 즐거워진다. 입으로 남이나 남의 경전이나 남의 믿음을 허물하거나 업신여기지 않고 욕하지 않아야 한다. 남을 칭찬하거나 찬양하는 일을 줄여야 안락하다. 칭찬은 고래도 춤추게 한다고 떠벌리는 〈말쟁이〉들도 있지만 감탄을 벗어난 인위적인 칭찬은 사악해진다. 하물며 욕하고 원망함으로 일을 삼겠는가.

셋째로 마음으로 질투심을 버리지 않으면 意業이 되어 安樂行은 욕심따라 멀어진다. 성문이나 연각이나 보살되기를 즐겨하는 이들을 꾸짖거나 놀리거나 승해심(勝解心)을 내면 安樂은 멀어진다. 승해심의 부정적인 면이 질투심이다. 질투가 더 심해지면 음해심이 되어 害惡을 끼친다.

이것이 법화경에서 설하신(安樂品) 깨달은 이(佛)의 가르침(敎)이다. 身口意 三業을 따라 安하고 樂한 것이다. 화엄경에서는 중생을 이롭고(利) 즐겁게 한다(樂)는 願生을 하여야 스스로가 安樂한 과보를 받는다고 했다.

안락한 삶은 욕심과 동행할 수가 없다. 소극적으로 욕심버리는 수행을 하거나(自利) 적극적으로는 利樂衆生하는 願生을 하거나(利他) 두가지 방법이 있다. 이 두가지 방법은 물론 同行한다.

위대한 것

두 가지가 위대하다. 진여가 위대하고 생멸이 위대하다, 이 두 가지의 위대함은 [마음]이라는 것에 〈통합〉이 되어있고 〈융합〉되어 있다. 깨달은 이(佛)의 가르침(敎)이다.

진여(진리)와 생멸(연기)이 두 가지의 위대함이 〈하나님〉에게서 통합되어 있고 융합되어 있다. 一神의 가르침(敎)이다. 一神敎의 바이블에 나와있다.

이것이 중생의 삶(세월)을 거쳐 오면서 자꾸만 강조법이 횡행하게 되었다. 소위 프로(PROFESSION, 직업적 전문가)들이 생겨나서 어떻게 해서든 먹고 살아야하니 죽기살기로 강조하고 FOLLOW들을 만들다 보니 〈唯心〉이 되고 〈唯神〉이 되었다. 유심론자에게 유신은 먹혀들지 않는다. 유신론자에게 유심은 택도 없는 낭설일 뿐이다.

통합과 융합은 어렵다. 거시적인(巨視的) 안목이 있어야 가능하다. 머리를 다 비워내고도 안목은 오리무중이다. 갈길이 막연하다. 또한 극히 세밀(극세極細)하기도 어렵다. 미세적(微細的)인 안목도 어렵다. 머리(知的능력)를 다 채워도 안목은 오리무중이다. 知(앎)는 갈 길을 잃는다.

〈여기까지〉라는 말이 마지막에 〈말할 수 있는 말〉의 전부다. 마음

(心)을 다 할 수 없는 일이고, 또한 다 할 수 없는 마음에다 〈믿음(信)〉을 설치하여 唯心을 부르짖는 것도 [설치 예술]을 보는 느낌이다.

종교라는 것도 설치예술이고 종합예술이다. 종합은 통합과 융합과는 다르다. 이 때 종합이란 유일사상에 합치하는 것을 말한다.

唯心(오직 唯)을 말하기 전에 有心(있을 有)을 먼저 말해야 한다는 것이 불교를 어렵게 꼬이게 만드는 시초다. 진여(진리)를 말하는 有心論에서 믿음을 일으키지 않으면(起信) 오직 마음뿐이라는 唯心을 일컫기는 어렵다. 왜냐하면 唯心은 有心에 통합되기 때문이다. 펑퍼짐하게 퍼져있는 〈마음〉을 수습하여 〈一心진여〉라고 재규정하는 것은 有心的이며 有神的이다.

마음이라는 용어에 있을 때는 마음을 논하는 것은 거의 전부가 횡설수설이다. 가로로 말했다가(횡설) 세로로 말했다가(수설) 오리무중에 변덕이 심하다. 원래 마음이란 기멸(起滅)은 오리무중이고 변덕무쌍임을 어떡하랴!

대승기신론에서 四信(4가지 믿음)이라 하여 불법승 삼보에다 一心진여 일보를 합해서 사보(四寶)를 믿을 것을 요구한다. 믿음이 아니면 삼보에 出入을 금지하는 信門을 세웠다.

인(因)에 의하여, 연(緣)에 의하여

인(因)은 원인이니 〈최초 원인〉이라고 생각되는 것을 인자(因子)라고 한다. 원자, 분자, 원소 등과 같은 물리학적 용어가 불교에서는 무명(無明)이고 업(業, KARMA)이고 식(識)이다. 합해서 〈무명업식〉이라고 한다. 무명업식은 최초원인으로써 우리의 〈무의식 세계〉를 형성하고 있다. 이 우리의 무의식 세계를 불교에서는 〈아뢰야식〉이라고 이름 붙였다. 원자핵에 해당한다. 무명이 진여와 같이 있는 자리이므로 〈진망 화합식〉이라고 부르며 업이 종자로써 저장되어 있는 자리이므로 〈저장식〉이라거나 〈함장식〉이라고 부른다. 식은 무몰이라 몰(沒없어짐)함이 없다(無).

제행이 무상하고 제법이 무아한 것이지만 無常과 無我사이에서도 무몰하는 가상(假常)과 가아(假我)의 세계가 있다. 불안해서 움직이는 것이 원자핵이다. 가상(假常)과 가아(假我)가 우리의 현실이다. 불안해서 두렵고 어수선하다. 지금(NOW) 여기(HERE)는 영원한 가상(非常)과 가아의 현실 세계다. 과거심 불가득이요 현재심 불가득이며 미래심 불가득이라 해도(三世心 不可得) 가상(假常)과 가아(假我)는 如如하다.

왜냐하면 이것은 최초의 因(그러함)이기 때문에 돌려보낼 곳이 없다. 수행을 마쳤다는 이들이 무명과 업과 식을 돌려보낸 듯이 이야기하는 것은 위선이고 거짓말이다. 애초부터 갈 곳이 없는 그놈들을 어데로 돌려보낸다는 말인가. 이것들을 끼고 살아야 하는 것은 중생도 그러하고 성인도 그러하다.

〈무명업식〉은 그들의 인과법칙에 따를 뿐 우리의 인과법칙과 같이 하는 것은 아니다. 우리들을 이루고 있는 최초의 원자를 〈무명업식〉이라고 한 것은 세친대사의 주장이고 우리들을 이루고 있는 최초의 원자를 〈불각(不覺)〉이라고 한 것은 마명대사의 주장이다.

세친대사는 그렇게 알고 그렇게 살라는 것이고 마명대사는 깨달음(覺)을 말하기 위해 무명업식을 불각으로 세운 것이다. 세친대사께서 보다 더 부처님의 12연기설에 충실했다고 한다면 마명대사는 부처님의 삼법인(三法印)설에 이론을 맞추었다고 할 것이다.

우리의 구성인자(因)가 〈무명·업식〉이며 〈不覺〉이기 때문에 뭇(衆) 생명(生)은 전부 〈배넷병신〉인 것이다. 잘난 척 해봐야 중생의 족보를 훤히 알고있는 사람 앞에서는 부끄러운 존재일 따름이다.

因은 움직임이며(動) 흐름이며(流) 기운(氣)이다. 원자와 분자가 얼마나 무섭게 움직이는 기운인 것은 물리학에서 규명한지가 오래된 이론이다. 우리도 모두 아는 상식이다. 무명과 업과 식도 움직임이며 흐름이며 습기(習氣)다. 그러니까 무의식도 무섭게 활동하고 있는 것이지만 의식으로는 따라 잡지를 못하니까 무의식이라고 내던져 버린 것이다.

이러한 因의 기운에 연이 되어준 부분(연분緣分)을 인연이라고 이름한다. 그러므로 제일 중요한 것은 연분(緣分)이다. 중생의 因은 다 같지만 연분이 달라서 중생들의 입장과 설자리(입지立地)가 다 다르다.

인멸(因滅)을 꿈꾸는 이들이 수행자다. 무서운 싸움꾼들이다. 연멸

㈜滅)을 도모해서 수신제가 치국평천하하려는 이들이 信行자 들이다. 인이 멸하면 당연히 연은 멸한다(苦因滅 卽緣滅). 그러나 연이 멸하면 인도 멸하는 것일까. 마명대사께서는 그냥 〈상응심(相應心)이 없어 진다(滅)〉고만 적고있다. 유식적으로 말하자면 제6식인 의식의 난동이 없어진다는 뜻이다.

의식과 무의식

의식은 무의식에 의지하여 존재하므로 의식은 무의식에 의하여 출발한다. 만약 무의식에 변화가 오면 우리의 의식은 당연히 변화가 오고 의식의 행태가 달라진다. 의식은 무의식에 예속되어 있어서 그 무의식의 구속력을 결코 벗어날 수가 없다. 무의식은 종자식이므로(제8식) 의식은 결국 종자의 질에 구속 된다는 것이다.

의식은 무의식의 질(質)에 속박된다. 그러나 〈속박되어 있다〉는 물리적 표현은 심리적 표현에서는 〈상응한다〉고 고쳐 말한다. 상응한다는 것은 〈상대성 원리〉를 말한다. 서로(相對)가 응하기 때문이다. 心法은 전부 〈상응법(相應法)〉이다.

특히 몸과 마음이 상응하는 것은 요가〈유가YOGA〉라고 한다. 이러한 상응 관계는 신비하고 비밀스럽다. 상응법(상대성 원리)은 무한 변수 위에 있으므로 상응법은 비밀스러운(밀密) 가르침(敎)인 밀교에 속한다.

번뇌와 상응하여 일어나는 무명은 상응무명이다. 번뇌무진이므로 상응무명도 무궁무진한다. 그러나 번뇌와 짝(상응)이 되지 않고도 무명은 일어난다. 소위 〈독두무명(獨頭無明)〉이라고 하는 것으로 태양의 흑점과 같은 것이고 엉덩이에 새겨져 있는 몽고반점과 같은 거다.지워지지 않는 어두움(무)이다. 〈마음의 상처(트라우마TRAUMA)〉는 독두무명이 된다. 번뇌 없이도 TRAUMA는 존재한다. 마음의 상처는 내상(內傷)인데도 몸에 외상(外傷)으로 나타난다.

〈EMOTIONAL(정서적) 상처〉는 그야말로 情(EMOTION)이다. 情은 독두무명이다. 情은 마음이 아니다. 情은 마음의 보물(심보)이 아니다. 그러면서도 마음인척 함으로 심뽀라 한다. 情은 심뽀다. 마음의 무수한 상흔(상처의 흔적)이 情이 된 것이다. 마음에 스크래치(SCRATCH)를 내지 말지어다. 구업(口業)이 가장 큰 SCRATCH를 남긴다.

TRAUMA는 TRASH(쓰레기)와 같은 것이라 가치가 ZERO이다. 잊지 못하여(UNFORGETABLE) 연연해하는 마음이 情이다. 경험주의자는 가장 날카로운 有情을 가지고 있다고 봐야한다. 경험에도 불구하고 꿋꿋한 마음(一心眞如)을 지켜 낼 수 없다면 인간은 갈대와 같이 된다. 갈대밭을 지나야 아파트가 나오지 않겠는가.

우리가 의식이라고 하는 것은 〈무의식〉에 SCRATCH를 낸 정도의 것이다. 그저 무의식을 살짝 건드린 정도가 의식이다. 그야말로 빙산(무의식)의 일각(한 모퉁이)이 의식이다. 인간의 의식은 이렇게 매우 협소하고 피상적이다. 표피(表皮, SKIN)와 같아서 무의식의 가장 얕은 수준이 의식이다. 그러니 SKINSHIP만 가지고 어떻게 남여가 서로를 알 수 있겠는가. 의식이 잎새(FALLEN LEAF)라면 무의식은 뿌리(根, ROOT)와 같다.

의식은 무의식을 돕는다

의식이 깨면 무의식도 깬다. 이것은 삼매에 들지 않아도 의식으로써 무의식 세계를 엿볼 수 있는 능력을 가지게 된다는 뜻이다. 이것을 혹은 〈산(散흩어진) 삼매〉라고 하여 흩어진 마음(散心)중에도 삼매는 있는 것이다. 삼매의 높낮이는 散心에서 定心으로 바뀌어 가는 정도에 따라 〈백천삼매〉로 표현되는 것이 이 때문이다. 이 산(散) 삼매 때문에 중생도 숨을 쉬고 살 수가 있는 것이다.

의식(제6식)이 그 자신의 의식을 사용하여 我空, 法空의 二空을 충분히 이해하면 잠재의식(제7식)을 일깨워 깨달음을 인도할 수도 있다. 의식의 뿌리는 잠재의식에 뿌리박고 있기 때문이다. 표면에 들어 나지 않는 의식은 많다. 잠재의식에 비하면 의식은 빙산의 일각이다.

그 중에서도 〈생각〉과 〈욕망〉이 가장 두드러진 잠재의식으로 내부 의식 중에 잠겨 있는 것이다. 海中 잠수함과 같은 心中 물건이다. SUBMARINE같은 SUB-CONCIOUS다. 이 잠재의식은 의식과 무의식의 중간의식으로 이 둘을 연결하는 연결고리 역할을 하는 물건이다. 의식(제6식)은 그 뿌리를 잠재의식(제7식)에 박고있으며 잠재의식은 무의식(제8식)을 의식화시킬 때 쓰는 SUB다. 이렇게 의식과 잠재의식

과 무의식은 서로 긴밀하게 상응 관계를 가지는 一心체계로 통일 되
어있다. 의식은 무의식을 직접 만나지 못한다. 이 둘의 중간에 끼인
잠재의식을 통해 서로 간접적으로 만난다.

의식은 마음이 아니다

의식은 空으로 돌릴 수 있지만 마음은 空으로 돌려보낼 수가 없다. 잠들거나 기절하거나 병약(病弱)해도 의식은 가물거린다. 그러므로 우리는 적어도 〈非의식〉으로 인생의 삼분지 일을 보내는 셈이다. 비의식일때는 우리가 〈의식을 마음에〉 내맡기는 때이다. 心相과 心用을 돌려 廻心할 때다. 불교는 〈무의식〉이란 서양의 정신의학적 표현보다는 〈非의식〉이라는 표현을 더 선호하는 편이다. 〈非의식〉은 즉 〈마음(心)〉을 말한다. 心體와 心相과 心用 중에서는 〈心體〉에 해당하는 마음이 〈非의식〉이다.

비의식인 마음(무의식)은 육단심(肉團心)이 아니므로 몸(身)과 관련성이 없다. 무의식은 몸이 떠나도 다른 곳에 情 붙이면 그곳에 산다(윤회하고 전생, 轉生 한다). 마음(무의식)이 개한테 정 붙이면 개가 되어살고 山에 정 붙이면 山이되어 존재한다. 그러나 의식은 마음을 따라 가지 않는다.

정은 마음을 떠난다. 아주 떠나면 〈無情物〉이 되어 돌과 흙과 같이 되지만 情이 마음을 아주 떠나지 못하면 혼백이 되어 마음과 다시 짝짓기를 기다리고 있다. 〈혼백은 흩어진 의식(산식散識)〉을 말한다. 흩어진 의식(혼백)이 어느 곳의 어느 마음에 情 붙이며 사는지 NOBODY KNOWS! 불가사의한 인연과 화합의 방정식이다.

한여름쯤이면 상사화가 많이 핀다. 알토란같은 알뿌리에서 꽃대가 솟아올라 일종의 나리꽃같은 다소곳한 꽃을 피운다. 꽃이 지고 꽃대도 모두 시들고 난 뒤 이곳에는 봄에 잎이 난다. 잎은 난초잎과 같다. 이렇게 꽃과 잎이 서로 계절을 바꾸어 생기므로 결코 만날 수 없다고 하여 일방적인 사랑인 상사(相似)에 비유하여 상사화라고 한단다. 혼자사랑(상사)은 아름다운 것인가.

어쨌거나 의식과 마음(무의식)이 합쳐져서 〈인간적인 마음〉이 되지만 마음과 의식은 각각 불순하게 변한다.

인식은 眞心이 아니다

인식작용은 진심이 아니지만 마음이 아닌 것은 아니므로 망심(妄心)이라 한다. 망심(인식작용)은 크게 말하여 분별과 사량 두 가지다. 그러므로 망 분별과 망 사량이 있을 뿐이다. 물론 〈무분별의 분별〉이라는 것이 있다고는 하나 〈초분별〉〈초사량〉이므로 신비체험에 속한다.

보통 인식이라는 것은 그러므로, 대부분의 인식이라는 것은 三合에 의해서 생기는 생산품이다. 우리의 천부적인 식(識)과 根과 그리고 대상(境)이 三合되면 인식이 성립된다. 이 때 境을 천부적으로 內在하는 [相]으로 파악하면 유식과 유심 공부의 끝이다. 그러나 아직도 [境이 外在 한다고 믿으면] 불교 공부를 더 해야 한다.

識도 혼자서는 인식이 아니며 根도 혼자서는 인식이 아니며 경(境)도 혼자서는 인식이 아니다. 合해져서 만들어지는 것은 각개 요소에서 보면 순수성이 이미 훼손되어 있는 것이다. 그러므로 사량 분별심을 진심으로 생각 하는 것은 중생의 착각이다.

보통 우리가 흔히 쓰는 〈직관〉이나 〈통찰〉이니 하는 것은 중생이 행하는 〈무분별의 분별〉이다. 그러나 직관이나 통찰은 그 순수한 진실성이 보장되지 않는 것들이다. 맞을 때도 있고 틀릴 때도 있다.

그러나 〈천재적인〉 어떤 직관이나 통찰이나 육감은 무분별의 분별일 때도 많다.

능엄경에서 말한다.

〈일체의 존재는 6識과 6진(塵, 티끌 경계)과 6根의 18界뿐이니 이 三合인 존재를 따라 마음이 있다는 것은 합리적이지 않다〉 18界內의 존재는 [망 존재다]

18계는 안이비설신의라는 우리 몸의 여섯가지기관과 색성향미촉법의 여섯가지 인식대상과 여섯가지 기관마다 따라 붙어있는 6根 6識의 18을 말한다.

見인 진심은 (眞如)三合의 존재 이전에도 있고 三合의 존재 이후에도 있는 것이다. 태양의 존재 이전과 존재 이후를 알 수 없는 것과 같다. 見도 역부여시하다. 그러므로 인식된 존재에 따라 인식이 있고 마음이 있다(마음 났다)는 것은 正見이 아니다. 사람 나고 돈 났지, 돈 나고 사람이 났겠는가마는 邪見이 正見을 압도 한 지는 벌써 오래전 이야기다. 마음은 존재를 앞뒤로 멀리 초월해 있으면서 존재의 과거요 현재며 미래다.

부처님께서 가르침을 베풀어 〈心生 즉 가지가지의 法이 生하고〉 〈法이 生함을 따라 心生한다〉는 법문은 중생의 〈망심연기〉를 말씀하신 것이지 진심을 직설하신 것은 아니다. 이렇게 부처님께서는 진심을 밝히기 전에 중생의 망심을 먼저 밝히셨다. 누누히 설명한 바와 같이 〈연기된 마음〉은 18계에 出하고 沒하는 妄心이다.

인간이냐 중생이냐

불교에서는 인간이란 말을 좀처럼 쓰지 않고 그 대신 중생이란 말을 사용한다. 뭇(衆) 삶(生)을 중생이라고 하니 그 수가 많고 그 삶이 다양한 것은 불가사의 할 정도다. 인생이든 축생(짐승)이든 미생물이든지 간에 일체 중생은 그 존재 하나하나가 헌법적 최고 지위를 가진다. 그 존재성은 어떤 이유에서든지 훼손되어서는 안 된다는 것이 깨달은 이(佛)의 가르침(敎)이다. 생명 위에 생명 없고 삶 밑에 삶은 없다. 존재 자체가 존귀한 것이 중생관이고 존재 가치가 중요한 것이 인간이다.

서양 사상의 오랜 숙원이 〈신(神)으로 부터의 인간 해방〉 운동으로 〈인간〉이란 말이 강조되고 조명되어 각광 받기 시작 한 것이다. 인간이 신의 피조물이라는 인간창조론에 맞서 인간독립운동을 펼친 결과물이다. 인간은 신과 관계없는 불가사의라는 것이다. 이러한 사상 투쟁에 함몰되어 왔던 〈인간〉이 이제 중생(衆生)이라는 용어에 귀 기울일 때가 다가온 것 같다.

인간적인 사람, 인격적인 사람

인간적인 사람을 소승적인 사람이라고 한다. 인격적인 사람은 大乘이다. 소승적인 사람은 〈인간의 事〉를 중시하며 대승적인 사람은 〈인간의 理〉를 중시한다. 같은 인간이면서도 저울추가 약간 다른 것이다. 그러나 이 두 가지는 인격일변도나 인간일변도적인 것은 금지 품목이다(금물禁物). 인격적인 것과 인간적인 것이 時와 處를 따라 잘 배합되어 나오는 것이 제일 좋은 것일 터이다. 인간적인 것이 형이하학적인 법이고 인격적인 것은 형이상학적인 법이다.형이하학적인 짓거리는(몸 짓거리, 입 짓거리, 생각 짓거리) 낮게 빠져 천하게 되기 쉽고 형이상학적인 짓거리는 높이 올라 경멸스럽게 되기 쉽다.

한마디로 〈中道〉라 하면 되고 중도를 더 밀고나가 〈理事무애〉라고 하는 것이 〈불교 생활〉의 이상일 것이다. 이 지구 공간에는 인간적이든 인격적이든간에 인간만이 사는 공간은 아니다. 삼라만상, 두두물물이라고 하는 萬法의 수만 가지 존재들이 있다. 분별과 사유(사량)와 知와 覺의 4心法만이 아니고 色法이라는 물질적 존재도 있고 心法도 色法도 아닌 不相應법도 있고 心法과 色法을 초월한 무위법도 있다. 불교의 특징은 色(물질)이나 불상응법이나 무위법은 마음과는 완전히 다른 것인데도 모두 心法이 거느리는 자식으로 보는 점이다. 그래서 〈일체 유심〉이고 〈만법 유식〉이라는 선언문이 나오게 된 것이다. 많은 불자들이 유심과 유식에 대한 오해를 가지고 있다. 〈오직 唯字〉에 너무 목을 메달아 놓는다. 心과 識이 〈우선한다〉는 것이지 心外無物이나 識外 無物이라고 해석하면 영원히 오해와 미망과 착각을 벗어 날수가 없을 것이다. 〈일체〉나 〈만법〉이나 〈유, 唯〉나 모두 心과 識에 대한 형용사 용법이다. 아주 강력한 형용사 용법이다. 〈오직〉이란 형용사는 일상대화에서도 많이 쓰는 용법이다.

〈천지가 개벽하니 정신을 개벽하자〉는 원불교의 창시자 소태산 어른의 말씀을 나는 좋아한다. 변화가 점진적이 아니고 총체적이고 전면적인 모습으로 압도 할 때는 〈개벽〉이라는 말을 쓴다. 천지가 개벽되었고 그동안 개벽적인 일들이 띄엄띄엄 생기더니만 지금의 시대도 완전히 개벽의 시대다.

〈통신과 정보〉가 개벽된 것이다. 이 개벽이 자본주의의 힘에 의해 널리 퍼지면서 物은 格을 가지는 엄청난 존재가 되었다. 〈物格〉이란 것이 되어 가지고 인간의 人格까지도 대신하게 되었다.

정보와 통신의 시대에 人格을 말하는 것은 웃음거리가 되거나 코메디가 되기 쉽다. 지금 인간에게 남아있는 요소는 〈인간적〉인 것 뿐이다. 인격적인 것은 모두 사라져 버렸다. 事情과 物情은 모두 人情에 흡수되었기 때문이다.

우리는 엄청난 개벽의 시대에 살고 있다. 천지가 개벽하니 정신도 개벽해야 시대에 보조를 맞추어 살 수 있다. 그렇지 않으면 수구 (守舊)가 된다.

불교에 있어서도 여태껏 부르짖던 대승은 소승으로 돌아설 확률이 크다. 공부와 수행에 있어서도 태국 월남 미얀마 등의 소승 불교가 개벽의 시대에 보조를 맞추고 있다. 그들은 참 인간적이다. 〈四部대중〉이 같은 판에서 수작을 부리는 불교다. 다 같이 맨살을 드러내는 기후 때문인지도 모른다.

대승 불교에서는 속인(俗人, 신도)과 出家 수행자라는 〈二部대중〉밖에 없다. 노는 것도 끼리끼리 놀았다. 서로 두껍게 감추고 산다. 그래도 말만은 거룩하게 人格적으로 논다. 〈인간적인 불교〉의 모습이 밀려오고 있다.

정(情)은 심장을 적신다

배우지 않아도 능(能)한 것이 情이다. 不學而能(불학이능) 그러므로 情은 례(禮)의 근본대상이다. 情은 禮로써 다스린다. 人情도 禮로써 하고 物情도 禮로써 하고 事情도 禮로써 한다. 동양인들의 예치(禮治) 사상이다. 〈마음 꼴림〉의 테두리를 정해 두어야(禮論) 천방지축 하는 情의 방만함을 제어 할 수 있다. 情은 自然한 것이다. 요새 사람들이 좋아하는 NATURAL이다. 자연한 것은 좋은 것이여!

더구나 情은 인간 구조의 二大요소중의 하나다. 理가 우리의 〈정신적 존재〉인 마음의 주체라면 情(氣)은 우리의 〈육체적 존재〉인 몸의 주체다. 理가 우리의 신경조직을 타고 다닌다면 情(氣)은 우리의 혈관조직을 타고 다닌다. 理가 뇌(BRAIN)에 본부를 두고 있다면 情의 본부는 심장(HEART)에 있다.

情은 심장에서 생산되어 혈관을 통해 신체의 구석구석을 뒤집어서 生命을 촉발한다. 情은 피(血)로 촉발되어 엉키고 튕기는 이 생명을 나(自我)라고 생각하여 못 잊어한다. 이를 신견(身見)이라고 하는데 〈살가야 견〉이라는 것이다. 〈我가 身의 소유라는 견해〉이기 때문에 身見이라고 한다. 情을 품고 있는 마음이 되어주는 것을 〈제7식〉이라고 하며 〈말라식〉이라고도 한다. 정은 그 자체가 體다. 體는 존재 중에서도 〈근본적인 최후의 존재〉를 말한다. 情을 體로 삼는 식을 제7식 말라식이라고 한다는 것이다.

그리고 情을 품고있는 이 마음(제7식)은 우리들의 심장(HEART)에 그 본부를 차리고 있다. 그러므로 심장은 우리의 잠재의식을 품고 있다. 情이 〈잠재하는 의식〉이다. 즉 氣를 말한다.

사람은 理(神인 靈 ; 신령)와 氣(神인 情 ; 精神 ; 情身)가 一元化되어 존재한다. 理氣가 一元이 된 것을 禪家에서는 〈한 물건(一物)〉이라 부르고 敎家에서는 〈非一非二한 화합물〉이라고 부른다. 그러나 우리가 이 〈화합물〉또는 〈한 물건〉을 사용(用)할 때는 一元이 된 것을 다시 二元으로 나누어 쓴다. 이것 때문에 체용(體用)이론이 생겨났다.

조사들은 後學들에게 엄중히 묻는다.

〈여기에 한 물건이 있으니 이 뭣고!〉

〈진여와 생멸〉또는 〈화합과 분화〉를 묻는 화두다. 유식적으로 말하면 제8식과 제7식을 묻는 것이다. 모두 우리들 의식(6식들)의 BEHIND STORY를 묻는 것이다.

우리들이 사용하는 정(情)이라는 말을 〈無明〉이라고 이름 붙인 것은 참으로 독특하고 기발한 불교적 발상법이다. 왜냐하면 情은 有我(我)의 體이기 때문이다. 情을 뿌리치지 못하는 이들이 〈無我〉를 찾는다고 설치는 것을 보면 한심하다.

홀연히 일어났다 홀연히 사라지는 情은 알 수 없는 것(不可知)이지만 꼴림 현상을 가진다. 不可知는 情의 體를 알 수 없다는 것이고 꼴림 현상은 情의 모습(相)과 작용 사용법(用)을 말한다.

심장에서 뜨거운 피(열혈熱血)가 펌핌(PUMPING)하여 혈관을 타면 情은 문득 그 피(血)에 합승(合乘)하여 전국을 순환하며 생명을 배달한다. 情은 생명을 배달하는 〈배달꾼〉이다. 이 배달꾼을 유식에서는 심소

(心所)라고 한다. 정은 크고 작은 배달사고가 생겨난다. 돌연한 사고는 막을 수가 없다. 사고를 치는 것이 情이다. 정 없는 놈은 사고도 못 친다. 이것이 우리들 마음의 실체다. 심장을 적시고 흐르는 情은 피 (血)와 동반하기 때문에 無明이다.

자기 복제(SELF COPY)

모든 살아있는 것(생물)은 자기 복제를 한다. 재생산(REPRODUCTION)을 해서 종족을 보존해야 하는 절대 절명 때문이다. 그러므로 나의 실체는 최초 인간 이래의 무수한 복사본 중의 현대판이다. 따라서 부모는 자식에 대해 COPY RIGHT이 있다. 저작권이나 판권처럼.

기독교에서는 인간을 창조하신 하느님에게 이 판권(COPY RIGHT)이 있다는 주장으로부터 시작하는 종교다. 하느님은 인간을 설계하고 계획하고 그 BLUE PRINT에 의해서 창조했으므로 당연히 〈나를 따르라〉고 요구(CLAIM) 할 수 있다는 것이다.

불교에서는 업종자에 의해 자기복제가 시작이 없는 그때 이래로 전해지고 계승되어 왔다고 주장한다. 우리의 삶이 기껏 [업의 그림자]를 살고 있음에 불과하다는 것이다.

물론 우리는 눈만 뜨면 업을 짓는다. 이렇게 짓는 신업(NEW KARMA)은 구업(OLD KARMA)과 상응(相應)하면서 下向조정이 되기도 하고 上向조정이 이루어지면서 항상 새판을 짠다. 이렇게 새로 형성된 업은 名言의 신생종자가 되어 아리야식이 되었다가 다음 生을 맞이한다. 이러한 현상을 [식(識)은 이숙(異熟다르게 익는다)한다]고 한다.

우리의 주체인 見分이 처음으로 인지와 인식을 시작할 때는 업종자를 상대로 삼는다. 이 때에 우리의 주체인 見分은 업종자를 [相分]

으로 삼는다고 한다. [業이 相이 된다]고 기신론에서 밝힌 바다. 이렇게 발기된 업상이 최초로 부닥치는 [현실]이 무명이다. 이 두 현상을 합쳐서 [무명업상]이라 부른다.

우리의 본질은 업이다. 이 본질인 업이 우리의 최초 인식대상 이므로 [본질 相分]이라고 부르며 무의식 안에서 벌어지는 일들이다. 우리의 의식(제6식)은 이 본질이 表出한 영상(IMAGE)을 취하여 바깥세상을 인식하므로 [영상 相分]만을 가지고 외부와 접촉하기 때문에 우리가 인식하고 인지하는 것은 전부 유식이고 유심이다라고 한다. 유식과 일체 유심조는 이렇게 해서 생겨난 용어다.

업의 〈자기 복제〉는 외부세계에서조차 작용하는 강력한 생명력이다. 업은 의식을 철저히 지배한다. 그러므로 당신의 현재의식은 오래된 업력의 자기복제일 뿐이다.

자비무적

봄이 올 때는(春來) 봄 같지 않는 것(불사춘不似春)까지 고려해서 오는
건 아니다. 봄은 무소유고 불사춘은 당신의 소유다. 자비도 이와 같
아서(역부여시) 무자비한 것까지 고려해서 연기하는 건 아니다. 그런고
로 자비는 적대함이 없다(무적無敵). 자비는 분별심과 사량심이 아니기
때문이며 自性이고 佛性이기 때문이다. 그러나 自性이나 佛性은 불
고기다(不孤起). 혼자 일어나지는(ACTIVE 하지는) 않는다는 데서부터 문
제가 복잡해진다.

첫째로 자비는 희사(喜捨, 욕심을 버림, 자기를 버림)정신에 의해 ACTI-
VATE된다. 봉사라고도 하며 SERVICE라고도 하는 것이다. 물론 봉
사와 희사는 〈변질된 자비〉이지 眞자비는 아니다.

둘째로 자비는 아애집장식(아뢰야식)에 의해 ACTIVATE(活性化)된다.
我愛의 슬픔과 아픔을 자비심으로 엮어낼 수 있다는 것이 깨달은 이
(佛)의 가르침(敎)이다. 보통은 〈사랑〉이라고 하지만 사랑은 물론
〈변질된 자비심〉의 일종이다. 사랑은 眞자비가 아니다. 사랑을 은혜
로 생각하는 은애(恩愛)는 가장 자비의 원형에 가깝다. 원망과 질투와
시기같은 것이 많이 감소된 사랑이다. 감사하는 마음 같은 것도 동반
한다. 인연법(연기법)을 은애로 풀어나가는 태도가 희사와 봉사하는 움
직임이다. 자비의 HEALING ENERGY가 역사하심이다.

자비를 구하다

사랑(자慈)과 슬픔(비悲)은 같이 가야 제 맛이다. 〈사랑이 되어버린 슬픔〉이어야 하고 〈슬픔이 되어버린 사랑〉이어야 한다는 것이 깨달은 이(佛)의 가르침(敎)이다. 어버이의 사랑이 이와 같다. 슬픔에 의하여 통제되지 않는 사랑은 애(愛)다. 사랑에 의하여 통제되지 않는 슬픔은 애(哀)다. 중생의 사랑과 슬픔은 이와 같다.

중생을 인연한 자비

일년 365일동안 자취를 감추었던 자비라는 단어는 초파일이 되면 하루 동안 모두 나서서 짖어댄다. 종정이며 총무원장이며 무엇이며 하는 이들이 그들이며 심지어는 이웃 유사종교들까지 나서서 자비를 구한다. 불법은 이 세상 가운데 있다고 열을 올리는 높은 스님들은 아마도 천지간에 아독존을 시현하려는 모양이다. 세상을 떠나 깨달음을 찾음은 토끼한테서 뿔을 찾아내려고 하는 것과 같아 무효라는 극언까지 삼가하지 않는다. 실로 부처님의 출가와 출세간법을 짓뭉개는 망언이다. 제도화된(SYSTEMIZED) 종교에 찌들고 넋 빠진 부처님 오신 날 축사다. 중생을 엮어서, 중생을 인연해서, 다시 말하면 〈사회를 인연〉해서 자비를 도출하는 것은 자칫하면 헛되고(허虛) 미친(광狂) 身·口·意 3업을 뿌리고 거두고하는 사업이 되기 쉽다.

법(法)을 인연한 자비

자비라는 것이 무엇인지는 알기가 어렵다. 그러나 자비를 행하는 것은 우리가 알 수가 있는데 자비행을 우리는 〈공양〉이라고 한다. 공양을 올리는 것이 자비행이고 공양 올리는 마음을 자비심이라고 한다. 이렇게 법에 의지해서(의법依法) 공양하는 것을 통칭해서 [보시]라고 한다. 보시는 재시(財施) 또는 물시(物施), 법시(法施), 무외시(無畏施)라는 3종 SET으로 나눈다. 무외(無畏)란 두려움 없음이니 보호자가 되어 주는 보시가 무외시다. 법시는 부처님 당신 자신과 그 출가 제자들이 행하는 〈진리선물〉이다.

재물이나 몸으로 자비를 구하다. 절의 공양주나 일하는 이들은 전부 신시(身施)를 행하여 자비를 구하는 모범자 들이다.

재시(財施)는 돈(金)이나 물품(品)을 기부하는 기부자들을 말한다 (DONER). 자선기부 행사(CHARITY)에 동참하는 것이다. 불교에서는 시주님(施主)이라고 부르며 어떤 불사금(佛事金)의 절반 이상을 내어 판돈을 까는 이를 〈설판시주〉라고 한다. 중간에 부처님과 소개팅을 시키는 중매자를 〈화주〉라고 하여 공양주와 더불어 절 살림의 二大 부주지다.

금강경에서는 무주상 보시의 복과 덕을 칭송했다. 이름을 밝히지 않는 시주자가 되라는 것이다. 그리하면 아상 인상 중생생 수자상을 떼어버린 것이 된다고 했다. 하기사 재념(財念)과 색념(色念,身)을 버리면 부처님이 그리도 좋아하는 〈통달 무아자〉가 되지 않겠는가.

화엄경에는 〈모든 보시가 다 좋은 것이지만 그 중에서 법보시가 최고다〉라고 기록되어 있다. 〈왜냐하면 법보시는 선근(善根)을 자라게 하므로〉 모든 바라밀 중에서도 보시 바라밀이 항상 첫 자리에 올라온다. 왜냐하면 사랑과 슬픔을 한꺼번에 아우르는 것은 보시뿐이기 때문이다.

자연(自然)

불교에서는 自然 또는 自然的이란 말을 많이 사용한다. 그러므로 〈자연〉이란 용어에 대한 이해를 분명히 하지 않으면 혼동과 불필요한 오해가 있기 마련이다. 왜냐하면 우리는 불교를 접하기 전에 학교 SYSTEM에 의해서 벌써 自然이란 것을 학교 선생님들로부터 배웠기 때문이다. 학교에서 배운 교과서가 무슨 잘못이 있겠으며 깨달은 이(佛)의 가르침(敎)에 또 무슨 하자가 있겠는가. 다만 다르고 같은 것은 잘 정리해서 오해 없이 이해하면 될 뿐인 것이다.

과학에서는 자연계의 우주 만물을 〈과학적인 방법〉으로 관찰해서 어떤 법칙성을 발견하고자 하는 인간들의 〈知的 노력〉이다. 〈낙하(落下)의 법칙〉 같은 것이 좋은 예다. 아래로(下) 떨어진다는(落) 사실에 법칙이 있을 줄을 그 누가 알았으랴. 〈萬有(일체의 존재)는 끌어당기는 (引) 힘(力)이 있다〉

자연은 스스로(自) 그러함(然)이기 때문에 남(他)의 시킴을 받지 않는다. 고로 〈自〉라고 한다. 然은 自의 법칙성이다. 무인(無因·自)인데 유과(有果·然)다. 새가 울고 꽃이 피며 벌과 나비가 날아드는 것을 날보고 어찌하라고!

하느님도 自然이시다. 그 누구의 시킴(사使)도 받지않고 나타났기 때문에 自며 성경에 쓰여있는 그의 〈말씀〉은 然이다. 그렇기 때문에 그의 자연하심에 복종하는 자, 순종하는 자를 사랑하시고 은총주시고 구원하신다. 불 복종자(믿지않는 자)에게는 〈관용〉이라는 것이 자연법에 어긋나므로(理) 있을 수 없는 일(事)이다.

불교에서는 自業(自)을 자득(自得) 하는 것(然)을 自然이라고 한다. 苦(身苦와 우비고뇌라는 心痛·고통)와 樂(身樂과 심희, 心喜)이 전부 업의 법칙 때문이다. 이고(離苦) 得樂이라 고와 통을 멀리 떠나서 〈즐거움〉을 얻고자 하면 부처님과 그 법을 믿을지어다.

가장 골치 아픈 자연은 自然無爲와 無爲自然이라는 두 가지 문제다. 爲는 〈한다〉라는 동사인데 用이나 作이라는 글자와 동의어다. 自然은 무위한 것인지, 무위는 자연인 것이지는 自明(스스로 명백한)한 일은 아니다. 노자와 장자의 道敎에 물어볼 일이다. 무위는 無因이며 無緣이며 無果가 원칙이다. 그러므로 무위는 無인연이며 無인과다.

불교에서는 원래 無因·無緣·無果를 外道들의 주장이라고 한다. 부처님의 연기법과 인과법에 어긋나기 때문이다. 물론 부처님(여래)께서는 유위법의 폐단과 해로움을 엄중하게 경고하셨다. 그러나 유위를 멈추고 무위로 나아가라는 佛說은 없다.

잠재의식

강물을 보아도 江心은 알 수 없으며 바다를 보아도 해저(海底)는 알 길이 없다. 이와 같이 우리에겐 겉으로(表) 나타난(出) 〈표출된 의식〉 외에도 마음 속에 머물고있어 알 수가 없는 잠재의식도 있다. 유식에 서는 〈일곱번째의 마음〉이라 하여 제7식이라고 부른다. 마치 심해 (深海)와 같고 江心과 같아서 들여다보아도 그 속을 알 수 없다. 의식 은 잠재의식인 무의식 세계에 비하면 빙산의 일각에 불과하다. 얼음 산(빙산, 에베르트산)의 뿌리는 실로 깊고 깊다.

의식세계(제6식)는 心理라 하고 무의식의 세계(제7식과 제8식)는 性理 라고 한다. 불교의 수행은 전부 性理를 체달하는데 두고있다는 것은 매우 중요한 사실이다. 우리가 性理를 모른다면 깨달음은 저 멀리 있 다. 心理(제6의식)를 부리며 살 수 있는 自由人(해탈)이 될 수 있는 것 은 깨달음 때문이기에 우리는 수행과 깨달음을 높이 받들고 있다. 心 理(제6의식)는 전적으로 그 뿌리가(心根 또는 識根) 제7식(말라식)에 박혀 있다.

우리의 의식은 어떻게 보면 우리들 잠재의식의 用의 모습(相)이다. 즉 우리의 잠재의식이 체(體)라면 우리의 의식은 體(몸체)인 잠재의식 의 用이고 相이라 할 수 있다. 사실 어떤 識이고 간에 그것이 안이비 설신이라는 5識(촉식)이던, 제6의 의식이던, 제7의(말라식) 생각하는 식이턴, 제8식의 종자 저장식이 던지간에 心이고 意이고 識이라 서로 간에 같은 것은 大하고(大同) 다른 것은 小하다(小異).

우리들 의식의 한계와 또 우리들 의식의 과오와 허물을 잘 파악해 내어 깨닫는 것을 〈出世間道〉라 한다. 〈空체험〉으로써 세간(세속性)을 잘라내는 것이다. 세속性을 잘라내는 것이지 世俗을 잘라낼 수는 없는 것이다. 마지막 한 중생까지 모두 건너게 되면 세속도 없어지는 것이지만 중생은 무변이라 불가능한 가설이다.

우리들 잠재의식은 의식과 무의식 세계의 중간적 위치이므로 의식(영靈)이 밝은 사람은 잠재의식을 밝혀내어(보아서) 건널 수가 있다.

〈생각하는 집착심〉이 제7식의 性이며 相이며 用이므로 생각이 일어나는 최초모습(初相)을 보고 그 일어난 생각이 념념상속하는 애착심을 제어 할 수 있다면 〈도인(아라한)〉이라는 분들이다.

대승에서는 초지(初地)의 〈돈오보살〉이라고 하고 대승의 점오(해오解悟)에서는 〈무학(無學)〉이라고 한다. 대승의 돈오보살과 대승의 점오에서는 無學位부터가 부처님의 혜명(慧命지혜의 목숨)을 이어간 분들이다. 역대전등이라 부처님의 등불을 전한 이들이다. 거룩한 분들이다.

제7식 생각식(말라식)의 〈見識〉이 분기점이다. 식있음을 체험하는 〈식체험〉이기 때문이다. 결국 식(識)이라는 것이 〈생각하는 것〉을 말하는 것이며 그 〈생각한 것을 집착하고 애착함〉인 것이다.

이 생각하고 애착한 것을 CASE BY CASE로 대경에 따라 事로 나타내는 것이 제6식(의식)이다. 心外에 유위법을 짓는 것은 제6의식이고 心內에 유위법을 짓는 것은 제7생각식이다. 인간은 〈생각의 홍수〉속에 떠있는 노아의 신세다. 노아의 후예들이다. 부처님의 교법(敎法 :

가르친 진리)을 믿고 따르지 않는다면 어찌 이 홍수 속의 사바세계가 슬픈 세계가 아니 되겠는가.

제8식(종자 저장식)에서는 知를 따라 바라밀을 행하는 과정이다. 10 바라밀법의 마지막 단계다. 제8지의 〈地 보살〉에게는 생각과 애착에 의지하지 않고도 識을 유지 상속시킬 수 있는 태양 같은(日) 知(智)가 충만해진다. 금강경의 이른 바 〈진지보살〉이 되는 것이다. 이 때부터 는 염오(染汚, 물들고 더러운)는 사라지고 깨끗함(淨)만이 나타나는 세계 가 된다. 이 때를 〈淨土〉라 하기도 하고 〈극락(極樂)〉이라기도 한다. 개인적으로는 〈出世間〉이 완성된 단계다. 표현과 묘사가 용납되지 않 는 세상이다. 8地 9地 10地의 보살 세계다. 그러나 〈地 보살〉의 지위 에서 등각 묘각의 等妙二覺이 되어 〈覺 보살〉이 되면 언어의 길이 다 시 열리게 되어 有爲와 無位의 소통이 있게된다. 화엄에서는 〈원융 무애〉한 〈무애(無碍) 보살〉이 된다고 표현하고 있다. 걸림이 없다는 무애보살들이 〈知 바라밀〉을 완성한 이들이다.

절대객관

절대 객관은 [절대 존재]를 말한다. 잘 알려진 바로는 서양종교의 하느님같은 것이다. 불교에서도 〈진여〉〈자성 청정심〉〈무명〉등과 같은 최고의 형이상학적인 존재는 절대 존재며 절대 객관이다. 이러한 것들은 역대로 전등하신 조사와 종사(宗師)들이 증인이다. 마치 〈여호와 증인〉과 같은 현상이다.

우리들은 이러한 절대 존재를 아직 확인은 못했지만 못했으면 어떠랴. 우리는 부처님과 조사님들의 FOLLOWER이므로 마음 놓고 떠들고 전하더라도 아무 흠결이 없다. 절대 객관인 절대 존재들은 조사들의 〈경험적 사실〉이며 論師들의 〈이치적 사실〉이기 때문이다. 경험과 이치에 완전히 합치되는 그런 것이다.

우리가 있다 없다(有無)하는 것은 人知內의 상대적인 논의들이다. 아주 동떨어질 수도 있고 거의 근사치에 이른 것도 있지만 모두 다 〈주관〉의 소산이다. 주관에는 〈절대 주관〉이라는 것이 있을 수 없다.

물론 조사들께서 증언한 절대 존재들은(一心, 진여, 무명, 본각, 무위, 중도, 妙 등등) [존재하고 있는 형태]가 우리가 알고 있는 존재 형태하고는 완전히 다른 〈어떤 형태〉들이다.

깨달은 이들이 누누히 말씀하시되 능히 설냉(能說)할 수가 없고, 설명이 가능한 것(可設)도 아니라는 존재 형태다. 부처님께서도 설명한 바가 없다(無所說)고 하신 존재 형태다. 이런 사정을 미루어 우리도 〈들은 바가 없다(無聞說)〉고 할 수 있겠지만 거만한 마음으로 주접을 떠는 것이라 불공스러운 죄업을 짓는 것이다. 마명 조사께서는 불·법·승 삼보에 더 보태어 〈진여〉를 믿어야 한다고 〈四信〉을 말씀 하셨다.(起信論)

과학자들은 참 경이스럽고 존경할만한 분들이다. 절대적 존재(절대적 객관)를 찾아 하나하나 증명해 가고 있는 것은 가히 수행자들의 모습이다. 진화론(연기법)에서도 섣불리 절대적 객관을 부정하지는 못한다. 물자체(物自體)는 과학자들에게도 영원한 화두다. 그것이 무엇인고? 물자체인 절대자(절대 객관)가 神이라고 불러보는 것에는 이해가 공통된다.

그러나 한걸음 더 나아가 그 神이 人格神이며 그 人格의 이름은 여호와라는데는 공감하지 못하는 사람들이 많다. 그러한 담론은 이미 [형이상학적인 절대 존재]를 떠나서 [현상적인 절대 객관]으로 탈바꿈을 했기 때문이다.

진리(진여)는 민주주의식으로 정해지는 것이 아니다. 그 주장을 믿는 사람들의 행위가 대단하게 훌륭하다고 해서 진리로 〈당선〉되는 것이 아니기 때문이다.

절대의식

마치 사과가 늘 옛날부터 떨어지는 물리현상에서 〈인력의 법칙〉을 발견했듯이 인식작용을 하는 마음 현상을 공부해서 [절대의식]을 발견했다. 이놈이 무엇인고? 의식은(識) 우선 제일 먼저 알아두어야 할 것이 의타기성(依他起性)이라는 사실이다. 다른 것을(他) 의지해서(依) 일어난(起) 것(性)이라는 말이다.

다른 것(他)이란 무엇인가. [몸]이 바로 식이 의지해서 일어나는 〈타(他)〉다. [인간의 정신]이라는 것은 이렇게 몸이라는 他物을 연(緣)으로 하여 마음땅(心地)에서(因) 일어난 果物이다(과보).

불교는 깨달음의 가르침이기 때문에 〈물질적인 몸〉은 언급을 피하고 몸의 자성이자 속성인 무명(無明)과 무기(無記)를 내세웠다. 부처님의 12연기설에서도 [무명]을 [첫 緣]으로 내세웠다. 이 첫 인연이 12가지 모습으로 바뀌어 나가는 것이니 연기법이고 진화론이 아니겠는가. 몸의 무명 연기다. 우리가 보통 말로 [정신]이니 [의식]이니 하는 것은 전부 몸(무명 무기) 속에서 벌어진 마음의 이차적인 변종현상일 뿐이다.

의식은 의근(意根)에 의지하지 않으면 서지를 못하고 주저앉아 버린다. 안근, 이근, 비근, 설근, 피부(신)근, 의근이 작동되지 않으면 〈정신〉과 〈의식〉은 간 곳이 없다. 식이 몸으로 흐르는 [根]이라는 존재가 망가지면 정신도 없고 의식도 없다.

기절하면 정신이 없다. 기가 꺾이면 의식이 없다. [氣는 色法]이고 몸에 있는 것이다. 이 氣가 절(絶)하면 총기(총명한 기운 즉 정신과 의식)는 사라진다.

잠잘 때는 정신이 없다. 〈정신없이 잔다〉라고 표현한다. 의식이 불투명해서(수면) 기록할 것이 없다(무기).

삼매에 있을 때도 정신이 없고 의식이 없다. 정신 똑바로 차리고 삼매에 들 수는 없는 노릇이다. 의식이 펄떡이는 판에 무슨 삼매가 되겠는가. 삼매는 무기심(無記心)이 원칙이다. 그런데도 수행자들은 〈삼매현상〉을 기록할려고(표현할려고) 애를 쓴다. 가끔 나타나는 기록물인 〈삼매 다큐멘타리〉는 삼류 소설을 방불케 한다. 이런 소설은 불교에서 요구하는 의식의 변화(전의轉依)가 아니고 〈변질된 의식〉일 뿐이다. 부패한 언어다. [신통방통한 경지]라는 것이 바로 변질된 의식이다.

모든 종교에서는 〈의식변화〉를 지향한다. 이 〈의식변화〉의 끝이 어디냐 하는 것은 종교마다 다르다. 그 끝을 어떤 〈人格體〉에다 두는 것은 唯一神을 믿는 서양 사상의 전통이다.

불교에서는 〈非人格體〉를 의식의 끝으로 쏟아낸다. 물론 〈부처님〉이라는 인격체도 믿는다. 그러므로 불교의 믿음에는 이중성을 갖게 된다. 이 이중성의 곤란함을 해소하고자 法身 · 보신(報身) · 應化身이라는 삼신설도 등장하게 되었지만 성숙한 불자에게는 이러한 이중성 때문에 겪을 수 있는 곤란함이란 있을 수 없다.

몸의 개입이 완전히 배제된 〈절대의식〉이란 무엇인가. [몸의 개입]

이란 바로 무명과 무기를 말한다. 절대의식 그것은 [智]라는 것이다. 智는 의식 너머에 있으며 무엇에 의지해서 있는 것(依他起)이 아니므로 스스로 因이고 스스로 緣이며 스스로 과보이다. 自因이고 自緣이며 自果라고 하는 것이다. 진여연기라고 한다. 여기에는 귀납법식의 논리적 설명이 불가능하다. 다만 자기만큼의 깨달음에 의해서 자기만큼의 소리를 내어 볼 수 있는 연역법만이 그나마 있을 따름이다.

정(情)

식(識)이 곧 情이다. 정은 세속의 일반적인 언어이고 식은 출세간적인 철학적 언어다. 이 둘을 엮어주기 위해서 깨달은 이들(佛)이 무지무지한 노력을 했다(敎). 만일 식(인식)이란 단어를 情이라는 단어만큼 자주 사용한다면 우리의 백성들은 얼마나 수준 높은 철학적인 백성이 되었을까. 철학적이란 말은 명상적이란 말과 같기 때문이다.

요사이 미국사회는 명상센터가 옷 가게만큼 유행한다. 왜 인간들은 센터에 가서 명상을 하는지, 참 희한한 현상이다. 情과 識이 난무하는 여기(處)서 당장 하지않고 날짜잡아 짐 싸들고 들어가서 〈명상이란 것〉을 하느냐 말이다. 명상(MEDITATION)이 그야말로 名과 相(名相)이 되어 名노름과 相(나타냄)노름이 되지 않나 의문스럽다. 말하자면 쇼 비지니스(SHOW BUSINESS)가 아닌지 성찰해 볼 일이다.

有情하면 삶이 있고 無情하면 삶이 없는 것이다. 有識하면 삶이 있는 것이고 無識하면 삶이 없는 것이다. 無知한 삶과 몽매한 情은 인생을 역전패하게 만든다. 무지하고 몽매할수록 인간에게는 동물성이 강하게 작용한다.

짐승들은 그 삶이 진하고 진하다. 情은 특히 포유동물에게 유별나다. 인간도 젖을 먹고 살아남는 포유동물이라 다정(多情)하고 다감(多感)한 것이 삶의 KEY WORD가 되는 이유다. 유독히 지구상에서 제일 情이 많은 조선땅의 동이족(東夷族)은 더욱 다정다감한 민족성을 가지고 있는 것이 특징이다.

情이 강하면 〈골(骨) 저린〉 일이 많게 마련이다. 뼈가 저리면 혈(血피)에는 후회가 흐른다. 〈내가 이러려고 태어났나〉하는 회의를 일으키게 되어 참담하게 된다. 마음에도 무슨 주사맞는 처방이 있으면 좋으련만 아직 그런 주사는 없다. 〈참담한 후회심〉은 빨리 수습하지 않으면 자살 충동으로 이어진다. 인생 최대의 역전패는 죽음 아닌가.

자업을 자득하는 것은 우연이 아니고 필연이라고 힘주어 강조하는 것이 깨달은 이(佛)의 가르침(敎)이다. 정을 약하게 약정(弱情)으로 조정하는 것은 理(識)를 강화하는 길 뿐이다. 그래서 情識이 BALANCE가 맞으면 피차 탕평이라 소론(情)과 노론(識)이 태평성대를 만들어 나갈 것이다. 情에서 樂을 구하지 말고 理에서 묘(妙)를 구할 지어다.

안 · 이 · 비 · 설 · 신은 원래가 묘한 것이지만 중생들이 락(樂)을 묘로 오인하여 五妙를 五樂으로 일삼은 것은 중생들의 최고 최대의 악수(惡手)를 둔 것이다. 인간의 육체적 정신적 SYSTEM은 원래 妙의 극치를 보여주는 것인데 어느새인지 강정(强情) 약리(弱理)가 되어 우리는 妙를 잃어 버렸다. 기독교에서는 인간이 에덴동산을 잃어버렸다고 하여 사바 세상을 실락원이라고 하지만, 불교에서는 그냥 〈실묘(失妙)〉라고 하여 인간의 취약점만 지적했을 뿐이다.

정이 시들하면 마음도 시들해진다. 정은 마음의 기운(氣)이고 識은 마음의 理다. 이렇게 理 · 氣 의 두 요소가 한 상태(일원一元)로 되어 있는 것이 우리의 〈마음〉이라는 것이다. 氣는 팽창과 축소를 끝없이 자행한다. 이 氣의 팽창과 축소를 참선에서는 〈도기(팽창)〉와 〈혼침(축소)〉이라고 한다. 마음이 불툭불툭 튀어나오고 쪼그라들고 하는 등의 변화무쌍을 말하는 것이다. 〈푸른(靑) 마음(心)〉이란 情이라는 글자의 탄생이다(마음 심 변에 푸른 청자).

이 푸른 마음의 날뛰는 것을 저어해서 〈시들해진 情〉을 표현해 황색의 가사 색깔로 삼은 것이 몽고와 티벳과 만주 등에 뿌리를 두고 있는 라마교다. 계를 지키며 단순하고 소박하게 청정하게 사는 것을 출가의 뜻으로 삼고자하는 이들이다.

情이 欲과 결합을 하여 〈정욕〉이나 〈욕정〉이 되면 그때부터는 〈오염된 마음〉이다. 묘(妙)를 낙(樂)으로 바꿔치기한 중생의 과보다.

정용(淨用)

우리의 마음에는 진여가 있고 진여는 그 자성이 청정하다. 두 문장을 합치면 〈自性 淸淨心〉이다. 자성이 청정한 이 마음은 하늘마음이며 우주마음이다. 자성 청정심은 해와 달과 별과 같아서 끊어짐이 없이 만고(萬古)에 빛난다. 단절이 원천적으로 불가능하다. 자연업(自然業)이다. 사람 이전이며 사람 이후가 자연이다. 자연은 자연의 업(KARMA)에 따라 흘러가는 행온(行蘊)일 뿐이다.

이러한 이치(理)가 사실로써(事) 나타난 것이 인간의 진여심이다. 진실로(眞) 우리라는 존재는 이치와 같음(如)으로 〈진여심〉이라 용어한다. 고로 인간은 사실(事)이며 또한 이치(理)다. 만약 인간이 모든 연(緣)을 떠나고 마침내는 자기 자신의 인간성(人間性)까지 떠나보내면 자연에 귀착된다. 자연업에 따라 행온이 있을 뿐이다. 이 때는 因도 멸하고 緣도 멸하여 마음에(心) 상(相)이 없게 된다. 이 때를 적멸하다고 하며 열반되었다고 한다. 절에 가면 법당을 적멸보궁이라고 부른다. 오직 자연과 자연업이 있을 뿐이다.

그대는 망연하여 자실하신가. 혹여 스스로를 미로에 놓이게 하여 방황할까 봐서 마명 큰스승(대사)께서는 노파심을 보이셨다. 우리가 본래로부터 가지고 있는 자성 청정심은 그냥 가만히 있는 것이 아니고 부단히 淨法으로써 훈습(작용)을 하고 있다는 것이다(淨훈습). 걱정하고 자실(自失)할 필요가 없다는 것이다.

이 진여심이 작동하여 우리들 중생들의 〈망심〉으로 하여금 마음의 분주함을 싫어하고, 만 번 죽고 만 번 사는 萬生 萬死의 生死하는 고통을 벗어나서, 열반을 구하는 마음이 일어난다고 하셨다.

크든 작든 또는 잠깐이든 오래든간에 〈적멸〉이 아니고는 구원은 없다. 적멸이란 〈마음에 相을 두지 않음〉을 말한다. 相(상대)이 없어짐으로 마음이 일어나지 않는다. 마음이 일어나지 않음으로(心不起) 불취불염(不取 不念)이라, 취할 바도 없고 마음에 남겨 두어야 할 바도 없어진다는 말이다. 〈인식 = 肉根 + 相 + 識〉이라는 등식에서 相을 떼어 내는 것을 마명대사께서는 유식에서는 만법유식이라하여 識을 떼어내어 논의하고 있다.

원리법(遠離法)을 닦는 수행법이라고 하셨다. 화엄경에서도 〈無名無相〉法을 닦으라고 했다. 이렇게 되면 육근이 청정해지고 육식이 보석과 같이 찬란한 빛을 낸다고 한다(識光).

마음의 淨法이 훈습하는 과정을 대승기신론에서는 깨달음이 시작했다(시각始覺)고 한다. 사람마다 시각의 진도가 다르지만 시각이 없는 사람은 없다. 물론 시각이 전혀 작동되지 않는 사람도 있다는 종자설도 있다. 극악하고 난폭하고 無知몽매한 종자는 始覺의 작동이 없다고 한다. 쓸데없는 온정주의나 자비로는 해결될 문제가 아니지만 대부분의 논사들은 이 설을 배척한다.

제6감(感)

원래 〈知(두뇌)〉는 감(感)과 覺을 부러워한다. 두뇌가 밀폐된 방안에 앉아 있다면 感覺은 창문에 기대어 서 있는 것이다. 두뇌(知覺)가 현 (玄)하고 玄하다면 감각은 明하고 明하다.

도올 김용옥 선생은 현(玄)을 풀이하여 〈가물하다〉고 했다. 원래 옛날 千字本에는 〈가물 현〉이라고 쓰여있다. 색이 검은 것은 흑이라 쓰고 정신이 어두운 것을 가물하다고 분별하는 뜻에서다. 가물가물하여 멀리있는 것처럼 보이며 어둑어둑하여 명확함과 분명함이 빠져있는 것이 가물한 것이다. 물론 玄은 도교에서 쓰는 중심적인 용어 중의 하나다.

〈진리는 가물하고 또 가물하다(玄하고 또(又) 玄하다)〉

千字文에도 하늘天 따地 다음에 바로 玄하고 黃하다고 되어있다. 天은 가물하고 땅은 누러스럼 하다는 것이다.

知의 세계도 가물하다. 知나 覺이나 知覺은 가물하다. 知覺은 안·이·비·설·신 등이 행하는 감각을 부러워한다. 감각은 가물하지가 않고 즉각적이고 밀접해 있는 것이기 때문이다. 그래서 알 수 없는 식(제6의식)을 감각(感으로 하는 覺)에 포함시키고자 해왔다.

지각은 형이상학적이고 감각은 형이하학적이다. 중생은 알지 못하는 것을 좋아하지 않는다. 그래서 감각을 좋아하고 지각을 멀리한다. 그러므로 조심하라. 아는 척하는 것과 잘난 척하는 것을 중생 앞에서는 조심하라.

제6의식을 감각에 포함시켜 제6감(感)이라고 하는 것은 알기 어려운 제6식을 감각으로 이해하고자 하는 태도 때문이다. 그래서 안이비설신 위에 여섯번째의 감각이라고 하여 〈SIXTH SENSE〉라고 한다. 이것을 불교에서는 〈知覺〉이라고 한다. AWARENESS가 지각에 해당한다. 영어권에서는 AWARENESS라고 文하고 言한다. 覺은 선천적인 本有한 知가 새삼스럽게 REALIZATION하는 작용이라는 것이다. 의식(제6식)은 안 · 이 · 비 · 설 · 신이라는 5감각 기관과는 다르게 REALIZATION하는 능력을 가지고 있다. 식도 물론 하나의 기관(ORGAN)이다. 그러나 식이라는 INSTITUTION은 〈지각〉을 하는 기관이다. 事 너머에 있는 이치(理)를 보는 見이므로, 事가 경찰이 하는 일이라면 理는 검찰이 하는 일과 같다. 반야는 프라쟈나라는 산스크리트 인도 언어를 번역한 말이다. 반야바라밀(지혜바라밀)을 닦아야 知見이 증(增加, INCREASE)하고 장(成長, ENLARGE)한다.

이러한 감각과 지각의 二覺을 합쳐서 前6식이라고 하여 제7식인 말라식과 구별하며 제8식인 아뢰야식과도 구분한다. 감각만 말할 때는 前5식이라고 용어 한다.

감각과 지각은 빈틈없이 밀착되어 있고 혼합되어 있으며 한 덩어리나 한 뭉치로 이루어져 분리가 불가능하다. 두 가지 경우에만 예외로 분리된다.

제8식의 청정무구함이 제6식과 제7식을 경유하지 않고 바로 안이 비설신의로 관통할 경우다. 이 때는 〈직감〉이라한다. 〈육감(肉感), 동물적인 감각〉이라고도 한다.

의식(제6식)이 저 혼자서 의식하는 경우다. 독두의식이라고 하여 前5식없이 의식하는 것이다. 인간의 〈상상력〉이라는 것이다. 꿈이 그렇고 삼매(定) 中에도 식이 혼자 논다. 미쳐도 독두의식은 심하다. 이런 독두의식은 무게가 실리지 않아 삶의 무게(THE GRAVITY OF LIFE)를 모른다. 구체성을 상실한 의식이기 때문이다.

종자는 끝없이 개량된다

훈습을 통해서 우리의 업(종자)은 끝없이 개량된다. 개량은 과거에도 진행 된 것이고 현재에도 진행형이며 미래에도 그칠 바가 아니다.

몰록 끝나든지, 점차로 끝나든지, 돈오와 점수간에 구경의 깨달음인 佛果에 오르고 난 뒤에도 이 개량종은 그대로 간직된다. 佛行이 전제되지 않으면 깨달음이 이야기 될 까닭이 아예 없다. 부처님에게는 善業종자 뿐이라고 한다. 종자라는 因이 없으면 空無가 되기 때문에 힘이 없어 생물에게는 해당사항이 아니다. 因만있고 緣도 果도 없다면 이런 것을 무엇이라 하겠는가. 이것을 無法이라고 한다. 無法에 따르는 것은 外道들이라 하여 극도로 배척하는 바이다.

器世間 훈습

중생을 훈습시키는 제일 큰 요소는 환경이다. 나 이외의 일체 존재는 기세간이라고 하며 대경이니 경계니 하는 것들이다. 나를 주체로 볼 때, 나 이외에는 전부 객체라 볼 수 있으며 이 器세계가 중생을 훈습시키는 제일 큰 요소다. 중생은 환경의 지배를 받는다.

왜냐하면 중생은 곳(place, 處)과 시(time, 時)의 씨줄과 날줄로 엮은 천으로 의복을 만들어 의지하며 살기 때문이다. 물질을 신보다 더 의지하고 받드는 것은 그만큼 물질의 훈습이 강력하기 때문이다.

먹고 마셔야 된다는 사실, 그리고 짝을 맞춰야 한다는 사실은 생명의 피할 수 없는 요구사항이며 이 둘의 공급원은 器世界의 소산이기 때문이다. 物神숭배는 인간의 창조 이래 엄연한 현실이 되어있다. 중생은 色으로부터 정신을 수습하지 못하고 있다.

정신훈습

의식이 활동 중일 때를 정신이라고 하는데 이 때에 인간은 의식에 의해 강력한 훈습을 받는다. 인간의 의식 활동에는 無明만큼 강력한 힘은 없다. 무명이 종자형태의 습기로 우리에게 전해진 업종자를 보통 어리석음(치, 痴)으로 표현한다. 탐진치 三毒을 하나의 독소인 일독(一毒)으로 말하면 치독(痴毒)으로 대표된다. 어리석음, 즉 지혜의 부족으로 탐욕이 생기고 성을 내고 화를 내기 때문이다. 물론 탐욕종자와 성내는 종자는 각각 다른 업종자로서 서로 別體이지만 그 강성함으로 말하자면 치독이 으뜸독이라는 것이다.

이 우치한 업종자의 연기가 우리의 마음을 더럽게 물들게 하여 일체의 염법(染法)이 쏟아져 나오게 되는 것이다. 연기는 서로 의지하는 의타기성이므로 상대가 있는 세상은 시작부터가 말썽거리에 노출되어 있게 마련인 것이다. 여기다가 증장(增長, enlarge)하는 반연을 조절하지 못하면 영락없이 지옥과 같은 苦와 아귀 같은 苦와 축생과 같은 苦를 면하기는 어렵다. 최소한도 이 세갈레 길에는 빠지지 않아야 한다는 것이 마지노선이다.

지옥·아귀·축생의 三道에 떨어지지 않기 위해서는 念과 定과 慧를 잡고 늘어져야 한다는 것이 敎法 즉, 가르침의 법이다. 이것이 三

學이다. 보통은 〈계정혜〉라고 하지만 계는 念法에서 세운 가법이므로 염정혜 三學이라는 것이 더 정확하다고 생각한다.

그러나 뿌리까지 파헤쳐 발본색원 하지만 물론 진여를 얻어 가져야 한다. 진여가 생멸법에 들어와 정신으로 변할 때는 염정혜로 나타나기 때문에 먼저 삼학을 들고 다음에 진여를 거론하는 것이다. 진여는 그 자체의 연기에(진여연기) 의해서 일체의 染法에 작용한다. 진여는 實法이기 때문에 불멸하는 실체적 존재라는 것이 대승불교의 요체다.

훈습에 의해서 개량(改良)이 될 것인가 개악(改惡)이 될 것인가는 發心에 따른 것이므로 전적으로 마음의 소관 사무다. 不孤起하는 마음이 起心하는 원리를 살펴 항상 대처하여야 한다.

우리 몸의 신경 세포계와(根) 器世間인 대상과 인식능력의 세 가지가 화합하게 되면 촉(접촉, touch)이 생겨나서 마음을 일어나게 하는 의욕이 발동하여 受想思가 이루어진다는 것은 불교의 定說이다. 물론 이 다섯 가지 요소는 다 업종자로서 實法이다(5변행 심소).

이 마음은 무엇인가. 그리고 마음의 위치는 어디인가. 우리의 몸(根)에 마음이 있는가. 識이 마음인가, 대상이 마음인가. 마음은 가법인가 실법인가.

중생은 病中에 있다

중생은 늘 아프다. 병중에 있는 사람이 아프지 않고 어쩌겠는가. 중생은 끊임없이 아프다. 시작이 없는 아득한 옛날부터 身苦와 心痛은 중생의 전제조건이다. 원래 心과 身은 서로 즉(卽)해 있으므로 苦와 痛도 서로 분리할 수 있는 것은 아니다. 그러나 불교에서는 心病을 본격적으로 병리학적으로 분석하고 치유한다.

〈마음 科 病院〉에서는 〈치료〉란 없다. 오직 치유뿐이다. 치료가 필요한 마음은 정신이라는 것인데 [物化가 진행된 마음]이 정신이라는 것이다. 마음이 色化또는 物化를 통해서만 〈인식작용〉을 할 수 있기 때문에 [인간정신]은 어찌 보면 [마음]보다도 더 중요한 삶의 요소라고도 할 수 있다.

보통 [마음이 아프다]는 말은 [정신이 아프다]는 게 정확한 표현이다. 그렇긴해도 마음과 정신을 혼용한다고 해서 틀린 것은 아니다. 體와 用은 동일한 것도 아니고(非一) 동떨어진 것도 아닌 것(非異)이기 때문이다. 그러나 여기에 속아 넘어가면 영영 미로(迷路)를 헤메게 된다. 깨어있음(悟)은 영원히 오리무중 속에 묻혀버리고 만다.

見인 性과 性인 見에는 病이 없다. 무병이므로 불로하고 장생한다. 멸(滅)할 길이 끊어져 있다. 무멸도(無滅道)다. 그러므로 見과 性은 태어난 것이 아니다. 心도 태어난 것이 아니다. 조물주나 하느님이 나타나기 전에 있었던 존재다. 조물주나 하느님도(佛) 性의 그림자로서 생기기 시작한 것이다. 이와 같이 현상은 전부 마음의 그림자다.

욕망과 성냄과 어리석음과 不信과 見分과 相分 등의 心病이 아니고는 心은 자기표현이 불가능 하다. 병을 통해서 건강을 확인하는 것은 어쩔 수 없는 방편이다.

욕망도 진실이고 성내는 것도 진실이고 주체(見分)도 진실이고 객체(相分)도 진실이며 나도 있고 너도 있고 병도 있다. 다시 말하자면 마음이 [있을 때]는 病中에 있는 것이다.

그러므로 매일매일 日用하는 마음은 천태만상이라해도 [일체 유심조]에서 벗어나는 것은 하나도 없다. 병과 무병 사이를 걸림 없이, 처하는 곳마다 주인이 되는 것이 다이나믹하고 부처님의 가르침에 맞는 삶이라 할 것이다.

죄무자성(罪無自性) 종심기(從心起)

허물과 잘못(과오)으로부터 자유로운 자는 단 한 사람도 지구상에 존재하지 않는다. [원죄(ORIGINAL SIN)]라는 것이 있기 때문이다. 그러나 허물과 잘못이 죄가 되는지의 여부는 法이 정하는 것이지(法定罪刑주의) 人이 정하는 것은 아니다. 물론 죄를 정하고 그에 따른 형벌을 정한다는 역사적 〈죄형법정주의〉는 쉽게 얻은 것이 아니다.

인류의 죄와 형벌에 맺힌 이야기에는 한없이 피가 맺혀있고, 그 피눈물(혈루血淚)의 고통은 언어로써는 다 표현 할 수 없는 언어도단이다. 〈네 죄를 네가 알렸다〉고 하면 다 알만한 얘기고 또 〈털어서 먼지 안나는 사람 없다〉는 속말도 다 아는 얘기다.

죄는 그 自性이 없다(죄는 무자성이다). 다만 마음 따라(종심) 일어났을 뿐(起)이다. 이해하기 쉬운 말은 아니다. 〈自性에는 죄가 없다〉고 표현하는 것이 語法의 순서다. 이것이 저 [空의 가르침]에서 말하는 〈空은 무자성〉이라는 것이다. 〈의타기성〉을 말한다.

연기된 것은 그것이 물질(色)이던 마음(心)이던 물질도 마음도 아닌 不相應이던 무엇이나 다 〈緣이 개입된 것〉이므로 벌써 자성이 훼손된 것이다. 마음의 연기도 이와 같다. 〈훼손된 것〉이라는 건 敎宗(有宗)의 표현이고 〈없다〉고 하는 것은 空宗의 표현이다. 禪宗은 有宗과 空宗을 넘어서 〈空中妙有〉를 말하여 이것이 有無를 초월한 中道라고 말한다.

이것은 [진심(眞)은 中道다]는 말이므로 그 正과 反正으로 이론이 분분하다. 〈이론〉이란 것은 책상(탁상)에서 책물림하는 지식인들이 두뇌로 〈만들어 낸 것〉이 아니다. 깨달은 이들의 심경 토로가 정리된 것을 말하는 거니 이론은 숭상되고 공부되지 않으면 안 된다. 공자님도 〈술이 부작〉 (述而 언지언정 부작(不作) 이노라)고 자기의 어록을 변명하셨다 〈서술한 것이지 새로 지은 것이 아니다〉 (述而不作)

자성(見)에는 죄가 없다는 것은 하느님에게는 原罪가 없다는 이야기다. 하느님은 無罪다. 왜냐하면 하느님은 自性(見ㆍ明)자체이므로!

그러나 하느님이 조물주(造物의 주체)로 등장함에 따라 허물과 과오가 따라 붙었다. 만든다는 造의 의미가 이미 有爲(物)의 세계를 말하기 때문이다. 기독교의 창조설에 의해서 본다고 해도 〈一切唯心造〉의 이론은 맞는 말이다.

산과 강과 허공과 대지가 전부 우리의 〈眞心소작〉임을 왜 알지 못하고 믿지 못하느냐의 탄식이 불경에는 배어있다. 하물며 삶(人生)이 〈唯心 (所)作〉인 것이야 물어 무엇하겠는가. 원래 自性이 없는 마음 (見과 明)에서부터 나와 반연(연기하는 마음 즉 망심)을 따라, 망심이라는 緣을 따라서 일어난 것이 허물이요 과오며 형벌이 따르는 죄가 되기도 하는 것이라는 스토리다.

〈연기하는 마음〉의 떠돌이 여행자의 망심을 수습하여 〈마음의 고향〉인 심원(心源)에 도달하고 보면 〈심약멸시(心若滅時) 죄역망(罪亦亡) : 허물과 잘못과 죄업은 다 없어진다〉 緣을 연에게 돌려보내면 〈자성 청정심〉만 남는다.

생각 같아서는 그 心源이라는 것이 하느님을 불러 〈조물한 과오〉를 엄중히 물어주었으면 좋으련만 힘없는 백성인 피조물만 죄업을 물으니 참 순서가 바뀌어도 많이 바뀌었다. 원판이 이러하니 세상 돌아가는 일이야 뻔하지않는가. 원죄를 물으려거든 그 잘난 [조물주]와 그 잘난 〈자성 청정심〉에게 물어라. 중생을 매치는 판데기에 올려놓고 〈네 죄를 네가 알렸다〉고 곤장을 치지말라.

중생에게 내려앉은 진여

중생은 물(수자원水資源)에 비유하면 삼급수다. 낙동강의 하류에 담겨있는 물이다. 下流도 일급수인 上流로 부터 흘러내려온 물이므로 맑음이 전혀 없다고 말 할 수는 없다. 그러나 요사이 上流자체가 오염되었으므로 下流는 더욱 기가 막힌다. 〈중생이 기가 막혀〉 죽을 지경이다. 삼류는 일류를 향해 〈너 그러지 말라〉고 아우성이다.

만일 마명보살께서 지금 출현하셨다면 포교 방법이 달랐을 것이다. 어느 여가에 上流만 論하고 있으랴. 분노와 투쟁과 爭取를 論했을 것 같다. 깨끗하다는 정(淨)字는 下流가 上流를 향한 물(水) 싸움(爭)이라는 글자다. 중생에게 진여(佛性)가 내려앉을 때는 識위에 내려앉는다. 식 이외에는 내려앉을 장소(處)가 없다. 안이비설신의라는 6入으로 들어와 색성향미촉법이라는 6識에 처한다(處).

6入과 6處가 합해진 18계 외에 세상과 인생과 삶(見聞覺知)은 없다. 行과 行法은 불교 이론에서는 크게 다루지 않는다. 行은 견문각지와 늘 상응(相應)해 있기 때문이다. 항상 합일되어 있는 것이다. 세상에서 흔히 〈知行合一〉을 무슨 주문 외우듯이 하는 것은 理(이치)에는 없는 말이고 情에만 있는 말이다. 중생 나름대로 다 지행합일이다.

그래서 옛날 論師들은 아뢰야식(제8식)이 바로 중생에게 내려앉은 진여의 처소라고 했다. 식속에 진여를 감추고 있다고 하여 장식(藏識)

이라 용어했고 이것을 다른 말로는 여래장(如來藏)이라고 다시 용어했다. 이래도 중생들이 의아하게 생각하므로 논사들은 또 〈제9식 암말라식〉이라는 말로 論中의 진여(불성)를 따로 떼어내어 말하기도 한다. 나는 이것을 좋은 분석이라고 생각한다. 사고 체계를 CLEAR하게 해 주는 효과가 있다.

중도(中道)

　중도는 대승·소승을 막론하고 2500년 佛敎史의 공통된 道論이다. 道論의 결론은 〈大道無門〉이라 〈道에 門(DOOR)은 없다〉고도 해석하고, 〈큰도는 문을 세우지 않는다〉라고도 해석한다.

　웬 스님이 조주를 친견하고 물었다.

　〈어떤 것이 조주입니까〉

　번역을 하자면 〈당신은 누구요〉 하는 질문이다.

　당신은 누구 십니까? 행원스님의 〈WHO ARE YOU?〉와 같다.

　행원스님이 스스로 답하되(自答) 〈다만 모를 뿐이다. (DON'T KNOW)〉

　조주스님은 대답 왈 〈동문, 서문, 남문, 북문이니라〉

　유명한 화두인 〈조주 四門〉이다. 서울이 어떻소 하면 〈난 모를 뿐이다〉하는 것 보다 〈동대문, 서대문, 남대문, 북대문 四門이니라〉하는 대답은 천하종사 조주의 절묘한 명답으로 늘 감탄을 자아내는 것이다. 서울을 보여 주면서도 서울을 말하지는 않는 명답이다.

　중도는 문 없는 대도다. 문을 세우지 않는 건물이다. 중도는 공거(空居)한다. 中道는 空에 살고 있는 것(居)이다. 그러므로 중도는 얻을 수 없는 불가득(不可得)의 法이다. 얻을 수 없다고 하여 없는 것은 아니다. 내가 얻을 수 없는 것을 오바마는 얻었다. 불가득한 것을 얻어 보겠다고 사는 것이 인생이다. 또 얻었다고 한 것을 내려놓아야 하는 것도 인생이다. 空(無)과 有라는 정반대되는 양극단이 공존하는 곳이 中道다.

날 때부터(生) 가지고 나온(得) 것이라 하여 관리하지 않으면(닦지 않으면 修得) 말짱 헛일이다. 〈생득성불(본래부처)〉이라하여 〈수득성불〉을 게을리하면 아무 것도 아니다. 교법을 열심히 듣고, 닦을 것 없는 마음이지만 열심히 닦아야 成佛이 되는 것이다. 〈열심히 먼지를 털어내야 한다〉는 신수의 법문을 너무 하대한 것은 혜능선종의 일대 오류다. 生得이나 修得은 결국 만난다.

옛날부터 중도는 〈八不〉중도로 이해되어 온 것은 용수(나가르쥬나) 보살의 주장에 의해서다. 생멸(生滅) · 거래(去來) · 일이(一二) · 단상(斷常)의 여덟이니 네 짝의 반어(反語)로 되어있다. 이렇게 서로 양극을 이루고 있는 8가지의 고집과 집착을 부정(不) 하는 것이 八不이며 이 八不이 中道다.

지명수배 중에 있는 我

부처님께서 이 세상에 출현하셔서 〈無我〉를 가르침에 따라 그 가르침을 따르는 이들이나 철학에서는 〈我〉라는 존재가 영원히 지명수배되어 있는 상태다. 이 지명수배 된 〈我〉를 잡으면 득도했다고 한다. 무아에 대한 파악이 깨달은 이(佛)의 가르침(敎)에서는 가장 핵심적인 과제인 것이다.

이것은 불교의 三大강령인 三法印에 분명히 각인되어 있는 바이다. 그렇다면 왜 그다지도 전 불교가 들고 일어나 무아를 주장하는가. 그것은 간단하고 명백한 사실 때문이다. 무아면 그리고 무아가 된 만큼 〈행복〉하기 때문이다. 우리가 어릴 때를 생각해 보면 금방 알 일이다. 그때는 〈더러운 오염된 我〉가 없거나 비교적 적었기 때문에 우리는 행복 그 자체였지 않았던가.

이래도 납득이 잘 가지 않는다면 이은상 시인이 노래한 〈가고파〉를 불러보면 된다. 아이의 행태를 잘 관찰하면 무아의 상태를 가늠할 수가 있다. 그때나 이 때나 똑같은 존재이지만 〈我〉라는 개념이 어떻게 뿌리내렸는가 하는 것만 알면 된다. 〈我〉라는 것은 ID다.

이 ID가 없는 세상은 〈혼돈〉이지 世上일수가 없다. 그 어떤 물건이나 인물이나 다 ID는 있다. 〈일체중생 개유 ID〉다. 그러나 문제는 ID의 내용을 알기는 매우매우 어렵다는 것이다. 어디다 어떻게 조회를 해야 〈我〉라는 것을 알 수 있겠는가. 그래서 부처님께서 중생을 애민하는 자비로 불경에 그 我라는 것의 ID를 기록해 두었다. 〈일체 중생 개유불성(一切衆生 皆有佛性)〉이라고 말이다. 모든 중생이 다 共有하는 我의 ID는 佛性이다.

그래서 나의 ID를 찾기 위해서는 〈佛性〉을 알면 되는 것으로 짜여 있는 것이 깨달은 이(佛)의 가르침(敎)이 되었다. 우리가 어릴 때는 〈나라는 개념〉이 거의 없던 시절이므로 ID카드가 없이 살았다. 그렇다고 ID가 없는 것은 아니다. 그러다가 커가면서는 ID를 전후좌우로 보강 재료들을 붙이기 시작했다. 헛되고 부질없는(虛) 업(業) 虛業이 我(나)라는 이름표가 될 줄을 그 누가 알았겠는가.

〈본래 무아〉인 일체중생들의 장엄함을 찬탄하는 불교적 표현이 〈제법실상〉이다. 그러므로 제법실상은 제법무아에 대한 경전상의 표현이다. 우리가 나(我)를 주장하지 않았던 어릴 때라고 존재가 아니었던 것은 아니다. 그 때의 존재(諸法)가 실상(實相)이라는 것이 깨달은 이의 가르침(佛敎)이다.

즉(即)

두 객체가 하나로 융합하는 시간적 순간을 〈즉(即)〉이라고 한다. 일종의 불교적 융합사상이 〈即사상〉이다. 무언가 벼랑 끝에 몰렸던 일이 확 떨어지는 순간에 한 개의 即이 되는 것이다. 즉(即)은 二物이 다르지 않음을 증명하는 방법이다. 이 때의 융합을 〈즉득(即得)〉이라고 용어한다. 言下에 즉득하면 깨달음이 된다.

부서지고 망가지고 하여 확실히 없어지는 순간에 즉득함이 있다는 것은 참으로 대단한 일이다. 수도나 공부는 벼랑 끝으로 내몰리기 위한 것이다. 벼랑 끝에 내몰려 확 떨어지는 순간에 즉을 득하게 되는 법이다. 이렇기 때문에 깊게깊게 수도를 하고 공부를 하는 것이다. 이것을 선문의 화두에서는 〈백척간두에 진일보 하라〉고 한다.

〈사이진(事而眞)〉이라. 천차만별한 차별적 현상(事)이 평등무차별의 참(眞)이 아니고 그 무엇이겠는가. 시·공에 간격을 두지 않고 即하면 事而眞뿐이다. 차이와 차별과 평등과 동사섭은 그대로 진리일 뿐이다. 그러나 이러한 무차별이니 평등이니 하는 것들은 전부 〈마음〉의 움직이기 이전의 본래상태를 형용하는 것일 뿐이라는 것을 놓치면 죽도 밥도 아니다.

마음이 움직이기 시작하면(心動즉시) 무명과 이기심(욕심)이 전선(싸움판)을 장악해 나가는 양상으로 전투는 벌어지기 때문이다. 식(識)이 개입하면 마음(心)은 망심(妄心)이 된다. 그러나 〈식의 개입〉자체를 心動이라 하니 식을 나무랄 수도 없는 노릇이다. 불가사의한 〈업(KARMA)의 과보〉일 뿐이다. 망심은 識의 포로가 되어있다. 이제는 망심의 처절한 포로생활을 조금씩 풀어주어 마음으로 하여금 자유를 맛보게 해야 한다. 이것이 깨달은 이(佛)의 가르침(敎)이다.

중생의 마음(衆生心)

불교에서는 일체중생이 누구나 가지고 있는 마음을 〈중생심〉이라고 규정짓고 있다. 중생심은 생각(사려심思慮心)하는 마음이고, 따져 보는 마음(思量心)을 말한다는 것이다. 좋은 마음(善心)도 그러하고 나쁜 마음(惡心)도 그러하다. 선악으로 나눌 수 없는 무기심(無記心)도 물론 여기에 포함된다. 중생의 마음을 움직이게 하는 동력은 정(情)이다.

情은 마음을 사용한 후에 찌꺼기들이 퇴적하여 쌓인 퇴적물(堆積物)이다. 말하자면 흘러간 시간들의 산물이다. 이러한 情은 우리가 윤회하는데에 또 그 윤회의 질(質)에 절대적인 영향력이 있는 〈존재〉다. 情은 우리 몸속의 식(識)에 의지하여 기생한다. 그러므로 識이 멸하고 나면 情은 의지처를 잃고 구천(九天)을 헤메이게 된다.

이 중생의 마음에는 최초 생명창조(生命創造)때의 진여(眞如 ; 生命力)가 그대로 녹아있다는데 불교의 진면목(眞面目)이 나타나고 있다. 그러므로 〈중생심의 실체〉로서 眞如라는 물건은 불교 최대의 형이상학에 속한다. 우리는 이러한 사실 관계를 알지 못한다. 다만 깨달은 이들이 그러하다고 확인해주므로써 우리는 이 문제를 오직 〈믿음(信)〉으로 알 뿐이다. 우리 마음의 실체인 진여는 그 자체의 운동으로 끊임없는 생멸(生滅)을 벌려놓고 있다. 우리의 마음(진여)은 시시각각으로 생멸심(生滅心)으로 노출되고 있다.

지견(知見)

지견에는 두 가지가 있다. 중생지견, 해탈지견. 중생의 지견은 전부 뇌의 작용에 의지한 정신작용이다. 주로 사물에 대한 인지와 판단을 주로 한다. 그러나 마음의 性인 見이 두뇌에 내려앉은 것이므로 마음과 아주 별개의 것은 아니다. 心이 일경(一境)에 이르면 뇌의 지견이 열리게 된다. 유교에서 말하는 [정신일도(精神一到정신이 하나에 집중됨)면 하사불성(何事不成어떤 일인들 이루지 못하리오)]이다. 인류 역사에 찬란한 위치를 차지하는 위인과 기인과 석학들이 전부 이리하여 탄생하는 것이다. 중생도 지견이 열리면 변계소집이 아니다. 見이 知보다 수승하기 때문이다. 그러나 知를 가지고 출발했기 때문에 知의 꼬리표를 떼어내기는 힘들다.

해탈한 도인이 지견과 짝을 하면 우리는 大師라고 부른다. 人天의 큰 스승이 된다. 원래 해탈에는 知見이 없다. 해탈은 空性에 도달했기 때문이다. 空性은 無이기 때문에 [진공묘유]같은 것도 없다. 有에 대한 [相對無상대무]가 아니고 [절대無]이기 때문이다. 無에 情이 붙으면 [허무虛無]가 된다. 중생은 有情이기 때문에 허무만 안다. 情을 떼어내는 만큼 그만큼의 無에 접근할 뿐이다.

만일 우리가 우리의 생명에서 情을 완전히 떼어 낸다면 그때는 각(覺)만이 작용한다. 시각, 청각, 후각, 미각, 감각, 지각뿐이므로 잠 오면 잠자고 주리면 먹을 뿐이다. 이 때의 색, 성, 향, 미, 촉, 법은 언어의 길이 끊어졌지만 구태여 말 한다면 眞이다.

깨달은 이(佛)의 4가지 지혜(四智 : 대원경지, 평등성지, 묘 관찰지, 성소작지) 중에서 묘 관찰지(제6식의 두뇌식)와 성소작지(전5식의 몸의식)가 이에 해당한다. 부처님의 해인삼매(海印三昧)중에 나타나는 것이 진공묘유다. 마음은 절대 無도 절대 空도 아님을 확인하는 자리다. 왜냐하면 해인삼매 중에서는 업과 습기를 보며, 우리 몸 속을 샅샅이 보며, 몸 밖의 法界를 능히 알 수 있기 때문이다.

지(智) 바라밀

6바라밀(보시, 지계, 인욕, 정진, 반야, 선정)에서 지혜바라밀 또는 선정바라밀이라고 하는 것은 〈知半 智半〉바라밀로 평가된다. 〈물 반 고기 반〉이라고 하듯이 [人知]내에서 知와 智사이를 오르락내리락 하는 지혜이기 때문이다. 치심(痴心) 심소와 싸워서 이긴 승리다. 선정 수행은 人身이 法身으로 변화하기에는 태 부족이라는 것이 대승 불교의 비판대상이 되고 방편 바라밀을 다하고, 願바라밀을 다하고, 力바라밀을 다한 다음에라야, 智·法·身을 보일수 있다고 한다.

방편 바라밀은 제8지 보살에 해당하고, 원 바라밀은 제9지 보살에, 力 바라밀은 제10지 보살에 해당한다고 한다. 법신을 보이기 시작한 智 바라밀은 등각 묘각의 位라 佛身(覺身)이 된다고 하니 까마득한 이야기다. 겁낼 일은 하나도 없다. 우리는 까마득하게 사니까.

6바라밀의 수행을 이판(理判)이라 하고 7·8·9 바라밀을 사판(事判)이라고 한다. 사판은 이판보다 높다. 이치를 판단할 줄 아는 사람이 일(事)을 판단한다는 것은 수행교단의 법이다. 이것이 깨지고 나서부터는 잡승이 생겨나기 시작하여 절(寺)은 어느새 〈절집〉이라고 불리게 되고, 일반 집에서 일어날 수 있는 일이 佛家에서도 전부 일어나게 되었다. 어찌 이런 일들을 모두 열거하여 열을 올리랴.

물론 무명은 끝 낼 수가 있다고 말해진다. 그래서 無始무명 이지만 有終무명이라고 論說된다. 이런 論師들의 주장과 논증(論證)에 의해 수행이 있게 되었지만, 수행이 끝도 없는(ENDLESS) 여행길이 될 줄이야 누가 알았겠는가. 수행은 그 자체가 苦行이지만 이 세상에는 고행을 즐기는 사람도 많으니 우리가 걱정할 일은 아니다.

지혜(慧, WISDOM)

지혜는 이치다. 〈이치를 통찰〉하면 지혜가 있다고 한다. 지혜(智)는 지식(知)과는 다르다고 한다. 〈반야(지혜)는 非知라〉고 하는 문구때문에 智와 知는 오랫동안 반목한 불교 역사는 〈불교의 비극〉중 하나다. 〈반야 非知〉는 급기야 〈無知〉를 조장하고 무지를 포장하는 반역을 꾀하여 불교의 역사를 어지럽혔다. 지혜의 99%는 앎(知)이다. 또한 앎의 99%는 지혜(智慧)다.

문자는 반야지혜다. 〈文字반야〉라고 용어한다. 문자가 이미 세상을 꽉 채우고 있는데도 문자를 등한시하는 것은 어리석은 치심(癡心)이다. 글자에서 반야가 發하도록 밀어 붙여야 한다.

관조(觀照)는 반야지혜다. 마음을 묵묵히 비추어 보아서(관조) 見이 心임을 아는 지혜다. 그래서 인생은 모름지기 견해가 밝고 맑아야 한다. 지혜는 문자와 관조의 두 가지에서 나온다. 두 가지를 같이 닦지 않으면 〈모르면서 교만한 사람〉이 된다. 알면서도 교만하면 안 되는 것을 모르면서도 교만하면 무엇이 되겠는가. 한국의 승단이 오랫동안 앓아온 고질병(AILING)이다. 승단이 아프면 신도들은 얼마나 더 아프겠는가.

〈지식〉이라는 것

지식은 제7말라식이 가지고 있는 혜(慧) 心所有가 제6의식에 내려 앉아 활성화(ACTIVATE)된 것이다. 그러므로 지식은 항상 혜에 근접해 있으므로 〈지혜〉라고도 한다. 이러한 연유를 가진 지식은 우리들 의식(제6식)의 대부분을 지배하며 이 지식때문에 인간은 〈만물의 영장〉이 된 것이다. 물론 인류의 문화와 문명을 주도한 인류 최고의 값어치 있는 보배인 것이다. 그야말로 보장(寶藏보배의 창고)이다.

념(念)은 知와 覺을 싣고 여행한다. 〈念知〉또는 〈念覺〉이라고 한다. 고로 念의 내용은 知와 覺이라는 이야기다. 업(KARMA)이라는 〈경험〉도 그 내용이 知다. 과거 업이나 현행(현재)이나 미래 생각도 전부 知가 行하는 일이다. 이런 것 때문에 우리는 살아 남을 수가 있다. 제7말라식은 실로 생(生)이 있게 한(有) 식이다(有生識).

〈知〉가 부처님에게 있을 때는 〈보리〉라는 별도의 이름(별명)을 가진다. 금강경에 열 번이나 넘게 나오는 〈아뇩다라 삼약 삼보리〉라는 그 〈보리〉다. 보리살타(보살)라 할 때의 보리도 그 〈보리〉다. 부처님에게 있어 〈보리〉는 종생에게 있어서는 지(知)며 지각(知覺)으로 나타난다. 지각이나 감각이나 모두 〈知〉에 포섭된다. 깨달음(覺)도 인식 활동이고 의식 활동이라는 범주를 벗어나는 것은 아니기 때문에 知에 포섭된다. 〈知〉는 見知(見分), 相知(相分), 증지(證知)보다도 훨씬 더

포괄적인 것이다. 그러나 지금은 종파불교의 후유증으로 〈보리〉는 거의 死語가 되었다.

보리살타(보살)는 마땅히 광대한 마음(廣大心)을 내어 〈願〉을 세워 자·비·희·사의 四無量心을 잘 갖추어야 한다고 화엄경에는 쓰여 있다.

번뇌도 념(念)이다. 중생의 념이 번뇌다. 중생이 번뇌의 념에 압도되어 있다. 걱정과 근심이라는 것이다. 〈우리의 心念은 물들어 있다〉고 수없이 경론에서 말하는 것은 바로 이것이다. 따라서 지와 식은 물들어 있는 것으로 간주된다. 그러면서도 물들지 않는 지식을 지성(知性)이라고 고쳐 부른다. 지성인이라고 할 때의 그 지성이다. 그러나 지식인이 아니면서 지성인이 된다는 것은 허구다.

지식(知識)

 책으로 벗을 삼는 이를 〈지식인〉이라 한다. 좋은 벗은 선우(善友)라 하고 악한 벗은 악우(惡友)라 한다. 벗을 불교에서는 [지식]이라고 한다. 흔히 이야기하는 선지식은 불교 이야기를 잘 풀어서 해주는 선우를 말한다.

 중생은 업이 다르므로 [지적 능력]이 각양각색으로 다르다. 업 따라 능력 따라 아는 바(所知)가 각양각색이기 때문이다. 중생은 아는 바(소지所知)를 따라 벗을 삼는다. 나는 그를 알고 그는 나를 안다고 생각하고 믿는다. 그래서 친구가 된다. 중생은 그들이 아는 바(소지)가 극히 제한적이고 편중되어 있고 물들어 오염되어있고 편견스럽다는 것을 미쳐 생각을 하지 못하고 들이댄다.

 보살은 중생으로 벗을 삼는 이다. 왜냐하면 중생은 보살을 끝없이 보리道로 인도하기 때문이다. 상구보리하는 보살에게는 벗이 있을 뿐 친구는 없다. 친하다는 것은 소홀히 하는 것을 짝하기 때문에 짝을 맞추는 것은 보살법이 아니다. 친소법(親疎法)은 변견이기 때문이다.

 아는 바(所知)가 주는 장애를 소지장이라 하는 것으로, 번뇌 때문에 우리가 받는 번뇌장과 더불어 정신에 있어서는 二大장애다(二障). 이 장애 때문에 우리의 정신활동은 그 지평이 협소하고 病스럽다. 불교는 많이 아는데 그 묘미가 있다. 깨친 이의 가르침(佛敎)은 스스로 정화 시키는 묘법이므로 과식하는 것을 조금도 걱정할 필요가 없다. 불법은 사탕발림이 아니므로 당뇨병이 없다.

금강경에도 부처님께서 〈나는 미친소리나 미치게 만드는 말을 하는 사람이 아니다〉고 못 박고 있다. 불법은 감로법이다. 그러므로 중생이 입으로 늘 부처님 말씀을 외우면 부처님은 이것을 보고, 부처님을 사무치게 그리워하여 억념하면 부처님도 중생을 억념한다. 아는 바가 협소하고 편견되고 오염된 것을 소지장애라 하지 불교를 아는 것이 장애 될 리 없는 법이다.

중생이 가지고 있는 청정본연(淸淨本然)한 見인 性은 중생의 마음을 따르고 아는 바(所知)의 량(量)에 상응한다. (능엄경) 중생의 마음이 백천가지로 바뀌는데 아는 것이 적다면 문제는 가중된다. 이렇게 양과 질은 비례하는 것이 心法이다. 양과 질이 비례하지 않는 것은 세간법이다. 질적인 향상이 없는 소지는 장애가 된다. 心法에는 自淨力(스스로 정화시키는 능력)이 있다. 의상조사께서도 〈중생을 각각의 그릇크기 따라 불법에서 이익을 취한다(중생수기 득이익)〉라고 하셨다. 所知(소지 : 아는 바)가 없이 소지의 장애(소지장)를 걱정하는 것은 전도몽상이다. 〈땅에서 넘어진 자는 땅을 의지하여 일어나야 한다〉는 법에도 어긋난다.

중생의 마음은 열등한 것도 있고 뛰어난 것도 있다. 이 중에서 열등하고 작은 지식을 취하면 거칠고 사납고 폭악한 色을 보이게 되고, 뛰어나고 큰 지식을 취하면 넓고 깊고 묘한 능력(無表色)을 보이게 된다. 色은 능력이 아니다. 無表(표 안나는)色이 능력이다.

우리가 불교의 마음 공부를 하는 것은 〈心量이 광대무변 하다〉는 것을 확실히 알고자하기 때문이다. 속이 좁아가지고 불교를 운운하는 것은 희극이다. 그 광대무량한 마음을 우리는 가지고 싶은 것이다.

업생(業生)하는 중생에게 자비가 필요하다면 그것은 부처님의 마음법을 하나라도 설명해 주어 마음의 地平線을 조금씩 넓혀 가고 깊어가게 하는 것이다. 물론 스스로는 스스로를 자비하고 수행 공부하여 자기가 부모로부터 받은 마음보다 더 개척해야 업을 닦는 것이다. 불교에 대한 지식은 지식 스스로가 지혜로 향하는 일을 하게 되어있다. 아는 것이 깨달음을 장애한다는 것은 낭설이고 미신이다. 깨달음이라는 것이 앎의 궁극을 뜻하기 때문이다.

진리 마켓팅

인류가 있어온 이래로 발달 일로를 걷고 있는 마켓팅 중에서 가장 광범위하고 가장 치열한 것이 종교 마켓팅이다. 얼마나 치열한지는 역사상의 수없는 종교전쟁과 지금도 벌어지고 있는 종교경쟁, 종교적 신념에 기초한 테러 행위, 살상 행위 등이 그칠 날이 없이 반복된다는 사실만 봐도 쉽게 알 수 있다.

종교와 비슷한 〈유사종교〉적 행태가 바로 강력한 주의 주장이다. 사상이라고 하는 것으로 공산주의의 확장 과정에서 벌어진 옛 소련의 잔혹했던 과거사와 지금도 벌어지고 있는 북한의 참담한 현실은 이야기만 듣고도 몸이 떨리는 일들이다.

모든 종교가 내걸고 있는 상품은 〈진리〉라고 하는 맹랑무비한 물건이다. 예수께서는 〈내가 진리요 길이요 생명이니 나를 따르라〉고 강력하게 호소한다. 기독교에서 주장하는 진리가 강력하고 또 그 강력한 호소가 먹혀 들어가는 이유는 단 한가지! 그것은 죽음 다음(死後)의 일을 〈진리의 내용〉으로 삼기 때문이다. 이 진리의 내용을 마켓팅하는 것이다.

하느님은 창조하실 때 한번 힘쓰고 죽은 하느님이 아니고, 영원히 피창조주와 함께 하는 하느님이다. 그 이는 당신 자신의 피창조물인 인류전체의 DNA를 다 기억하는 슈퍼맨이시다. 이들이 죽은 다음인 死後에 적당한 시기(심판의 날)가 도래하면 〈부활〉을 시켜 주신다는 것이다. 이것이 〈유일한 진리〉다. 이것이 따라야 할 〈길〉이다.   〈이 진리의 길〉을 따라 살아야 하는 것이 〈생명〉이다.

부활을 증거하기 위해 예수께서는 죽은 자 가운데서 살아나기도 했다. 이런 기적과 같은 이적의 실습에 사람들은 깜빡 죽었다. 예수를 하느님의 아들로 믿어서 손색 될 바가 하나도 없다. 이런 초기 신자들의 〈믿음〉이 자라서 이렇게 거대한 종교 마켓팅으로 번질 줄을 누가 알았으랴.

진리는 너를 자유롭게 할 것이다. (기독교의 해탈론) 〈死後에 부활시켜준다〉는 진리와 그것에 대한 믿음은 가장 근본적이고 일생동안 그리고 최후의 순간까지도 지배하고 있는 〈죽음〉에 대한 두려움과 공포를 완화 시켜주는 묘약이다. 더 잘 먹으면 이 묘약은 당신을 완전 자유(해탈)로 이끌어 줄 수 있는 그런 약속이고 믿음이다.

죽음은, 〈목숨이 끊어진다〉는 공포는 가장 긴박한 두려움으로 일체 두려움이 의지하는 바다. 죽음에 비하면, 죽을 것 같은 느낌에 비하면 다른 일체의 무거움과 고달픔과 병고 같은 것도 전부 감기에 걸린 정도에 지나지 않는다. 그러나 피할 수 없는 존재의 과정에 生老病死가 놓여 있는 만고불변의 〈과정진리〉를 또한 어쩔 수가 없는 일이다.

이리하여 죽은 다음(死後)은 어떻게 될 것인가 하는 의문은 모든 궁금증의 알파요 오메가다. 가장 처음(始)의 그리고 가장 최후의(終) 궁금증이 사후에 벌어질 일이다. 死後에 대한 이야기와 묘책을 내 놓지 않는 것은 종교가 아니다. 기독교에서는 사후에 〈부활〉할 수 있다는 이야기(진리)와 〈믿음〉의 묘책을 간단명료하게 내 걸고 있는 강력한 종교 마케팅을 가지고 있다.

〈네가 부활 한 것이 아니고 교회가 부활했다〉는 말이 있을 정도다. 〈반석위에 집을 짓는다〉는 말은 반석같은 믿음 위에 산다는 것이다. 〈반석같은 믿음〉은 해탈(자유)을 선사한다는 것은 놀라운 발견이다. 기독교는 해탈을 선물하는 놀라운 종교다.

진공 중의 무아

우리가 〈空체험〉이라고 부를 때는 진공 중의 무아를 의미한다. 텅 비었다는 空寂 이외에는 군소리가 붙지 않는 그런 空이다. 공적한 空체험에 군더더기가 붙는 空論이 되는 것은 묘유(妙有)라는 것 때문이다. 대체로 첫번째로는 靈(심령)이나 神(신령)을 체험하는 것이다. 靈체험이나 神체험이다. 두번째로는 식(識)을 체험하는 것이다. 心識이나 識神이라고도 한다.

진공과 묘유는 별개의 것이다. 진공이 묘유를 내는 것도 아니고 묘유가 멸하면 진공이 되는 것도 아니다. 無一物은 진공일 때의 상태고 有一物은 묘유일 때의 상태다. 無一物일 때는 無我고 有一物일 때는 有我다. 우리 자체부터가 이중적인 구조로 되어있다. 몸은 有一物이라 無我가 될 수 없는 것이다. 마음은 無一物이라 無我가 원칙이다. 그러나 우리는 몸만 가지고는 살수가 없고 마음만으로도 살아있는 것이 아니다. 몸과 마음의 합작으로 살아가는 〈정신〉이 있을 따름이다.

정(精)은 肉으로부터 나온 것이고 신(神)은 마음으로부터 온 것이다. 이들이 〈一合相〉으로 되어있음을 금강경에서는 말하고 있다. (제30장) 一相인 것 같아도 合相인 것을 인식시키고자 한 것이 금강경이다.

진실한 것(진실법)은 없다

진실은 없다. 있다는 것은 가법이기 때문이다. 마찬가지로 가법은 없다. 가짜는 진짜 없이는 생겨 날 수 없기 때문이다. 이것은 말장난이 아니다. 우리의 인식형태가 변견이어서는 안 된다는 사실 때문이다. 이것이 인연법의 실상이다.

因法은 깨달음을 가져오고 緣法은 해오(후덕지)에 이르고 果法은 학자가 되어 금자탑을 이룬다. 이 중에 한 가지만 특별한 재능을 보이면 우리는 수승(殊勝)하다고 하며 전적으로 승해(勝解) 심소가 기본이 되는 정신작용이다.

이렇게 가와 실이 非一非二로 뭉침(온)이 되어 있는 것이 존재임에도 불구하고 우리의 인식은 항상 변견이 되어 한쪽에 치우친다는 것이 큰 맹점으로 되어있다. 실로 가는 진속에 충만해 있고 진은 가속에 편만해 있는 것이 실상이라 할 것이다.

또한 가법조차도 되지 않는 것을 염하고 분별하는 경우에는 황당한 이야기가 된다. 토끼 뿔이라던가 거북의 털같은 것과 신기루 등이다. 이런 것까지도 인식의 대상으로 삼는다는 것은 생명력의 낭비일 뿐이다. 어쩌면 병적인 의식 상태와 통한다 할 것이다.

그러나 불교에서는 예외가 있다. 진여공이나 열반이나 해탈같은 것이 그것이다. 이들은 도무지 실체가 없다. 실체가 없다보니 자성도 없고 용도 없고 相도 없다. 대상화 할 수 없는 것(死句)인데도 대상화를 인정한다는 것이다. 주관심(見分)이 있는 한 범부는 진여를 相으로 삼지 않으면 공부가 발붙일 곳이 없어 聖업이 폐업신고를 해야 되는 중대한 사태를 야기시키기 때문이다.

중생이 있고 공부도 있고 불교도 있을 수 있기 때문이다. 안심하고 진여공을 분별하고 염할 지어다. 물론 불교뿐만 아니라 많은 분야에서 분야마다 이런 일이 있을 수 있다.

집착

집착은 정신과 마음을 녹슬게 하는(RUSTING) 질병이다. 착(着, ARRIVAL)은 종점역이 아니다. 쉼터 같은 것이다. 집(執매달리는 것)은 게으름의 극치다. 이런 집착에 대하여 불교적 처방은 〈방하(放下내려놓음)착〉이다. 선문(禪門)에서는 화두로 삼는 것이 〈방하착〉이다. 그만큼 심각한 주제다.

엄양이라는 승려가 조주화상에게 찾아와 말을 걸었다.

〈나는 한 물건도 가져온 것이 없이 여기 왔는데 이만하면 어떻소?〉

조주스님이 꾸짖어 대답하셨다.

〈방하착 하라(내려 놓아라)〉

그러나 집착에 있어서 요점은 착보다는 집에 있다는 점에 유의하지 않으면 낭패스러움을 당한다. 결과(着)는 계속 밀려오는데 一着(한 결과)에 집착하는 것은 인생의 낭비다.

다시 엄양이라는 승려가 조주화상에게 되물었다.

〈한 가지도 가지고 온 것이 없는데 무엇을 내려 놓읍(放下)니까?〉

조주화상이 귀찮은 듯 쏘아붙였다.

〈내려 놓을 것이 없으면 짊어지고 가거라〉

엄양이 言下에 깨달았다는 후기(後記)가 없는 것을 보면 인연이 서로 맞지 않았던 모양이다. 원소(因素)를 영구히 가둔다고 죽일 수는 없다.

뒤주 안에 갇힌 사도세자와는 다르다. 사도세자의 地水火風이라는 元子는 약여하겠지만 사도세자는 죽어서 없어진 것이다.

因子(元子, ATOM)가 아닌 것은 연(緣)에 따른다. 이합집산이라 어디에서 〈나(我)〉를 찾을꼬? 가죽 주머니 속에 갇힌 나(我)를 놓아주면 대활(大活)이 되지 않겠는가?

체험(경험)은 일회적인 것 뿐이다

어떤 경험이든지 경험은 같은 질과 양으로 되돌아오지 않는다. 〈아! 옛날이여〉하는 노래의 가사는 있다. 그렇다고 無常의 법을 회피할 수는 없다.

성철 스님께서는 그의 저서 [선문정로]에서 옛조사의 어록(마조어록)에서 〈일오 영오(一悟 永悟)〉란 言表를 인용하여 〈한번 깨달음을 얻으면 영원히 깨달은 것이다〉고 하시고 다시는 혹·업·고에 되돌아가지지 않는다. 그러나 이런 언급은 〈돈오 돈수〉의 주장을 뒷받침하기 위한 것이라 생각된다.

물론 강력한 어떤 체험은 체험 이후에도 그 여진과 여력이 강열한 법이며 유사체험은 상속한다고 말할 수 있을 것이다. 더구나 종교체험의 강열함은 그 어떤 이데올로기나 믿음 같은 것을 훨씬 능가하는 것이기 때문에 한번 깨침(一悟)을 과소평가 할 수는 없다. 점수의 꼬리를 짜르기 위한 고언(苦言)이실 것이다.

성철스님의 강철같은 의지는 가히 不世出이다. 어찌 조사께서 無常法을 모른다고 하리요. 특히나 부처님의 경우에는 그야말로 일득영득(一得永得)이시다. 한번 얻은 것은 영원히 얻는 것이다. 삼천대천세계를 두루하고 영겁을 관통하는 일득영득의 법력은 時空이 손상됨을 입히지 못한다. 그러나 보통에 있어서 한번 얻은(一得) 신비체험을 죽는 날까지 목에 걸고 다니는 행태는 중생의 역겨움을 유발하기 십상이다. 법회의 법문자리가 아니라면 입에 올릴 아이템이 아니기 때문이다. 그것이 인정받은 신비체험이라 하더라도 입에 걸 일은 아니다. 또한 경전을 해석할 때 너무 문자에 집착하는 것도 바람직하지 못하지만 신비 체험적 해석도 자제하지 못하면 귀신 씨나락 까먹는 소리만 하게 된다. 자아도취적이고 自愛的일 염려가 있다.

금경경 풀이에도 소위 〈五家解〉라는 것이 있어 참으로 예지에 빛나기도 하지만 뜬금없는 소리가 대부분인 自作은 곤란하다. 교과서에 대한 자의적인 해석은 오류를 범할 우려가 있다고 할 것이다.

청정道

깨끗하고(淸) 또 깨끗한 것(淨)이 [청정]이다. 불교에서는 워낙이 청정을 좋아한다. 그래서 불교에서는 청정한 것을 善이라 하고 더러운 것을 惡(不善이라 해야 옳음)이라 한다.

청정道는 불교의 별명이다. 불·법·승 이라는 삼보에서 특히 출가 승려와 그들의 집단인 승단을 다 같이 〈청정身〉이라 하여 法身·報化身·淸淨身으로 하여 삼보라 떠받든다.

고로 승보는 청정한 것이 생명이다. 깨끗한 것이 빠진 승려와 승단은 껍데기 승려며 껍데기 승단으로 이미 알맹이는 탈출해서 그곳에 없다.

승단을 별명으로 일명 〈공덕林〉이라고도 한다. 청정한 것이 중생의 信을 일으키는 공덕림이 되므로 이런 이름을 얻은 것이다. 조계종단의 총무원을 조계사에다 차린 것은 승단을 망가트리는 시초였다. 그곳엔 나무 숲은 없고 빌딩 숲만 있더라. 지금이라도 총무원을 조계산으로 돌려놓아야 한다.

중국의 조계산은 6조대사 혜능스님이 홍콩에서 건너다보이는 대륙쪽(광동성)에 있는 산인데 〈보림사〉라는 절을 짓고 그 곳에 살다가 그곳에서 열반하셨다.

한국의 조계산은 전라남도 순천에 있는 산이며 고려의 보조국사

지눌스님이 사시다 열반하신 곳이다. 보조국사 목우자 스님 이래 15명의 승려가 국사가 된 연고로 16국사를 배출했다하여 국사절(國師寺)로 유명하다.

승보대찰이라도고하여 부처님 진신사리를 모시고 있는 불보대찰 통도사와 팔만사천 대장경판을 모시고 있는 법보대찰 해인사와 더불어 우리나라 三大사찰이다.

수도(서울)도 삼한시대부터 각 곳으로 옮겨 다녔는데(천도) 조계종 총본부를 옮기지 못할 이유가 무엇이란 말인가. 승려가 무슨 벼슬이라서 서울로 불러올리는가 아니면 서울에서 술판과 화투판을 벌이려고 서울로 몰려드는 것인가. 물론 조계사는 일제시대 때 식솔을 거느린 대처승들이 세운 절이긴 하지만(그때는 太古寺라 했음) 독신 출가승에게 서울은 적당한 곳이 아니다.

청정하지 못한 승려를 잡승(雜僧)이라 부르기도 하고 사판승(事判僧)이라고도 했다. 하기사 8地보살이상이 되어야 진정한 잡승이 될 수도 있고 사판승이 되어 주지스님과 법사스님도 될 수 있다고 말했다. 옛날 옛적에는 그랬었다.

물론 자성자체는 물듦(염오染汚)이 없다. 마음은 물이 들여지는 그런 천 조각이 아니다. 물든 천은 아무리 물이 잘 들어봤자 결국 걸레조각이 되고 마는 것이다. 자성은 염오와 애시당초 관계가 없다.

자성청정이라하고 자성 청정심이라 한다. 이것을 감(感)으로 득(得)하면 〈감득견성〉이라고 한다. 감득한 것을 一得 永得하도록 영구보전할려고 하는 것을 〈수도한다〉고 하고 〈如如行〉이라고도 하고

〈보림(寶林)〉이라고도 한다. 보살의 이구청정(離垢淸淨)이라 한다.

6조혜능 스님이 보림사에서 한발도 山門을 나서지 않고 공부했으므로 〈悟後공부〉를 선가에서는 〈보림〉이라고 불렀다. 우리나라에는 보림사라는 간판을 내건 사찰이 많다. 이곳 SANFRANCISCO에도 선우스님이 오셔서 보림사를 창건해서 유지하시다가 지금은 없어졌다. 그곳에 나가시던 신도님들은 아직도 유랑객처럼 떠도는 이들이 많다. 절문 닫는 것이 무슨 폐망한 나라의 왕조도 아닌데 떠나니는 신도님들을 보면 이해할 수가 없더라.

〈前三三 後三三〉이라는 화두가 있다. 悟前에도 처녀는 삼삼하더니 悟後에도 처녀는 삼삼하더라는 얘기다. 삼삼하다는 것은 아득하고 먼 것을 형용하는 형용동사인데 [신비한 것]을 지칭한다.

전과 후를 세속에서는 피ㆍ차 라고 쓴다. 〈차일시 피일시(此一時 彼一時)〉라, 그때도 한세상이요 지금도 한세상이라 때(時) 타령을 하지 말라는 말이다. 영겁을 아는 사람은 때 타령을 늘어놓지 않는 법이다. 지금이 어때서! 내 나이가 어때서! 공부하기 딱 좋은 때(好시절)이다.

자성청정은 감득해서 견성하는 것이고, 이구청정은 보림해서 여여하는 것이다. 이 자성청정과 이구(離垢)청정이 합해지면 〈識身〉이 청정하다고 한다. 6根(식)이 청정하다고도 한다. (원각경) 안ㆍ이ㆍ비ㆍ설ㆍ신ㆍ意가 깨끗해지는 것이다. 6根으로 쏟아지는 것은 청정뿐이라 신비하고 찬란하고 빛나는 것뿐이다.

카멜 삼보사에 가면 수행의 결정판인 [淸華 스님]이 영정이 벽에 걸려 있더라. 淸淨(淸)으로 빛나는(華) 스님이란 법호다.

진여(眞如)

진여라는 語言은 하나의 개념이다. 대승불교 사상에서 이상(ideal)으로 삼는 최고의 개념이다. 아는 사람은 알고 모르는 사람은 모른다. 그런 것이 개념이라는 것이다. 무슨 개념이나 그렇다.

우리의 촉(觸)과 受와 想과 思를 다 해봐도 미칠 수 없다. 그러므로 진여에는 이치(理)만 있지 현상은(事) 있을 수가 없다. 일은 벌어지지 않는다. 因이 있으니 實法이고 實體이지만 相과 用이 없어 알 수 없는 不可知한 실체다. 가법이나 가체가 아니고 實法이고 실체라는 점은 진여에 대한 명백한 정의다(definition).

이 진여라는 活動性있는 因이 무명이라는 緣을 만나면 엄청나게 짧은 시간 內에(찰라) 엄청나게 빠른 속도로 생멸과 변화를 일으킨다는 것이다.

이것을 알려면 그렇다고 믿고 다시는 의심이 없으면 된다. 왜냐하면 法性진여는 다만 그런 것일 뿐이기 때문에 다시 뭐라고 이야기 할 것은 하나도 없다. 진여는 무엇으로도 접근 불가하고 설명 불가한 것이다. 그러나 만일 우리가 我와 法에 대한 집착을 극복하고 아집과 법집이 없어진 二空의 상태가 되면 진여는 슬그머니 나타나니 알 수 있고 볼 수 있다는 것이다. 소위 二空眞如 라는 것이다. 수행의 결과로 맛보는 〈증지소지〉다.

이렇게 진여의 맛을 보는 방법은 수없이 많기 때문에 진여의 이름도 수없이 많다. 무위진여, 실상진여, 법계진여, 법성진여 등등이다. 이들은 다 불교의 대표적인 수행인 실상관, 법계관, 법성관, 二空관, 무위관 등에 의해서 수립한 것이다. 물론 수행 공부인의 개인에 따라 그 깊고 얕은 경지는 말 할 것도 없다.

그러나 진여에 대한 확실한 相과 用은 교설에서 확립되어 있다. 이것 없이 어찌 가르침이 전하여 내려올 수 있었겠는가. 그것은 열반과 보리(깨달음智)의 두 가지다.

열반

〈본래열반〉은 무위 그 자체이기 때문에 적정(寂靜고요하고 고요함)하여 動함이 전혀 없다. 인식론적으로는 無明의 인연이 없었을 때의 상태며 존재론적으로는 부모가 낳기 전의 모습이다. 이 〈본래열반〉은 부처님과 수행자와 중생을 가리지 않고 누구에게나 다 있는 그런 열반이다. 이런 열반은 얻을 바가 아니고(무소득) 다만 나타날 바다(所現). 〈무심도인〉같은 것이 이 부류다. 〈방하착〉하라는 것은 열반증득의 최고 방편이다. 나머지 수행자들은 혹(惑)과 업을 해결하는 정도에 따라 유여열반이나 무여열반이라고 하는 열반을 얻는다.

한 가지는 대승불교 교설에만 있는 것으로 〈무주처 열반〉이 있는데 일체의 보살들은 증득을 무시하고 곧 바로 부처님의 大慈와 大悲에 동참하는 부류들이다. 열반을 믿고 달려가는 戰士들이다. 〈개유불성〉의 신도들이다. 깨달은 유정(覺有情)이라고도 하는 大士 들이다. 願과 그 힘으로 상구보리 하화중생한다고 한다. 4무량심에 대한 뛰어난 개발심과 발원과 〈바라밀 삼매〉의 三門으로 삶을 삼는다.

보리(大智)

원래부터 보리(지혜)는 유위법이다. 지혜의 업종자에서 자라나고 생겨나고 하는 것이다. 깨달음은 확실하게 有爲다. 그러므로 마음이 일어난 다음에 우리의 마음에 상응해서 생기는 상응법이지 불상응 깨달음이란 있을 수 없는 것이다.

깨달음의 대표적인 유위相은 전부 智의 모습으로 나타나는데 어느 마음에서 생겼느냐에 따라 대원경지, 평등성지, 묘 관찰지, 성소작지 등으로 나타난다. 무의식 세계에서는 대원경지나 평등성지가 일어나고 의식세계에서는 묘 관찰지와 성소작지가 일어난다. 〈아뇩다라 삼막삼보리〉라는 대보리는 부처님의 大智大覺을 뜻한다.

대승기신론에서는 중생의 온갖 有情속에 본래부터 있는 〈여래장 진여〉가 바로 본각(本覺)이라 개념하여 수행과 공부라는 시각(始覺)을 통해 본각과 합치되는 것이 보리라는 이론을 가지고 있다.

진여는 사랑이시다

진여는 원인 없이(無因) 나타난 것이다(有果). 하나님이 누가 만들어 준 원인때문에 나타나셨는가. 진여나 하나님에게는 그 이상의 상급자가 없다. 〈부모 미생전〉이며 〈천지개벽 이전〉이다. 진여와 하나님은 자연이며 무위다(自然無爲). 스스로 원인이고 스스로 결과다. 생멸의 변화하는 힘으로써도 자연무위를 어찌 할 수는 없는 것이다. 진여는 천지에 가득 차 있고 하나님은 한결같이 역사하신다.

無因 無果(자연)와 無因 有果(진여)와 無爲등의 주장과 이론은 불교에서는 전부 외도(外道)들의 주장이며 이론이라고 배척한다. 즉 깨달은 이(佛)의 가르침(敎)이 아니라고 부정되는 것이다. 왜냐하면 이들은 전부 인과에 응보가 따르지 않기 때문이다. 그러나 〈하나님은 사랑이시다〉고 한다. 무위진여도 자비심을 일으킨다고 한다. 無爲心內에서 起悲心한다. 이것 때문에 하나님이나 진여는 기독교와 불교라는 양대 사상체계의 최고 이념이 될 수 있게 된 것이다.

사랑과 자비때문에 하나님과 진여는 인간의 일(人間事)로 내려앉을 수 있게 되었고 우리는 진여를 이야기 할 수 있는 것이 되었다. 〈진여는 자비이시다〉일체의 담론과 논의는 전부다 이 두 가지에(진여, 자비) 귀착되어야 할 당위성을 가지게 되는 것이다. 이 당위성을 망각

하고 진여일변도나 자비일변도가 되면 변견(邊見)이 되어 惡見이 되고 만다.

空삼매 중에서 식을 보게 되면 自性이 청정함을 알게 될 것이다. 올곧은 수행자의 응보다. 이것이 수행자들이 주로 일로 삼는 〈自性佛敎〉라는 것이다. 〈自性佛敎〉는 안으로 한없이 가라앉아(침잠沈潛) 한없이 삼매를 일삼는다. 잠수를 타는 것이다. 그 곳에는 끝없는 법락(法樂)이 있기 때문에 한 없이 빠져들 수 있는 것이다. 마치 깔대기를 입에 물고 바다 속에 들어가, 해초와 고기들과 작은 동산에서 놀면서 좋아하는 것과 같다. 온종일 바다 속에 들락날락하면서 바다 속의 경치에 넋을 빼앗긴다. 삼매에 침잠하는 이러한 〈自性佛敎〉를 〈도인불교〉라고도 한다.

소위 〈도인〉들이 하는 이야기는 〈自性의 경치〉 이야기뿐이다. 海面위로 올라온 잠수사들이 바닷 속 경치만 이야기하는 것과 같다. 도(到) 피안(彼岸)이다. 피안에 도착하여 열반락(法樂)을 수용하여 〈자성부처〉를 증득했다고 이야기한다. 〈自性청정 법신불〉이라하고 三身중의 하나인 〈法身〉이라고 한다.

기신론에서는 〈自性〉이라는 용어를 깔아뭉개게 할려고 〈眞如〉라는 용어만 쓴다. 유식의 〈도인불교〉를 역사로 넘기고 〈중생불교〉를 일으키고자 한다.

날이면 날마다 밤이면 밤마다 시시각각으로 쓰는 〈중생들의 중생심〉이 이미 自性 아님이 없고 이 〈중생들의 중생심〉이 쓰는 〈自性진여〉가 바로 대승(大乘, 마하연)이라고 소리를 높였다. 진여에 있어서

自性은 참는다고 참아지는 것이 아닌 〈본연자비〉의 용솟음침에 있는 것이다. 진여는 활발한 것이지 무활동의 것이 아니다.

是心의 생멸인 연상은 망심을 쏟아내는 번뇌와 망상이 아니고 본래부터 그러한 자비(本然慈悲)를 내 뿜는 것이라는 법문이다. 생멸변화를 왜 자비심으로 깨닫지 못하는가. 진여는 참으로 사랑이시다. 이것이 〈自性佛敎〉가 〈진여불교〉로 탈바꿈해야 한다는 大乘의 소식이다.

진여가 마음이다

이 우주 공간에 가득 찬 일기(一氣)를 불교에서는 진여(眞如)라고 이름 했다. 사람이라는 틀에 이 진여가 내려앉으면 인간이 되고 개라는 틀에 내려앉으면 개가 된다. 틀(FRAME)을 물질(MATERIAL)이 이루는데 인간이 되는 틀은 地·水·火·風이라는 원자적 요소로 되어 있다고 한다. 이 4가지 요소〈四大〉가〈一氣〉와 화합하여 인간이 되었다고 하니 그 과정은 신묘(神妙)할 뿐이다. 하나님이라는 창조신이 흙으로 형체를 빚어 숨(호흡)을 불어 넣으니 인간이 되었다고 하는 기독교의 창조설은 일면 진리스럽다.

어쨌거나 一切의 존재(諸法)에는 진여가 있다. 이 一氣인 진여가 음양의 二門으로 분화되면 생물이 되고 음양으로 分化되지 않으면 무생물이 된다고 본다. 참으로 불가사의한 이 과정에 사주와 팔자(四柱八字)를 세워 풀어 보려는 시도는 가상타 할 것이다.

이러한〈창조하는 마음〉을 진여라고 이름 붙인 것은 불교의 독특한 발상이다. 一氣인 진여는 창조의 주체다. 창조는 先天과 後天을 이어서 시작(始)도 없었고 마칠 날도 없다. 무시무종(無始無終)이다. 생멸 현상을 바꾸어 가면서 代를 이어 상속되는〈진여의 마음〉은 不生이고 不滅이다. 이〈진여의 마음〉은 수행의 공덕으로 알수있는 마음이다.

〈진여〉를 말로 해본다

眞如는 불교 교리의 최고 형이상학이다. 형이상학이라고 말 하는 것은 깨닫지 못 한 중생의 입장에서 하는 말이고 깨달은 이에게는 형이하학일 뿐이다. 〈진여〉라는 것이 형이하학이 된 것을 〈實相〉이라고 용어한다(실상진여). 그러므로 실상은 개념이나 사상으로써는 말 할 수 없는 것이다. 진여라는 용어도 오히려 배척한다(대승기신론에서는 〈이언진여, 離言眞如〉라고 표현 되어 있다).

禪門에서는 〈이 뭣고〉또는 〈이것이 무슨 물건인고〉하고 실상과 실체를 다그쳐 묻는 바의 〈실상진여〉며 〈실체진여〉가 그것이다. 이언(離言)이므로 마시고 있던 찻잔을 쑥 내밀어 보이거나 눈만 껌벅거리거나 등등의 身表를 言表 대신으로 사용하는 경우가 많다. 몸으로 말한다고 한다. 그렇다고 文과 言을 완전포기 할 수도 없는 일이다. 우리가 말하는 진여는 그래서 전부 〈의언 진여(依言 眞如)〉인 것이다. 〈다만 모를 뿐〉이라는 선사들의 주장은 정확한 표현이 아니다. 〈다만 표현할 수가 없을 뿐〉이라고 말해야 한다.

진여는 물론 제8식인 아뢰야식 중에 있다. 그러나 〈識〉은 원래 〈마음의 내용〉이므로 결국 진여는 心中에 있는 것이다. 물론 진여는 〈識中〉에 있다고 말할 수도 있다. 우리의 마음은 또는 우리의 식은 업종자를 포섭하고 있는 저장 탱크(장藏)이므로 心中에 있는 것은 전부 종자의 형태로 있는 것이다. 그러므로 진여도 종자고 업도 종자고 무명도 종자다. 그러나 이런 종자들은 별종 종자들이라 함께 있어도 잡되게 섞이지는 않는다. 결코 잡란(雜亂)되는 것은 아니다. 진여와 업과 무명은 영원히 각각등 보체다. 화엄경에서는 [잉불잡란 격별성]이라고 용어하고 있다.

이 〈잉불잡란 격별성〉을 유마경에서는 〈不二法〉이라고 용어한다. 〈진여와 생멸〉이 不二 인 것이며, 因과 果가 不二이며, 覺과 不覺이 不二이며, 空과 有가 不二이며, 色과 心이 不二이며, 染과 淨(염,더러움. 정,깨끗함)이 不二이며, 內와 外도 不二이며, 自와 他도 不二이며, 生과 死도 不二다. 그야말로 일체가 不二 아닌 것이 없다.

이 不二 법문을 듣고 〈만법일귀(萬法一歸모든 것은 하나로 돌아간다.)〉로 생각하면 큰 과오에 빠진다. 不二에는 不一과 不多를 포함하고 있는 법문이기 때문이다. 이것이 유일신을 믿는 것과 다르며 잡신을 섬기는 것과 다른 불교의 고유한 진리관이다(非一非二非多).

제 V 장
소는 바람을 본다.

五感의 기능과 두뇌 팽창의 미스테리

대승 보살의 번뇌 제거법

번뇌의 무거운 짐을 벗어 놓았던 도인들이 다시 〈번뇌의 짐〉을 짊어지면 〈보살〉이라고 한다. 스스로의 해탈(자해탈自解脫)에 주저앉아 놀고있던 도인이 다시 부처님의 높은 원(願)을 본받아 事(일)와 人(타인)에 돌아온 것을 보살이라고 한다.

〈情의 세계〉가 중생의 세계다. 理에서 情으로 돌아오는 것이다. 일(事)에는 〈事情〉이 있고, 사람(人)에는 〈人情〉이 있으며, 물건(物)에는 〈物情〉이 있는 법이다. 이 三情이 중생심을 대변하는 것이다. 事情을 품고 人情을 품고 物情을 품어 三情을 보듬어 품으면 보살이라고 부른다. 〈有情들의 火宅〉은 보살들의 MOTEL이다.

보살은 〈바라밀〉을 수행방법으로 삼는다. 〈타인을 이롭게 하는 것〉을 〈나를 이롭게 하는 것〉에 포함시키는 大心者를 바라밀이라 한다. 두말할 필요 없이 대승보살의 번뇌제거법은 空의 가르침(敎) 이상이다. 空敎가 다가 아니다. 번뇌를 제거하지 않는 채 그대로 지혜(보리)를 통달하는 것이다. 금강경에서는 〈통달 無我法者〉이라고 한다. 통달 무아법자가 보살의 별명이다. 이것을 화엄경에서는 나고죽음(生死)과 대비하여 〈生死(번뇌) 즉 열반(해탈)〉이라는 등식을 만들어 냈다.

이 공식(등식)으로 나는 세상을 포섭하고 세상은 나를 용납하여 〈生死와 열반이 서로(相) 공화국을 이룬다〉는 〈생사열반 상공화〉를

주창한다. 법계는 개인과 전체의 〈共和〉로써 연기하므로 〈법계연기〉
를 따르지 않을 수 없는 것이다.

번뇌 투성이의 현실 바깥에 따로이 깨친 이들의 별천지가 있는 건
아니다. 그러므로 〈번뇌가 바로 실상(實相)이라〉는 법화경의 〈제법실
상〉은 꽃다운 설법이다. 법당에 가서 불전을 앙견하면 그곳에는 항
상 꽃이 꽂혀있다. 위대한 법화와 화엄의 영향 때문에 생긴 불교 풍
습이다. 월남 사람들이나 태국 등의 남방인들은 아무리 가난해도 시
장에 가면 꼭 꽃을 사온다. 집안에 있는 불단에도 바치고 절에도 가
져간다. 〈꽃공양〉이라고 용어가 되어있다. 온갖 번뇌라는 번뇌는 다
껴입고 사는 사람들이 불전에 나아가 꽃공양을 올리는 걸 보면 아름
다운 광경이라 눈물이 날 지경이다. 그들이야말로 〈지혜〉를 닦는 수
행자들임을 절실하게 느끼게 된다. 예수님의 〈거리 설법〉은 너무나
도 친근하다. 예수왈 하사되 〈누가 저 여인에게 돌을 던지랴〉. 번뇌
를 사랑하지 않고 품지 않는 자는 지혜를 얻을 수 없다. 많은 불교
수행자들이 空은 체험하고도 지혜는 얻지 못하는 것은 두고두고 생
각할 일이다.

사람의 마음은 번뇌 때문에 탁하게 된다. 번뇌가 많아서 섞이면 마
음은 더욱 혼탁해진다. 有情(중생)은 저마다 탁하게 되어 시대도 탁하
게 된다. 오탁악세(五濁惡世)가 되어 세상이 자체적으로 번뇌를 안겨준
다. 〈세〉이라는 덫에 걸리면 개인은 별 수 없다. 보살의 번뇌는
〈개인적인 번뇌〉를 넘어서 〈세상번뇌〉를 바라보는 번뇌다.

돈이 있는 자는 중생이 아니다

우리 인간이 가장 중요하게 생각하는 것은 [지속성]이다. 계속 그 상태를 이어가는 것이므로 [항상성]이라고도 한다(恒常性). 오장육부가 〈항상〉 멀쩡해서 잘 작동하고 뇌도 〈항상〉 작용이 잘되어 치매에 걸리지 않고 하여간에 〈항상〉 잘 먹고 잘살면 그만이(頂好)다.

[나의 삶은 지속적이다] [나는 항상적이다]라고 느낄 때 우리는 중생이 아니다. 그래서 천년만년 살 것 같고 無 항상적인 것(無常)은 느낄 여가가 없다. 이러한 지속성과 항상성을 뒷받침하는 것이 힘이다. 체력이든, 기술력이든, 두뇌력이든 힘이 있어야 恒常性을 유지한다. 우리는 보통 돈이 있거나 권력이 있거나 명예같은 것의 힘이 있으면 항상성이 지속된다고 [생각한다]. 그렇다! 부자는 중생이 아니다. 권력자도 중생 밖에서 논다. 명예가 높은 이는 구름 속에서 산다. 중생이 아니다. 어찌했거나 인간이 恒常性을 가질 때 행복하다. 행복하다고 하기 보다 안전감과 무사함을 느낀다고 하겠다. 이러한 恒常性을 개인적으로 가질 수 없는 중생들을 위해서 사회가 개인의 항상성을 보장해주어야 한다고 해서 사회보장제도(SOCIAL SECURITY)가 여러 형태로 생겨났다. 恒常性이 있어야 걱정과 근심으로 시작하는 두려움이 감소된다. [무유공포(공포라는 것은 없다)]가 못되는 중생들에게 있어서는 SECURITY만큼 중요한 것은 없다.

내부로나(몸속) 외부로나 항상 不安에 시달리는 것이 중생이다. 이 불안을 떨쳐 내는 것이 [힘]이다. [불안과 공포]는 인간의 心性에 자리잡고 있는 가장 근본적인 감정이다. 도인이 되기 전에는 항상 불안하고 더 심해지면 공포스러워진다.

도인의 바로 아래 CLASS가 [돈이 있다는 것]이고 그 아래 계급이 중생이다. 중생은 SECURITY에 그 일생을 건다.

[항산(恒産)이라야 항심(恒心)이니라]. (孟子) 맹자가 보이신 애민지심(民을 애닯아 하는 마음)이고 목민심(牧民心 : 民을 거두고 싶은 마음)이다. 돈을 생산하는 능력이 있어야 마음이 한결같다는 뜻이다. 定心(삼매심) 밑에 CLASS가 항심이다.

미국에서는 지금 돈 공장에서 돈을 펑펑 찍어내고 있다. 〈양적완화〉라고 부르는 경제부양책이다. 그 펑펑 찍어낸 돈이 중생들에게는 아직 오지 않는다.

하기사 그리되면 인플레이션으로 인해 물가가 얼마나 올라가겠는가. 그러나 부자들은 INFLATION때 많이 나온다. 아마도 중생을 떠날 사람들이 많이 생길지도 모른다. 공공연하게 비밀스럽지 않게 되어버린 인사를 한마디 드리고싶다. 〈부자 되세요〉. 그래서 도인은 못되더라도 중생을 한번 떠나고 볼 것이다.

신앙은 出口(EXIT)전략에 필요하라고 있는 것이 아니다. 믿음은 물론 자기를 자기가 속이는 양두구육(羊頭狗肉)하라고 있는 것도 아니다. 그러니 安心立命을 떠벌릴 일도 아니다. 우리가 흔히 말하는 〈일거수 일투족〉이란 무엇인가. 온종일 〈생활〉 속에서 믿음이 작용해야 한다고 [생활불교]를 말하는 중생들이 많다.

그렇다면 생활이란 무엇인가. [의(依)]와 [식(食)]과 [주(住)]가 아닌가. 의복과 식사와 주택 그 자체가 생활이란 말이다. 우리는 옷에 대하여 믿는 자다워야 하고 하루세끼 식사에 대하여 깨달은 이를 닮아가야 하고 HOUSE에 대하여 法界스러워야 한다. 중생을 벗어났다고 믿는 자가 더욱 衆生色이 짙은 것은 [生活]을 잃었기 때문이다.

얻는 것이 있으면 반드시, 기필코, 꼭 잃는 것이 있다. 이것이 질량불변의 법칙이기 때문이다. 너무 득(得)에 환호하지 말고 너무 실(失)에 참담해 하지 말라. 우리에게는 [生活]이 있지 않는가. 의복과 식사와 주택이 있는 따뜻한 생활이 당신을 구원할 것이다.

우리에게서 생활을 빼앗아가는 〈의복문화〉와 〈식사문화〉와 〈주택문화〉는 암(暗)적인 [무명의 영향력]이지 文化가 아니다. 그러므로 [生活文化]를 창조해 가는 것이 생활불교를 완성해 가는 길이다. 완성해 가는 길을 우리는 [바라밀 법]이라 한다.

의식은 뇌식이다

우리의 두뇌(BRAIN)는 뇌식을 담고 있는 그릇이다. 뇌식은 일상용어로는 그냥 〈생각〉이라고 부르는 그것이다(제6식). 무의식은 두뇌식이 아니고, 따라서 무의식은 생각이 아니다. 무의식이란 것이 무엇이며 이 무의식이 어떻게 기능(FUNCTION)하느냐 하는 질문은 정신신경학계의 미래연구과제이며 또는 〈깨달음〉에 대한 해명학이 될 수 있는 기능을 가질 수 있을 것이다.

조사들의 어록을 읽어보면 전부 몽(夢꿈), 환(幻환상), 포(泡물거품), 영(影그림자)과 같다(如하다). 왜냐하면 조사들은 무의식이 FUNCTION(기능)하는 언어를 구사하고 있기 때문이다. 그러므로 무의식의 세계는 번거롭지 않고 피로하지 않고 곤(困)하지 않다. 물론 싫증도 없다.

만일 우리가 이 무의식의 기능을 의식의 기능에 접속시킬 수만 있다면 피곤함과 싫증이 없는(무유피염無有被厭) 대단한 천재적 의식이 될 것이다. 일체의 보살 마하살이 그러한 분들이고 과학자와 예술가 들이 그러한 이들이다. 이들은 〈창조〉라는 것을 하는 것이다.

뇌는 단 한순간도 쉬지않고 기능한다. 왜냐하면 폭포수와 같이 쏟아지는 〈생각〉들을 BRAIN은 담아내야 하기 때문이다. 이런 분주한 뇌에 좋은 善기능을 주는 게 〈善〉이며 좋지 않는 기능을 주는 것을

〈惡〉이라고 말한다.

惡은 그것이 무엇이든지 짓지 말고(제악막작諸惡莫作), 善은 그것이 무엇이든지 봉행하라(중선봉행衆善奉行). 이것은 과거불 현재불 미래불이 동일하고 한결같이 하실 바 말씀이라고 전해 내려온다(七佛통게). 그것은 우리의 뇌에 번뇌가 끼지않는 안락함과 평화를 주기 때문이다. 물론 폭포수와 같은 줄기찬 두뇌 활동은 하면서 번뇌롭지 않아야지 두뇌활동을 멈추는 것으로써 안녕과 평화를 삼는 것은 악마의 법이다. 그러한 자는 일종의 환자(SICK MAN)에 불과한 것이다. 불교 문중에는 이런 류의 환자가 넘친다.

위선(僞善)과 위악(僞惡)이 만연한 것이 종교한다는 門中의 일이다. 말하자면 사선(思善)과 사악(思惡)이다. 생각(思)에 선악이 있는 것이지 과일에 선악과가 있는 것은 아니다. 육조 혜능대사가 경계한 〈선악에 대한 개념〉이다. 善이니 惡이니 하는 것은 진리門이 아니다. 行門이다. 상대적인 선악 개념을 어찌 진리의 잣대로 신봉하는가. 〈行은 無常한 것〉이고 잠정적이고 변화 선상에 춤추는 임시적인 것임은 부처님의 삼법인 법문에 나와있는 제일조다. 선과 악도 중생에게는 번뇌의 일종일 뿐이다.

우리 중생들도 매 순간마다 창조적이다. 空이라는 본래 모습으로 돌아가 있는 〈心空〉을 불러내어 일으켜 세우기 때문이다. 이보다 더한 〈창조〉가 어디에 있겠는가. 인간은 각각등 보체가 다 창조주라는 것을 가르키는 것이 깨달은 이(佛)의 가르침(敎)이다. 일거수일투족이 창조적인 手足의 일이며 일희일비가 다 창조적인 쌍곡선이다.

능여 스님, 부지불식간에 견성체험

능여(能如)는 신라 스님이시다. 하고 많은 세월동안 하고 많은 출가자가 있었겠지만 능여 스님의 이름이 지금까지 전해지는 것은 그의 〈見性체험〉을 공개적으로 발표한 최초의 스님이기 때문이다.

능여 스님은 경북 김천시의 뒷산인 황악산 자락의 직지사(直指寺) 스님이시다. 황악산의 동쪽 옆구리로는 추풍령이라고 부르는 고개가 뚫려있어 엄청난 내리막길을 내려오면, 들판에 김천시가 있고 연달아 구미 선산의 낙동강과 넓은 들이 이어져 왜관을 거쳐 대구까지 뻗어 있는 영남의 시작 부분이다. 김천 직지사는 사명대사의 출가 사찰로도 유명한데 인도 승 마라난타가 신라에 숨어들어 지은 고찰이다. 절이라기보다는 인도 스님의 은신처였던 토방을 뒷날 능여 스님께서 절다운 규모로 중창하셨다. 〈直指〉人心하여 견성성불하라는 바로 그 직지다. 금속 활자로 세계 처음으로 찍은 책 이름도 [直指]다.

능여 스님의 견성 체험은 이렇다. 참선을 하던 중 갑자기 〈부지 불식간(不知 不識間)〉에 견성 체험이 왔다(돈오). 그것은 지식으로 안 것도 아니고(不知) 인식(識)을 통해서 득입한 것도 아니다(不識). 견성 바로 전은 마치 죽음의 계곡에 와 있는 듯 知(앎)도 識도 온데간데없고 내 자신과 주위의 일체 사물들도 다 없어졌다. 마치 밑이 쑥 빠져 버린

쌀자루와 같이 全身이 텅 비었다. 그런데 〈느낌〉은 살아 있었다. 그러나 그것은 〈느낌〉이라기보다는 정확하게는 어떤 氣의 움직임(운運)이더라(느낌이 아니고 기운이더라).

또 이상한 것은 知와 識은 없어진 것으로 알았는데, 知와 識이 점점 또렷해졌다. 이 때는 이전의 知와 識과는 전혀 다른 것이었다(智라고 함). 知와 識을 불러온 그 氣는 태양보다 더 빛나는 빛(光)뿐이더라는 것이다. 맑고 밝은 知와 識을 운반한 氣는 내 전신을 다 비추었으므로 전신이 淨光과 光明으로 꽉 찬 것(충만한 것)같았다. 定(삼매)에서 나와(出) 出定하여 실험을 하기 위해서 부처님의 경전과 조사어록을 읽어 보니 부처님과 조사의 경지를 훤하게 알겠더라. 경전과 어록은 부처님과 조상님들께서 코 푼 종이에 불과하고 법문이라고 한 것은 모두 어린아이 장난같은 소리더라. 그래서 경전과 어록을 덮어 버렸노라. 참으로 기이하고 기이한 일이었다.

그 뒤 지금까지 천년이 넘도록 얼마나 많은 見性人이 있으리오만은 전부 그 견성 체험이 能如 스님의 진술과 작게 틀리는 부분은 있어도(小異) 큰 틀은 꼭 같다(大同)(大同小異). 그러므로 뒤에는 그 많던 체험담도 지겨워서 다 없어지고 지금은 누구도 체험담을 이야기하는 수행인은 없어졌다. 해봐야 이미 천 년 전에 공개된 그 소리라 객적어서 이야기 들으려 하지 않는다.

보통 〈공부 점검〉한다는 이야기는 이런 견성 체험의 여러 요소를 골고루 갖추지 못한 모난 체험이나 얼토당토 않는 독두의식을 가지고 견성 체험이라고 우겨대는 것을 가려내자는 것이다. 공부 시험은 많다. 초등학생도 시험을 보고 중학교 고등학교 대학교에서도 시험은 본다. 그러나 학교 시험을 다 보고 졸업을 했다고 해도 사회는 넓고 크다. 禪門에서 견성했다고 해도 학교 졸업과 같은 정도이고 成佛의 길은 한정 없이 깊고 넓다.

수행과 공부

옛날에는 수행과 공부를 붙여서 한 단어를 만들어 〈수행공부〉라고 말했다. 깨달음(오悟)은 갑자기 오는 것이라(돈頓). 수행을 열심히 하면서 그냥 주야장창 기다려야 하는 것이다. 얼마나 오랫동안 그리고 그것이 언제인가는 아무도 모른다. 어느 구름에서 비가 올는지!

그러나 공부는 순서(차례)를 놓치면 길을 잃는다. 길을 잃으면 헤매는 인생 밖에 될 수가 없어 죽도 밥도 아니다. 수행도 차례를 따라 하는 법이 古人들의 노력으로 많이 개척되어 있다. 공부는 착실하다. 살림이 착실하니 집안 형편이 좋아진다. 괜히 한번 뛰어넘어(一超) 여래의 땅에 들어간다(入如來地)고 떵떵거리면 패가(敗家)하고 실정(失情)하기 쉽다.

자신의(自身) 힘(力)을 따라서(隨) 수자신력하여 공부하고 수행할 것을 간곡히 부탁한 원효의 발심 수행장에는 적혀있다. 〈능력따라 하는 공부〉가 제일 행복한 공부다. 공부에 부담감을 전혀 갖지 말고 행복의 길을 찾기 바란다.

마음이란 무엇인가

마음은 불교 공부나 수행의 가장 핵심적인 문제다. 마음을 알면 일체종지가 이루어진다. 마음! 이 뭣고! 上學과 下學이 구족한 곳이며 깨달음과 미혹이 동침하는 곳이며 入道의 要門이고 出道의 요문이다. 검은 구멍과 공존하고 있는 하얀 구멍(white hole)이다. 화두참선에서 득처가 있을 때 한마디 일러보는 그것이 마음이다. 다시 묻는다. 이 뭣고? 마음이 무엇인고?

마음(心)은 식(識)이 아니다. 그러면서도 식 그 자체다. 그래서 불교는 공부도 식공부요 수행도 식수행의 길을 택한다. 5식(감각식), 6식(분별식), 7식(말라식, 사량식), 8식(아뢰야식, 종자 저장식), 9식(암마라식, 백정식)을 다 지나고는 식은 이름을 失한다. 그냥 마음이라고 부른다. 佛心이다. 佛識이라는 말은 없다. 識은 마음의 相도 아니다. 사주나 관상 수상같은 역학(易學)도 마음은 아니다. 識을 다 밝혀봐도 헛수고다. 마음은 그 어디에서도 찾을 수가 없는 것이다.

마음은 영(靈)이 아니다. 그러면서도 영 그 자체다. 그래서 기독교는 영을 간절히 구한다(간구한다). 하나님이라는 님이 있어 인간을 창조한 다음, 영을 불어 넣었다하니 진정 그러하고 그러하다.

마음은 氣(기운, 에너지)가 아니다. 그러면서도 에너지 그 자체다. 에

너지가 없는 것은 존재로써 존재 할 수가 없다. 태양계를 떠난 일이니 우주 밖의 일이다. 우리가 사는 태양계 밖에 또 다른 태양이 여럿이 있다는 게 천체물리학계의 주장이지만 관계없다. 만일 그렇더라도 우리 태양계의 일과 흡사할 테니까 말이다. 에너지는 色肉의 문제인 것 같아도 또한 엄청난 心의 문제다.

마음은 情이 아니다. 그러면서도 情 그 자체다. 혼과 백이 결합한 혼백이 情이고 精이다. 에센스가 모아진다는 精은 氣와 情이 같이 있을때를 형용한 말이다.

마음은 이렇게 정신적 육체적(물질적) 요소가 소주에 맥주를 섞어서 소맥을 만들 때와 같이 그런 상태도 완벽하게 섞여 있는 그 무엇이다. 그러면서도 모순이 전혀 없는 마음이다. 총체적으로 一心이다. 이 一心은 사멸(死滅)이 아니고는 깨어질 수 없는 물건이다. 죽고 난 다음에야 영과 혼과 백(肉)은 전부 제 갈 길을 가게 되어있다.

마음의 길(心路)

　사람들은 길을 따라 걷고 운전하고 한다. 바람도 넘어가는 길이 있고 쉬어가는 고개가 있다. 지구와 같은 행성도 길이 있다. 하늘 길이다. 고로 움직이는 것은 무엇이나 길이 있다. 마음도 움직일 때는 마음의 길을 따라 출입한다. 心路는 대략 3가지로 가르쳐진다.

　눈 · 귀 · 코 · 혀 · 피부라는 5감각 기능을 통해서 心路가 열려있다. 뻗어서 TOUCH하는 것을 [촉(觸, CONTACT)]이라고 용어했다. 촉은 마음이 나가서 부닥치는 것이고 되돌아오는 반사 작용은 [수(受, ACCEPT)]라고 이름 한다. 촉과 수는 出도 하고 入도 하는 우리네의 집 문짝과 같다. 五門이다. 나갈 때는 깨끗하게 다려입은 옷이었는데 세상에 出했다가 들어 올 때는 더렵혀진 옷을 입고 들어오게 되어있다. 나갈 때는 心法이었지만 들어 올 때는 色法을 짊어지고 돌아오기 때문이다. 色은 장애 물질이므로 우리는 色法에 걸려 넘어지고 쓰러진다. 번뇌하고 갈등한다는 말이다. 포교 할 일도 없는데 인간 출입을 너무 즐길 일이 아니다.

　〈생각〉을 통해서 마음은 생기고(生 · 起) 움직이고 出入한다. 이것을 〈想〉이라고 용어하고 〈분별심〉이라고도 용어한다. 〈분별〉이 우리의 마음길이다. 이것을 유식에서는 제6식(여섯번째의 識)이라고 하는 것인데 몸 바깥으로까지 나가는 前5식과 제6식은 〈外向識〉이다. 우리의 삶의 전선은 생각이라는 야전군 사령부의 전략대로 형성되는 전선이다. 肉眼과 天眼(망원경)을 통해서 相과 접촉하여 분별하고 판단한다.

우리의 생각은 보이지 않는 곳에도 생기고 활동하여 〈잠재의식〉을 형성한다. 잠재의식이라는 마음의 길도 있는 것이다. 心眼으로 찾아가는 길이다. 心眼은 혜안과 법안을 말한다. 이것을 우리는 보통 〈사량(思量)〉이라고 하는데 마음이 흐르는 心路의 하나다. 유식에서는 제7식이라고 한다.

제7식(말라식)을 心眼이라고 한다. 이 心眼이라는 마음의 길이 너무 편협하여 사고를 많이 친다고 아우성치는 곳이 불교다. 일단 外向識이든 內向識이든 마음의 길을 CLOSE하고 찬찬히 들여다보자는 것이 소위 말하는 마음공부다. 그래서 心眼을 넓히는 보수공사를 하는 것이다. 막힌 곳을 뚫어주고 굽은 것은 펴주는 작업이다. TOOL은 두 가지뿐이다. 혜안과 법안이 TOOL이다. 잘된 보수공사는 어떤 모습일까. 여러분께서 그 답을 얻는다고 애쓸 필요는 없다. 이미 깨달은 이(佛)의 가르침(敎)에 모두 나와있다. [나(我)라는 것이 새로운 ID CARD를 만들어] 心路에 드라이브 하러 나오는 것이다.

이상과 같이 〈受·想·思〉 3가지의 기능이 있어 마음의 통로가 되어주므로 無心은 有心이 되어 폭포와 같이 흐른다. 이 폭류와 같고 노아의 홍수와 같은 마음의 흐름은 때로는 〈欲폭류〉가 되고 때로는 〈번뇌의 폭류〉가 된다. 이런 폭류 뿐만이 아니다. 願폭류도 되고 보리(지혜)의 폭류가 되기도 한다.

마음은 상수(常數)가 아니다

　마음은 무한궤도를 달리는 변수(VARIABLE)다. 우주의 一氣(ENERGY)와 궤도를 같이하는 영원한 출렁거림이다. 인간의 무드(MOOD)와 인간의 템퍼(TEMPER)는 무한 변덕쟁이다. 마음은 기(氣)의 분(分, 한부분)이다. 마음은 〈기분〉이다. 기분이 올라가면(UP) 마음이 즐겁고 마음이 좋다. 기분이 내려가면(DOWN) 마음이 괴롭고 마음이 우울하고 마음이 힘들다. 희노애락우비고뇌의 8情이 전부 한 마디로 기분이다. 이 〈마음의 변수스러움〉을 내세워 3법인(三法印)을 세웠다.

　제행(諸行유위법)은 변수스러움 그 자체다. 유위법은 상수(常數)가 아니다. 〈제행무상〉이라. 제법(諸法, 존재라는 것)은 무아라 불교에서는 〈존재론〉은 발 붙일 곳이 없다. 존재라는 말 대신 온(蘊, 뭉치 덩어리)이란 용어를 쓴다. 오온이 개공이라 사람이라는 존재 자체(오온)가 이미 죄다 없는 것(空)인데 〈나〉라는 것은 무슨 〈쥐뿔〉같은 소린가. 〈我〉라는 것은 여몽환포영여로역여전이다. 있다면 꿈과 같고 그림자 같으며 물거품같고 이슬과 같고 번갯불과 같은 것이다. 우리가 하루만 살다가는 하루살이를 측은하게 생각하듯이 부처님은 100세 인생을 한 바탕 티끌을 휩쓸고 지나가는 미친바람으로 생각한다(일진 광풍).

불교에 존재론은 없다. 인식론 뿐이다. 〈마음먹기〉에 달린 것뿐이다. 그러나 몸(身)은 존재다. 有我다. 괜히 몸을 생각해서 有我와 無我 사이에 〈바보 같은 갈등〉을 하지 말지어다. 불교는 〈마음공부〉니까 몸을 제껴두고 거들떠보지 마시라. 몸의 有我를 생각하면 事法이 먹구름 덮치듯 하여 理法을 덮어버린다. 이것이 〈유식〉 공부의 주장이다. 마음 세계에 존재는 없고(心外 無境) 일체는 유식(唯識)이다. 유식이라야 마음의 空性(공함)을 읽어 낼 수 있다. 心의 空性을 읽어 내면 일체 고액을 건널 수 있음이라(조견법照見法).

이것이 〈實相은 열반〉이라는 것이다. 인간은 다들 저마다 상수(常數)를 가지고 그 상수에 의지해서 살아가고 있다. 이왕 상수를 가지고 사는 것이니까 유일 상수를 가지지말고 상수의 수를 늘려봄이 어떠한가. 상수가 많아질수록 변수에 가까워진다. 이른바 다양성이다. 마음을 알고 살아가는 것과 같은 효과를 가질 수가 있다.

EGO(肉因心)나 情이나 無明이나 생각(사량)같은 것들이 〈무한상수〉로 늘어나면 CHOICE도 무한하게 늘어 날 것이 아닌가.

마음이 보일 때

소는 바람을 본다고 한다. 동물학자들에 의하면 동물들은 거의 신비에 가까운 안 · 이 · 비 · 설 · 신 · 의 기능들을 가지고 있다고 한다. 인간은 동물들에 비해 오감(五感)의 기능이 현저하게 떨어진다는 것은 상식이다. 인간도 동물의 상태에서 시작한 〈종의 기원〉일텐데 왜 그렇게 五感이 떨어지게 된 것일까.

그것은 인간 두뇌(BRAIN)의 급속한 팽창 때문이다. 인간 두뇌의 팽창은 우주 팽창과 더불어 팽창이론의 二大 미스테리(MYSTERY)다. 두뇌의 기능팽창은 생각(念)의 팽창을 의미한다. 識도 念도 팽창이 되었지만 아직도 그 절정은 끝도 마지막도 없는 무한대다. 당신은 우주공학이나 전자공학 발전을 보고 놀라시는가. 앞으로 500년쯤 후에는 무엇이 어느 정도 발달하고 발전하겠는가. 그렇다면 1,000년이나 10,000년 후면 어떨까.

BRAIN이 하는 일은 아는 것(知)과 관계가 있다. 감각이나 지각이나 깨달음이나 알아차림이나 경험이나 체험이나 학습이나 지식이나 하는 것 등이 전부 우리의 두뇌가 하는 일이다. 바로 知라는 것이다. 견성(見性)도 性(본성)을 아는 것(見)이다. 見이라는 글자는 볼 견자지만 알 견자로도 읽히기 때문에 知와 통한다. 見자를 본다는 것으로 이해하고 견성이 무슨 물건찾기나 되는 것처럼 봤다느니 찾았다느니 하는 것 등은 넌센스다. 깨달음(覺)이라는 것도 무슨 특별한 보물발견이나 한 듯이 허세를 부리는 것도 NONSENSE다. 그냥 〈아는 것(所知)〉일 뿐이다.

知(見)는 위대하다. 〈知大〉. 알기 위해서 우리는 많은 방편(길)을 사용한다. 知를 향한 길(방편)은 수도없이 많지만 방편마다 특징과 한계가 있다는 점을 잘 알아야 한다. 불교적으로 도통했다고 해서 수학문제가 그냥 술술 풀리는 것은 아니다. 수학은 따로 학습해야 한다.

모든 공부는 모름지기 삼매로 할 일이다. 이것이 깨달은 이(佛)의 가르침(敎)이다. 왜냐하면 삼매라는 것은 〈즐거움의 극치〉이기 때문이다. 지금과 같이 두뇌의 팽창이 급속히 진행되는 세월에는 삼매가 어렵다. 〈지극한 즐거움〉은 점점 멀어져간다는 이야기다. 잡념(망념)이 많아서 순정에 마모가 많기 때문이다.

〈마음을 본다(見)〉는 문제도 〈마음을 안다(知)〉로 고쳐 읽지 않으면 〈본다〉는 것에 걸려 평생을 엉뚱한 노력만 하다가 결국은 허탕으로 끝나게 되는 것이다. 글자 하나의 이해가 결코 사소한 문제가 아니다.

마음의 꼴림 현상 情은 혼을 타고 다닌다.

불교에서는 처음에 우리 〈인간〉들을 그냥 소박하게 〈유정(有情)〉이라고 불렀다. 정(情)이 없었다면 태어남(生)은 없었을 것이기 때문이다. 이것이 生의 메카니즘 중에서 태어남의 비밀이며 존재의 전(全)이유다. 그렇다면 이 情이란 것이 도대체 무엇이란 말인가. 〈마음의 꼴림 현상〉이 바로 情이란 것이다. 젊잖게 표현하면 〈마음의 작용〉이다.

마음의 작용은 우리가 알 수 있는 것이 아니지만 그 작용(用)의 모습(相)을 보고 알 수 있다. 직접체험은 불가능하지만 간접체험은 가능하다는 이야기다. 이른바 기쁨(희喜)·노여움(노怒)·슬픔(애哀)·두려움(구懼)·사랑(愛)·싫어함(오惡)·욕(欲)이라는 일곱가지 情表(상相)다. 情은 이 일곱가지로 티를 낸다.

有情한 존재인 인간이 7情 위에서 UP&DOWN하면서 극락과 지옥을 두레박질하듯 오르내린다. 이 7情을 인지상정(人之常情)이라 하여 마땅히 없어지지 않고 있는 것(당유當有)이므로, 여기에 의지하는(依) 마음을 바꿀 수는 있어도(전轉) 없앨 수(멸滅)는 없다. 이것이 저 유명한 불교의 〈전의사상(轉依思想)〉이다. 의지하는 것(依)을 바꾼다(전변)는 법문이다.

부모님을 의지하지 않는다고 하여 부모님이 없어지는 것은 아닌 것과 같다. 그러므로 정은 불멸한다. 다시 말하면 情은 영원하고 무궁하다. 죽어도 정은 죽일 수가 없다. 왜냐하면 정은 혼을 타고 다니기 때문이다. 죽은 다음에 〈다른 형태로 재림한다〉.

죽음도 〈無常의 법칙〉下에 놓여있다. 사후에 死도 해체될 것이지만 해체된 후에 어찌 되는지는 예단할 수 없다. 인연의 법칙을 따를 뿐이겠지! 〈인연의 법칙〉은 이래서 〈무상심심 미묘법〉이라고 정의되어있다.

情은 가지런하지 못해서 질서정연한 것하고는 거리가 멀다. 정이 그러므로 인간이라는 존재도 질서정연하거나 가지런한 존재가 아니다. (맹자왈) 맹자 어르신께서 격물·치지·정의·정심·수신·재가·치국·평천하라는 유교의 八正道를 해석하면서 재가를 해석하신 맹자 왈이시다. 물론 불교도 마찬가지다. 다른 것은 오직 표현이다. 〈大道에는 문짝(門)이 달려 있지 않는 것〉인데 고금과 동서가(時와 공간, 時空) 따로 있겠는가. 깨달음을 어찌해야 얻을 수 있느냐는 수행자의 물음에 조주는 이렇게 대답했다. 〈동대문 남대문 서대문 북대문〉 곧 〈大道無門〉이다.

이 가지런하지 못하고 질서없는 情의 사정 때문에 불교에는 정을 미(迷어리석음)니 혹(惑유혹)이니 미혹(迷惑)이니 하고 나쁜 것으로 분류하고 있다. 마음의 끌림현상인 情은 〈정붙일 대상〉을 찾아 야단법석이다. 정은 항상 시끌벅적하다. 수행자들은 情이 없거나 정을 꺼린다. 생멸 門을 지나 진여 門에 나아가고자 하니 당연히 그렇지 않겠는가. 有情이기를 포기하고 無情이기를 바라는 참으로 난처한 〈뜨거운 감자〉들이 수행자들이다. 그러므로 출가자를 만나면 불가근 · 불가원(不可近 · 不可遠)하라. 너무 가까이 하여 친근하지도 말 것이며, 너무 멀리하여 소원하지도 말지어다. 중도나 중용을 배웠다면 이런 경우에 써먹으라는 것일 터이다.

정은 그 자체가 하나의 심체(心體)다. 8가지 마음(식) 중에 7번째 마음의 심체다. 말라식(생각식)이라 한다. 정은 매우 형이하학적인 존재이지만 동시에 심체이므로 매우 형이상학적(철학적)이다.

유교 四書의 〈大學〉에 해당하는 공부다.

명덕(明德 즉 性理)을 밝히고(明)(격물 · 치지 · 정의 · 정심)(明 明德), 교육을 베풀어야 한다고 배우며(치국 평천하, 治國 平天下)(신민, 新民), 중용에 머물 것을 배우는 것(수신 · 재가) (止於至善). 이것이 〈大學之道〉다.

정의 형이상학적(철학적) 과제는 〈氣論〉에 잘 집약되어 있다. 불교에서는 氣라는 용어를 쓰지 않고 〈無明〉이라고 용어한다.

情과 氣가 저지르는 과오(MISTAKE)가 너무나 크므로 이를 바로 잡아 바로 쓰자는 가르침(敎)으로 나아가는 〈종교〉이기 때문이다. 어리석고(迷) 유혹당하기 쉬운(惑) 마음의 끌림을 진실과 미소로 아름답게(眞善美) 가꾸어 나가자는 종교가 불교다. 情은 진선미가 될 수는 없는 것일까. 이것은 너무나 중대한 문제다. 왜냐하면 情이 〈일용하는 양식〉이기 때문이다.

명상의 목표

무릇 움직이는 동물은 RELAX가 요청된다. 心身을 놓아 버리는 것이 RELAX다. RELAX가 되면 인간은 HAPPY 하다고 한다. 행복이 만일 인간의 목표라고 한다면 어떤 방법으로든지 RELAX를 찾아야 한다. 그래서 어떤 RELAX보다 완벽한 RELAX로 평가받는 것이 명상법(MEDITATION)이다. 약물(MEDICATION)을 복용하지 않고도 RELAX되는 법이 명상법이다. 명상의 목표는 〈TAKE EASY(이완)〉다. 이런 상태는 숙면(깊은 잠)과 같으며 가사(假死)상태와도 같다. 이 때는 에고(EGO)가 없다. 나와 너(대상)라는 이중성(二重性)이 사라지므로 갈등이 있을 수 없다. 무의식의 상태다. 無記가 되어 가치의 세계를 멀리 떠난다. 참으로 좋은 시절(好時節)이다.

이완 명상은 모든 명상의 기본이다. 이완명상(RELAXATION)을 떠난 명상은 있을 수가 없다. 한문불교에서는 〈정(定)〉이라 용어한다. 이러한 이완명상(定)을 위한 방법론은 古來로 많고 많아 〈백천삼매〉라 칭할 정도다. 이런 백천삼매 중에서도 〈호흡관〉이 가장 대표적인 삼매법으로 전하여 내려왔다. 그래서 삼매는 〈콧구멍으로부터 나온다〉는 말이 있을 정도다.

눈과 귀가 어두우면 심대한 장애가 되지만 우리가 죽는 것은 아니다. 그러나 콧구멍이 닫히면 우리는 死한다. 들숨(흡, 吸, INHALE)은 산소 동화작용을 일으켜 에너지를 축적하고 날숨(호, 呼, EXHALE)은 사용된 에너지(탄소)를 해방시켜 외부로 방출한다. 콧구멍은 공기가 왕래하는 통로다.

삼매(定) 상태에서도 의식은 여전하다. 여전한 정도가 아니고 맑고 영롱하다. 이 定中의식이 어디를 향하게 하는가가 수련과 수행을 가름하는 분수령이다. 흔히 사람들이 〈마음수련〉이니 〈정신수련〉이니 하는 것들이 전부 영롱한 의식을 혼이니 영이니 하여(魂靈) 술(術, 기술)에 빠져버리는 인간들이 많다. 심령술사, 유체이탈, 기공, 단학 등등이 전부 이에 속한다. 이런 훈련을 지도하는 이들을 도사나 GURU라고 한다. 〈영적 깨달음〉을 추구하는 이들이다.

이런 수련과 훈련에 제법 종교적 의미와 이론을 부여하게되면 혹세무민하는 삿된 가르침(사교邪敎)가 된다. 몸속에 숨어있는 신비한 〈영적인 체험〉을 영성개발이라 하여 깨달음에 이른다고 하는 이론을 가지고 있게 마련이다. 사교는 광기(狂氣미치는 기운)와 동행하기 때문에 위험한 것이다.

영(靈)은 性이 아니고 감(感느낌)에 속하기 때문에 결국 情을 유발하게 되고 수행의 대상이 될 수는 없는 것이다. 물론 불교에서는 이러한 수련과 가르침을 배척하는 바이다. 이완명상은 마침표가 아니다. 〈집중명상〉을 같이 닦아야 할 것을 강조하여 선정(禪定)을 요구한다. 이른바 〈정혜쌍수(定慧雙修)〉라는 것이다. 우리가 말하는 화두참선은 집중명상의 대표다. 眞〈空〉이 이완명상(空무심)에서 온다면 妙〈有〉는 집중명상으로부터 온다.

무의식은 천부적으로 물든 마음이다

무명의 충동(BIGBANG)에 의해서 업식이 일어나는 것이 생명의 기원이다. 왜 무명이 업식에 BIGBANG 하는 것인지는 알 수 없다. 〈홀연히 일어난다〉고 하여 알 수 없음(不可知)을 감추고 있다. 하여튼 마음은 생명의 기원 때부터 업식으로 물든 마음(염심染心)이 되어있다. 좋게 물들던(淨心) 나쁘게 물들던(染心) 〈색안경〉을 끼고 탄생하는 것이 인간이다.

色(대상)에 자유롭지 못한 것이 중생의 운명이다. 오온(色·受·想·行·識)이 우리의 조건(세포조직)이기 때문에 오온이다(개, 皆). 空으로 돌아가지 않고는 고액과의 전쟁은 끝날 수 없는 운명인 것이다. 色이 없어진다고 몸이 없어지는 것이 아니다. 色에 있으면서 色에 自在로운 마음이 되면 〈色空〉이라한다. 정신세계(수상행식)가 없어진다고 識(마음)이 없어지는 것도 아니다. 정신없는 사람도(心空) 마음이야 없겠는가.

인연으로 서로(相) 엮이기(결結) 전에는 즉 〈인연상결(因緣相結)〉이전에는 상대나 나나 자유로웠다. 그러나 서로 얽힌 인연을 푼다고 하여 그리고 마음이 무의식으로 돌아간다고 하여도 흔적(업)까지 지울 수는 없는 일이다. 이것이 업의 법칙(LAW OF KARMA)이다. 생각을 잊고

(無念) 모습을 잃어도(無相) 지하(무의식)로 숨어든 생각과 모습은 불멸한다. 불멸한 것은 종자에 기록을 올린다.

心自在地(제9지)에 가야 업식을 물든 마음에서 분리시킬 수가 있다고 한다(제9지). 분리할 수 있으면 제거 할 수 있다(제10지). 뇌관을 분리하여 위험을 제거하는 폭탄 분해와 같은 것이다. 이상의 설명은 기신론의 〈상응 염〉과 〈불상응 염〉에 해당하는 부분이다. 의식(제6식)에 상응(RESPONSE)하여 일어난 후천적인 물듬과 상응에 관계없이(불상응) 독자적으로 무명업에 의해 생긴 본염(本染)이 있다는 말이다.

무의식 世界에서 일어나고 있는 일

유태인들은 이 세상에 많은 천재들을 배출한 민족들이다. 우리의 외부세계인 우주를 탐험한 과학자이며 사상가인 아인슈타인에 비견해서 우리의 내부 세계인 마음의 세계를 본격적으로 탐험한 과학자이며 사상가로는 프로이드(FREUD)가 있다. FREUD는 [무의식 세계]를 전면에 내세워 [의식 세계]를 중심한 인간의 사고체계를 뒤집어엎었다. 정신계의 혁명아로 높이 평가되는 사람이다.

프로이드가 무의식 세계를 탐구하는 초점을 꿈(몽夢)에다 맞추었다. 그의 [꿈의 해석(DIE TRAUMDEUTUNG)]이란 연구 논문(책으로 출판 됨)은 이미 인류의 고전이지만, 또한 고립무원의 사면초가를 자초한 단서가 된 책이기도 하다.

불교에서는 FREUD가 나타나기 거의 2천 년 전에 의식 세계와 잠재의식 세계와 무의식 세계에 대한 논의가 거의 끝난 단계에 와 있었다. 예로써 [꿈]은 몽중 의식이라고 하여 [독두의식]에 포함시켜 말하고 있다. 꿈은 무의식 세계의 근처에도 못가는 현상이다. 아마도 이번 세기(서기 2천년대)가 끝나야 서구인들에 의한 불교의 [식(識)]사상이 활발하게 소개 될 단계가 될지도 모른다.

제7식(말라)의 잠재의식 세계라든가 제8식(아뢰야)의 무의식 세계 같은 것이 모든 사람들의 상식이 되기까지는 22세기나 되어야 하겠지만 지금의 우리에게는 무의식 세계에서 일어나는 일은 알기가 심히 어렵다. 不可知!

복(福) 많이 받으세요

정월달(일월) 내내 듣는 새해 인사다. 복이란 〈행복〉의 줄임말이다. 복은 받을 수도 있고(수복受復) 지을 수도 있다(작복作福). 복은 대부분 利(이익)나 복지 등과 같이 물질적(色的)인 다행을 대변한다.

불교에서도 공양을 올리고 복을 빌 때는 떡이나 밥을 올려놓고 해야지, 그냥 말로만 해서는 효험이 없다. 절에 가서 주는 밥이라고 공밥만 먹고 오는 만행을 삼갈지어다.

부처님을 보통 복과 혜가 만족스러운 분이라고 하는데 걸식하는 이가 무슨 복일까 보냐고 하겠지만, 여기서는 깨끗한 복을 말하는 것이다(淨福). 탐내고 사납고 성내고 짜증내고 무지하고 어두운 마음을 버리면 깨끗하다고 한다. 깨끗해질 수 있는 능력을 능정(能淨)이라고 한다.

개도 복을 받는 것이 현대판이다. 막대한 유산까지 상속받는 개도 생겼단다. 개에게도 佛性이 있어서 그러한가. 아닐 것이다. 有爲的인 복은 그 대가를 치러야 하기 때문에 〈물질적인 복〉이라고 한다.

〈이 세상에는 모래알 같이 많은 강물이 있다. 이 많은 강에 있는 모래알의 숫자를 합한 것 보다 더 많은 일곱 가지 보석(칠보)을 받아 챙긴다 하면 그 복이 얼마나 크겠느냐〉고 금강경에서는 묻고 있다.

섣불리 크다고 말하지 말라. 몽둥이 30방을 면할 수 없다. 그러나 작다고도 섣불리 대답하지 말라. 이 또한 몽둥이 찜질감이다.

행(幸)은 원칙적으로 받을 수만 있지 만들어 가질 수는(作) 없는 행운을 말한다. 바라는 것이 우연히 또는 운이 좋아서 얻게 되는 것을 말한다. 요행히 다행스러운 것을 내 어찌 말리겠는가. 불행(不幸)은 행운이 따라주지 않을 때 일어난다. 운은 우리가 알지 못한다. 그러나 천안(天眼)이 아주 많이 열린 어떤 이가 운을 알아보았다.

年 · 月 · 日 · 時만 말해주면 전생과 금생과 후생까지도 그 흘러감(운행)을 다 알 수 있다. 사주학(四柱學)이 탄생한 것이다. 인생의 길 · 흉 · 화 · 복이 전부 사주 안에 그 정보가 고스란히 들어 있다는 말이다. 실로 이 사주 안에는 DNA나 識이 포함하고 있는 [생명정보]에 대한 비밀을 다 간직하고 있는 것이다. 불교에서는 이러한 〈생명정보〉를 업(카르마)이라고 하는데 물론 〈종자〉의 형태로 〈氣化〉하여 식에 스며있다고 하는 이론 체계를 가지고 있다. (유식학)

사주학을 하는 이들 권하여 말하기를 〈자기 사주는 자기가 알고 살아 가야한다〉고 말한다. 〈생명정보〉와 스스로의 〈경험정보〉를 알고 살라는 것이다.

행복하다는 것은 다른 것이 아니다. 불행하지 않는 것이 행복이다. 자꾸만 〈행복이란 것〉을 찾아 헤메다보면 인생 고뇌는 늘어나기 마련이다.

부처님 말씀(法)의 편집

부처님은 기원전 5세기(500년)쯤에 출현하셨으니 文字다운 문자가 있을 리 없었다. 부처님의 말씀을 후대에 남길려는 선인(先人)들의 노력은 가히 필사적이라 그들에게는 목숨과 바꾸는 중대한 일이었다. 부처님께서 가르치신(敎) 법(法)이 흩어지고 사라져 없어지지 않고 전승된 것은 실로 성스러운 최초 최고의 佛事가 있었기 때문이다. 이 불사를 〈결집(結集)佛事〉라고 말한다. 결집은 요새 말하는 〈편집〉이다. 네 차례에 걸쳐서 〈편집회의〉가 있었다.

제1차 편집회의

부처님이 돌아가시자 바로 편집회의가 열렸다. 때는 BC 544년이라고 고증되어 있고 장소는 왕사성에 있는 칠엽굴이였다고 한다. 가섭을 상좌로 삼고 500비구가 저마다 들은 부처님의 말씀을 외워내고 그 진위를 가려서 그릇됨을 골라내는 식의 편집방식이었다. 〈500결집〉이라고 한다.

그런데 부처님을 항상 따라다니는 제자는 1250인이라고 하니, (금강경) 칠엽굴의 결집에 참여하지 못한 500 남짓한 사람들은 칠엽굴 바깥에서 따로 모여 5비구를 중심으로 경과 율을 편집(결집)해 내었다고 한다. 말하자면 출가 때부터 같이 출가하여 그림자처럼 따라다닌

〈호위무사〉들이다. 싣달타 왕세자의 경호원으로 그의 부왕(父王)인 정반왕이 딸려 보낸 이들이다.

이 두 편집본(결집본)이 합본이 된 과정은 아직 자세히 밝혀진 바가 없지만 후세들의 편집회의에서 서로 보완되어 합본이 된 것이 아닌가 할 뿐이다.

제2차 편집회의

제1차 결집이 있던 때부터 약 100년 후에 비구 야사(YASA)가 700 비구를 이끌고 율장(계율)을 교정하는 편집회의가 있었다. (700결집) 그제나 이제나 출가자들의 파계행위가 늘 있어 왔으므로 가감법이 없을 수 없는 형편이 조성된 것이다. 야사의 부모와 아내도 교단에 들어와 최초의 우바새(남신자) 우바이(여신자)가 되고 〈호법세력〉이 생겨나게 되었다.

제3차 편집회의

제1차 결집이 있은 때로부터 약300년 제2차 결집이 있은 때로부터 약200년 후에 일천명의 비구가 모여 경(經)과 율(律)과 논(論)의 3장(三藏)을 확정짓는 편집 회의를 열었다. (일천경집) 새로이 논장(論藏)이 등장하였다.

제4차 편집회의

제4차 결집회의는 불멸 후 약 600년 때이니 AC100년(서력기원 후 100년) 때쯤이다. 500비구가 왕명으로 소집되어 3장에 대한 결판을 내어 더 이상의 시비와 곡절의 논의가 있을 수 없음이 공포되었다.

팔만대장경의 수본(首本)은 실로 6세기에 걸쳐서 〈왕조기록〉처럼 가다듬어진 불멸의 금자탑이다. 지금은 사경과 역경의 佛事는 있어도 편집불사는 있을 수 없는 일이다. 합천 해인사의 8만 대장경판이 그 좋은 예이다.

비가 오도다

비가 오면 생각나는 화두가 하나 있다.

약산 선사가 자기 문하에 낯선 승려가 보여서 그에게 물었다.

자네는 〈어디서 오셨는가〉.

그 승려가 대답하되 〈호남에 있다가 왔읍니다〉

호남은 호수(湖水)의 남쪽이란 말인데 양자강 이남을 말한다. 서울의 한강에는 호수가 없으므로 그냥 江南, 江北이라 부른다. 그런데 전라도를 왜 호남이라 부르는지는 유래가 분명하지 않다. 중국의 호남지방처럼 넓고 따뜻하기 때문인지.

약산이 다시 물었다.

〈동정호에 물이 가득 하던가〉

낯선 중이 대답하되

〈아직 다 차지 않았더이다〉

약산이 꾸짖어 개탄했다.

〈허다한 세월에 한량없는 비가 왔는데 아직도 호수가
 차지 않았더란 말이냐〉

중이 대답을 못하고 쩔쩔매다가 물러갔다.

당신의 마음은 호수 같은가?

산은 산이요 물은 물이다

이 말은 생전의 성철스님께서 종정자리에 계실 때 어느 해 신년사로써 인용하여 세간사람들에게 크게 회자된 語言이다. 뒷말도 없고 앞말도 없이 느닷없이 〈산은 산이요 물은 물이다〉라고만 하셨으니 얼마나 사람들을 놀라게 한 신년사인가.

이에 짝을 이루는 짝귀는 〈山是非山이요 水是非水〉라는 귀절이다. 물론 각각의 귀절은 是와 非를 다 포함해서 있다고 해석할 수도 있다. 왜냐하면 是(긍정)가 크게 나타나면 非는 숨고 非(부정)가 크게 나타나면 是는 숨거나 묻히거나 하기 때문이다. 是와 非는 정해 놓은 定法이 아니기 때문이다. 손등을 보일 때는 손바닥이 숨고 손바닥을 내밀 때는 손등이 안 보이는 것과 같다.

가짜라고 해도 완전 가짜는 사실 없다. 반진짜 반가짜이기 때문이다. 진품이 없는데 어찌 가짜라는 말이 성립될 수가 있다는 말인가. 진품을 흉내내지 않으면 모조품이란 말도 있을 수 없다. 〈山是山이요 水是水라〉고 하면 할말 다 끝난 것인데 〈山是非山이요 水是非水라〉고 한 것은 중생을 위한 배려다. 노파심이다. 장하다. 배려하는 자와 노파심하는 자는 인간의 이름 아래에서 위대한 자다. 如來는 이렇게 〈오신 분〉이다.

어떤 경지에 있는 사람들은 오신 분도 손님이라 귀찮아한다. 살불
살조(殺佛殺祖)한다는 이들이다. 그냥 일 없어 편안한데 골치 아픈 깨
달음(佛)을 거론하고 가르침(敎)을 생기게 했다는 것이다. 가르침이란
얼마나 지겨운가. 초등학교 때는 정말 학교 가기가 싫더라. 노는 것
은 하느님 같고 학교 가는 것은 원수와 같더라.

일체의 대립하는 생각과 개념과 작태는 전부 변견이라 한다. 한쪽
으로 치우친 견해라는 말이다. 일상 언어로는 편견이라고 한다. 是와
非라는 것이 가장 대표적인 변견이다. 여래께서는 有만 말씀하시거
나 空만 말씀하신 것은 아니다. 有도 나쁜 말이고 空도 몹쓸 말이다.
有로 하는 有爲도 허망한 일이고 空으로 하는 無爲도 쓸데없는 가법
이다. 여래께서는 오직 正見으로 하는 正사유를 말씀 하셨으니 이것
이 中道의 가르침 이다.

중생은 거룩하고 찬란하다. 적어도 깨친 이의 눈에는 그렇게 보인
다. 그러나 아무리 외쳐 보아도 중생은 이미 아귀로 변한 지 오래 되
었다. 최초 인간이래 역사(시간의 흐름)란 전부 〈아귀 변천 史〉라 해도
과언이 아니다.

我是我요 汝是汝다. 나는 나고 너는 너다. 살아있는 자는 전부 이
렇게 말한다. 我是非我요 汝是非汝다. 나는 나가 아니요. 너는 너가
아니다. 죽은 자를 일으켜 세우면 다 이렇게 말한다.

생각

〈각(覺)에서 파생(派生)한다〉고 하여 생각이란 단어가 생겼다. 인간은 生覺하는 동물이다. 생각은 大地法이다. 마음이 일어날 때는 반드시 무조건 동반하는 것이 생각이다. 이렇게보면 깨달음이란 그리 특별한 것이 아니다. 일체의 〈생각〉이 깨달음이지 어떤 특이한 게 없다는 걸 터득하는 것이 깨달음이다.

깨달음이 생각(生覺) 위에서 구현된다는 것은 매우 곤혹스러운 사실이다. 〈생각을 끊어야 한다〉는 것은 있을 수 없는 수행론이다. 그래서 부처님께서는 〈생각을 고요히 했다〉는 기록은 많지만 〈생각을 끊었다〉는 기록은 없다. 있을 수 없는 기록이다. 〈고요가 지극한 것을 끊었다고 하는 것〉은 중생의 소견이다. 고요함은 체(體)가 아니고 차별 현상이다.

생각이란 것은 〈각(覺)이 움직였다(生)〉는 말이다. 일체의 생각이 깨달음의 모습(相)이며 깨달음에 응하고자 하는(用) 몸짓이란 뜻이다. 그러므로 〈생각을 생각하라〉는 것이 〈불교의 생각〉이다. 결론적으로 말하자면 생각이 태초에 있더라는 것이다. 태초에 있었고 마침내 미래가 끝날 때까지 있는 것을 〈法身〉이라고 하는데 〈생각 身〉을 말한다.

마음이 일어나는 첫 모습(初相)은 알 수가 없어 불가지(不可知)에 속한다. 不可知를 우리는 보통 〈불가사의〉라고 한다. 안다는 것(知)은 생각(념念)에 속해있는데 생각의 종착역은 〈모른다〉라는 것이 아이러니하다. 달마대사는 〈불식(不識)〉이라고 소리쳤다.

선과 악

善종자와 惡종자가 결합되어 하나도 아니요(非一) 둘도 아니게(非二) 성질 되어있는 것이 인간이다. 물론 善종자도 惡종자도 아닌 무기(無記)종자도 있다.

인간은 그 자체가 선악과며 〈無記果〉다. 전적으로 善性도 아니요 전적으로 惡性도 아니다. 善도 내고 惡도 내고 無記도 낸다. 왜냐하면 인간은 수련성(隨緣性) 위에 성립하기 때문이다. 어찌 인간뿐이겠는가 모든 생명체는 모두 그러하다.

인연을 따르지 않으면 고난과 죽음이 있을 뿐이므로 〈생명체는 수련(隨緣)한다〉. 인간은 연(緣)을 인위적으로 조작할 줄 아는 놀라운 능력을 가지고 있다. 산술적 팽창만 하더니 지금은 기하급수적으로 그 능력이 팽창하고 있다. 인위적인 善惡의 과보가 일촉즉발 할 단계에 와 있다고 선지자(先知者)들은 아우성이다. 파이(PIE)가 너무 작아도 문제지만 너무 커져도 문제는 심각하다.

연(緣)은 인(因종자)을 도와 종자로 하여금 일어나게 하는 것이다. 그래서 종자(因)는 연의 도움으로 종자를 확대 재생산하는 결과(果)를 가져올 수 있다. 이것이 생물학적 팽창론이다. 因緣相結이라는 것이다. 그런데 이 人性의 선악 종자가 識(마음)에 내장(內臟)되어 있다는 것이 불교 이론이다. 우리의 〈마음(識)〉은 실로 〈종자창고〉를 일컫는 추상

명사라 해도 과언이 아니다.

그렇다고 종자 자체에 체(體)가 있다는 것은 아니다. 체가 있다고 하면 불교의 〈無常法〉에 위배된다. 단지 〈무상의 신속성〉이 번갯불보다도 더 빨라서 우리는 無常의 空性을 보지 못하고 따라서 알지 못하고 오직 有를 보고 알 뿐이다. 자성(自性)이라는 常法도 없고 신(神)이라는 常法도 없다.

마음은 自性도 아니고 神도 아니다. 인연상결의 현장일 뿐이다. 참으로 불가사의 한 것이 바로 〈종자〉라는 것이다.

우리는 종자를 알거나 볼 수가 없다. 다만 어떤 특정인의 선행이나 악행을 보고 즉 현상을 보고 그 종자를 가름할 뿐이다. 因과 果가 찰라를 통해서 〈동시적으로 결합〉되기 때문에 果에서 因을 밝히기가 어렵다는 것이다.

성자(聖子, SAINT)

불교에서는 세간의 성자를 〈有學〉이라 하고 출세간의 성자를 〈無學〉이라고 한다. 인도에서는 성자를 〈아라한〉이라고 불렀다. 기독교의 서양 종교에서는 출세간이란 것이 없으므로 서양의 성자는 전부 〈有學聖子〉뿐이다. 천주교의 수도원 수도승들은 어떠냐고 하겠지만 성서 자체가 世間有學을 말하므로 無學의 道를 벗어나 있다. 비교하자면 순수과학과 응용과학의 관계와 같이 〈同異의 관계〉라고 할 수 있다. 유학성자와 무학성자를 구분하는 갈림길은 아애(我愛)의 정도에 있다. 我愛가 남아 있는 7地보살까지를 유학성자라 하고 我愛가 없는 8地 이상의 보살을 무학성자라 한다. 〈愛〉는 집착심을 말한다. 그리고 〈집착된 愛〉를 〈情〉이라 한다.

수억개의 중생심 중에서 가장 강성한 세력을 가지고 있는 것이 〈愛 · 집착 · 情〉이다. 따라서 번뇌도 거의가 다 사랑(집착 · 정)때문에 일어나는 것이다. 아만과 아견등의 근본 4번뇌도 전부 아애 때문이다. 我는 물론 중생들의 망정(妄情)에만 존재한다.

그러나 이 망정에서 찾는 我말고 〈眞我, 진짜 나〉라는 것이 따로이 존재한다는 것도 의심스럽다. 그것은 번뇌가 다 없어진 열반의 경지에서 알 수 있는 常과 樂과 淨과 함께 있는 我를 말하기 때문에 열반을 증득하지 않고는 진짜 나를 알 수는 없다.

물론 聖者는 진아를 아는 사람을 일컫는다. 성자들에게는 제7식의 아집이 일어나지 않기 때문에 아집이 일어나지 않는 제8地, 제9地, 제10地 보살이 다시 등·묘 2각을 지나면 마침내 구경각인 佛地에 오르게 된다. 제13地가 불보살의 땅(地)이다.

무상(無常)

무상의 원흉은 〈시간〉이다. 만일 시간 개념이 없는 사람이 있다면 그는 〈항상〉있는 사람이다. 어찌 보면 〈개념 없는 놈〉이 최고로 달관한 사람이라고도 할 수 있다. 시간은 항상 공간을 대동하고 있기 때문에 시공(時空)은 한 단어로서 떨어져있지 않고 즉(即)해 있다.

무상은 공간(處)을 인정하지 않는다. 그러므로 時와 處는 가법이다. 時空은 실법이 아니라는 말이다. 또한 生老病死도 가법이다. 이것이 〈시애(時愛) 해탈〉이다. 시간을 사랑하는 것이 범부의 끝없는 집착심의 근본이다. 만일 時해탈이 된다면 바로 不動心을 얻게 되어 〈흔들리는 번뇌〉를 하지 않게 된다. 보살의 부동지라는 높은 지위는 이렇게 그 이름이 생겨났다.

인연이 변하기 때문에 무상하다고는 하나 과(果)를 낳기 때문에 아주 무상은 아니다. 前에는 인연이었지만 뒤(後)에는 결과다. 因과 緣은 그렇게 간단하게 무상한 것이 아니다. 이것이 〈因果 연기〉의 大法이다. 논에서는 〈非斷非常〉이라는 표현을 쓴다. 끊어짐이 없다(非斷)고 해도 상주불변하는 실체가 있는 것은 아니다(非常). 그러므로 과거를 因으로 한다든가 미래를 果로 삼는 것은 허무맹랑한 이야기다.

과거 현재 미래의 三世는 전혀 없는 일이다. 그러나 가법으로는 있다. 중생의 마음은 집착이 근본이므로 三世心이 있기는 하지만 알고 보면 三世心도 얻을 수 없기는 마찬가지다. 그러나 가법으로는 마음을 얻을 수 있고, 또 그렇게들 산다.

무상에 울지 않고 有常에 웃지 않는다면 心界가 편안하다고 한다. 소강(小康)상태다. 여기에다 환경(기세간)까지 편안하다면 大安이라고 한다.

소유된 악성(所有惡性)

종자의 형태로 惡이 내 마음 속에 소유되어 있는 것을 〈악심〉이라고 한다. 이 악심 종자도 종자가 가지고 있는 힘의 강약에 따라 현행(現行현재 진행형)된다. 相과 用이 아니고는 體를 나타낼 길이 없어 현행된 마음은 마음이란 체(心體)의 相分과 用分이지만 변행되는 과정이 있게 마련이다. 이 과정 때문에 相과 用은 體를 그대로 나타내지는 못하고 목성(木星)이 띠를 두르고 있는 모습 밖에 볼 수 없는 것이다.

마음에 소유된 악종자는 대략 10가지로 분류된다. 惡心所가 현행되지 않을 때는 〈혹(惑)〉이라 부른다. 이 惑은 해탈을 장애하여 암(CANCER)이 되는 종자다. 몸에 혹(TUMOR)이 있는 것과 같이 마음에도 혹(TUMOR)이 있다.

탐(貪)

욕(欲)에 결(結, 맺음, 뭉침)이 생기면 탐이 된다. 탐욕 또는 탐심이라고 하는 것이다. 욕이 악을 바로 불러 오는 것은 아니고 탐이 된 다음에라야 악과 맺음(結)이 생겨난다. 욕심 없이는 못 살아도 탐심 없이는 살 수 있다. 욕심은 인성(人性)이다.

진(嗔, 瞋)

탐이 탈출구를 찾지 못하면 중생이 분출하는 EXIT(出口)가 〈성냄〉이다. 미워하고 분해하고 억울해하고 몸과 마음이 불안하고 불편해서 방방 뛰는 것이 성내는 마음 心所다. 죄와 악의 근본이 된다.

치(痴)

아는 것(앎)이 병이 들면 어리석다고 한다. 앎이 없으면 어리석을 것도 없다. 밝지(明) 못하다(無)고 하여 무명(無明)이라고 한다. 무명한 인간은 물음(의심)을 일으키지 못한다. 이 때의 치심은 〈癡心〉이라고 쓴다. 멍텅구리를 말한다. 가똑똑이는 〈痴心〉이라고 쓴다.

이 탐·진·치 세가지 惡心은 우리의 현생과 후생을 삼악도에 헤매게 하는 심소(심소유)다. 삼독심(三毒心)이라고 한다.

탐심은 물질을 소유하고 싶어 하고, 어떤 정신을 소유하고 싶어 하고, 무엇보다도 나(自我)를 소유하고 싶어 하는 것이다. 자신(나)을 내가 소유하는 것이 아집(我執)이고 他(타인 또는 事物)를 내가 소유하고 싶어 하는 것을 법집(法執)이라고 한다. 한마디로 〈이기심(利己心)〉이라는 것이다. [제법 무아]가 이기심에 대한 최종 병기이기 때문에 부처님 법문에서 삼법인(三法印)으로 확정되었다.

성냄(분노)은 자비를 방해하여 자기 마음에 맞지 않는 일체의 물(物)과 心을 상대로 불길(火道)같이 맹렬한 마음이 일어나는 것이다. 성냄은 결과적으로 그리고 원인적으로 〈자비〉를 불살라 없앤다. 佛門을 〈자비문중〉이라고 하는데 성냄(진심嗔心)이 넘쳐나는 이 욕계(사바세계)

에서는 분노가 가장 큰 〈악성(惡性)〉이다.

〈성냄은 欲界에만 있고〉 색계 무색계라는 上二界에는 없는 현상이다. 心이 병들면 그 처음 징조가 성냄이다. 일체의 공과 덕(功德)을 추락시키는 요소다. 三毒心 중에서 욕계에서도 해결 할 수 있는 것이이 진심(嗔心)이다. 탐욕(欲)과 無明은 욕계에서는 해결이 되지 않는 惡性 惡心이다.

우치는 無明의 그림자가 끼인 知이므로 〈지적장애〉를 일으키는 심소다. 중생은 알고보면 다 〈지적 장애자〉이다. 본래 한 마음 즉 佛性이 바로 〈知〉다. 그러나 발지(發知)를 하지않으면 혜(慧)가 생기지 않는다.

우리의 의식이 잠재의식 〈제7식(말라식)〉에 의지하여 일어나므로 發知는 결국 말라식(무명)에 대한 도전을 말한다. 우리의 의식에는 無明이 항상 행해지고(恒行) 있다(恒行無明).

소유된 선심(所有善心)

선심은 이미 업종자의 형태로 일체중생에게 소유되어 있다. 어떤 특정한 업종자의 업력(KARMA POWER)의 강·약에 따라 현행(現行)이 천차만별할 뿐이다. 물론 끝없는 현행을 통해 업종자는 강성(强)이 되거나 약성(弱)이 된다. 〈학과 습(學習배우고 익히는 것)은 업의 어머니다〉

心(識)은 心所有(心所 즉 업종자)에 의하여 생긴다. 왕은 신하 없이는 존재하지 않는다. 고로 心所(有)는 마음(識)의 相分(대상)이다. 식(마음 見分)이 體라면 心所는 相이고 用이다. 업종자가 되어있는 善心은 소유된 선심(所有善心)이다. 대충 11개로 분류해 놓고 있다.

믿음(信) : 어느 분야에서도 깨달음이 있다는 확신
참(慚부끄러울) : 개인의 사적인 잘못을 부끄럽게 생각하여
　　　　　　반성하는 심소
괴(愧) : 공적인 잘못을 부끄러워하고 반성하는 심소
무탐(無貪) : 이기심 없는 마음
무진(無瞋) : 성내거나 짜증을 내는 것이니 여유있는
　　　　　　마음이 없음
무치(無痴) : 무지를 일으키지 않는 마음

근(勤) : 한길(一路)로 정진, 매진, 돌진하는 업종자

경안(輕安) : 마음이 새털같이 가벼워져서 안락한 것

불방일(不放逸) : 늘어지거나(放.방임) 일탈함이 없이

　　　　　　　허랑방탕하지 않는 우리에게 소유된 善心

행사(行捨) : 버림(사捨)을 行함이라 〈번뇌의 무거움〉을 버리고(捨사)

　　　　　　흥분하여 들뜨거나 우울함에 빠지는 걸

　　　　　　떠나는 것(離)

불해(不害) : 타인의 뇌(BRAIN)를 번거롭게 하지 않는 것이니

　　　　　　공갈·협박·욕·폭력·살(殺) 등의 해로움을

　　　　　　행하지 않는 자비한 우리들의 心所

　이러한 여러가지 마음 속의 업종자를 心所有가 된 善心이라 한다. 이러한 업종자의 강약(强弱)에 따라 善行의 강약이 있게 된다.

　善心 중에서는 자비심(불해不害)이 가장 중요한 주된(主) 요소이고 나머지 善心所는 도우미(반伴)가 된다.

무상 개공(無相 皆空)

〈空〉은 〈연기〉의 내용이다. 서로 內外가 없다. 그러므로 불교의 연기법은 空사상이다. 겉(外)으로 보면 병(瓶,BOTTLE,연기)이고 안(內)으로 보면 空이다.

그런데 한 발만 더 나아가 〈無는 有가되고 有는 無가된다〉고 하면 사람들은 헤매기 시작한다. 그러다가 〈철학적〉이라고 하면서 접어두고 외면한다. 여기다가 즉(卽)이라는 글자가 첨가되면 까마득하여 혼란의 상태로 빠져든다. 〈道論〉이라고 멀리한다. 色(有)·卽·空이나 空(無)·卽·色(有)이라는 말은 염불쯤으로 알고 지낸다.

연기를 유식 용어로는 〈依他起〉라고 하는데 이 때의 他는 緣을 지칭한다. 〈의타기〉에서 他를 빼면 空이 된다. 내 마음에서 너(他)를 빼면 [너]에 대해 나는 空이다.

이런 식으로 마음 속의 心相을 하나하나 비워나가면 心空이 되련마는 세월은 하수상하다. 그래서 수행자들은 세속의 인연을 대폭 줄이기 위해 出家의 길을 택한다. 그러나 또 새로운 法緣을 만들게 되어 희비는 엇갈린다.

일체의 존재는 상(相)을 가진다. 마음(心)에 相을 가지는 것을 心相이라 하거니와 두 글자를 합해서 〈想〉이라고 한 글자로 쓴다. 心相

(想)을 마음의 때라고 말한다. 이 때(구垢) 때문에 마음은 청정하지 못하다.

마음은 더럽고 마음은 천하다. 네 마음도 더럽고 천하며 내 마음도 더럽고 천하다. 마음에서 樂과 淨이 몰락하는 것은 이 想때문이다. 보살 제2地를 이구지(離垢地)라고 한다.

마음에 때가 빠지면 心光이 나타난다. 보살 제3地 發光地라고 한다. 보살 제3地라고 한다(3地보살).

마음(心)과 相을 분리하는 수행이 空觀수행이다. 이 공관수행을 통해서 〈受〉〈想〉〈思〉를 떼어내어 분리수거 하고 나면 心空이 들어남으로 무상 개공(無相 皆空)을 얻어 보게 된다.

〈受〉〈想〉〈思〉를 떼어 낸다는 것은 心所有(마음이 소유한 바)를 떼어 낸다는 것이다. 범부들의 마음이 소유하고 있는 相(凡所有相)은 이것들(是)이 전부 다(개皆) 허망한 것이다(皆是虛妄개시허망). 만약에(若) 이러한 心相(想 : 心소유상)이 非相(또는 無相)인 줄 알면(見) 즉시(卽) 여래를 친견(見如來)할 것이니라. (금강경)

이러한 心의 때로 붙어있는 相(想)을 유식에서는 [相分]이라고 용어한다. 우리가 나무를 본다고 할 때 [나무]라는 이름(NAME)과 나무에 대한 IMAGE는 그림자(影)로써 心에 먼저 와 자리 잡고 있었던 것이다. 이 미리 자리잡고 있는 影想을 통해 우리는 나무를 인식하는 것이 순서로 딱 定해져있다.

일체의 有爲法은 그림자와 같다(如影). (금강경)

이렇게 相分을 통해서 相을 보는 것이 有爲法이다. 누가 있어 相

分을(心所有) 통하지 않고 物과 相을 본다면 그는 바로 十地보살이다. 이 때의 相을 實相이라고 한다.(법화경)

이렇게 상분을 경과해서(연으로 삼아) 뻗어 나가는 연기를 반연(꼬인 인연법)이라 하고 유전문(流轉門)의 유전 연기라고 한다. 生死로 흘러 들어가(流) 굴러다니는(轉) 인연법이라는 말이다. 중생은 반연(꼬인 인연)을 거두어 들이지를 못 한다(환멸문 또는 환멸연기).

무분별의 분별

선문에서 주장하는 지혜는 [무분별심]이 하는 [분별]을 말한다. 이게 무슨 말인지 오리무중하고 얼떨떨하다. [얼떨떨한 놈 그 자신이 알도록 내버려두라]로 할 것이지만 그리되면 낭패다.

인생길 험한 길에서 낭패가 가장 크고 높은(高大) 패라고는 하지만, 이것은 낭패를 푼다는 걸 전제로 한 말이지 미궁 속으로 굴러 떨어지는 것을 찬탄한 건 아니다.

무분별심은 잘못된 용어 사용이 관습화된 것이다. 무분별심은 제8식인 장식(藏識)을 말한다. 장식은 감추어진 식이므로 심리학에서는 [무의식]이라고 용어한다.

사량과 분별이 딱 끊어졌을 때는 장식 속에 있는 사량분별력만이 활동을 하게 된다. 다시 말하면 무의식이 가지고 있는 의식(사량분별력)이 움직인다는 것이다.

사량과 분별은 의식(제6식)에서도 하고, 잠재의식(제7식 말라식)에서도 하고, 무의식(제8식 아뢰야식)에서도 行한다. 제일 두드러진 분별 활동은 [의식(제6식)]에서 한다. 의식은 外向식이라 눈, 귀, 코, 혀, 피부, 그리고 두뇌의 여섯 가지 기관과 합동 작전으로 하기 때문에 현저하게 나타난다.

그러나 제8식 감추어진 의식인 장식의 무의식세계에서는 사량하고

분별하는 일이 너무도 미세하고 미미하고(힘이 없다) 흔적이 없을 정도
라 누구도 알아채지 못한다.

　제8식이 하는 분별은 업종자를 분명히 인식하는데 집중되어 있다.
제8식은 內向識이다. 정신이 하는 일을 분별해 낸다. 제8식 아뢰야식
은 자기가 존재 할 수 있게 해주는 자기 몸속의 일을 인식하는데 집
중되어 있다. 內向 분별력이 강하다. 제8식에는 눈, 귀, 코, 입, 피부,
뇌의 감각기능을 빌리지 않고 인식하므로, 몸 바깥에 있는 것을 인식
하되 개념도 없고 名도 없고 相도 없이한다.
　제8식의 인식활동은 분석도 없고 판단도 없고 추리 작용도 없어
제6식인 인식세계로 나올 때는 [의미가 없는 것]에 불과하다. [무의
미]하다. 무분별심의 분별이므로 무의미하다.
　여섯 가지 기관이 그냥 할 일이 없으니 無事하고 조용하고(적적寂
寂) 태평하고 번뇌가 없어 고통이 사라졌을 뿐이다. 이것이 무분별의
분별이다. 무분별의 분별에 대해서는 식(識)과 견(見)에 대한 담론이
주제다. 다시 말하면 識大와 見大의 두 가지 위대한 心性에 대한 담
론으로써 [불교 性理學]의 최대 주제며 과제다.
　見은 앎을 말한다. 앎 중에서도 만나봄으로 아는 것. 대면해서 아
는 것을 말하지 추측이나 사유를 통해 아는 것과는 구분된다. 추측하
고 사유하는 것은 제6식(의식, 두뇌식)에 귀속되는 앎이다. 분별지라고
하는 것이다(기신론에서는 분별사식이라고 함).
　見은 [나타나는 것]이지 인식작용으로 있는 게 아니다. 그래서 見
은 중생의 입장에서는 나타나 있는 대경(對境)이므로 相으로 존재한
다. 제7말라식이 見을 相으로 보아 見大를 삼는 것이 두고두고 우환

덩어리가 된 것이다. 我相이 일어난 최초의 실마리다. 바둑에서 패착(실패한 착륙작전)이라고 말하는 것에 해당한다.

기신론에서는 3세6추의 여섯가지 거친 모습 중에서 제일로 꼽는 지상(智相)이다. 見(智)을 相으로 밖에 알지 못하는 것, 또는 相이 되어 버린 智를 말한다.

이것이 인생 비극의 1막이다. 이리하여 비춤(조견照見)은 세(勢세력)가 꺾여 굴종을 감내해야 되었다. 깨달음을 얻어 봤자 너무 늦었다. TOO LATE. 돌아보니 황성옛터에는 잡초만 우거지고 해는 이미 西山에 걸려 있더라. 후생이 있거니 하는 기약 없는 약속에 기대어 볼 뿐이다.

무분별은 그리 어려운 개념이 아니다. 분별없음이 무분별이다. 제8식(무분별)에는 제6식(분별)의 자리는 없더라는 이야기다. 어렵게 생각 말자. 제8식은 제6식의 분별(뇌기능)을 내치고 자기 자신의 분별을 가지고 놀고 있더라는 것이다. 우리는 이것을 무분별의 분별이라고 이야기한다.

분별이나 무분별이나 다 앎에 속하는 문제다. 앎을 알고 보니 의식과 잠재의식과 무의식에서 하는 앎의 모습이 다르더라. 구조적으로 그리되어 있다.

정작 제일 중요한 문제는 무분별(무의식)이 가지고 있는 분별은 무엇인가 하는 점이다. 왜냐하면 이것을 찾아내는 것이 佛性을 아는 것이고 見을 大로 높이는 일이 되기 때문이다. 이것이 性을 본다는 [見性]이지 그 외에 잡다한 초견성이니 2지, 3지~10지 같은 허접스러운 소리는 잡소리라고 크게 꾸짖고 [돈오돈수]를 주장하신 이는 우리 시대의 성철스님이시다.

경상도 사람들은 물러터진 걸 싫어하는 성품이 강하다. 보조국사 지눌이 물러터져서 돈오점수의 사탕발림을 늘어놓은 것을 못마땅해 하셨다. 둘 다 높은 법문이지만 사람의 기질에 따라 달라질 뿐, 그 자체야 돈수나 점수나 무슨 허물이 있겠는가. 메치는 것만 장하고 엎어 치는 것은 허접스럽다는 건 그냥 웃어넘기면 된다. [자네 형편대로 하시게]하는 것은 어른들의 말씀이다. 어른들은 애들처럼 보채지 않는다.

분별은 두뇌식인 제6식의 분별이나 잠재의식인 제7말라식의 사량 분별이나 무의식 세계인 제8아뢰야식의 무분별의 분별이던 간에 [智論]에 해당한다.

론이라는 글자가 들어가면 눈살부터 찌푸리는 사람들이 많지만 부처님과 조사들(佛祖)의 언어표출을 정리하고 분류하여 중생에게 제공한 [불멸]하는 불사다. 삼장에 기록되어 팔만경판에 새겨 천추만대에 전한 값진 것이다.

智의 문제는 佛性이 유일하게 가지는 공덕장이다(佛性공덕). 법신부처님도 알아야 하고 보신 부처님이신 노사나 불도 알아야한다. 근본지도 있고 후덕지도 있으며 관찰지도 있고 평등지도 있다. 無生지도 있고 차별지도 있다. 속지(俗智)도 물론 있고 출세간지도 있다. 이러한 智는 불과를 이른 후에도 계승되므로 글을 달리해야 될 것으로 본다.

무명은 끊어 없앨 수 있는가

불교의 교리는 전부 수행과 직결되어 있다. 교리는 동서남북을 가리키는 지남철과 같다고 한다. 그러나 지남철 자체가 동서남북은 아니기 때문에 동서남북이 그곳에 있는 것은 아니다. 지남철만 들여다보고 동서남북을 연구하는 것은 기능공과 같다. 그러나 지남철 자체가 SET UP이 잘못되어 있다면 길을 가봐야 헛수고다.

일본은 〈장인정신〉이 강해서 지금도 그리고 앞으로도 교리연구를 하자면 일본의 불교서적을 보지 않으면 불교 공부는 불가능하다. 우리나라는 기능공을 천대하고 입신양명하여 벼슬이나 명성이나 날리는 풍조가 되다보니 나침판 만드는 공장이 문을 닫은 지경이다. 앞으로 우리나라 불교에도 장인들이 많이 나와 빛나는 불교문화를 선양하고 부처님의 영광을 드높이기 바란다.

깨달은 이(佛)의 가르침(敎)은 〈佛性발견〉, 즉 〈見性〉에 집중되어 있다. 그러나 견성의 내용은 부처님에 의해서 이미 公表되어 있다. 그럼에도 불구하고 견성을 무슨 〈私的인 경험〉쯤으로 생각하고 私有化하려는 풍조는 몹시 개탄스럽다. 모범답안은 이미 다 작성되어 있다. 문제가 있는 곳에는 답이 먼저 나와 있는 법이다.

견성에 대한 모범답안은 지혜와 자비로 되어있다. 교리공부를 통해 이러한 지혜와 자비를 〈간접경험〉하던 수행을 통해 〈직접경험〉을 하던지 간에 그 眞善美는 〈人格〉 위에 구현되어야 한다.

부처님은 人格이다. 〈化身〉이란 것은 인격을 말한다. 비로자나의 法身은 부처님의 인격이 되었고 아미타불의 보신(報身)은 부처님의 인격에 형성되어 있다. 참으로 불가사의한 人格身인 부처님의 化身이다.

중생의 인격은 〈無明身〉이라고 한다. 이 무명신을 더 구체적으로 표현해서 〈三毒身〉이라고도 한다. 탐身·진身·치身라는 것이다. 그래서 下品無明인 三毒身을 어느 정도 수습 할 수 있다는 이론(異論)이 있을 수 없다. 그렇다면 ORIGINAL한 원품무명까지도 단멸할 수 있을 것인가 하는건 가장 큰 문제로 대두된다.

〈연기한 삶〉은 〈윤회한 삶〉이다. 그러므로 삶은 진여스러움도 당연한 것이고, 무명이 노출되는 것도 피할 수 있는 것이 아니다. 그러나 마명의 기신론에서 진여는 〈無始〉이며 〈無終〉이라하고 무명은 〈無始〉이지만 〈有終〉이라고 되어있다. 무명의 시작은 알 수 없지만 무명은 끝낼 수가 있다는 것이다.

마명존자도 〈홀연히 사라지는 무명〉을 더 이상 추적하지 못하고 결국 아미타불을 끌어들였다. 염불수행이다. 아미타 부처님은 그가 성불하기 전에 48가지 원(願)을 세워 원 바라밀을 완성한 법장 비구였음을 주목하지 않으면 안 된다. 염불수행으로 득도한 이들이 수도 없이 많지만 전부 도교적인 〈無爲〉에 빠져들고 마는 것은 〈원 바라밀〉을 행하지 않았기 때문이다.

석가모니 부처님께서도 출가 이전에는 엄청난 철학자였음이 초기 경전에는 수도 없이 나타난다. 그가 인도에서 태어났다는 것은 철학의 요람지에서 탄생했다는 중대한 뜻을 가진다. 그 때는 인도 대륙이 세계적인 철학과 사상의 보고였었다.

그래서 석가모니의 명상을 사유선(思惟禪)이라고 부른다. 결국 부처님은 진여와 무명과 철학을 통틀어서 〈전면적인 善性〉으로 化하신 化身佛이 되셨다. 그가 베푼 〈善行〉은 법시(法施, 진리의 보시)가 되어 인류의 영원한 보물창고(보장寶藏)가 되었다. 이것이 석가모니 부처님이 위대한 까닭이다. 삼계의 대도사이시며 四生(태생, 란생, 습생, 화생)의 자비로운 어버이가 되신 것이다. 육조 혜능스님의 〈不思善〉〈不思惡〉과 같은 〈思善〉이 아니다.

무명은 끊을 수 있는 것인가

그 시작(始源)을 알 수 없기 때문에 영원히 해결되지 않은 사건(미제사건)인 무명은 영원히 우리들의 미궁 속에서 춤을 춘다. 우리의 오래전 선조님들인 조사들께서는 이 미제사건에 현상금을 내걸고 수행자들을 독려했다. 그 현상금은 바로 깨달았다고 [인가]하는 것이다.

조사님들은 간도 크시다. 밀전(密轉비밀리에 전함)을 하신다. 마치 밀주(密酒)를 담아 몰래 술장사를 하듯이 면허장을(心印) 만들어 장사를 하신 것이다.

밀주는 알고 보면 좋지만은 않은 不良酒다. 그러나 재산이 없던 그 시절에는 愛酒하던 好酒였다. 가난했던 시절에 마셨던 그 밀주 맛을 어찌 알겠는가. 시큼틸틸하고 골이 띵하고 트림이 많이 나오는 그런 술이었다.

無明이란 것(存在)이 춤을 추면 생각이 따라 일어나 같이 춤추며 노래한다. 혹자는 마음이 춤을 춘다고 생각할지 모르지만 그렇지 않다. 마음은 [그냥] 응해 주었을 뿐이다. 왜냐하면 응해주도록 되어 있기 때문이다. 일종의 [心的 메카니즘(MECHANISM기계론)]이다. 마음이 應身이고 마음따라 움직이는 몸이 化身이다. 마음으로 생긴 인간은 바로 〈응화신〉이다. 우리들의 석가모니 부처님도 人格身인 응화신으로 분류된다. 身이 一身이므로 마음은 바로 法身이며 진여는 바로 보신(報身)이시다.

인간은 마음과 진여에 응한 것이므로 응신이고 무명 망심에 의해 변화되므로 중생이라는 化身이 되었다. 인간은 응신이며 동시에 화신이다. 이것을 〈衆生佛〉이라고 부르기도 하지만 다 기신론의 여래장 사상에서 나온 이야기들이다.

무명에 의해 촉발된 不起門의 마음과 진여는 처음에 [생각(念)]을 일으키는 〈作意〉心所 이 생각의 핵심은 [혹(惑)]이다. 관심이 생긴다는 것이다.

홀연히 무명이 일어나서 생각을 일으키고(念起), 생각이 일어났다는 것은 惑하는 마음을 뜻하는 바. 이 때까지는 무명의 근본적인 본래 역할이다. 이른바 〈본래 무명〉으로써 물을 수 없는 개념이다. 보통 先天的인 것이므로 스스로(自) 그러한 것이라(然)하여 자연적 메카니즘(MECHANISM)에 속하기 때문이다.

우리가 보통 무명을 끊는다는 것은 인간의 마음에 내려앉은 무명(생멸심)이라는 〈무명심소〉를 말한다. 심소가 된 무명은 〈치심(痴心)〉이라고 이름을 달리한다. 〈본 무명〉에 대해서는 〈지말무명〉이라고 한다.

무명은 기(氣)다

리(理)를 불교에서는 진여(眞如)라고 한다면 기(氣)는 무명(無明)이다. 또한 진여와 氣는 〈연기〉라는 말 대신 〈훈습薰習〉이라는 용어를 쓴다. 그러므로 진여는 훈습한다고 하고 무명도 훈습한다고 한다. 身과 口와 意(생각)로 짓는 일체의 행위는 身行 口行 意行의 三行을 이루지만 한번 행한 것은 절대로 사라지는 것이 아니다.

파도가 스러진다고 물이 없어지지 않는 것과 같다. 행위의 뒤에는 반드시 어떤 끼침의 힘이 제8식에다가 업종자로써 남는다. 업종자(행위의 뒤끝·열매)는 세력(POWER 氣)으로 남는 것이지 그냥 없어지는 것이 아니다. 생물은 〈生物的 세력〉을 남기며, 물리적 또는 화학적 세력을 남기는 것이 아니다. 生物的 파장(WAVE)이며 生物學的 그림자(影)다. 훈습은 향이 옷에 스며있는 것과 같음이다.

무명의 훈습에 의하여(依 無明훈습) 식이 일어난다(所起識). 무명이 훈습하는 것은 진여(眞如)다. 무명이 진여에 훈습하면 식(識)이 일어난다. 그러므로 식은 태생적으로 ½ 무명(생멸)과 ½ 진여를 가지고 있게 된 것이다. 이것을 眞如門과 生滅門이라는 二門을 세워 설명한 이가 마명(아스바고사)論師이시다. 이런 이론은 물론 전부 부처님의 〈12연기〉 법문에서 나왔음은 두말할 필요가 없다. 부처님은 12연기에서 무명은 지난 세상(과거생)의 번뇌가 〈習으로 남아 있는 세력〉이라고 법문하셨다.

어쨌거나 무명이 진여를 훈습하여 〈識〉이 일어나는데 그래서 식장(識藏)이자 업장인 제8식이 제일 처음 형성되는 것으로 이 〈眞如 화합식〉을 〈아뢰야식〉이라 한다고 마명 논사께서 대승기신론에 기록으로써 놓았다.

이 무명은 제6의식(분별사식)으로 하여금 치 심소(痴 心所)를 가지게 하여 인간의 심리에서 가장 뿌리깊은 번뇌로 작용하는 것이다. 이렇게 무명의 훈습에 의하여 식이 일어나는 것은 부처님의 지혜로서만 능히 알 수 있는 것이다.

만일 수행인이 法身을 증득하면(약증법신若證法身) 작은 부분의 앎을 얻을 것이요(得少分知). 보살의 제10地에 이르러 구경지에 미친다 하여도 다 아는 것은 불가능하다. 왜냐하면 이 마음은 본래부터 〈자성청정自性清淨〉하지만 불가사의하게도 無明과 같이 한다는 사실이다. 이같이 동석한 무명이 끊임없이 自性진여를 〈훈습〉하여 물든 마음(염심染心)이 있게 되는 것이다. 훈습은 반연(攀緣)하는 것을 말한다.

영원불멸하는 자성청정심이 어찌하여 오염된 생멸심으로 나타나는지는 그 깊은 연기에 대해서 범부는 알 수가 없는 까닭으로 부처님의 법문을 〈믿고〉 따를 뿐이다.

무기(無記)와 無心

禪門 수행에서는 일초직입(一超直入)하여 무심지(無心地)에 들어감을 최대 최고의 목표로 삼는다. 한번 뛰어서 초월한다는 것을(一超) 선문에서는 [돈(頓)]이라 하고 교문에서는 [홀연(忽然)]이라고 용어한다.

깨침과 무명은 번갯불에 콩구어 먹듯이 갑자기(돈) 그리고 신기루같이 뜬금없이(홀연) 나타나지, 생생한 〈일상적인 의식〉 속에 속한 일이 아니다. 일상적인 의식에 잡히면 교리가 된다. 돈오와 홀연무명은 신비체험이므로 교과서에 담을 수 없어 해오문(解悟門)이 굳게 닫혀있다. 〈은산철벽〉이란 화두 참선 수행자들이 解悟門을 닫아 걸어버린 모습을 형용하는 용어다.

하도 은산철벽(SILVER MOUNTIN,IRON WALL)에 오래 갇혀 있다보니 은산을 무너뜨리고 철벽을 부수고 난 뒤에도 기어 나오지를 않는다. 아마도 모든 氣力을 다 소모했기 때문일 것이다. 이렇게 [행동하지 않는 깨침]을 불교에서는 無記라고 한다.

[행동하지 않는 지성]과 같은 것이다. 학교 문 밖에는 인간의 삶이 홍수처럼 흘러 매일매일 地水火風의 천재(天災)와 인재(人災)가 횡행한다. 인간의 말들도 가로로 말했다가(횡설) 세로로 말했다가(수설) 난장판이다.

여차하면 [약육강식 法]에 걸려 땅에 묻힐지(매장) 모르는 일이므로 문 밖은 살얼음판이다. 중생은 홍수와 살얼음판에 노출되어 있다. 이 때를 당해서 눈감고 교문 안에만 있는 지성을 행동하지 않는 지성이 라고 한다.

불교에서 〈행동하지 않는 깨침〉은 그 자체의 논리를 가지고 있다. [無心]이라는 것이다. 무심은 워낙에 大法이라 우주와 짝을 맞추지 중 생의 小法 小事에는 마음 쓸 일이 없다. 마침 돈도 없고 하니 돈 쓸 일도 없다는 식이다.

무기심(無記心)이나 善心이나 惡心은 어느 것이나 마음(心王)이 아니 다. 마음이 일어났을 때의 마음 작용에 불과하므로 心所有(心所)로 분 류된다. 망식이며 망심이며 망상이다.

우리가 〈자비〉라는 것을 말하지 않아도 사랑은 본래부터 있다. 굳 이 자비가 가르침이 된 것은 참 부자연한 일이지만 [자비文化]가 있 어야 할 바를 人世는 절대적으로 필요로 하기 때문이다.

하나님은 사랑이시고 공자는 仁이시며 부처님은 자비이시다. 사랑 文化와 仁 文化와 자비 文化때문에 예수와 공자와 석가는 [出現]한 것이다. 出生했다고 하지 않고 出現했다고 하는 것은 중생과의 관계 에서 나온 언어 표현법이다.

善心도 아니고 惡心도 아닌 非善非惡인 無記心은 있다. 존재다. 어 디에 존재해 있는가? 識中에 內在해 있는 물건이다. 최초의 〈연기된 마음〉인 識을 아리야식이라고 하는데 이 아뢰야식은 [이숙무기]라고 딱 정의되어 있다. 공식이다.

果는 因에 緣이 개입되어(가미加味) 생기는 결과를 말한다. 그러므로 결과에는 因도 녹아있고 緣도 녹아 있지만 因의 본래 모습 그대로도 아니고 緣의 본래 성품 그대로도 아니다. 果는 因과 緣의 소치이지만 因과는 다르게 緣과도 다르게 익은 과일과 같다. 이숙(異熟) 果(VIPAKA 비파가) 뿐이다.

아뢰야식은 전생의 과보로 생긴 識이지만 종자의 형태로 과보가 저장되어 있어 선악은 보이지 않는다. 이것이 〈이숙 무기〉라는 것이다.

밝은 태양아래 놓인 등불

한낮의 밝은 태양 아래서는 등불이 필요 없다. 밝지 않은 어두운 곳에서는 등불이 필요하다. 깨달아서 밝은 이에게는 8만4천의 대장경이 별무소용이다. 마치 밝은 태양 아래 놓인 등불과 같기 때문이다. 이 때는 그 경지가 어떠할까. 능여(能如)라고 부르는 선사가 그가 깨친 경지를 진솔하게 털어 놓았다.

능여는 신라때 스님으로 김천에 있는 직지사의 능여암이라는 암자에 살았다. 추풍령을 굽어보는 황악산에 있는 암자다. 육이오사변때 불타고 지금은 빈터로 남아있다. 직지사는 밀양의 사나이 사명대사의 출가 사찰이다. 능여스님은 세속에서 사서삼경의 유학을 열심히 공부하다가 직지사에서 삭발하고 승이 되었다. 뒤에 큰절에서 암자로 옮겨 죽기살기로 밤낮주야없이 화두에 몰두하여 깨치기를 발원했다. 그러다가 어느 날 한밤중에 드디어 깨쳤다. 견성했다고 하는 것이다. 그는 성격이 좀 용감한 사나이였던지, 그 경지를 약간이나마 표현했다는 사실이 놀라운 분이다. 견성한 이들 전부 〈꿀 먹은 벙어리〉가 되어 겨우 방(방망이)이나 할(꽥하고 내지르는 큰소리)등의 〈동작〉을 사용하는 것이 대부분이다. 이후로는 견성한 경지를 조금씩이나 내뱉는 이들은 전부 이 能如선사의 표현을 빌렸다.

그 순간에는 자기도 알지 못하는 사이에 앞도 끊어지고 뒤도 끊어진 태허공(太虛空)에 쑥 빠진 것을 인식한다는 것이다. 앞뒤가 끊어졌다는 것은 물론 前念과 後念이 다 끊어져 [분별심]이 탁 끊어진 [순간]이라는 것이다. [무 분별심]의 상태가 되었다는 것이다. 이 때는 [죽음의 상태]와 꼭 같은데 죽음과 한 가지 다른 건 의식은 여전히 뚜렷하다는 것이다. 소위 말하는 무분별심중의 분별이라는 것이다. 이 때의 분별은 여태까지의 의식과는 전혀 다른 [별개의 의식]으로 의식하는 것이다. 특별한 별천지의 세계였다는 것이다. 의식이라는 것이(물론 특별한 의식) 있는 한에는 느낌도(感) 있기 마련이다. 識과 感은 한 쌍이기 때문이다. 견성의 때에 능여선사가 특수의식을 통해 느낀 것은 光과 明이었다는 체험담이다.

자기의 내부에 [光明이 충만]하여 시방세계(十方世界)에 충만한 光明과 더불어 무한한 광명세계가 전개되더라는 것이다. 충만한 心光의 충동(기운)때문에 부지불식간에 일어나 [광란의 춤]을 추었다는 것이다. 미친 사람의 난폭한 춤처럼 전후와 두서와 박자 따위하고는 전혀 관계가 없었다는 이야기다. 한바탕 神明을 쏟아 낸 다음에는 하도 이런 현상이 이상하고 기이해서 부처님의 경전과 조사의 어록들을 꺼내놓고 읽어보았다고 한다. 신통방통하게도 부처님과 조사 어록들의 경지가 자기 느낌 그대로 들어나는 것이 밝은 태양아래 놓인 등불과 같더란다. 이는 불조가 [증명해준 것]과 같으니 더 이상 의심 할 것은 없다고 하였다. 뒤에 능여선사는 고달팠던 달마조사의 고행이 [이 일] 때문이었다고 하는 찬탄하는 文을 지었다. 이른바 조사서래의 祖師께서 西쪽으로 來한 까닭(뜻意)이라는 것이다. 이후의 행적이 없는 것을 보면 아마도 空寂 무위의 세계로 귀향하신 것 같다.

배움(學)

배움에는 보통 두 가지로 본다. 지식을 통해서 아는 것, 경험을 통해서 아는 것. 경험이든 지식이든 [이치]를 아는 것이 배움이다.

지식은 경험에 비해서 아는 속도가 빠르다. 지식은 [新지식]이다. 그러나 힘이 되는 것은 경험이 앞선다. 지식은 습(習)이 되는 것에 많은 시간을 소요한다. 習이 되어야 氣가 되어 공허하지 않는 지식이 된다. 힘이 된다는 것은 업종자에 대한 수정작업이 된다. 上向이든 下向이든 힘이 뻗어나가는 방향에 있는 것이니 각자가 알아서 할 일이다. 경험은 [오랜 경험]이라서 견고하다.

그러나 경험은 일반화(GENERALIZE)되는 과정을 통해서 이치로 나아가지 않으면 매우 사적(私的, PRIVATE)인 울타리 안에 갇히게 된다. 이 사적인 울타리는 종종 [신비한 것]이 되어 世人을 당황스럽게 한다. 당황스러움은 대부분 황당함으로 변한다. 큰 배움(大學)은 참으로 어렵고도 끝이 없다. 고수(高手)가 아니면 지식과 경험을 같이 한다는 것은 어려운 일이다. 자칫하면 흉내나 내는 것이며 사이비라는 비판을 감수해야 한다.

큰 배움의 길(大學之道)을 유학에서 천명하되 밝고 큰 性을 밝히고 (明德), 반드시 다른 사람을 새롭게하는 공덕이 있어야 하며(新民), 상대적이 아닌 스스로 그러한 절대 선에 이르러야한다(至善). 이 세 가지가 저 유명한 큰 배움의 [三大강령]이다.

강령이 있으면 실천방법이 제시되어야 한다. 사물의 이치를 궁극에 이르게까지 파악하고(격물(格物) · 치지(置之)), 마음을 자주 자주 다잡아(성의(誠意) · 정심(定心)), 바라밀법을 행한다. (수신(修身) · 제가(齊家) · 치국(治國) · 평천하(平天下))

이것이 소위 [8조목]이라는 것인데 팔정도의 불교수행 방법에 해당한다. 물론 8정도는 대승불교에 와서는 바라밀 수행으로 대치되었다. 보시, 지계, 인욕, 정진, 止, 관, 원, 力, 智가 10바라밀 법이다.

번뇌

번(煩)은 우리가 분주하여 피곤해지는 것을 말한다. 그 중에서 우리의 〈뇌(BRAIN)〉가 분주해서 피곤해지는 것을 〈번뇌〉라고 한다. 팔다리가 분주하여 피곤해진다고 해서 번뇌라고는 하지 않는다. 그렇다고 뇌 자체가 아프지 않는 건 아니다. BRAIN DAMAGE가 생기는 것은 뇌라는 기관이 아픈 것이다. 이 때는 의사가 치료를 시도한다.

뇌는 〈생각〉을 담는 그릇이다. 이 생각은 〈신경〉을 통해 전신으로 내려보내고 또 역류하여 거슬러 뇌로 돌아 온 것을 갈무리한다. 그러므로 우리가 생각이 없거나 없는 상태가 될 때는 〈무뇌(無腦)〉라거나 〈무신경〉이라고 한다. 그러나 〈자율신경〉은 무뇌일때 즉 생각이 없을 때도 작동한다. 아무 생각 없다고 몸의 기본적인 기능이 정지되는 건 아니다. 피는 흐르고 침은 솟는다.

우리가 삼매에 있을 때(入定)도 생각은 끊어졌지만, 신체와 생리는 그 기능이 삼매 이전과 같다. 入定(삼매)은 死와 같지만 삼매자가 사자(死者)는 아니다.

色은 영원히 空이 아니다. 空이 될 수 없다. 우리가 〈무색(無色)〉이라고 할 때는 〈色心〉이 없다는 무색심을 말한다는 것을 알아야 한다. 방안에 앉아서 삼천리를 본다고 하여 벽이 허물어지는 현상이 있는 것은 아니다. 있을 수가 없는 일이다.

분주하면 피곤해진다. 피곤해지면 지치고 짜증이 난다. 마음도 육신과 똑같아서 뇌에 과부하(OVER LOADING)가 생기면 피곤하고 지치고 짜증이 난다. 〈번뇌〉가 생기는 최초 모습이다. 뇌는 건강한 〈그냥 뇌〉가 아니고 〈번뇌〉가 되어 힘들고 병들게 된다. 〈그냥 뇌〉가 〈번뇌〉가 되었다가 마침내는 〈병뇌(病惱)〉가 된다. 이 병뇌를 일상용어로는 〈미쳤다〉고 한다.

종교도 과하게 되면 사람을 미친 인간으로 만들 수 있다. 곱게 미치지 않고 신기(神氣)까지 있게 된다. 점잖게 〈맹신〉이라고 하지만 미친 인간의 꼬락서니다.

각각등 보체마다 과부하가 되는 한계상황이 다르므로 자가 진단이 늘 따라야 한다. 그리고 일면으로는 용량을 꾸준히 늘려 가는 지혜가 필요하다.

번뇌를 또 다른 말로는 〈혹(惑)〉이라고 한다. 혹은 유혹의 줄인 말이니 TAMPTATION을 말한다. 이것을 또한 기독교에서 사탄이니 악마니 하고 부른다. 그러나 혹은 번뇌를 유발하는 심소를 말하는 것이지, 혹이 곧 번뇌인 것은 아니다. 혹이란 것은 〈미필적 번뇌〉이긴 하지만 종교에서는 이 〈미필적 고의〉를 엄중하게 다스린다. 마음에 있을 때는 혹(惑心)이고 머리(뇌)로 나오면 번뇌다. 고로 번뇌는 혹일 때(마음에 있을 때) 다스려야지 번뇌가 되고 나서는 다스리기 힘들다. 번뇌를 다스릴 때는 혹독한 고통과, 때로는 엄청난 비용이 든다.어떤 이는 스스로 목숨을 끊어 자살하기도 한다.

그런데 놀랍게도 번뇌는 다함이 없다(번뇌무진). 따라서 우리의 합장도 다함이 없다. 마음을 추스리는데는 〈합장〉만한 행동도 드물다. 번뇌 인간들이 왜 합장하는 풍속을 멀리하게 된 것인가 하는 문제는 불가사의하게 난해하다. 〈입이 떠드는 종교〉가 판을 치고 부터라고 본다. 마음은 입에 제압당했다. 〈말씀 종교〉의 시대다. 이 세속은 입이 잘난 것이 제일이 되었다.

번뇌는 노동이다

마음이 피곤한 것은 안에 있어야 할 마음이 바깥 일을 따라가기 때문이다. 우리의 매일 매일은 〈LABOR DAY〉다. 이런 일상에서 공휴일을 가지는 것이 수행자들이다. 〈맨날 공휴일〉이면 이 세상이 어찌 되겠느냐고 한다면 분수를 뛰어넘는 생걱정이다. 맨날 공휴일이라도 세상은 잘 돌아갈테니까 걱정을 말더라고. 맨날 공휴일 하자는 것이 불교 운동 아니겠는가. 왜냐하면 번뇌는 무겁고 무거운 중노동이기 때문이다.

번뇌는 병(病)이다. 식병(識病)이다. 이 병은 고치기가 심히 어려운 모양이다. 그래서 선사들께서 타협안으로 내 놓은 것이 〈번뇌 즉 보리〉라던가 〈생사(생멸) 즉 열반〉이라는 言表들이다. 참으로 중생을 현혹시키는 세치 혀의 정점을 이루는 말들이다. 선가의 이런 표현들은 아뢰야식(제8식)이 진망화합식(眞妄和合識)이라는 공식을 선적인 언어로 표현한 것에 불과하다.

우리의 아뢰야식은 번뇌(妄)와 보리(眞)가 화합된 물건이며 생사(생멸)와 열반(무생멸)이 화합되어 있다는 논지(論旨)니까 말이다. 이 때의 〈화합(化合)〉이란 단어는 화학용어가 아니다. 어떠한 물리적 작용을 가해도 분리시킬 수 없는 化며 合이기 때문에 〈非一(同)이며 非二(異)〉라는 것이다.

식(識)이 편안하면 열반이며 식이 불안하면 생사(생멸)다. 식 이외에 열반을 찾는 것은 깨달은 이(佛)의 가르침(敎)이 아니고 이교도들의 〈경지불교〉다. 또한 번뇌가 열반을 동행하지 않으면 노동이다.

범람하는 존재들

물이 흘러넘치는 것을 〈범람〉이라고 한다. 하천이 흘러 넘쳐 벼밭 (논)을 덮치는 것을 우리는 많이 보고 자랐다. 일 년 농사가 반타작이 될까 봐 농부는 마음이 급하다. 우리의 의식이 몸 밖으로 흘러 넘쳐 나면 일체의 존재들은 다 相(모습)으로 변한다. 識이 연기하여 외계의 존재들과 만나 전부 식의 相分이 된다. 식의 먹거리가 相分이다.

범람해서 넘쳐나는 세상의 상분들을 티끌(塵)이라고도 부른다. 진상(塵相)들이다. 이 진상들(티끌)을 번뇌로 삼는 중생은 [참 딱하다]고 연민(자비)하신 이가 부처님이시다. 이렇게 相分(티끌)에 연기하는 〈식연기〉가 妄연기며 〈변계소집〉이라는 것이다. 相分에 나와 너와 일체 중생들의 변계소집이 엉켜서 중생계는 티끌세상(진세塵世)이 되었다. 그런데 이러한 티끌을 실제의 실법이라고 망염하여 끌어안고 살아가 니 중생의 삶은 고달프다는 것이다. 누구나 다 엉망진창의 예토에 코 를 박고 산다.

물론 바스반두(세친)조사는 티끌세상의 주범을 제7식 말라식에 있 다고 하는 것이 그의 유명한 주장이다. (유식 30송) 식의 세계를 낱낱 이 다녀온 조사이기 때문에 信할 따름이다. 말라식이라는 의식 너머 의 제7식이 있어 이놈이 제8식의 인식하는 능력(見分)을 〈我〉라고 집 착하기 때문에 티끌세상(진세塵世)이 벌어졌다고 하는 것이다.

말라식이 왜 생겼는지를 우리는 물을 수 없다. 그러나 보살의 8地 이상에서는 이 〈情識〉을 알 수 있다고 한다. 아리야식의 無記性은 이 情識을 통해서만 현행하기 때문에 안·이·비·설·신·의라는 제7식 이전의 〈의식〉을 전부 물들인다고 한다. 이 情識(제7말라식)은 我를 인정하기 때문에 我때문에 생기는 4번뇌(아애·아만·아치·아견)를 해결하는 것을 〈멸진정〉이라 하여 〈구경각〉에서만 가능하다고 한다.

생명체는 원래 [기고만장(氣高萬丈)] 한 것이 특징이다. 4번뇌는 氣며 情이다. 다른 생명체보다도 氣운이 높아야 살아남는다. 어떤 이유에서든지 기가 약해지면 약자(弱者)가 된다. 생명들이여 부디 기고만장하여 강자가 되어봄이 어떤지.

법계에 들어가다(入法界)

우리에게 제일 중요한 것은 삶이다. 우리에게 제일 중요한 것은 깨달은 이(佛)의 가르침(敎)에서도 제일 중요하다. 그러므로 불교는 삶에 대한 가르침이다. 혼동되고 무지한 중생의 삶에 대하여 자연스러움과 부자연스러움을 가려서 번뇌의 고통을 이고득락(離苦得樂)하자는 것이 불교다.

그래서 성급한 사람들은 일체의 가르침이 다 괜한 평지풍파라 하기도 한다. 바람(風)은 원래 하늘에 있고 물과 바다는 平地에 있다. 平地에 풍파가 있는 것은 불교에서는 치심(痴心 또는 無明)때문이라고 한다. 그러나 바람이 없어 파도 현상이 없으면 동물도 사람도 다 死한다. 다행인 것은 法界에는 平地도 있고 風도 있고 구름도 있어 기류(氣流기의 흐름)가 있다는거다. 법계는 모순(창과 방패)같고 혼돈같은 것이 서로 상응하며(卽사상) 조화를 엮어내는 큰 세상이다.

화엄경에서 선재동자는 53 선지식을 찾아가 낱낱이 배워서 모순과 혼동을 무애(無碍 : 걸림이 없음)하는 법을 터득한다. 선재동자는 [卽하는 삶]을 깨쳤다. 이것을 법계에 들어간다고 한다(入法界).

진흙 속에서 연꽃을 피운다고 한다. 火山의 잿더미 속에서도 잎이 솟는다. 알고 보면 법계는 찬란한 꽃의 세상(화장세계)이다. 단지 우리의 삶이 어렵기 때문에 가르침도 어렵게 에스컬레이터(상승上乘)했을 뿐이다. 만일 우리의 삶이 쉽고 편안해진다면 가르침도 아주 쉽고 편안한 것뿐일 터이다.

모순되고 혼동되고 어려운 法界에 살면서 [관] 하나없이 빈 몸으로 헐벗은 모습은 가엾다. 깨달은 이의 가르침(佛敎)은 당신에게 어떤 인생관을 가지고 入法界하라는 것인지 항상 스스로에게 물어야 한다.

분별(分別)이란 무엇인가

반연하는 마음의 작용을 분별심이라 한다. 보통 우리가 말하는 〈의식〉이라는 것이 알고, 깨닫고, 느끼고 하는 것은 〈반연하는 마음(반연심攀緣心)〉때문이다. 대상(대경對境)을 움켜쥐고 일어나는 마음이 반연심인데 이것은 우리의 마음이 불고기(不孤起)라서 일어나는 현상이다.

마음이 저 혼자서는(고, 孤) 일어날 수 없기 때문에(不起) 마음은 반드시 상대가 있어야 움직이고 생기고 일어난다. 이렇게 마음이 짚고 의지하는 대경(상대)을 반연이라 한다. 내가 당신을 생각 할 때는 당신이 반연이고 내가 하늘을 생각 할 때는 하늘이 나의 반연이다. 반연일 때 내 마음은 상대의 대경에 온통 가 있다. 이 때 우리는 〈마음을 뺏겼다〉고 말한다. 〈정신이 빠졌다〉라고도 한다.

마음의 반연하는 인연 관계는 천방지축이라 흩어진 마음(산심散心)의 온실이다. 그래서 우리의 마음은 항상 어수선하고 분주하다. 이것이 우리들의 후천기(後天記)다. 우리들 일생의 인생 기록이다. 〈산심록(散心錄)〉이다. 분별의 기록이며 일(事)을 분별했던 분별사식(分別 事識)의 기록이다.

이 분별했던 식(識)들은 〈기록물 보관소〉에 저장되는데 이 저장하는 보관기능을 아뢰야식이라고 한다. 한문 번역은 〈장식(藏識저장식)〉이라고하며 〈업보〉라고 부르는 것은 일반 불교다. 업보는 영구보존되므로 불멸(不滅)한다. 이렇게 영구보존된 업보는 종자의 형식을 띄므로 〈종자식〉이라고도 한다.

종자는 멸(滅)하면 더 이상 종자가 아니다. 그곳은 고요하고 고요해서 〈적멸(寂滅)〉이라고 하는데 선종의 삼매꾼들이 표현하는 定(삼매)중의 마음(定心)이다. 〈정중의식〉 우리들 散心이 분주하게 분별하는 분별 대상은 과거의 지나간 일들이 기준이 되는 과거심을 따르는 〈수념 분별〉과 아직 오지 않는 미래인 장차의 일들을 헤아려 분별하는 〈사량 분별〉이 양대 산맥을 이루고 있는 것이다.

삼매중의 〈空心〉에 돌아가 있을 때는 특수 분별인 〈定中 분별〉뿐이고 과거를 회상하는 수념 분별이나 미래를 헤아려 보는 사량 분별은 없다. 금강경에서는 과거심 불가득이요 미래심 불가득이라고 표현한 삼매심이다.

불교의 창조론

불교에도 창조설이 있다면 깜짝 놀랄 일이지만 이것은 사실이다. 창조라는 말은 불교 용어가 아니지만 사실상 그렇다는 것이다. 인(因)과 연(緣)이 서로(相) 결합(結)하면 어떤 결과(果)가 창출된다. 그러므로 인연법이 바로 〈불교적 창조법〉이다. 그러나 인연법은 〈현상법〉이다.

어떤 현상이든 현상(나타남)은 무상(無常)하다. 3법인에 처음 나오는 〈제행무상〉은 한도 없이 나타나고(立) 끝도 없이 부서지는(파破) 현상 諸行을 말한다. 〈諸行無常〉의 다른 표현이 〈인연법〉이다. 이리하여 창조(立과 破)는 시시각각으로 끝이 없다.

왜 당신은 고정관념으로 살아서 자유하고는 거리가 멉니까? 자유 정신이 부족하면 사람은 찌그러든다. 그래서 불교의 〈空〉과 〈無〉는 종교가 되고도 남는다.

인연법에 있어 연(緣)을 알기보다는 인(因)을 알기가 어렵다. 그동안 인류가 수천년동안 따지고 또 따져 봐도 〈一心이 因〉이라는 것이 불교의 일관된 설법이다. 우리의 一心은 부동 · 불변 · 無生 · 무몰(無沒)이다. 一心은 다만 출렁거릴 뿐이지만 心이 소유하고 있는 〈心所有〉인 〈종자〉가 출렁거림에 응하여 튀어나와 생멸법(生滅法)이 된다. 제행이 무상한 인연법은 현상법으로써 불교 용어로는 〈생멸법〉이라고 용어한다. 현재 마음이 소유하고 있는 종자인 〈심소유〉는 51가지로 확정되어 있지만 더 늘어날 개연성은 있다. 그러나 心所有를 착각하여 〈마음〉이라고 생각하는 것은 중생의 과오며 MISTAKE이다. 마치 집과 자동차 등의 물질과 출신학교 인물 등의 소유로 인간을 판단하는 것과 같다. 〈所有〉가 중요하지 않다는 것이 아니고 〈본질〉은 훼손 될 수 없다는 것이다.

불가사의한 무명

부처님의 12인연설에는 무명이 제 일번으로 나온다. 그러나 그것은 〈선언〉일 뿐, 부처님 당신 자신이나 역대의 법을 전한(전승) 조사님들께서도 무명에 대해 언급하심이 거의 없다.

대승 기신론의 저자인 마명조사께서도 그 난해성을 토로하고 있다. 〈이것은 범부에 있어서 뿐이 아니고 성문 연각 등의 이승들의 지혜로써도 이해 할 수 있는 것이 아니다. 십지(十地)의 地보살들도 무명의 일부분만을 이해 할 수 있을 뿐이며 오직 불타만이 그 전모를 알수 있다〉고 적고 있다.

우리의 원효대사께서도 〈무명의 비밀스러운 뜻(비의秘意)은 이해하기 어렵다〉고 하여 〈우리의 마음이 본래 청정한(자성 청정심) 만이라고 하면 이해하기 어렵지는 않다. 또는 우리 마음이 물들어 있기만 하다면 그것도 이해 할 수가 있다. 그러나 더러움과 깨끗함(염정染淨)이 동일한 것도 아니고(非一) 다른 것도 아니다(非異)고 하는 것은 大力보살(8地, 9地, 10地 보살)이라야 겨우 짐작 할 수 있다〉고 했다.

대승 기신론에서는 무명을 불각(不覺)이라고 하여 무명과 그 연기를 이해하고자 하는 논설을 펴고 있다. 무명의 통로인 식(CONCIOUS)을 가지고 무명 연기를 설명하고자 하는 세친조사의 유식론과는 이렇게 차이가 나는 것이다.

마명이나 세친과 같은 대력 보살들의 중생을 위한 지극한 자비심이다. 지(知)로서도 알 수 없고 식(識)으로 미치지 못하는 부지불식(不知不識)간에 충동적으로 분출되는 것이 무명이다. 원초적인 본능과 같은 波動으로 파악하는 것이 무명에 대한 상식적인 파악이다.

生과 起와, 有와, 死와 滅은 無明의 파동에 의해서 있어온 현상이다. 무명은 인간 知力의 한계를 말한다. 인간의 막장 드라마는 모두 무명과 무지로 결판이 난다.

불교의 현실참여

불교에는 현실참여라는 말이 통하지 않는다. 적어도 교리적으로는 그렇고 또 실제적으로도 그렇다. 기독교에서는 현실참여가 그들의 숙명이다. 기독교의 교리에서도 그러하고 실제로도 그렇다. 〈하느님의 말씀이 하늘나라에서 이루어진 것과 같이 이 지상(지구상)에서도 이루어 주사이다〉하고 기도하고 마음을 다지고 실행한다.

불교에서도 최근에 와서 〈실천 승가회〉니 무슨 단체니 하는 것들이 생겨서 부처님의 말씀(法門)이 현실에서 실천되기를 도모한다.

불교는 시간적으로는 삼세(三世 : 과거·현재·미래)를 부정하고 공간적으로는 삼계(삼계 : 欲界·色界·無色界)를 부인한다. 삼세를 부정하는 것은 제행무상(諸行無常)으로 삼법인(三法印)으로 표출되고 삼계를 부인하는 것은 제법무아(諸法無我)로 삼법인에 적시되어 있다. 그러므로 時·空에 대한 초탈없이 열반은 없다고 하여 역시 삼법인에는 열반적정으로 못 박고 있다.

無常과 無我와 열반이라는 三法印은 부처님의 말씀과 마군의 말을 판별하는 우리의 판단 기준이 되어야 한다는 것이 불자의 신념이다. 三世(시간적으로)와 三界(공간적으로)보기를 〈눈 아래로 깔고〉 살아야 하니 〈현실참여〉라는 말이 잘 통하겠는가. 그러나 〈현실감각〉이 뛰어나야 할 것이 최고의 덕목으로 요청되는 것 또한 아이러니하다. 현실 감각은 〈보리(지혜)〉에 속한다. 하지만 현실참여는 〈자비〉에 속하지 않으면 안 되는 당위성 위에 놓여있다. 지혜와 자비는 일체중생의 두 발(양족兩足)이 되어야 한다는 것이 불·보살의 한결같은 가르침이다.

중생에게 있어 최고의 보리는 〈발심(發心)〉이다. 보살에게 있어 최고의 보리는 〈삼매〉다. 자비는 〈불교의 현실참여〉를 말한다. 남방불교에서는 〈자비관〉을 매우 중요한 수행덕목으로 삼는다. 너무 지혜(보리)에 집착되어 있는 북방의 대승불교는 자비에 인색하다. 자비를 닦지 않고 지혜만 숭상하는 건 BALANCE를 잃는 것이므로 시급히 시정이 요구된다.

정치나 경제·문화·사회와 같은 주제는 이해가 서로 첨예화 되어 있는 〈집단적 문제〉가 대부분이므로 인도적·교양적·개인적·주제에 집중하는 것이 종교의 현실참여로써 마땅한 일이다.

그런데 원칙 없는, 또는 원칙을 모르는 종단 인사들이 〈시국〉을 한탄하고 끼어들려고 하는 성명서 발표 같은 건 자칫하면 웃기는 일이 되기가 십상이다. 〈인류의 보편적인 일〉이 아니면 꼴같지 않는 끼어들기는 자제해야 한다.

자기 수행을 주로 하는 〈成道敎〉에서는 일체의 행위(제행諸行)가 成道의 일부분이며 한때(一時)의 잡행(雜行)임을 잘 주지하고 있어야 한다. 그렇지 못하면 〈현실참여〉에 〈참여 연대〉하는 허욕(虛慾)을 지우고 나아갈 수가 없다.

그러나 이러한 일들은 불교라는 간판을 내거는 행위를 말하지,

大衆 속의 개인으로써 하는 행위를 말하는 것은 아니다. 이런 개인적인 행동은 事에 상응하는 것이다. 事(일)는 〈세속의 일〉을 말한다. 세속의 일에 동참 할 때는 그 결과가 반드시 〈공덕〉과 상응하지 않으면 안 된다. 공덕을 짓는 것(상응)은 善을 수행하는 것이라 萬行 萬善이 〈보살의 길〉아니겠는가.

여래장(如來藏) · 衆生心

우리와 같은 범부 중생이 그 생멸심에 如來(진여)를 품고 있지 않다면 成佛의 길은 원초적으로 봉쇄된다. 그러나 [무명 風]은 물든 마음을 만들 뿐만 아니라 〈不起진여〉까지도 끌어내어 〈심진여〉를 만들기도 했으므로, 무명은 공평하고 무사(無私)하다.

깨달은 이가 의도하는 바는 누구나 成佛하기를 바라는 大悲心이므로, 기신론에서는 심 생멸보다는 심 진여를 강조하는 교리체계를 가지게 된 것이다. 물론 유식론에서는 심 생멸을 중심으로 하는 방법론을 택했다.

중생심을 여래장이라고 부르는 起信論의 뜻은 높고 장엄하고 숭고하다. 일체 보살과 깨달은 이들이 전부 중생심이며 동시에 여래장인 이 마음을 타고(乘) 여래의 땅에 도달한다고 했다. 우리 범부의 마음은 그냥 중생심이 아니다. 如來를 감추고(藏)있는 마음이다. 이것을 教에서는 〈여래장 사상〉이라고 한다.

중생심인 여래장에는 그러므로 眞如(비연기)와 生滅(연기)이 공존해 있으므로 二門을 세워 공부해나간다고 쓰여 있다. 간단하게는 〈불변(不變)과 수련(隨緣)〉이라 표현하기도 한다.

그러나 二門을 세우지 않고도 여래장을 통째로 씹을 수 있다면 〈大道無門〉이라한다. 원래부터 門이 있었던 것은 아니기 때문에 문 하나(一門)로 들고(入) 남(出)에 지장이 없는 것이다.

入門하면 열반을 구하고 出門하면 중생을 변화시키기를 구하니 入出에 자재하면 [보살]이라고 칭한다. 진여문에도 부지런히 드나들고 생멸문에도 발바닥이 닳토록 다녀야 한다. 대저 생멸문에 바쁜 중생이 너덜거리는 것은 〈쉼〉을 모르고 〈진여열반 門〉을 기웃거리지 않기 때문이다.

여래의 땅(如來地)을 꿈꾸지 않는다면 有爲法에서 얻어 가질 것은 하나도 없다.

여래장은 여래장일 뿐이다

여래(如來)는 부처님의 10가지 별명중 하나다. 여래 · 응공 · 정변지 · 명행족 · 선서 · 세간해 · 무상사 · 조어장부 · 천인사 · 불세존의 열 가지가 그것이다. 지금에 와서는 여래 · 佛 · 세존이라는 세 가지만 주로 쓰인다.

如來라는 별명은 부처님은 〈태어나신 분〉이 아니고 〈出現〉하셨기 때문에 붙인 별명이다. [法界의 化身]으로써 출현하셨다.

여래라는 별명은 주로 화엄경에서 쓰는 부처님 별명이다. 중생의 [믿음(信)]에 바치는 별명이다. 〈法으로 오셨고〉 〈化身으로 오셨음〉을 후퇴 없는 믿음(不退信)으로 가지는 중생들에게 헌증하는 별명이다. 장(감출 藏)은 있으되(有) 밖으로 나타나지 않음(不現)을 말한다(有而 出現).

원래 돈이 많지만 부자티를 안내는 것과 같다. 그러나 부처님은 한껏 부자티를 내셨고(出現) 중생은 찔찔이같이 가난한 티만 냈다. 중생이 언젠가는 가난을 극복하고 부처님과 동반자가 될 것을 기원하여 〈중생과 佛은 차별이 없다〉고 했다. (화엄경) 〈일체중생 개유불성〉이라고도 하고 〈衆生佛〉이니 〈心卽佛〉이라는 등등의 말이 많다.

그러나 고무하고 찬양하는 일은 절제가 필요하다. 자칫하면 〈찬양고무죄〉에 해당하기 때문이다. 사랑하는 여인을 불러 그냥 〈이쁘다〉고 하면 될 일을 〈양귀비 동생같다〉고 떠벌리면 되겠는가.

여래와 불성이 우리 중생심에 감추어져 있는 상태는 감옥에 갇힌 정도가 아니다. 은산철벽 속에 감추어져 있고 빙하 밑에 눌려있는 것과 같으며 수미산으로 둘러쌓여 있는 정도다. 여래와 불성과 진여가 나타나는 것은 참으로 어렵다.

경(境)에 대한 깨달음 1

일체의 心的, 色的, 物的, 존재를 전부 [경]이라고 불교에서는 용어한다. 이치(理)나 진리(진여불성)같은 것도 인식작용에 매달려 있으므로 境이다. 인간의 분별능력과 사량능력에 걸려드는 것은 전부 境이다. 표 나는 마음(表心)이나 표 나지 않는 마음(無表心)이 전부 境이다. 表色과 無表色이 전부 境이며 表物과 無表物도 가릴 것 없이 전부 境이다.

경이 넓고 크고 깊을수록 인식작용도 넓고 크고 깊다(廣大深). 경의 지평선은 무한대로 廣하고 大하고 深할수 있다. 경의 지평선을 [경지]라고 한다. 아는 자에게는 현실이고 모르는 자에게는 꿈 같은 것이다. 이것을 노자와 장자 어르신께서는 [꿈이 나비인가 나비가 꿈인가]하고 우리들에게 물었다.

그렇다면 境이 아닌 것은 없는가? 불교에서 境이 아닌 것은 無明과 佛性 두 가지 뿐이다. 무명과 불성은 인식작용을 넘어서 있다. 인식작용의 NET WORK은 무명과 불성에서는 작동하지 않는다. 그러므로 인식작용의 무덤은 무명과 불성이라는 두 가지 무덤이다.

무덤이란 인간이 가꿀 때만 무덤이 있다. 가꾸지 않은 무덤은 폐허 속으로 돌아간다. 폐허가 아무리 大法이라 해도 폐허가 된 무덤 위에서는 할미꽃이 솟아나있다. 이와 같이 폐허(空)와 꽃(有)은 즉(卽)

해 있다. 폐허도 장엄하고 꽃도 장엄하고 인간도 장엄하다. 이것을 부처님께서는 화엄으로 노래했다. (화엄경)

眞空도 진리고 묘유도 진리며 眞妄(無와 有의 화합상)도 진리다. 諸法(일체존재)은 전부 실상(實相)이다. (법화경)

경(境)에 대한 깨달음 2

깨침(悟)은 전광석화와 같은 인식작용이다. 그 이후에 묘각 등각의 二覺이나 최종적인 佛覺과 같은 깨달음은 悟에 의해서 되는 게 아니고 공덕에 의해서 되는 것이다. 佛만 있는 것을 산성(散聖)이라 한다. 라즈니쉬니 같은 분이나 GURU나 아라한이 다 散聖이다. 공덕이 없거나 적음(小)으로 小乘이라고 한다. 회향하는 지혜가 [자비공덕]이다. 이런 공덕불교가 실종됨에 따라 廻向門도 닫혔다.

지금 불자들은 [회향]이란 단어를 낯설어 한다. 이렇게 회향발원이 없는 불교의 세계는 쓸쓸하다. 빈수레처럼 소리만 요란하다(소리불교). 발원없이 하는 공부나 수행은 허망함 그 자체다. 스스로에게도 허망을 안기고 사회(주위)에도 허망을 유포한다. 小乘의 敗惡(패악)이다.

공덕이 불교의 [이웃참여]다. 참여가 [소통]이다. 그러므로 소통이 공덕이다. 자(慈)가 소통이고 비(悲)가 소통이며 희(喜)가 소통이고 사(捨)가 소통이다. 자비희사는 불교가 이웃과 사회에 소통하는 四大門이다. 慈門·悲門·喜門·捨門이 四大門이다.

공덕자는 혼자 걷지 않는다. 중(衆)의 일원(MEMBER)으로 걷는다. 이것을 승(僧스님)이라한다. 영광을 불보와 법보에 바치는 모범자가 僧이고 衆이다.

경(境)에 대한 깨달음 3

心外(마음 바깥에는) 無境(인식대상이 없다)이라는 것은 깨우친 이의(佛) 가르침(敎)에서는 대원칙이다. 心外가 그러 하다면 心內는 有境인가? YES, YES, YES. 그래서 일체는 유심이요, 萬法은 유식이다.

識은 心의 自相(心자체의 모습)이기 때문에 [유식]이라 말한다. 그러므로 유식이란 말은 心을 일컫코자하는 말이지 인식대상에 대한 언설이 아니다. 그래서 밖에 나가있는 識을 거두어들이자는 것이 唯識 공부가 의도하는 바다.

그러나 外向識(제6의식)이 바깥에 나가 노는 자체가 잘못이 아닌 것은 불교가 확인해 주는 바이다. 문제는 식이 경에 [마음을 머무는 것]이다. 식이 경에 머물러 있는 것을 집착이라 한다. 그러므로 집착하면 有境이고 식을 거두어들이며 無境이다.

정확히 표현하면 無外境이다. 外向識을 거두어들이는 것은 분별심을 거두어들이는 것이다. 이리되면 식만 있고(唯識) 境은 없게 된다. 밖을 향해 치달리는 맹렬한 불꽃이 [분별식]이다.

일체의 업과 종자는 이 때문에 생긴다. 윤회를 이끌어 낼만큼 강열한 것이다. 〈空삼매〉나 〈相삼매〉정도로 진화 할 수 있는 불꽃이라 생각하면 계산착오다.

안으로 끌려 들어온 식(분별심)은 內心에서 작용한다. 독두의식이나 몽중의식이나 定中의식 등이다. 內心에도 볼만한 경치가 많다. [內境]이라는 것으로 속경치를 말한다. 이 속경치를 보기 시작하면 왠만한 사람은 거기에 빠져서 익사한다. 신선놀음에 도끼자루 썩는 줄을 모른다는 것은 이래서 생긴 말이다.

空삼매에 빠져 속경치를 즐기면서 色界니 無色界니 하면서 人과 天을 누비면서 논다. 그래봐야 [생노병사를 不免한다(면하지 못한다)]고 선지식들이 엄히 다스리는 곳이다.

경(境)에 대한 깨달음 4

헤아림(사량思量)은 가치를 따져서 판단하고 결정하는 인식 작용이다. 이것이 [제7말라식]이라는 것으로 [內向식]이다. 사량식은 心內에서만 인식으로 작용한다. 여러가지 內境 중에서 見識(아는 놈)이 제일 으뜸가는 가치라고 딱 판단하고 결정하여 집착하는 것이 제7집착식이다. 見식은 제8식의 見分을 말한다. 그러나 제7집착식의 입장에서 보면 제8식의 견식(견분)은 相分(인식대상)이 된다. 견식은 제7말라식의 집착할 상대가 되어 주기 때문이다.

이것이 저 최초 인류 이래 40억년이 넘도록 집착해온 [아집(我執)]이라는 것이다. 말라 제7식이 제8식의 見識(알아차리는 능력)을 [저것이야 말로 나(我)다]고 하는 것은 천번만번 옳다. 見識이 나가 아니라면 무엇이 나가 되겠는가. 문제는 [我]가 사량의 틀(제7식)에 포로가 되었다는 점이다. 원래부터 [나(我)]라는 것은 인식작용으로 파악되는 것이 아니다. 我는 性에 속하는 것이지 相에 속하는 것이 아니다. 我는 실체가 없기 때문이다. 실체(실제의 몸)가 없으면서도 작용이 있는 건 전부 性에 속한다.

[아집습기]는 [종자]가 된 습이기 때문에 나라는 생각(아집)은 不滅한다. DNA에 소장되어 얼음 속에 수만 년씩이나 방치되어 있다가도 복원 할 수 있다. 종자나 원자는 영생불멸한다.

경(境)에 대한 깨달음 5

범부 중생은 內·外로 집착한다. 찬란한 外界(몸 밖)의 세계가 범부의 집착 때문에 우중충한 티끌이 되고 만다. 육진(六塵)경계라고 한다.

범부 중생은 六根 또한 청정하지 못하여 內心의 세계도 根에 집착되어 있다. 우리의 識根이 집착하는 습(習)에 물들어 있어 식연기는 일찌감치 [無明연기]에 익숙해 있다. 12연기가 그것이다. 무명의 因力으로 태어나 識으로 살다 간다. 이런 현상은 어제 오늘의 일이 아니다. 태초 인간으로부터 전하여 나에게까지 현재 도착해 있는 習이다. 정신에 있는 업이나 물질에 있는 원자는 불멸(不滅)한다. NEVER ENDING STORY다.

內外가 통연하여 명철하다는 [통(通)사상] 속에는 6根이 명랑하여 6塵이 집착 속에 있는 것이 아닐 때를 言表한 것이다. 內外가 명철하다는 것은 分別(外) 사량(內)이 청정하여져 있을 때의 인식작용을 말한다. [명랑소녀가 서울에 온] 상경기(上京記)와 같음이다.

6根이 內라면 6塵이 外다. 6根이 명랑해지고 색성향미촉법의 6진이 깨끗해지면 [실체없는 나]가 되어 색·성·향·미·촉·법의 6진 경계가(塵, 티끌, 번뇌) 자연히 眞眞妙妙해진다. 이런 현상을 불교의 어려운 철학체계로 표현하면 我執과 法執이라는 二執이 없는 때라고 말한다. 內境도 없고 外境도 없어 唯識과 有心을 見할 수 있다고 한다.

경(境)에 대한 깨달음 6

우리네 인생은 너무 많이, 너무나도 많이 무엇에 의지하면서 산다. 참 번잡하고 번거로운 삶이다. [있는 마음(有心)]이라고 너무 아무렇게나 쓰고 있다. 만일 마음이 돈이라면 이렇게 낭비는 안할 것이다. 좀 가만히 있을 때도 있으면 아니 되겠는가. 마음은 온통 생각이 되어 생각의 꼬리에 꼬리를 물어 삼천대천세계를 휘젓고 다닌다.

[마음]이란 것은 없다. 우리가 마음이 있다고 하는 것은 정확하게는 [생각이 있다]고 표현해야 한다. 우리가 영양을 따지면서 온종일 먹고 마시는 것은 전부 이 흔적 없는 마음을 일으켜 세우기 위해서다. 그런데 아뿔사! [흔적 없는 마음]은 일어나지 않고 부산하게 생각만 일어난다.

수(受받아들임)가 있기 때문에 想(생각)이 있게 되고 생각은 바로 유위 무위를 가리지 않는 行이 되어 과보가 따르게 된다. 그 과보가 식(識)이다.

[마음]이란 것은 있다. 無表色(표 안 나는 빛)으로 있다. 이 무표색이 表色이 되는 것은 수상행식(受想行識) 때문이다. 이것 때문에 빛이 빨, 주, 노, 초, 파, 남, 보의 7色이 되어 요란한 7色界가 되는 것이다. 물리학에서는 스펙트럼(SPECTRUM) 현상 이라고 한다. 프리즘을 통과한

빛이다. 마음의 프리즘은 업이다.

수·상·행·식이 전부 [境]이다. 受境·想境·行境·識境이 전부 인식활동의 대상이 되기 때문에 경계라고 이름하는 것이다. 이것은 또한 연(緣)이라고 표현한다.

因(원인) 자체를 연으로 삼는 것은 [인연]이라고 한다. 무명 자체를 연으로 삼는 제7말라식이나 업종자(과보)를 연으로 삼는 제8아뢰야식은 과보식(이숙식)이라 하여 전생의 업종자를 직접 연으로 삼는다. 무의식 세계와 잠재의식 세계의 인연법이다. 內境만을 연으로 삼는다.

外向識인 제6식(의식)은 心外의 경계를 연으로 삼아 인식을 지어간다. 外境을 연으로 삼는 것이다. 중생의 삶은 이 外境의 절대적인 영향 하에 있다. 빨·주·노·초·파·남·보의 色界중생인데 특별히 집착(욕탐)을 가지므로 욕계중생이라 한다. 表色 중생이며 表欲 중생이다.

色을 가지고 있지 않는, 또는 色을 모르는 [무표색이란 색]을 찾는 것이 수행자다. 제7식과 제8식의 無表色을 찾아 나선다. 色인 소는 없고 소의 발자국만 따라 나서는 것이다. 경찰(형사)은 소를 찾아 도둑을 잡지만 수행자는 소도 없고 도둑놈도 없는 곳을 찾는다.

마침내는 소도 잊고 도둑놈도 잊어버리고 찾는 놈(자기)도 잊어버린다는 十牛도는 절집에 가면 법당의 벽에 그려져 있다. 소나무 밑에서 배꼽을 들어내 놓고 낮잠을 자는 그림을 많이 그린다.

연(緣)은 없는 마음(無心)을 있는 마음(有心)으로 변화시키는 작용을 한다. 무심일 때는 연이 없고 유심일 때는 연이 있다. 고로 有緣이면

중생이고(有緣衆生) 無緣이면 중생은 없고 자비만 있다(無緣慈悲)

　有依(의지할 바)하면 중생이고 유위법이며 無依(의지할 바 없음)하면 부처고 무위법이다. 의지한다는 것은 경에 의지한다는 뜻이다. 유위법에서는 가치 선택이 최고의 미덕이고(사랑 같은 것) 무위법에서는 몰 가치가 최고의 미덕이다(자비).

경(境)에 대한 깨달음 7

對境(대경, 대상)에 대한 이야기를 여러 각도에서 줄기차게 되씹어보고 조명하는 것은, 우리가 경에 대한 [결정적인 이해]에 도달하지 않고는 깨달은 이(佛)의 가르침(敎)을 제대로 이해 할 수도 없으며 우리의 인생도 갈팡질팡한 어지러움을 벗어날 수 없기 때문이다.

대경과 대상은 두 가지 면에서 우리가 부딪치는 일상생활에서 큰 의미를 가진다. 식(識)과 根과 境이라는 세 가지 요소가 있어야 인식이 이루어진다. 경이 없이 만약 인식이 이루어진다면 이것은 신기루거나 아니면 병적인 현상일 때가 그러하다. 공중에 핀 꽃을 본다던가 하는 것이다.

경은 인식 활동을 좌지우지 할 만큼 우리에게 막강한 영향을 끼친다는 점이다. 우리의 마음을 요동치게 하고 우리로 하여금 번뇌의 바다에 허우적거리게 하는 것은 境만한 것이 없다(대승기신론에서는 [경 훈습]이라고 한다).

경이 일으킨 훈습(영향력)을 불교 용어로는 [혹(惑)]이라 한다. 괴로움이 있음은 과거와 현재와 미래의 행업(行業)때문이며 업을 行함은 惑心때문이다. 이것이 저 유명한 [혹(惑) · 업(業) · 고(苦)]의 삼박자로 이루어지는 미(迷)의 인과 관계다.

혹이 없는 세계를 오(悟)의 세계라 한다. 혹은 色 · 心의 경으로부터 일어난다. 경으로부터 멀리 떠나 혹을 떼어버리고자 발심한 것이 出家다. 사문의 길이다. 이 경과 혹의 체(體, 바탕)를 제7식(말라식)이라고 판단한 것은 유식이론이다.

유식의 경은 온통 제7말라 [식이 惑한] [나(我)]라는 것에 집중되어 있다. [내가 나를 경으로 삼은] 인생비극을 극묘하게 발가벗긴 것이 유식이다.

내는 왜 내가 나서지를 않고 나(我)가 나서서 설치는가. 우리는 왜 내가 없고 [나라는 境]이 이렇게도 설쳐대게 내버려두는가. 이렇게 나가 내라는 생각과 신념은 완전히 근거가 없고 터무니가 없는 생트집이다.

경(境)에 대한 깨달음 8

불교에서 이야기하는 경은 外境이 아니고 內境에 집중되어 있음을
확실히 알아야 한다. 그렇다면 삼라만상 頭頭物物의 外境은 다 무엇
이냐고 묻는 것이 불교초심자의 질문이다.

그러나 우리의 몸 밖에 있는 일체의 외경은 우리 몸속의 내경에도
똑같이 있다는 것이 깨달은 이(佛)의 가르침(敎)이니 어찌 하겠는가.
안과 밖(內外)은 실로 따로 없다는 것이 불교의 존재론이다.

안에 있는 것은 인식론이요. 밖에 있는 것은 존재론인데 이렇게 인
식과 존재가 合一되어 있다는 불교는 참으로 이해하기가 힘들다. 아
마도 겐지스 강물을 다 마시고 와야 완전한 이해에 도달할는지 모를
일이다.

이렇든지 말든지 간에 인간의 삶은 內外를 꾸준히 合一시켜 왔다.
合一의 역사는 멀고 오래다. 태초인간 이래의 유구한 역사가 內外合
一을 向해왔다. 그러나 인식에만 있고 존재에는 없는 것이 딱 하나있
다. 그것은 [나(我)]라는 개념이다. 우주 내에 있는 존재를 다 뒤집어
봐도 [나]라는 것은 없건만 이럼에도 불구하고 눈만 뜨면 나, 나, 나,
나다. 무명이 만들어낸 신기루 현상이고 허공에 핀 꽃이다. 마음의
병이다. 大醫가 아니면 고칠 수 없기에 부처님이 십자가를 지셨다.
무명장야(長夜)는 빛이 아니면 고칠 수가 없다.

생사의 거친 들판에 보리수 광명왕으로 오신 부처님은 인식에만 있고 존재에는 없는 [我]를 거둬 치우셨다. 我대신 부처님이 되셨다.

그렇다면 저기 보이는 산은 무엇인가. 인식인가 존재인가. 山是山이요 水是水라. 산은 산이요 물은 물이다 라고 조사어록에는 기록되어있다.

경(境)에 대한 깨달음 9

산은 산이요 물은 물이다. 이것은 존재(경境)에 대한 언급이다. 우리의 인식작용이 끊어진 다음의 존재의 모습(實相)이다. 나의 인식세계가 마감된다고 하여 지리산이 나의 인식작용에 따라 존재가 마감되는 것은 아니다. 인식작용은 [사량]과 [분별]의 두 가지를 말하는데 의식이나 잠재의식이 하는 분별과 사량이 끊어지면 [무엇이] [무엇을] [어떻게] 분별하고 사량하는 것일까.

우선 인식작용은 의식(제6식)인 경우에는 [無心]인 경우에 마감이 된다. 우리가 죽으면 [大(큰)無心]이 되어 의식이고 뭐고 다 마감된다. 살아서도 잠잘 때와 뇌사지경인 때와 定이라는 삼매 중일 때 인식작용은 한시적으로 시간을 한정해서 없어진다.

잠에서 깨어나면 바로 분별사량하고 삼매(定)에서 깨어나면 또 바로 사량분별하고 식물인간이나 뇌사상태의 병이 없어지면 바로 사량분별하는 의식이 회복된다.

그러므로 한번 그런 경지를 얻으면 영원히 그 경지가 없어지지 않는다는 [一得永得]이나 한번 깨치면 영원히 깨친 상태라는 [돈오돈수]와 같은 말은 참으로 무서운 말이다.

이런 말은 특급비밀이므로 누설되면 중생을 미혹하게 하는 과보가 따르므로, 천기누설자는 혀가 뽑히는 지옥에 떨어진다고 한다(발설지

옥拔舌地獄). 그러나 이미 가르침에 올라와 있는 경과 논과 같은 교과
서에서 언급한 건 가르치고 배우는데 지장이 없다.

　의식이 끊어진다고 잠재의식과 무의식이 모두 없어지는 것은 아니
다. 제6식이 멸진하여도(滅盡定) 제7식과 제8식은 그냥 있다. [그냥 산
다]는 것은 원래 제8식으로 사는 것을 말하는 불교 용어지만 세속화
하여 [멍청하게 산다]는 말이 되었다.

　무심일 때는 我가 없다. 無我다. 무아는 다시 我로 돌아오므로 우
리는 [무아]를 모르고 [무아상태]만을 안다. 잠깐 경험한 것이고 [경
지]라고 부르는 경(境 또는 相)이 되어버리고 만다. 공부인은 무아상태
가 아니고 무아 그 자체로 돌아갈려고 몸부림치는 것이다.

　그러므로 아무리 무아상태가 되어도 경(境 또는 相)까지 다 없어지는
것은 아니다. 법집(法執)이라는 것이고 法相이라는 것이다. 아집과 아
상이 없어져도 법집과 법상은 구경각이 되는 마지막 순간까지 남아
있다고 하니 法空은 참으로 어렵다 할 것이다. 法空이 바로 경공(境
空)이다.

　그래서 경공이 되고 법공이 되어야 비로소 산은 산이고 물은 물이
다(山是山, 水是水). 境空 이전에 보는 산천은 산은 산이 아니요 물은 물
이 아니다(山是非山, 水是非水).

경(境)에 대한 깨달음 10

물자체(物自體)는 무엇인가? 서양철학 또는 서양과학의 화두다. 철학이나 과학은 영원한 진행형이기 때문에 마침표가 없다. 그러나 종교는 종결의 마침표를 가지고 있다. 종교는 귀납법이 아니고 연역법이다. 그러므로 믿음(信)의 문제가 대두되는 것이다.

기독교에서 물자체는 하느님이시고 불교에서는 佛性이라고 한다. 하느님이나 불성에 대한 완전한 이해에 도달하고 보면 인식에만 있고 존재에는 없었던 [我]의 정체를 다시 알게 되는 것이다. 이렇게 깨달은 [我]는 경에 물들지 않지만 번뇌는 그대로 있다. 업 종자 자체가 바뀌어진 것은 아니기 때문이다. 즉 我空이 되어 아집이 없어졌다고 해도 境空(法空)까지 된 것이 아니므로 법집이 남는다.

相이 性으로 바뀌는 것은 一地에서 十地에 이르는 보살 위치에서는 이루어지지 않고 등각 묘각의 등묘 二覺이라는 위치에서 이루어지는 것이다. 이 때는 식이 智로 바뀐 다음이다. 性과 覺에는 염오도 없고 번뇌도 없다.

욕계의 중생은 출생의 비밀때문에 身見이라는 [生執]을 가지는 것은 피할 수 없는 운명이다. 색계 무색계의 [정신적인 중생]은 肉我(身我)는 (정)神我로 거듭나게 되어 염오(경에 의해 물듦)는 없지만 번뇌는 있다고 말한다.

선업(善業) 수행

오직 善業이 숙업과 생업과 잔업을 경감시켜 우리로 하여금 가뿐한 인생살이를 마련해 준다. 가뿐한 마음은 홀로가 되어야 가뿐하다. 이 둘을 합쳐서 〈홀가분〉하다고 다시 용어 했다.

업을 짓고 살아야 하는 중생 된 팔자에 그 중에서 선행이 제일로 가뿐한 마음을 가지게 한다. 선업을 짓는 것은 선행을 베푸는 것이 아니고 중생들이 기쁘고 가뿐하자는 몸부림이다.

절절한 몸부림을 받아주는 것이 수행이다. 선업을 행하는 것은 그러므로 큰 수행이다. 고통을 피하고자 하는 수행이 참된 수행이다. 괜히 〈成佛〉따위의 형이상학적인 꿈을 찾아 입산수도한다면 〈成佛〉을 내려놓지 않는 한(방하착放下着) 무위도식하는 꼴이 되기 쉽다. 아무것도 하지 않고 그냥 밥이나 도적질해서 먹는 경우 말이다.

善行이나 善心이나 善業같은 것은 깨달은 이(佛)의 가르침(敎)에서는 처음부터 목표된 것이다. 모든 으뜸가는(宗) 가르침(敎)도 다 이와 같다. 그것이 人格身인 化身이 할 바다. 부처님이나 예수님이나 무함마드님이나 다 그것말고 무엇이 있는가. 그것이 자기를 구원하고 이웃을 구원하는 기본이 되기 때문에 혹(惑)을 바꾸어 善行과 願으로 살라는 것이다.

탐 · 진 · 치(貪 · 塵 · 痴)의 三毒心과 三毒行에 혹하는 것을 경감하여야 하고 거만하거나 부정적이거나 악견(惡見)같은 6大惑을 가볍게 〈접촉〉해야 한다. 접촉(觸)은 마음 있는 곳에는 필수적으로 따라 다니는 心所有物이다. 선천적인 감정(情)때문에 생기는 혹은 전면적인 해결이 불가능하다食, 먹는 것, 色생식이 다 경감법에 속한다.

우리가 끊는다, 소멸한다 하는 것은 現生의 후천적인 지적(知) 혹이다. 선천적인 것은 하고 많은 前生에 쌓이고 쌓인 習氣에 의해서 이미 종자로 SET UP되어 있기 때문에(DNA 같은 것) 마음 있는 곳에는 항상 마음과 같이 있는 5변행 심소유(작의 · 촉 · 수 · 상 · 사)에 포함되어있다(思惑). 닦아냄이 필요하다.

후천적인 현생의 것은 見惑이라 한다. 배우지 않으면 되는 것을 굳이 배워가지고 도둑질을 한다. 이지 견지법(以知 遣知法)에 따른다. 아는 것으로써 아는 것을 보낸다. 그러므로 善行이나 善心이나 善業을 수행하는 것은 情때문에 생기는 혹을 경감시키고자 하는 수행이다. 善은 [경감법(LAW OF DECREASE)]의 제일가는 방편이다.

종교(가장 큰 가르침)는 眞도 善이어야 하고 아름다움도 善에 있어야 한다. 眞善美의 세 가지 중에서 善에 가장 중점을 주게 된 것은 너무나 당연하다. 그러면 어떤 것이 善인가. 지극한 善(至善)인가 하는 것은 다음으로 넘긴다. 크게 배운다는 것은(大學) 지극한 선(至善)에서 멈춘다(止). 공자님의 말씀이다.

업은 잘났다

우리가 일생동안 짓고 살았던 업은 전부 [잘난 것]으로 착각되었기 때문에 짓게 된 것이다. 윤회는 [잘난 업]때문에 생긴다. 거만한 것은 이렇게 대단하게도 윤회에 깊게 관련되어 있다.

아만(我慢)은 아애(我愛)의 길잡이가 된다. 죽기 전에는 놓지 못하는 아애와 아상은 다 아만 때문이다. 아만과 아애가 범벅이 된 견해를 我見이라고 말하며 아견은 어리석음의 표상이다. 소위 말하는 4번뇌의 [아치, 아견, 아만, 아애] 중심에 서있는 것은 아만심이다.

이 4번뇌가 의식에 끼어들어 108번뇌로 새끼를 치게 만들며 무의식 세계에 스며들어서 우리의 내심을 요란벅쩍하게 만들고 탁하게 요동치게 한다.

흔히 불교에서 말하는 내려놓아라(放下着), 下心하라는 등의 표현은 아만의 慢心을 내려놓으라는 이야기다. 거만한 마음을 下心하고 보면 당신의 사랑은 아름답고 자비로우며 당신의 견해는 相生의 길라잡이가 되어 현인답게 될 것이다. 이것이 무명업이 없어진 밝음과 맑음의 세계다. 常·樂·我·淨의 4묘덕(妙德)으로 바뀐다는 것이다.

4번뇌가 4묘덕으로 변화된 이는 살아있을 때(生)도 당신의 이름은 꽃과 같이 되어 누구나 불러주고 예뻐해준다.

죽어서(死) 중음신이 되었을 때도 天(하늘)에 태어 날 것이 예약되어 있으며 人에 환생한다면 향기로운 사람이 될 것이다. 이것이 불교에서[生死를 벗어난다]는 말의 뜻이며 [윤회를 두려워하지 않는다]는 말의 뜻이다. 생사를 벗어나고 윤회를 벗어난다는 것은 惡生惡死하는 [무의미함]을 벗어난다는 것임을 명심할 지어다.

[무의미함]이 악생악사며 이런 삶은 죽어도 그만이요. 생사 속에 있으며 윤회 속에 있다.

[윤회를 끊는다]든가 [업을 끊는다]는 말을 [수행]이라는 뜻에 끌어들여 이상하게 이해한다는 것은 있을 수 없는 일이다. 참으로 妄見이고 邪見(사견)일 뿐이다.

아만은 자기의 견문각지(見·聞·覺·知)를 我愛하여 끼고 사는 업 때문에 있는 것이다. 견문각지가 여래부처님의 진실한 뜻에 합당한 것인가를 검증받지 않는 것은 전부 아애와 아만의 견문각지일 뿐이다. 보고 듣고 깨닫고 아는 것이 끝없이 검증 위에 서 있는 게 수행인이고 공부인이다. 누군들 수행하지 않고 공부하지 않는 이가 이 세상에 있겠는가. 하지만 검증받지 않는 것이 큰 탈이다.

중음신의 검증받지 않는 견문각지는 중음신의 [무명업]이 되어 天으로 바로 가지않고 땅 위의 만물을 몸으로 의탁할 대상으로 삼는다. 중음신이 가지고 있는 견문각지는 자기의 몸으로 삼을 地上 地下의 물상만을 인식한다. 그 인식대상은 밝게 빛이 나 중음신에 상응한다. 중음신은 그 밝음을 따라 부모가 될 이를 인식해서 자기의 업신(業身)에 육신을 덧입힌다. 옷을 갈아입는 것이다.

창조는 사실상 中陰身과 父母身이 합쳐서 만든 합성품이다. 그것이 신생아(新生兒, New Baby)다. 조물주는 中陰身과 父母身이고 피조물은 [업둥이]다. 업이 굴러 들어온 것이므로 잘난 놈이 난 것이다. 부모 된 이의 애간장과 혼을 다 뺏어간다. 前生에 진 빚을 받으러 온 〈잘난 놈〉이다.

업보의 상속자

　나는 내 전생 업보의 상속자로써 실체다. 업보(DNA)는 영원불멸하는 것으로써 우리가 나, 나 해봐야 별 것 아니다. 이렇게 업보의 [상속자]에 지나지 않음을 자각한다면 [큰 깨달음]이다. 업이 실제로 물건이 된 것이 나라는 실체이다. 有情아! 이 업상속자들아!

　우리의 희·노·애·락·우·비·고·뇌가 전부 업이 금생에 일으키는 [일장춘몽(一場春夢)]임을 어찌 모른다 하리요.

　그러므로 一切有情은 有情各各의 보체들이 상속해서 가지고있는 업에 의하여 규정되고 분별된다. 별보(別報)라고 하는 것이다. 性이 [절대 평등]하다고 하더라도 相은 현상(現相)이기 때문에[대 불평등]한 [차별]을 가지게 되는 것이다. 차별됨을 비교하여 한탄하지 말고 업을 돌이켜 명상하면 큰 깨달음이 올 것이다. 업에 대한 자각이 있는 사람은 해탈(마음의 자유)이나 열반(마음의 편안함)같은 것에 신경을 크게 쓰지 않는다.

　상속이 된다는 것은 物的이든 心的이든 연기법이다. 업이 상속된다는 것은 업이 연기된다는 말과 같은 말이며, 우리가 상속하고 연기하는 주체는 바로 업이라는 사상이다. 그러므로 아무리 발달된 교리에 있어서도 업 연기의 사상은 가장 기초적인 것으로 변함이 없다.

업(KARMA)이란 것은 우리들의 心的 肉的 행위가 일어난 다음에 그여진 이 하나의 세력이 되어 남아 있는 것을 말한다. 따라서 學習되고 경험된 것은 낱낱이 업이 되는 것이다. 업은 불에 의해서도 태워지지 않고 물에 의해서도 유실되지 않으며 흙에 의해서도 덮여지지 않기 때문에, 죽음으로써도 업은 제멸 할 수 있는 것이 아니다.

이렇게 잠재세력 또는 잠재의식으로 있던 업은 인연을 만나면 현행(現行현재 진행형)이 된다는 이론이다.

우리는 업으로부터 래(來)하여 업으로 살고 또 많은 업을 生하다가 업으로 化하여 간다(去)는 것이다. 業來, 業生, 業去 하는 것이다.업은 전생, 현생, 내생의 삼세에 걸쳐 상속부단하다.

이러한 업은 유식이론에 의하면 5변행 심소(작의, 촉, 수, 상, 사)중에서 思라는 心所有에 의한 것으로 心이 있는 곳에는 항상 같이 한다는 것이다. 이것은 곧 종자에 해당하는 習力이다(잠재세력, 잠재의식). 따라서 心王의 法이며 心所有의 법이다.

초기 불교와 아비달마 불교의 핵심인 업사상은 그 이론이 방대하고 세밀하며 여기에 따른 수행이론도 간단한 것이 아니다. 이 글에서는 다만 업이 연기의 주체라는 것이 업연기설이라는 것만 강조해둔다.

업의 두 가지 비밀

出生의 비밀(私 기업), 윤회의 비밀(共 기업)

부처님의 연기설을 〈12연기설〉이라고 한다. 연기설이란 性이 相으로 되는 현상화와 현상이 멸해서 다시 性으로 돌아가는 이론이다. 그러나 이 때 다시 돌아오는 性은 相을 거친 것이므로 〈性相〉이지 진여 그 자체는 될 수가 없다. 성골(聖骨)은 아니고 진골(眞骨)이라 할 수 있다. [眞骨이 된 性]은 무명과 몸을 섞은 사이다. 진골이 된 性의 인연 인과다. 이 인연의 상결(相結서로 맺음)로 어머니는 여인의 몸 속에 태(胎)를 의탁하게 되어 우리는 出生하는 것이다.

그러므로 진골이 되는 법칙은 [업의 법칙]이다. 뭇(衆) 삶(生)은 전부 진골출신이며 따라서 철저하게 업의 법칙 하에 놓이게 되는 것이다.

그러나 아무리 업의 법칙 하에 있다고 하여도 성골은 유실되지 않고 면면히 진골 속에서 전해져 온다. 이 면면부절한 聖骨을 불교에서는 佛性이라 용어 한다. 이 불성(성골)을 추적해서 찾아내고 찾아 낸 것을 人格化하자는 몸부림이 불교의 공부이고 불교의 수행이다.

현상(相)이 된 진골은 어머니의 태중에서 탯줄에 의지해서 다섯 가지 과정을 거쳐 몸집을 불린다. 식이 생기고 정신과 육체를 分化하고 안이비설신의의 6根(6入)이 뿌리를 내리고 촉과 受로 活性化한다. 그리고 태 바깥세상으로 出世해서는 愛·取·有와 生과 老病死의 다섯

가지 과정을 거쳐 저 아득한 고향인 무명으로 돌아간다. 이것이 출생의 비밀이다. 私 기업의 흥망성쇠다.

이렇게 生의 비밀을 거친 다음에는 혼돈의 中有세상으로 회귀하는 것을 윤회라고 하는 것이지만(中有), 죽어봐야 아는 것이라 산자의 입에서는 가설과 가정으로 추측할 뿐이다.

그러므로 윤회는 산자의 [믿음]에 속한다. 이러한 믿음은 聖言과 깨달은 이들의 거듭된 증언에 의해서 증명된 [사실]이다. 마치 과학자들에 의해 중력과 자력과 만유인력 등이 증언된 바와 같다. 출생과 윤회는 업(카르마,KARMA)의 二大비밀이다.

이것을 알고자하여 비밀번호의 숫자들을 하나하나 맞추어 나가는 것이 불교 공부가 아니겠는가. 어떤 이는 겐지스강의 모래를 헤아리는 만큼의 긴 세월(진사겁)을 지내도 이렇게 공부해서는 비밀번호를 맞출 수 없다고 불평한다. 꼭 그렇지는 않다. 부처님 공부는 처음도 비밀스럽고 중간에도 꽃피는만큼 비밀스럽고 마지막도 열매 맺는 것처럼 신비하다.

후득지(後得知)

뒷날에(후에) 얻는 지혜를 후득지라 한다. 앞날에는 먼저 〈무분별지〉를 얻어야 한다. 마음이 고요하여(적정) 심불기(心不起마음이 움직이지 않음)에 이르려면 이 때는 무분별지가 마음에 뜬다. 공산에 뜨는 명월과 같다(空山明月). 분별력때문에 눌려있던 무분별지인 것이지 어디 바깥에서 온 외래(外來)가 아니다.

마음이 멈춘다는 것은 〈사량분별〉을 멈춘다는 것이다. 마음 자체는 멈추고 말고 할 물건이 아니다. 마음은 있을 때는 있고(有心) 없을 때는 전혀 없다(無心).

대표적으로 잠잘 때는 心이 無하다. 식물인간이 되면 心이 無하다. 삼매에 빠지면 心이 無하다.

무심일 때는 식(識)이 ACTIVATE 하지 않는 상태로써 의식이 없는 상태다. 무의식 상태다. 무의식 상태일 때 무분별지가 있다. 수면 중이거나 식물인간과는 달리 삼매일 때는 〈무분별지〉라는 것이 나타난다. 이는 업식에서 파생된 분별지(知)가 아니다. 업식에서 나오는 사량하는 知도 아니다. 그러나 무분별지의 용도는 단 하나 뿐이다.

〈진여(眞如)〉를 아는 것이다. 안다기보다는 진여와 무분별지는 원래가 같은 것의 다른 이름으로써 생멸하고 변화하는 현상을 분별하지는 않는다.

우리의 제6식(의식)이 분별식인 것이며 제8식(아뢰야식)은 무의식이므로 무분별식이다. 고로 무분별식이 하는 무분별지는 식별하는 인식 작용이 없다. 서로 응하는 상응지(相應知)가 아니므로 염법(染法, 물들임)에서도 멀리 떠나있다.

이러한 眞如門안에서 무분별知이던 것이 생멸門에 와서는 후득지(後得知)로 나타난다. 생을 받은 이후에 얻는 일체의 분별 知가 후득지다. 잘 판단하고 잘 분별하고 잘 인식하는 정신작용이다. 우리가 일생 동안 쓰는 후득지가 바로 분별知다.

그러나 우리의 분별심은 〈오염된 식〉이므로 망분별(妄分別)이 십중팔구라는데 문제가 있다. 망분별은 망념을 ESCALATE하여 스스로 수습할 수 없는 지경에 이르고 만다.

이러한 후득지의 분별지가 망 분별과 망념으로 결과하지 않는 방법으로는 〈관법(觀法)〉을 제시하는 것이 불교다. 이것이 저 유명한 〈비파사나〉라는 것이다.

법(대상 객관)을 선정지혜로써 자세히 관찰하고 식별하고 분별하는 것을 말한다. 이러기 위해서는 마음(心)을 관하고 부처(佛)을 관하고 정토(淨土)를 관한다.

천태대사는 특별히 몸(身)에는 眞·善·美 가없음을 관하고, 느낌(情)에는 괴로움이 따른다는 것을 관하고, 마음(心)은 無常하여 믿을 만한 것이 못 됨을 관하고, 일체의 존재(제법諸法)는 무아라 인연법에 얽혀있는 불안한 존재임을 관한다. 관법의 요체는 우리의 마음으로 하여금 진리를 염(念,생각)하는 것을 말한다. 진리를 인식대상으로 삼아서 염(念)하다가 익숙해지면 자기 자신이 바로 진리(眞如)라는 사실을 인지 할 수가 있다. 이렇게 진여를 찾아가는 과정에서 방편으로 이용한 관법은 후득지를 이루는 근간이 된다.

우리의 心身 밖에는 한없는 바깥세상(外界)이 벌어져 있다. 겐지스 강의 모래알 숫자보다도 더 많은 바깥 세상이다. 그러므로 유식의 이치에 통달하더라도 후득지가 없다면 감당할 수 없는 세상이 된다.

유심(唯心 또는 唯識)의 이치에 통달한 법신보살이 되었다 해도 業識心(아뢰야식)을 빌려서 나타내고 살아야 함으로 삶은 오직 차별지에 의하고 분별지에 의지하는 수 밖에는 달리 방법이 없다. 다시 말하면 진여불성이라는 무분별지는 나타날 때는(현식) 업식의 분별지에 의지한다. 아뢰야식을 전혀 가지지 않는 부처님과는 구분해야 한다. 붓다는 오직 후득지인 〈방편심〉만 있어 주객과 중생을 수습하신다.

혜(慧)

어리석고 암울한 마음에는 혜(慧)라는 심소유가 나타나지 않는다. 또한 혜라는 심소가 약해서 희미할 때는 知에서 출발한 見은 邪見과 변견과 身見과 我見과 고집스러운 견해등의 〈惡見〉으로 나타난다. 혜(慧)라는 심소가 강할 때에는(知) 見이 밝고 명랑하다. 밝고 명랑한 知見을 불교에서는 특별히 혜(慧)라고 한다. 밝고 명랑한 것을 〈善〉이라 하므로 선과 혜는 같이 간다. 善見·善知見·善慧라고 부르기도 한다.

知見이 밝기만 하고 명랑하지 못하면 〈지식(인)〉이라 하고 知見이 명랑하기만 하고 밝지 못하면 세칭 〈무심도인(無心道人)〉이라고 한다. 무심도인은 분별이나 생각이나 판단같은 것을 멈춘 진인(眞人)을 말한다. 분별·생각·판단같은 것은 전부 의식이 하는 일(事識, 제6식)이므로 결국 무심도인은 知見이 전무한 상태다.

불교에서는 無心道人을 숭상하는 풍조가 있으므로 〈존경은 하되 따르지는 않는〉 이상한 가르침이 되었다. 혜(慧)의 명줄(命)이 끊어질 판이다.

〈무분별지〉니 〈무념(無念)〉이니 〈無心定〉과 같은 언어가 난무하다 보니 그리된 것이다. 부처님의 혜명(慧命)이 빨래줄보다도 더 가늘게 이어져 온 것이 그래도 놀랍다.

죽으면(死滅) 무심이다. 출생 시에도 무심하다. 기절하면 무심하다. 잠들면 마음 없다. 정(定, 삼매)에 들면 마음 없다. 定(삼매)은 수(受,느낌)와 상(想,생각)을 싫어하므로 〈멸, 滅 수상정(受想定)〉이라고 한다. 하늘나라에 태어나면 마음 없다. 이 때의 하늘나라는 살아서 가는 하늘나라이므로 미친 놈들이 가는 곳이다. 미치면 마음이 없다.

이상의 〈六無心〉을 제외하고는 인간은 언제나 어디서나 有心이다. 有心하면 有情이다. 有情은 중생이다. 有情은 혜(慧)이고 善일 것이 요구된다.

요구되는 것은 상황이고 피할 수 없는 것이라 자연(NATURE)과 동격의 위치에 있는 것이 상황이다. 상황은 엄중하다. 〈존재〉란 것은 항상 〈상황극〉이다. 그것은 길 수도 있고 짧을 수도 있는 연극이다.

우리는 知見과 善見을 열심히 찾아가는 중에 혜안(慧眼)을 얻으면 한 큰일(一 大事)을 마친 셈이다. 그렇지 못하면 우리는 항상 우매함(치심, 痴心)을 끼고 산다.

그러나 혜안은 소승이 얻는 지혜이므로 중생을 제도하지 못한다. 대승에 나아간 지혜라야 중생을 제도한다. 〈대승지혜〉란 惡見 중에서도 특별히 편견(변견邊見)을 극복한 지혜를 말한다. 편견(변견)이 극복되면 마음의 저울추는 항상 中道를 잡고 있다.

중도는 어디에 숨어 있는가. 어디에 숨어 살고 있다가 나타나는가. 성철스님은 그의 말년에 이르러 불교는 〈중도교〉라고 단언했다. 그렇다면 〈중도〉가 화두의 끝판왕이 아닌가. 중도는 正·反·合을 이루는 변증법이 아니다.

하늘 그물(제망帝網)

法界(우주)안에 있는 事事들은 有情과 無情을 가리지 않고 전부 보배로운 존재다. 〈각각등 보체다〉. 보체(寶體)는 보배로운 존재를 말한다. 7보(금 · 은 · 자수정 · 붉은 진주 · 푸른 옥돌 · 산호 · 다이아몬드)로 단장 되어있다. 法界의 각각등(各各等)은 다보탑(多寶塔)들이다. 경주의 불국사에 가면 다보탑이 있고 어느 절에 가도 탑(塔)은 있다.

법계의 법존(法存)들은 다 法寶로 되어 있기 때문에 저마다 비추는 보석의 그림자가 서로의 그림자에 들어가(立法界) 한량없이 중첩되어 있다. 이것을 제망(帝網 : 제석천왕의 그물) 찰해(刹海 : 바다같이 넓은 우주의 佛土)라고 한다. 제망찰해. 이것이 법계다.

허공은 그물(망,網,NET)과 같이 꽉 짜여 있다. 그물코가 몇 개나 되는지는 아직 알려진바 없다. 이것들이(事, 일, 사건) 서로 그림자처럼 덮쳐져 〈일즉다(一卽多)요 다즉일(多卽一)〉로 되어있다. 화엄경에서는 〈根卽 相入〉이라고 한다.

하늘 그물은 불교에서는 〈인타라 그물〉이라고 이름 한다. 各各等 保體는 이 인타라 網의 한 그물코다. 우리들 각각은 이 우주적 인타라 그물망의 출렁임에 따라 각자의 위치와 그물코의 크고 작음에 따라 움직인다. 각각의 그물코의 위치와 크기는 업에 따라 각양각색일 뿐이다.

우주적(허공적) 진리는 기신론에 적혀 있는 바 〈대총상(大 總相)〉이며 〈法界(法門)의 體〉다. 우주가 매우 동적(DYNAMIC)이기 때문에 인간도 동적이다. 인간들의 변덕스러움도 봐줄 만한 것이다.

하늘 나라(天國)

기독교에는 하늘나라가 있다. 기독교에 있는 것은 〈하느님의 나라〉
뿐이다. 불교에도 하늘나라가 있지만 하느님의 나라는 없다. 하늘(天)
의 님(主)이 天主로 계시며 지구촌은 天主의 영토(TERRITORY)다.

참으로 〈물질〉에 끈질긴 집착력을 가진 서양인들의 사고방식이다.
하늘까지도 소유권이 인정된다. 天主는 창조주라 하늘과 해와 달과
별을 모두 만드셨다. 만든 것(우주)은 모두 만든 자의 소유권이 물권
(物權)으로 담보되어 있다. 하느님은 가장 큰 물권을 소유하신 큰 부
자다. 물권법이 6법 중 民法으로 흡수된 것은 근대사회가 되고 나서
부터이니 참으로 오랜 암흑기를 지낸 인류의 역사다.

하늘에도 나라가 세워져있고 그 나라에는 주인도 있다니 중생은
죽어서도 天門에 너덜거리며 나부끼는 찢어진 깃발이어라.

하늘(天)은 맑고(光) 밝고(明) 깨끗하고(淸淨) 스스로 있음(自在)이고 스
스로 그러함(自然)이고 최고로 뛰어남(最勝)이라는 육덕(六德)을 갖추고
있다. 살아서도 하늘이 있고(욕계천欲界天) 죽어서도 하늘은 있다(천상의
色界天).

인간의 욕심은 1080가지가 있고 욕(欲) 즉 번뇌이므로 인간은 1080
번뇌에 시달리며 산다. 1080욕심 가운데도 아예 〈욕망〉이 되어 있는

三欲이 가장 대표적인 것이니 식욕·음욕·수면욕이 가장 힘이 센 욕망이다.

이 삼욕의 행방에 따라 살아서나 죽어서나 여섯갈래 길로 갈 길이 정해진다. 지옥·아귀·축생·아수라·인간·욕계천의 육도(六道)가 여섯 갈래 길이다. 이 6도는 전부 門을 가지고 있어서 오는 자와 방문자를 위하여 항상 열려있다. 혹시 당신은 지금 삼악도(三惡道 : 지옥·아귀·축생) 구경을 너무 오래하고 계신 것은 아닙니까?

하늘나라(欲界天)에 가면 살아서는 식욕과 색욕이 점점 엷어지고 죽어서는 식욕과 색욕이 아주 끊어진다. 마음이 한없이 홀가분하고 (경輕) 편안함(安)을 느낀다. 禪家에서 말하는 〈경안(輕安)〉의 경지다. 경안한 이들이 욕계천인들이다.

하늘나라인 욕계천의 善法堂에서는 하늘북(천고天鼓)이 저절로 울려 퍼지는데 중생은 이 소리를 〈우뢰소리〉라 한다. 천둥과 번개를 동반하여 소리를 내는데 〈사랑하라〉, 〈싫증을 내라〉는 소리를 퍼붓는 다고 한다. 무엇을 사랑하며 무엇을 싫어할꼬?

하늘여인(天女)은 이 우뢰소리(천고)에 맞추어 춤을 춘다는데 꽤 볼 만 하다고 한다. 티켓(TICKET)을 살 수는 없고 天眼通과 天耳通이 있어야 보고 들을 수 있다고 한다.

하늘나라(天國 또는 천당)에는 천마(天魔)가 있어 하늘사람(天人)들을 못 살게 군다고 한다. 마군(ARMY OF DEVIL, 사탄 SATAN)이라고도 한다. 사탄은 하늘나라에 산다. 무릇 마(魔)라는 것은 자유나 자재를 방해하는 것을 말한다. 중생에게는 二大魔가 있으니 몸에는 병마(病)가 가장 심각한 마요. 정신에는 욕망이 가장 큰 마다.

티끌 세상

〈인간이 하는 끝없는 일〉을 전부 티끌로 보는 것이 깨달은 이(佛)의 가르침(敎)이다. 따라서 인간이 모여 사는 이 세상은 티끌세상(塵世)이다. 色이 티끌이요, 들리는 소리가 다 티끌이요, 냄새가 티끌이요, 접촉하는 일들이 전부 티끌이요, 마음으로 느끼는 깊고도 서늘하고 고요함 등의 경지가 전부 티끌이다.

〈색진·성진·향진·미진·촉진·법진〉이 전부 티끌이니 이 여섯 가지 견·문·각·지(見聞覺知)하는 인식활동이 전부 티끌을 일으키는 원흉이다. 각각등 보체가 이러하거늘 이들이 모여 사는 세상은 緣이 새끼를 까서 緣이 팽창하는 증상연(增上緣)의 모습은 기기묘묘한 것일 수 밖에 없다.

티끌세상(진세塵世)에는 티끌 일이(진사塵事) 늘 출퇴근길의 만원 버스 같이 가득 차 있다. 만원 버스라고 하여 그 속에 인간은 인간이 아닐 것이며 콩나물시루 속에서 성장하는 콩나물도 그의 삶이 아니겠는가.

티끌의 재앙은 티끌 자체가 아니다. 티끌의 재앙은 바람(風)이다. 바람이 부는 날은 티끌세상이 요동을 친다. 한국말의 〈바람〉이라는 단어는 두 가지 뜻이 내포된 단어다. 공기 작용의 바람(風)과 마음 작용의 구함(求)과 희망(希와 望)으로 복잡하게 얽힌 단어다.

식(識)은 마음으로 하여금 〈연기하는 마음〉이 되도록 하는 최초의

緣이다(초연初緣). 識은 緣이다. 識은 마음이 아니다.

그러나 이렇게 말한다고 하여도 문제는 간단치가 않다. 識은 緣이지만 인(因) 자체를 緣으로 삼는 인연(因緣)이기 때문이다. 識은 마음이 아니지만 마음을 대표하고 마음을 대변하는 것이지 識말고 별도로 마음은 없는 것이니 어찌하랴.

식은 국회의원 같은 이들이다. 죽일 인간들과 같다고 욕을 퍼부어 대지만 내가 뽑은 국회의원이고 우리가 선출한 선량(善良)한 일꾼인 것을 부정할 수 없는 노릇이다.

흩어진 마음(연기한 마음)으로 경(境,對境)에 마음을 내는 것을 불교에서는 〈分別心〉이라고 용어한다. 연기한 마음이 하나의 경만 물고 늘어져 그 마음 상태에 다른 경이 끼어들 틈을 주지 않는 것을 〈삼매심〉이라고 하여 분별심과 구분 한다(心一境住). 心이 一境에 머물 때에 공부인은 〈自性을 반문(反問)〉함을 업으로 삼는다.

〈이 뭣꼬〉하는 물음을 되돌려서(反) 이 뭣꼬하고 묻는 이놈은 무엇인가를 되돌려 묻는 것이 〈反聞法〉이며 이 때에 〈절대의식〉의 소리를 듣는 것이 〈反聞〉이며 관세음보살이 이러한 〈들음〉을 통하여 깨달음을 얻는 수행법이다.

기독교에서 〈하느님 계시〉를 들었다고 하는 것과 같다. 성경에는 〈요한 계시록〉으로 기록되어 있다. 그러나 계시가 예언으로 통하는 것은 참 이상하다. 요한 계시록은 읽어보면 엄청 희한한 것도 많지만 권위가 인정되어 성경에 등재되어 있으니 빼도박도 못 할 일이다. 기독교인들이 말하는 不信者라는 것은 대부분 이 계시를 믿지 못하는 자들을 꾸짖어 하는 말이다.

관세음보살이 反問한 절대자의 음성은 [자비(사랑)하라]는 단 한 가지뿐이다. 〈일체중생은 아프다. 티끌에 날려 전신과 전심에 티끌이 박혀있기 때문이다〉

초월 삼매

삼매에 들어가는 것과(入) 定으로부터 나오는 것(出)이 자유자재 한 것을 초월 삼매라 한다. 불보살들의 삼매 입출은 그 출입이 자유자재 하다. 산심(散心)과 定心 사이에 간격이 없다. 마치 숨을 쉬는 것과 같아서 〈의식〉을 초월해 있다. 초월 삼매가 바로 〈초월의식〉이다.

인간의 의식은 제6식이 하는 〈분별 작용〉과 제7식(말라식)이 하는 〈사량작용〉과 〈사유작용〉을 말한다. 사량과 분별이 인간의식 활동의 내용이다.

우리들 중생도 물론 분별 밖의 일과 사량 밖의 일을 밥 먹듯이 하면서 산다. 〈초월의식〉이기보다는 차라리 〈본능的의식〉이라고 할 것이다. 깜짝 놀란다거나 신비 체험을 한다거나 무슨 아이디어(IDEA)가 불쑥 떠오른다거나 하는 것들은 전부 사량과 분별 이전이다.

물론 우리들의 육체적 작용은 100% 초월의식의 지배를 받는다. 의식이 〈육체적 무의식〉을 건드리면 병(病)이 된다. 고혈압, 당뇨, 치매 등과 각종 정신병과 스트레스(STRESS)등이 전부 인위적인 것이 몸의 자연스러움을 훼손한 결과인 것이다. 자연을 훼손하면 병이나 화가 따른다.

여기서 우리가 〈초월삼매〉나 〈초월의식〉을 이야기하는 것은 그것이 우리의 〈깨달음〉과 관계되기 때문이다. 〈돈오(頓悟)〉! SUDDENLY

갑자기 전기불이 확 켜지는 것이다. 신체적으로 말하자면 일종의 〈발작증세〉와 비슷한 것이다. 마치 SNAP사진을 찍듯이 번개같이 지나가는 불빛이 깨달음(돈오)이다.

우리나라 사람들이 〈빨리 빨리〉를 좋아하고 몸에 배게한 것은, 한문으로는 돈오(頓悟)라고 쓰는 깨달음의 전광(電光)같고 석화(石火)같은 성질을 〈사회 의식화〉시킨 긴 역사적 유산때문이다. 〈의식화〉는 무서운 힘을 가지는 놀라운 힘이다.

초월삼매의 초월의식에는 〈自我의식〉이라는 것이 붙을 시간적 여유와 공간적 여백이 없다. 〈時空을 초월해 있다〉. 이것이 소위 세친 조사가 유식에서 말하는 제8식(아뢰야식)이다. 제8식이 하는 분별과 사량은 〈초월의식〉이 하는 〈무분별 분별〉이며 〈무사량 사량〉이다.

그러나 초월의식도 뒤따라 의식(제6식과 제7식)으로 내려앉아야 알 수 있는 것이기 때문에 〈무분별의 분별〉이나 〈무사량의 사량〉이니 하는 귀신 씨나락 까먹는 소리를 하게 된 것이다. 귀신이 까먹는 씨나락을 누가 보고 듣기나 했겠으리오만은, 흔적을 종이에다 그려야 하는 것이 인간의 분별과 사량이니 어찌 하리오.

진여훈습

훈습과 연기는 같은 말이다. 다만 쓰이는 쓰임새(용도)가 다를 뿐이다. 연기는 훈습을 포용 할 수가 있지만 훈습은 연기를 포용 할 수가 없다. 연기가 법칙(理)이고 훈습은 氣(力)에 속한다. 힘(力)은 氣와 無明과 業과 情에 있고 理와 眞如에는 힘은 없다. 물론 理氣一元에서 실제는 분리 할 수가 없는 것이지만 이론적으로는 그렇다는 것이다.

무명(情)과 진여(理)는 非一非異로 있기 때문에 진여는 즉시 무명(業力)의 훈습에 언제나 노출되어 있다. 따라서 진여는 무명력을 타고 흘러 나온다. 이리해서 수연진여(隨緣眞如)가 되는 것이지만 진여는 절대로 진여성을 상실하는 것이 아니다. 이 관계를 水(물)와 波(파도, 파동)로 비유하는 것은 참으로 멋진 비유다.

이렇게 진여와 망심(생멸)은 서로 동시에 훈습하는 것이지만 輒(業)의 힘에 의하여 진여 쪽이 더 강하게 훈습하는지 망심(생멸)쪽이 더 강하게 작용하는지가 결정된다.

진여는 물론 입자(소립자小粒子)가 아니다. 100% 眞空이다. [空]이란 개념 이전의 空이다. 아직도 과학에서는 100% 진공상태를 만들지 못하고 있다. 이렇게 〈空〉이란 〈名前空(이름전의 공)〉을 말하는 것으로 어떤 相(모습)을 들이대어도 묘사 할 수 없고 느낌판(감관)이나 사진으로도 그 영상을 잡을 수 없다. 이것이 기신론에서 말하는 〈空진여〉며, 유식에서 말하는 〈二空진여〉며, 화엄에서 말하는 〈妙진여〉라는 것이다.

그러나 〈有가 아닌 有〉를 〈묘유〉라고 용어하는데 이것이 [無明]이다. 태양이 흑점(BLACK HOLE)을 가지고 있는것과 같고 달에 계수나무가 있는 것과 같다. 무명은 감출수는 있어도(無 무명) 없앨 수는 없다 (無 무명진).

부처님의 초기설법에 들어가 있는 12연기설(무명·행·식·명색·6根·촉·수·애·취·유·생·노사)은 무명에서부터 시작한다. 부처님은 왜 12연기설에 〈眞空〉을 언급하지 않으셨을까. 한번 깨쳐보시기 바란다.

진여는 홀로 일어 날 수 없는 물건이다(不孤起). 이러한 진여가 〈능력〉을 가지게 되는 것은 同居하고 있는 〈無明力〉 중에서 그 힘(力)만 빌린 까닭이다. 이것은 물론 불가사의한 것이다. 정치인들이 〈권력〉 중에서 권은 제쳐두고 力만 빌린다는 논조가 되어 참으로 당황스러운 일이지만 〈위대한 정치인〉은 그리한다고 한다.

어쨌든 무명의 힘을 빌려 일어선 진여는 다시 무명을 훈습 한다. 자식이 부모를 훈습 한다고도 할 수 있지만 부처님을 키운 이모이자 새어머니가 되신 분은 부처님 교단에서 최초의 비구니가 되셨다. 불가사의한 업력이다. 그래서 불교는 진여의 훈습력을 최대치로 높이는데 信과 解와 行과 證을 통해 안간힘을 쓰고 있다.

진여와 무명

　진여가 淸淨한 本覺이라면 무명은 오염이고 不覺이다. 이 둘은 정 반대의 판이하게 다른 〈실체〉다. 그러나 이 둘의 존재 방식은 非一 非二의 불가사의한 모양으로 있다. 그러므로 진여가 있는 곳에는 반 드시 무명이 있고 무명이 있는 곳에는 반드시 진여가 있다.

　진여 자성이 인(因)이라면 무명 불각은 연(緣)이다. 무명이 因이 될 때는 진여가 연으로 따라와 있다. 우리의 온 육신과 정신은 무명으로 빈틈없이 채워져 있지만 우리의 육신과 정신은 또한 진여로 꽉 차 있 다.

　진여가 바다라면(眞如海) 무명은 파도다. 진여는 파도와 원래 한 몸 이고 파도는 물을 떠나 있어 본적이 없다. 저 유명한 〈수불리파(水不 離波)며 파불리수(波不離水)〉라고 하는 것이다. 부처님의 12연기설은 무 명 연기설이다. 因은 무명으로부터 시작하여 업풍(業風)의 緣을 만나 정신(식識)과 육신(名色과 6入)을 만들어 愛하고 取하고 有한 중생의 세 계가 벌어지다가 각각등 보체는 生老病死한다는 것이다.

　12연기설은 사바세계의 고해중생을 위한 부처님의 법문이다. 뒤에 부처님의 12연기설 중 업(行, KARMA)을 중심으로 수행이 진행되다가 (업 연기설) 중국대륙의 발달 불교에 와서는 眞如라는 형이상학적 주제를 중심한 수행으로 진행되었다.

人生論에서 우주론적으로 〈초월 불교〉의 길을 열어 전문 수행자 집단을 형성했다. 진여 연기에서는 〈사바세계〉나 〈고해 중생〉은 묻혀 버렸다. 깨달은 이(佛)의 가르침(敎)은 높아지고(高) 멀어졌다(원遠).

진여는 폭발하지 않는다

무릇 종자는 폭발성을 가져야 한다. 종자가 폭발하는 걸 보통 언어에서는 〈싹이 난다〉고 하는데 실은 엄청난 생명력(生氣)의 폭발인 것이다. 튼튼하고 좋은 종자는 항상 생기발랄하다. 병들고 惡性종자는 항상 음산하고 우울하고 움츠러져 있다. 마침내 부종(腐腫썩은 종자)의 무리가 된다. 종자가 폭발하여 싹이 나고 마침내 락락장송이 되고 다시 씨를 남겨 영원히 유전(流轉)하는 것은 연기(緣起)라 하고 현상이라 하고 現行이라 하고 생멸이라고 한다.

유식에 있어서 진여관은 [無爲]를 그 내용으로 한다. 나(我)와 나의 인식대상이 되는 일체의 것(法)이 둘 다 空한 자리에서 〈보는 것(친견親見)〉이라는 것이다 이른바 〈二空진여〉라는 것이다. 我空 法空의 空觀에서 보는 실상과 실체는 일종의 상실법(喪失法)이다. 언어를 잃어버리고 心行을 잃고 답(答)을 잃는다.

언어의 길이 끊어지고(언어도斷), 마음이 행할 바를 잃어(심행처滅),묵묵하여 부답이므로(默默不答), 진여를 물어볼 길은 영영 없어진다. 단멸(斷滅)만 적묵(寂默)한 가운데 [無爲하고 空寂한 진여], 〈무위진여〉를 친견한다는 것이다.

이런 느낌은 오직 삼매(定) 중에서만 일어나는 현상으로써 일종의

〈定中의식〉 차원이다. 이리되면 불교는 〈느낌불교〉가 되고 〈삼매불법〉이 되어버리고 마는 것이다.

진여는 空 그 자체고(본공本空), 진여는 無相이며, 진여는 無作이며, 진여는 無願 하다는 것이다. 空진여, 無相진여, 無作진여, 無願진여가 유식의 진여관이다.

이러한 진여가 識과 心의 텃밭(田)이므로 〈識田〉과 〈心田〉은 진여의 몫이라는 주장이다. 즉 식과 심의 실성은 진여라는 밭(眞如田)이라는 주장이다. 大地不動이라 밭떼기가 옮겨 다닐 수야 없는 노릇이다. 〈不動진여〉〈不變진여〉다.

삼매는 질정이 없다. 귀에 걸면 귀걸이고 코에 걸면 코걸이가 된다. [느낌]이므로 너무 사(私)적이다. 일종의 사생활이라 남의 사생활은 알 수도 없고 알려고 해서도 안 되는 터부(TABOO)적인 것이다.

그래도 論은 엄숙한 것이라 백천삼매의 다양함을 정리해서 10진여가 있음을 말하고 있다. 보살 10地에 배당하여 1지진여로 부터 10지진여로까지 [見性]의 눈높이를 정하고 있다.

유식에서 말하고 있는 [見性]이라는 것은 [보살의 길]을 말하는 것으로 10地를 지나 등각, 묘각의 〈等妙二覺〉과는 구분하고 있다. 고로 [견성은 각이 아니다]. 견성은 식의 범주 속에 놓여있다.

흔히 말하는 초지견성(초견성)으로부터 10지견 견성까지의 차별은 사실에 기초한 분류이므로 보살도에서는 [경지불교]가 되는 것이다. 이 경지불교에서는 식과 업과 무명과 진여는 항상 같이 간다(同行).

10地를 넘어서 覺에 이르러서야 식과 업과 무명과 진여는 따로 떨어 진다(各行).

진여

우리가 깊은 잠(숙면)에 빠져 있다고 생각해보자. 숙면 중에도 우리는 죽은 것이 아니다. 죽은 것이 아니므로 우리의 육신과 정신도 깨어 있을 때처럼 존재해있다. 5장6부도 여전히 활동을 하고 있고 의식과 정신도 깨어있을 때보다 더 건강하게 잘 계신다. 이 때와 같은 심신의 상태를 그 무엇이라 하겠는가. 불교에서는 이런 상태에서 [무언가 있는] 심신을 [진여]라고 이름 붙였다.

진여라는 이름보다 더 그 상태에 근접하고 묘사를 잘한 용어는 아직까지는 없으므로 진여라는 이름은 유용하고 유효하다. 진여라는 이름을 대신해서 더 좋고 근접한 근사한 표현이 발명된다면 진여라는 이름은 없어져도 상관없다.

자성(自性)이란 용어가 먼저 쓰였지만 진여라는 용어가 발명되므로 自性이란 용어는 쓰지않아도 되지만 아직까지는 혼용하고 있다(자성진여).

숙면 중에서도 화두를 잡을 만한 정신력이 있으면 진여를 볼 수 있고 알 수 있다. 숙면 중에서도 화두를 잡는 그 놈이 진여다. 그러므로 우리는 우리 자성중의 진여(자성진여)가 一心진여를 보는 것이라 할 수 있다. 마치 우리의 눈이 눈을 보는 것과 같다.

물론 지금은 거울과 같이 반사 원리를 이용해서 내 눈이 내 눈을 보지만 여기서는 육안이 육안을 보는 것을 말한다.

참으로 불가사의하다고 할 것이며 天眼통이 되어서 제3의 눈을 가질 때나 가능하다 할 것이다. 천안통을 神眼이라고도 한다.

기신론에서는 1心2門3大라 하여 처음 心이 진여임을 말하고 두번째로 이 心眞如는 생멸이라는 활동을 겸하며 자동적으로 二門을 만들며 세번째로 진여는 그 자체가 물론 위대한 것이지만 그 속성인 활동도 위대한 것이라고 말하여 이 위대함을 깨닫는 것이 불교 공부의 요채라는 것이 기신론의 주장이다.

자유와 자유 할 힘

우리의 修行 문제는 두 가지로 귀결된다. 첫째는 마음이 집착때문에 자유롭지 못하다는 것 즉 해탈하지 못하다는 것과(修), 둘째는 비록 해탈을 알고 자유의 맛을 보았다고 해도 자유 할 힘이 없다는 것이다(行).

이 세상에는 자유 할 힘을 가진 이들이 많다. 〈氣 수련〉이나 〈마음 닦기〉라든가 〈요가〉도 있고 단학이나 호흡 운동 등등 많은 부류가 있다. 자유 할 힘은 몸을 통해 보여주는 것인 모양이다. 그렇다고 해도 그들의 마음이 자동적으로 해탈한 것 같지는 않다. 마음을 닦지 않고 힘부터 얻는다는 것은 기인이나 기술에 불과할 때가 많다.

자유(解脫)는 자유 할 힘을 가져야 실(實)이 있다. 실속이 없는 이름은 허명(虛名)에 속하고 만다. 소위 말하는 心 해탈의 허와 실을 잘 가늠하는 것도 중요하다.

하늘

하늘이라는 말은 욕계중생이 가지고 있는 허공에 대한 개념으로 소위 말하는 욕계천이다. 四天王天과 도리천, 야마천, 도솔천, 화락천, 자재천 등의 욕계 6天이다. 그 이상의 허공은 선정 속에서만 경험되는 무상천의 하늘이라 욕계 중생의 몫은 아니다.

하늘나라라든가 하느님이라든가 천황이나 옥황상제같은 인격신들과 그 영토는 전부 욕심을 가지고 사는 우리들의 하늘이다. 우리의 응신 부처님인 석가모니 부처님도 도솔천 내원궁에서 왔다는 이야기는 유명한 이야기다. 모신 부처님인 아미타 부처님도 특별한 기도인에게는 친견이 가능하다. 그러나 법신불인 비로자나 부처님은 아라한 이상이라야 볼 수 있다는 것은 여러 경과론에서 지적하고 있다.

윤회는 욕계천인 하늘나라에서 있는 일로 이해된다. 또한 영혼의 문제도 전부 욕계천인 하늘의 일로써 이야기 되는 것이다.

자유의지

천태산의 지의 선사에 의하면 衆生은 〈자유의지〉를 가진 것으로 파악된다. 기독교에서는 하느님이 인간을 창조하고 인간에게 自有의 지를 주었다고 한다. 물론 천태 대사가 기독교를 접했을 가능성은 전혀 없다. 연기다 업이다 뭐다 하는 이유를 따지기 전에 있는 그대로 파악하는 것이 실상론이다. 〈중생의 자유의지〉는 그들의 실상이라는 것이다.

수행을 해서 열반 가까이로 가든지 向下하여 삼악도(지옥·아귀·축생)를 가까이 가든지 하는 문제는 전적으로 중생들의 자유의지다. 하느님이 인간을 창조했는지, 또는 왜 자유의지를 주었는지도 다음(次次)으로 생각할 문제다. 중생 문제의 해결은 〈실상〉을 파악하는 것이 우선이라는 천태대사는 참으로 종교적 천재임이 분명하다. 그리고 그 실상 속에 해답이 이미 다 있다는 것이다.

대사께서는 화엄경의 〈心과 佛과 중생의 三者가 무차별하다〉는 경문에서 心學과 佛學을 제쳐두고 중생에다 중점을 둔 혁신적인 불교 사상가이다. 중생이 [實相]이다.

[念]은 유식에서는 心王이 아니고 心王의 所有(心所有)로 설명한다.

유식적으로 말하면 천태대사는 심소유를 공부와 수행의 표적으로 삼은 것이라 말할 수 있다. 위빠사나 공부와 흡사하다.

처음 공부하는 이들(초발심)에게는 〈자기 자신의 망심〉을 관(念)하기가 가장 쉬운 방법이므로 心王인 識을 바로 들이대지 않고 心所有부터 들이미는 셈이다.

념(念)을 염하여 일염 상속이 되면 삼매(定)에 들어간다. 이 때를 일상삼매(一相)라고도 하는데 법화 文句(문구)를 외우고 염하는 공덕으로 가는 삼매다. 일본의 〈나무 호렝 게쿄(나무 묘법 연화경)〉교도들이 행하는 것과 비슷하다.

一相이라 하지만 有相이므로 有相삼매다. 선종에서는 념을 일경심주(一境心柱)의 방편으로 삼아 종국에는 무념무상(無念無相)의 禪삼매로 나아가는 것을 지도하지만 법화 삼매의 수행에서는 선삼매를 금한다. 왜냐하면 무념무상의 선삼매는 결국 〈필경 空(FINAL EMPTYNESS)〉또는 〈本空〉을 목표로 하므로 악취공(편공偏空)에 떨어지고 마는 것을 경계하기 때문이다.

空은 중생의 가장 큰 병인 〈實有 관념〉을 깨뜨리는 것(破)으로, 임무완성을 삼아야지 필경공이나 본래공같은 것은 空論을 위한 空이 되고 만다고 보는 것이다. 이것도 인간의 자유의지가 行하는 것이라 말려도 말려지지 않는 것이 사실이므로 實相이라고 한다.

정(情)

마음이 일어나면 제일 먼저 따라 일어나는 것이 정(情)이다. 정은 51개 심소(심소유)를 통틀어 한마디로 표현한 것이다. 情은 心所다. 마음의 기운(心氣)이 움직이면 바로 즉시 동시적으로 NAVIGATOR가 작동한다. 마음의 네비게이터에는 최초 인류 이래로 축적되고 전해내려온 경험 세계가 고스란히 종자화되어 유지되고 있다. 다시 SET UP할 필요가 없다. 〈종자화되어 있는 정보〉를 불교에서는 업(KARMA)이라고 용어한다.

인간은 자업(自業)을 반추하는 되새김 동물이다. 소가 여물을 온종일 반추해서 씹고있는 것과 같다. 自業을 자득(自得)한다고 한다(자업자득). 그러나 인간의 NAVIGATOR는 그 성능이 하도 우수하고 다양해서 심지어는 INLAND NAVIGATE도 한다. 불교는 이런 작용을 〈명상, MEDITATION〉이라고 용어했다. 우리의 정신세계를 들여다보는 내시경과 같은 것이 명상이다.

하지만 어느 곳에서도 마음을 보았다는 기록은 없다. 아마도 영원히 찾지 못할지도 모른다. 애초에 있지도 않는 것을 찾는다는 것이 가당치가 않는 허사(虛事)가 되기 때문이다. 그러나 또 마음은 없는 것이 아니라는 증거는 많다. 정(情)이 그 증거 중의 하나다. 마음은 情을 통해서 心氣가 동(動)하는 모습이다.

情을 불교에서는 〈심소(心所有의 줄인 말)〉라고 용어한다. 마치 바늘 가는 곳에 실도 같이 있는 것과 마찬가지다. 만일 실이 없는 바늘이라면 心所없는 心과 같아서 서로가 서로를 쓸데없는 것으로 만든다. 이리되면 〈정신세계〉를 논할 일은 없다. 心所없는 心을 혹은 〈불변진여(不變眞如)〉라고도 하는데 이미 心이라는 말을 사용하지 않게 되어 있다.

심소는 심과 같이 태어나는 동시적인 존재이므로 절대적인 우리들 마음의 MECHANICAL한 구조적 존재다. 절대 평등한 心의 세계가 차별이 있는 분별의 세계로 나오도록 마음을 끌고 나오는 것이 심소유의 기능이다. 차별도 〈자연의 일(자연업)〉이므로 꼭 나쁜 의미만이 아니다. 〈연기 되는 것〉은 전부 차별로 그 相을 보이는 것이다. 그렇지않고는 연기를 나타낼 수 없다. 연기법은 실로 평등을 주장하는 공산주의가 실패하는 이유는 평등주의자들이 차별을 잘 알지 못하여 무조건 적대시하기 때문이다. 다름(차별)과 같이 세우는 평등이 아니라면 만인이 공감할 수 없는 억지가 되고 만다. 남한에서 제일 명산은 지리산이다. 〈다름(차별, 異)을 아는 지혜를 가지라(智)〉고 중생에게 부탁하여 산 이름을 지었다. 평등과 차별은 늘 자리를 같이 한다. 그러나 인위적인 차별은 인생의 길을 고달프게 만드는 원흉이다. 차별대우, 차별취급, 서열화 등이 그 것이며, 그 것이 짓거리가 되면 우월의식, 열등의식 등의 고질적인 정신장애를 불러온다.

원래 질(짓거리)이란 것이 갑(甲)질하는 인간을 두고하는 말이지만 이런 사람들은 평생을 우월의식이나 열등의식 등의 정신질환을 앓는 이들이다. 스님이 갑질하는 것을 〈중질〉이라고 부른다. 情 없고 情떨어지는 병이다.

제8식은 많은 이름이 있다

무의식 세계를 말하는 제8식은 많은 이름을 가지고 있다. 한 이름으로 말하기에는 이 식은 너무나 미세하고 미묘한 작용을 하기 때문이다. 대충 20가지가 넘는 이름으로 불려지지만 중요한 이름만 몇 가지 거론한다.

아뢰야식 : 장식(藏識)이라 번역한다.

종자를 감추어(장藏) 가지고 있다는 것이다. 이 종자는 물론 전생과 현생의 무량한 경험들을 말한다. 우리의 목숨은 이렇게 〈무량한 경험〉들로 이루어져 있기 때문에 무량수(無量壽)라고 한다. 이런 好, 不好, 善, 惡 또는 무기(無記 中性)의 종자들이 우리들 死後의 미래世에 종자의 형태로 전해지는 식이다. 생멸門의 실체다. (기신론)

이 종자식인 아뢰야식이 三世를 통해서 또 후삼세를 통해서 世世로 유전 상속되므로 그 생명의 위대성을 우리의 실체라고 생각하여 〈나(我)〉라고 부르게 된 것이다.

비파가(毘播伽) : 〈이숙 무기식〉이라고 번역한다.

우리의 존재는 전부 우리들 전생의 과보로 생긴 물건들이다(과보물). 제8무의식은 식 그 자체는 善이나 惡등의 도덕성에 전혀 관계하지 않는 中性 무기식이다. 우리를 금생에 태어나게 한 因子는 전생의 강력한 善性이나 惡性이지만 生을 바꾸어 금생으로 날 때는 무기 中性의 제8식으로 태어나는 것이다. 因과는 다른 과보로 태어났다고 하여 이숙 무기식이라고 부른다.

그러나 전생의 모든 경험들(업보)은 빠짐없이 〈종자〉라는 형태로 CARRY ON한다. 제8식은 총보라 하고 그 속에 담긴 상속된 종자는 별보(別報)라고 한다. 별보는 개별적인 경험을 고스란히 담고 있는 선악 종자다. 제8식이 포대기라면 그 속의 종자는 강보에 싸인 아이(종자)와 같다고 할 수 있다. 포대기는 선악과 관계없는 中性 무기일 뿐이다. 이러한 제8식의 二重性下에 有情 衆生은 있게 되는 것이다.

아타나 : [무구식(無垢識)]이라 번역된다.

제8식은 또한 청정하여 번뇌의 때(垢구)가 묻어있지 않는 무구식이다. 그러므로 제8식은 〈미혹(迷惑)한 心性〉인 아뢰야식을 가지고 있으며 또한 〈청정(淸淨)한 心性〉인 아타나 무구식을 가지고 있기도 한다.

이 아타나 무구식을 〈佛性〉이라고 하는 것은 불교의 가장 유명한 이론(THEORY)이다. 이 아타나 무구식은 업으로 받은 心性이 아니다. 그러므로 무구식은 업보를 CARRY하지 않는다. 다만 업보식(아뢰야식)에 의지하여, 의탁하여, 기생하여 有情 衆生에게로 전수되는 품목이다. 진여(眞如)라고 하는 것이다(대승기신론),

이 청정무구식은 특별히 우리들의 신경계인 5근(五根, 안 이 비 설 신 들의 識)이 의탁하고 있는 마음이다. 5근의 입장에서 보면 〈조세 피난처〉와 같이 매우 안전한 곳이지만 피난처에 불과하여 그 신세가 힘들고 고단하다.

마음 : 心識이라 한다.

마음은 종자(心所)를 거느리고 종자를 부려서 현재 진행형(現行)으로 써먹는 당체다. 마음이 現行하는 모양새(형태)는 見과 相으로 한다(見分 相分 또는 見相二分). 이것은 한마디로 〈인식을 한다(작용)〉는 말이다.

인식작용을 하는 것이 〈마음(心)〉인 것이다. 그러므로 인식을 말하지 않고 마음마음하는 것은 어미 잃은 송아지의 울음소리와 같아 구슬프다.

아니면 우리가 보통 마음마음하는 것이 제8식을 부르는 한 이름인 것 쯤으로 알아야 한다. [識을 心이라고 한다] 識卽 是心이요. 是心卽 心이라. 이중에서 心이 空相을 나타낸다면 識은 色相을 나타낸다. 이 때에 色은 다만 무표색(無表色)이라 일반인이 그 色相을 알아차리지 못한다. 無表色은 표나지 않는 색깔이므로 빨·주·노·초·파·남·보가 아니다. 마음과 식의 因과 緣과 果는 무형이고 무상이라 볼 수도 없고 들을 수도 없고 감촉(感觸)할 수도 없는 〈어떤 물건〉이다.

우리의 제8식은 아뢰야식·비파가·아타나·마음 등으로 불리는데 이들이 가장 대표적인 제8식의 이름들이다. 이 중에서도 아뢰야를 또 가장 중요하게 다루는 이들은 〈공부인〉이라한다. 공부인들은 해오 (解悟 또는 學悟)를 목표로 삼는다.

見分과 相分이라는 〈見相二分〉을 확실히 이해하며 깨닫고 〈我와 法〉이라는 주객(主客)을 알고 깨닫는다. 이 見相二分이나 主客二空이 모두 제8식과 관계된다. 우리의 식은 무기중성이라고는 하나 업식인 고로 그 죄업이 무겁고 과보가 엄중하다. 왜냐하면 제8식에서 시작하는 마음의 움직임(心動)은 平等心이 아니고 차별식이기 때문이다.

식의 本體는 평등성이나 식의 相과 식의 用은 차별성이다(이것을 〈식변, 識變〉이라고 함). 즉 이치로는 평등이나 실제로는 차별이 되어 理와 事가 不同한 것이다.

〈地上에 평화〉를 기원하고 기원따라 행동하는 기독교의 가르침은 참되고 거룩하다. 〈地上에 平等〉을 기원하고 가르치고 그 가르침따라 행동하는 것은 너무 높고(高) 멀어서(遠) 高遠한 법이다. 그래서 불교에서는 행동(행위)을 〈수행〉이라 이름을 바꾸어 고원한 법만 쫓는다. 불교는 平和를 가르치지 않고 平等을 가르친다. 정치형태로는 民主주의 보다는 사회주의 的이다.

부처님과(佛) 보살(地)에 이르러서야 불보살에게는 평등이 실현되어 자비가 충만한 것이지 有情중생들은 無자비한 것이 불교다. 불교는 종교로서는 신통치 않다. 그래서 불교는 깨달음을 구하는 〈구도자〉의 종교인 것이다.

화합식(和合識) : 眞如心(아타나식)과 생멸심(生滅心, 아뢰야식)이
　　　　　　　　　非一非二하게 혼합되어 있다는 뜻이다.

이 화합성(이중성)을 깨뜨려(破) 양분을 시키면(파화합破和) 진여를 몰록 거머쥘 수 있다고 하여 〈見性〉이라고 한다. 이 견성이 바로 成佛이라고 주장하는 파가 禪宗이다. 선종에서는 見性에다 목숨을 건다. 그러나 견성과 성불은 같지 않다고 주장하는 파가 敎宗이다. 견성은 누구에게나 쉬운 것이고 성불이 어렵다는 것이다. 만행을 닦지 않고 앉아서 견성성불한다는 걸 부정하는 것이다. 그래서 〈견성불교(見性佛敎)〉는 소승불교다. 자기중심적이고 좌선 중심적이기 때문이다.

종자식 : 아뢰야식의 별명이다.

아뢰야식 가운데에 종자가 있다. 이 종자가 현행(현재 진행법)하면 생멸심이 되어 〈마음이 일어난다〉고 한다. 식이 변하는 識變의 핵이 종자(원자)다. 식변은 곧 마음이 요동치는 것을 말한다. 이것은 마음(식)이 포용하고 있는 원자(종자)가 활발히 활동하는 것이다.

종자의 활동상은

찰라 생멸상 : 종자는 찰라 단위로 아주 짧은 시간 안에 생멸한다. 폭포와 같이 빨라서 물방울(종자)을 가려낼 수 없을 정도의 속도로 생멸을 일으킨다.

쉼이 없다 : 종자의 활동(生滅)은 잠시도 끊어지는 법이 없다. No BREAK TIME이다. 이렇게 종자生 종자를 해야 종자가 시들 틈이 없다. 살아 있다는 증거다. 우리의 숨과 같다. 숨을 멈추면 死하여 망(亡)한다. 망하는 것 중에 사망이 가장 엄중하고 최종적인 眞亡이다.

종자는 과유(果有)다 : 지나간 세월동안 쌓은 경험(果)이 종자의 형태로 보존(有)되어 있는 것이다. 종자가 눈앞에 나타나면 그때는 이미 종자라는 이름을 띄지 않기 때문에 우리는 〈종자의 나타남〉이라는 사실을 까맣게 모른다. 인간을 탓하지 말고 그 인간의 종자를 음미하라. 알고 보면 종자의 현행이라 〈업(KARMA)〉의 장난이지 인간이야 그 허울(껍데기)이 아니겠는가. 인간이야 무슨 잘못이 있어 미워하겠는가.

종자는 결정적이다 : 종자는 결(結)이며 과(果)며 보(報)다. 결과물이며 과보다. 善한 것은 선한 종자에서 나오는 것이고 惡한 것은 악한 종자에서 나온다. 이미 선악이 결정되어 있는 종자라 어쩔 수 없다.

연(緣)을 기다린다(대중연待衆緣) : 〈기다림〉을 응축하지 않으면 종자라 할 수 없다. 돌멩이는 종자가 아니다. 자연은 종자가 아닌가. 生

物은 모두 종자다.

종자는 끼리끼리하는 놀이다 : 自果만 ACCEPT하고 他果는 因으로 남기지 않는다. 개 종자는 개만 낳지 소를 낳지는 않는다. 발전해서는 〈유유상종〉이라고 하지만 종자는 사회적 개념이 아니고 생물적 개념이다. 종자는 因이므로 종자의 입장에서 보면 자기를 품고 있는 心이나 識도 연(緣)이다. 그러므로 종자는 心과 識과 同因 同緣 이다.

물론 선이나 악이나 中性 無記는 물론이고 미혹(惑)이나 무명이나 전부 종자라는 개념에 포섭된다. 그러나 근본 혹인 〈무명(無明)〉은 별(別)종자라고 한다. 〈특별종자〉라고 한다. 왜냐하면 무명(근본 미혹, 근본혹)은 경험이 종자화한 것이 아니기 때문이다.

경험 이전의 것이며 경험하고는 직접적 연관이 없는 게 무명이다. 우리 마음과 우리의 識에 자연이 있다면 그것은 무명혹뿐이다. 자연은 非自然까지 품고 있는 개념이다. 스스로 그러한(자연) 메카니즘이 있는가 하면 비자연한 메카니즘도 있다. 무명 미혹은 메카니즘이라 규명하기는 극히 어려운 일이고 〈식(마음) 속에 사로잡힌 종자〉로써의 〈치심〉이라는 심소유(心所)는 논의가 될 수 있는 개념이다. 탐진치라고 할 때의 그 치(痴)心所다.

대번뇌인 근본 번뇌중의 하나다. 제6식인 의식의 심소유다. 대승기신론(마명지음)에서는 이 무명을 〈不覺〉이라고 부른다. 이 무명 불각이 〈종의 기원〉이다. 물론 다원의 종의 기원과는 다르다. 그러므로 無明 不覺이 없었다면 종자는 영원히 멸한다(寂滅). 진여나 무명은 서로 천적관계에 놓여있다. 生과 滅의 대결이다.

무구식(無垢識) : AMALA식의 변역이다.

번뇌의 티끌(무구)이 없는 깨끗한 淨識을 말한다. 이 무구식은 아뢰야식과는 반대가 되는 개념이기 때문에 독립을 시켜 제9식으로 넘겨야 한다는 주장도 있다. 구역에서 무구식을 모두 제9식이라고 번역했다. 후에 禪宗계통에서 선호하는 이름이다. 이 무구식은 대원경지에 상응한 識이며 자성청정심(自性淸淨心)이라 일컬어진다. 그러나 신역가인 현장법사는 이 무구식은 제8식인 아뢰야식의 정분(淨分 : 깨끗함을 말하는 부분)이라고 하여 제9식을 부인했다.

본식(本識) : 이 제8식이 모든 識(我)과 제법(法)의 근본이 되므로 본식이라 부른다. 초기 경전에서 쓰던 용어다.

무몰식(無沒識) : 묻혀지지 않는 식이란 제8식을 번역할 때 진제 삼장이 쓰신 용어다.

物이냐 心이냐를 막론하고 일체존재의 존재 이유와 존재 인연과 존재 결과를 모두 빠짐없이 종자에 보존하여 어떤 세월과 시절에도 놓치는 법이 없다. 이를 기려서 무몰식이라 名했다. 한 번 생긴 종자는 묻혀서 없어지는 법이 없고 이 종자를 CARRY ON하는 제8식도 따라서 없어지는 법이 없기 때문에 무몰식이라 불렀다.

제8식이 있다는 증거

부처님께서 계송으로 읊으셨다.

〈아타나 **識**은 심심세하다(甚深細)〉 아타나 제8식은 매우 깊고 미세하다

〈일체종자 여폭류(一切種子 如暴流)〉 그 속에 일체종자가 폭류처럼

쏟아져 흐르기 때문이다.

장식(藏識)의 바다에는 인연의 바람(因餘風)이 멈추지 않아 識의 파도 또한 멈춤이 없다. 제8식은 시작을 알 수 없는(무시無始) 까마득한 옛날부터 중생에게 상속해 와서 제법의 因이되고 緣이되고 果가 되었다. 有情의 상속은 제8식이 있기 때문이다. 제8식은 대승(大乘)이 의지하는 열반처이니 이것이 없다면 무엇으로 열반을 찾겠는가. 중생이 태어날 때와 죽을 때는 반드시 흩어진 마음(산심散心)에 머문다. 삼매와 無心에 있을 수는 없는 법이다. 태어날 때와 죽을 때는 몸(身)과 마음(心)이 혼미해져있기 때문에 깊은 잠을 잘 때나 무의식 때와 같이 명료한 의식이란 있지 않다. 이 때에도 죽음과 태어남을 받들고 있는 것은 제8식 뿐이다. 生을 받는 최초의 찰라에는 의식(제6식)은 아직 생기지 않는다. 제8식(생명식)이 먼저 생기는 제1찰라 후에라야 제2찰라에 의식(제6식)도 생겨난다. 물론 제2찰라 때에 안이비설신의라는 6入處가 동시에 생겨난다. 이것이 부처님의 12연기 법문이다. 그러므로 태어남(生)의 체(體)가 되는 것은 제8식이다.

제9식(암말라식) 이론

눈의 분별능력은 안식, 귀의 분별능력은 이(耳)식, 코의 냄새 분별 능력을 비(鼻)식, 혀의 맛보는 능력을 설(舌)식, 신체의 가죽푸대가 가지고 있는 접촉 능력을 신(身)식 〈촉식〉, 우리의 의식(마음)이 가지고 있는 분별능력을 의(意)식이라 하는 것은 우리의 상식에서 용납하는 인식능력의 분류법이다.

이 여섯가지 인식능력은 전부 바깥을 향하여(外向) 분별하는 능력들이다. 여섯번째의 〈의식〉을 우리들 상식에서는 〈마음〉이라고 한다. 우리의 상식이 상식이 되기까지는 쉽지 않는 과정과 긴 시간을 거치는 것이다. 상식은 사실이다. 의식이 마음이다. 의식 이외의 마음은 없다. 그런데 의식이 활동을 하지 않을 때도 있다. 잠이 들면 의식이 활동을 쉰다.

잠이 들어 꿈을 꾸면 몽중의식이 활동하는 때이다. 그러나 이 때는 의식의 반쯤 죽은 상태의 의식 활동이니까 횡설수설하는 式이 되어 生時의 의식과는 다르다.

알아들을 수가 없는 게 꿈 이야기이다. 이렇게 알아들을 수 없는 꿈을 연구하고 해석하고 체계를 세운 이가 유명한 정신의학자인 프로이드이다.

꿈 속의 의식을 〈잠재의식〉이라고 한다. 아마도 그는 心眼이 열린 사람인 것 같다. 그때는 영토전쟁이 많을 때라 지금의 오스트리아 쪽의 사람이지만 독일어를 사용하는 민족이다.

삼매(定) 중에 있을 때도 의식이 없다(無相定)고 한다. 그러는 無相定은 邪禪(사선)이라 하여 금기사항으로 여기며 定中에도 의식이 있어야 한다고 한다. 이 때는 의식이 [식있음]을 인식할 뿐 실질적인 인식활동은 없다. 이 때도 반쯤 거세된 의식이므로 定中의식도 오리무중 한 의식이다. 몽중의식이나 定中의식은 인식의 대상없이 하는 의식활동이므로 독두(獨頭)의식이라고 한다.

이러한 독두의식(독불장군)이 상대(相待)를 가질 때는 상대하는 대상에 따라 그 의식을 구분한다. 식이 식을 대상으로 인식할 때는 제7식(말라식)이라하고 식이 업종자와 신경계(根)를 대상으로 삼을 때는 제8식(아뢰야식)이라고 이름 한다. 아뢰야식의 세계는 무의식의 세계다. 그러므로 〈무의식의 의식〉이라는 희한하고 얄궂은 식이 아니면 인식할 수가 없다.

또 한 가지는 식이면서도 식이라고 이름할 수 없는 그러므로 〈마음〉이라고 이름 붙이는 식이 있는데 이것을 〈자성 청정심〉이라 이름하고 식으로는 제9식 무구식(無垢識)이라하며 기신론에서는 〈本覺〉이라고 하며 眞如라고도 한다.

뒤에 삼장법사 현장에 의해서 자성 청정심이니 무구식이니 하는 제9식은 유식에서는 완전히 배척되었다. 왜냐하면 識인 아뢰야 제8식이 바뀌어 〈智〉를 만드는 것이 識論의 목적이기 때문이다. 식에서는 心이나 性을 다루는 분야가 아니기 때문에 제9식을 세울 필요가 없다는 것이다.

그러나 제8아뢰야식에도 〈見分〉이라는 청정分이 있기 때문에 여기에 흡수되었고 기신론에서는 자성 청정심이란 용어를 완전히 지우고 眞如心만을 세웠기 때문에 현장법사 이후에는 제9식이나 자성 청정심은 비운의 망각 속으로 사라졌다.

제8 아뢰야식이나 여래장 사상(기신론)은 〈眞妄 화합식〉이라는 이중성을 가지는 것으로 결론이 났다. 제7식이라던가 제8식이라던가 진망 화합식같은 용어는, 심안이 완전히 개방되지 않고는 알기 어려운 불교 최대의 형이상학적 이론이다.

종자의 조상은 종자다

종자는 종자를 따른다. 영구히 따름으로 종자라고 한다. 멸종이 되어야 따를 일이 없다. 종자는 민주(民主)와 공화(共和)를 질색하며 피하고 파괴한다. 종자는 〈저 혼자 살아남는 것〉이 지상 명령이다.

내 몸은 내 한 사람의 업으로 받은 것이지 타인이 개입할 틈은 없다. 나는 다른 사람과 공통한 바가 없다(불공不共). 삶을 나누어 가지지 않는다. 살아가는 동안에 공통한 바를 만들고 공화국을 만들고 민주주의를 하는 것 등도 전부 〈나홀로의 不共〉을 실현하기 위한 방편일 뿐이다. 수단이지 목적이 아니다. 유일무이한 생의 목적은 〈종자生 종자〉다. 부디 죽기 전에 종자를 뿌릴지어다. 종자는 태어날 때(現行) 기쁘고 죽을 때 슬프다.

종자를 많이 퍼트려(종자 생식) 죽을 때 자손이 많이 모이면 호상(好喪)이라고 하는 말버릇이 생긴 것은 이 때문이다.

종자의 핵(CORE)은 식(識)이다. 우리의 〈식 종자〉는 대상 경계를 맞이하여 식별하고 분별하고 판단하는 〈마음 작용〉이므로 차별이 이로부터(인식으로 부터) 나온다. 차별이 없다면 인식은 불가능하다. 인식을 가능케하는 것은 업(과거)이라는 기반이 기초하고 있기 때문이다. 그러므로 업보를 고스란히 받는 것이 인간의 탄생이다.

부처님의 12인연법에서도 최초의 생의 시작은 업식(무명이 行해진 식)으로부터라고 되어있다. 〈무명이 행해진 업〉인 [업식]이 종자의 뜻을 가지기 때문에 〈업 종자〉라고 한다. 그래서 업 종자는 과거에 받은 유혹(惑)과 유혹을 따랐던 행동들과 그 행동의 결과로 받았던 苦·樂 등이 전부 전수된 것이다.

종자는 매우 사적인(PRIVATE) 현상이다. 사(私)기업 이지. 공(共)기업이 아니다. 공(公·共)기업을 짓거나 참가하는 것은 뒷 날의 이야기다. 물론 사(私)기업을 위한 위장 수단이다.

身 종자가 다르고 念 종자가 다르고 欲 종자가 다르고 知 종자가 다르고 解(UNDERSTANDING)종자도 각각등 보체마다 다르다. 유식에서는 아뢰야식을 종자라고 못 박고 있다. 제일 마지막 단계인 8번째의 식(識)이므로 〈제8식〉이라 하거나 〈종자식〉이라 하거나 〈아뢰야식〉이라 부른다. 이것을 거슬러 올라가면 〈인간 종자〉가 인류의 시작이다. 종자의 조상은 종자이기 때문이다.

이 종자는 인간에게는 〈식(識)〉으로 형태하고 작용하기 때문에 종자의 체(體)는 식이다. 그러므로 종자의 체(體)는 식이고 종자의 모습과 형태(相)도 식으로 나타나고 종자의 사용과 용도와 작용도(用) 식으로 작동한다. 즉 종자의 체, 상, 용 三大는 〈아뢰야식〉이다.

지혜

프라자나라는 인도 말을 뜻으로 번역(의역)하여 지혜라고 한다. 프라자나를 발음대로 번역(음역)하여 〈반야〉라고 했다. 수행불교쪽에서는 〈관(觀)〉이라고 용어한다. 무슨 수행이든지 목표는 〈지혜〉를 얻는 데 있다. 수행은 방편이다. 방편이 대 방편이면 지혜도 대 지혜(마하반야, MAHA PRAJANA)가 나온다. 흔히 작은 방편을 사용하는 수행을 〈소승〉이라 부르고 큰 방편을 사용해 수행으로 삼는 이들을 〈大乘〉이라 칭한다. 따라서 지혜도 작은 지혜(小智)와 큰 지혜(大智)로 분별한다.

그러나 대승은 소승수행의 결과와 내용을 샅샅이 살펴보고 절차하고 탁마한 바탕 위에서 진일보하는 것이지 〈대승이란 것〉이 하늘에서 뚝 떨어진 것이 아니다. 높은 장대 끝에 올라간 이가 한 걸음을 더 허공을 향해 내딛는 것이 대승이다. 〈백척간두에 진일보 하라〉는 화두가 이것을 말한다. 대승의 실패는 〈小乘을 하지 못 한〉과보 때문이다. 한줌의(득) 도인만 배출하고는 아무런 〈실천적인 수행〉이 없어 행화(行化)가 실종되었다. 행화는 교화를 말한다. 행화는 반야바라밀의 핵심이다. 깨달은 이(佛)의 가르침(敎)은 세속에서 빛이 없다. 行化(敎化)가 없기 때문이다.

지혜는 문자(文字)지혜, 관조(觀照)지혜, 실상지혜의 셋으로 나눈다. 文字지혜는 지성인들이 가지는 지혜를 말하고, 관조지혜는 소승 수행자들의 지혜를 칭하며, 실상(實相)지혜는 대승 수행자들의 지혜를 말한다.

관조는 명상을 통한 수행으로(명상수행) 모름지기 연기를 밝혀야 한다. 연기(緣起)를 밝혔다 하면 〈연각(緣覺)〉이라고 한다.

이 뭣고나 무슨 물건을 찾는 참선 수행은 본체라고 하는 물건이 무슨 물건인가 하는 것을 포착하는 이들이다. 그들은 사냥꾼과 비슷하여 거칠다. 대승(大乘)이라고 한다. 크게 실어나름으로 대승이라 한다. 대승의 길을 바라밀法이라고 한다.

〈슬픔(悲)〉을 아는 법이 바라밀 법이다. 슬픔에서 싹이 트는 사랑(慈悲)이므로 자비라고 통칭한다. 몬트레이 삼보사의 청화도인은 슬프다는 말 대신에 〈딱하다〉는 말을 대신 언어로 사용하시더라. 자비행 법보다는 자비심 법이라.

그러나 心이 行으로 나아가 교화(行化)를 위해 동분서주한 마지막 삶을 사시고 가신 근대 도인이시다. 진실한 자성(自性)은 법신(法身)에서만 나타난다는 〈실상염불〉을 하신 공덕이 아닌가 생각한다.

문자 지혜에 의존하는 이들은 통달하면 성문(聲聞)이 된다. 부처님의 교법인 대장경 열람을 수행으로 삼는다. 〈장경수행(藏經修行)〉이다. 부처님의 金口에서 쏟아진 金言은 모래알같이 많다. 三生을 무한 번 복하여 60대겁을 지나도록 열람해야 이룰 수 있다. 文字지혜를 얻은 이를 〈응공(應供)〉이라고 한다. 마땅히 존경과 공양(생활수단)을 받을 자격자라는 의미다.

〈아라한(聖者)〉이라 부른다. 부처님 10호 중(여래 · 응공 · 정변지 · 명행족 · 선서 · 세간해 · 무상사 · 조어장부 · 천인사 · 불 세존)의 하나다.

지혜는 〈앎〉뿐이 아니고 〈비춤〉이다. 앎(知)은 비춤(조견照見)에서 파생된다. 비춤은 원래 태양으로 비롯하여 생명체에까지 도달하여 전수된 것이다. 그러므로 생명체는 끝없이 먹이를 통한 광합성(光合成)을 해야 살 수 있다는 것이 현대생물학이 아닌가. 〈이 뭣고〉를 깨치고 보면 그것이 〈조견(照見)〉 즉 지혜라는 것을 알아내는 것이다.

이 지혜(理)에다 짐짓 몸(身 · 體)을 세워 〈진여〉라고 가짜 이름(가명)을 붙여 본 것이 불교다.